嘉庆

彭山县志

校注

眉山市彭山区档案馆（区党史和地方志编纂中心）编

巴蜀书社

图书在版编目（CIP）数据

《（嘉庆）彭山县志》校注/眉山市彭山区档案馆（区党史和地方志编纂中心）编. ——成都:巴蜀书社，2022.10

ISBN 978-7-5531-1805-5

Ⅰ.①嘉… Ⅱ.①眉… Ⅲ.①彭山县—地方志—清代 Ⅳ.①K297.14

中国版本图书馆CIP数据核字（2022）第183181号

《（嘉庆）彭山县志》校注　　眉山市彭山区档案馆
JIAQING PENGSHANXIANZHI JIAOZHU　（区党史和地方志编纂中心）编

责任编辑	王　雷
出　　版	巴蜀书社
	成都市锦江区三色路238号新华之星A座36层
	邮政编码：610023
	总编室电话：（028）86361843
网　　址	www.bsbook.com
发　　行	巴蜀书社
	发行科电话：（028）86361856
经　　销	新华书店
印　　刷	四川科德彩色数码科技有限公司
	（电话：028-37686159）
版　　次	2022年11月第1版
印　　次	2022年11月第1次印刷
成品尺寸	285mm×210mm
印　　张	17.75
字　　数	450千字
书　　号	ISBN 978-7-5531-1805-5
定　　价	120.00元

本书如有印装质量问题，请与发行科调换

《（嘉庆）〈彭山县志〉校注》整理工作组

顾　问　黄秀航　杨　静
组　长　张　瑾
副组长　周明强　陈小军　曾淑敏　辜　欣
成　员　朱　玲　刘黔玲　罗国华　杨文娴　廖涔岑
　　　　张　凤　徐莉岚

《（嘉庆）〈彭山县志〉校注》校注人员

校注整理　张婷婷
特邀编审　王　雷
审　　定　潘殊闲

校注前言

嘉庆《彭山县志》六卷，清史钦义纂修。史钦义，浙江余姚人，副榜。嘉庆十三年（1808）二月至嘉庆十九年（1814）十二月任彭山知县。嘉庆十六年（1811），四川总督常明具奏续修《四川全省通志》，檄下各州县，令遍行采访，续修县志。史钦义作为彭山知县，亦奉文主持纂修嘉庆《彭山县志》，历时两年，于嘉庆十九年（1814）编纂成书刊刻。

是志是在张凤翥等纂修的乾隆《彭山县志》基础上扩修而成的，篇幅增加近半。乾隆《彭山县志》七卷，分别为"地理""建置""沟洫""风俗""官师""人物""艺文"，其中以"艺文"收载最多，几占半数。扩修后的嘉庆《彭山县志》中，"艺文"仍占大半，收载有历代名人如杜甫、魏了翁、吕陶、杨慎、余承勋等人的诗文辞赋，本县著名人物如张纲、李密、吕陶等人的传记碑铭，明清州县官绅有关城池公署、学校书院、祠庙寺观、津渡桥梁之修建的文记，以及山川风物、名迹胜景之咏颂诗文。除"艺文"等篇目在原书基础上收载更为丰富外，嘉庆《彭山县志》另外增加了"武功""盐法""钱法""封荫""僭窃""金石""祥异"等新的门类。与乾隆《彭山县志》相比，嘉庆《彭山县志》在内容思想上，更加突出一些名宦人物"励俗维风"的作用，除新增门类外，"人物"（忠义、孝友）"列女"（节孝、贞女）等篇目亦有明显的篇幅增加。

在修志过程中，史钦义与彭山县儒学训导冉符中"参互而厘订之"，志书的编纂得到邑中品学兼优之士的帮助。正如他在《续修〈彭山县志〉序》中所言："参之近志，博取诸家记载，剶其稂稗，撷其菁华，纪事必详而核，取义必典而确。"

本次整理《（嘉庆）彭山县志》，以中国国家图书馆清嘉庆十九年（1814）刻本影印本为底本，同时参校《（乾隆）彭山县志》（张凤翥等纂修，故宫博物院影印乾隆二十二年（1757）刻本，故宫博物院编《故宫珍本丛刊》第214册《四川府州县志》第十册，海南出版社2001年版）。除《（乾隆）彭山县志》外，其他参校书目，另有（按成书时间先后顺序排列）：

（汉）扬雄：《扬子云集》，文渊阁《四库全书》本；

（汉）班固：《汉书》，中华书局点校本1965年版；

（晋）陈寿：《三国志》，中华书局点校本1959年版；

（晋）常璩：《华阳国志》，刘琳校注，巴蜀书社1974年版；

（梁）萧统：《文选》，海荣、秦克标校，上海古籍出版社1998年版；

（唐）房玄龄等：《晋书》，中华书局点校本1974年版；

（宋）李昉等：《太平广记》，民国影明嘉靖谈恺刻本；

（宋）黄休复：《茅亭客话》，光绪琳琅秘室丛书本；

（宋）司马光：《资治通鉴》，邬国义校点，上海古籍出版社2017年版；

（宋）吕陶：《净德集》，《丛书集成初编》本；

（宋）范成大：《吴船录》，文渊阁《四库全书》本；

（宋）魏了翁：《重校鹤山先生大全文集》，《四部丛刊》影宋本；

（宋）郭允蹈：《蜀鉴校注》，赵炳清校注，国家图书馆出版社2010年版；

（元）脱脱等：《宋史》，中华书局点校本1977年版；

（明）刘大谟等：嘉靖《四川总志》，明嘉靖刻本；

（明）杨慎：《升庵集》，文渊阁《四库全书》本；

（明）李时珍：《本草纲目》，文渊阁《四库全书》本；

（明）曹学佺：《蜀中广记》，杨世文校点，上海古籍出版社2020年版；

（明）曹学佺：《石仓诗稿》，乾隆十九年曹岱华刻本；

（清）黄廷桂等：雍正《四川通志》，文渊阁《四库全书》本；

（清）彭遵泗：《蜀故校注》，乾隆刻补修本；

（清）袁枚：《小仓山房文集》，《四部备要》本；

（清）王昶：《金石萃编》，中国书店1985年版；

（清）王培荀：《听雨楼随笔》，道光二十五年刻本；

（清）李元：《蜀水经》，巴蜀书社1985年版；

（清）徐长发等：嘉庆《眉州属志》，清嘉庆十七年刻本；

（清）常明等：嘉庆《四川通志》，清嘉庆二十一年木刻本；

（清）陈霁学等：道光《新津县志》，清道光十九年增刻本。

本次整理《（嘉庆）彭山县志》，校释包括"校"与"注"两个部分。校勘主要是将《（嘉庆）彭山县志》与《（乾隆）彭山县志》《（嘉庆）眉州属志》《（嘉定）四川通志》等几部志书进行对校，辅之以他书补校。同时订正讹误字、异体字等，力求郑重可信，订正之处加校记说明。注释则不局限于注音及文字训诂，也力求对方志中出现的人名、地名、职官名、篇名等进行史实性考证或订误，指明典故出处，疏通文义。至于确实疑难待辨之处，也不强为之注释，非为藏拙，但守不知盖阙之古训，以免贻误后人。

校释皆以字为单位，校记、注记标号均置于字末。"校"与"注"具体情况，以下分别说明之。

一、关于校

1.本书采用新式标点，并按文义分段。

2.凡底本中讹字、衍文、脱、倒字，能参校其他版本或据前后文义明显确定而产生文字改动处，皆给出校记，说明修改依据。

3.原刻漫漶不清处，尽量据他本补足并以校记说明之；经查证难以确定者，用□代替。

4.以下几种情况下，径改不出校记：

（1）文中明显的版刻错字，根据上下文可以断定是非者，如"己"（已、巳）、"日"（曰）、"太"（大）等，径改不出校记。

（2）异体字，除人名、地名外，主要依据《异体字表》《通用规范汉字表》及《汉语大字典》等权威字、辞典改为括号内的通行字，不再一一出校，如"㕥"（以）、"扵"（于）、"竝"（并）、"旁"（旁）、"廼"（乃）、"盖"（盖）、"条"（条）、"攺"（改）、"㝎"（定）、"覩"（睹）、"剬"（制）、"遊"（游）、"畱"（留）、"冀"（冀）、"埀"（垂）、"囬"（回）、"刱"（创）、"攵"（文）、"俻"（备）、"雄"（雄）、"虗"（虚）、"週"（周）、"寗"（甯）、"嘅"（慨）、"槩"（概）、"獘"（弊）、"朽"（朽）、"裒"（裒）、"密"（密）、"蔭"（荫）、"彝"（彝）、"德"（德）、"悞"（误）、"峩"（峨）、"眉"（眉）、"峯"（峰）、"玏"（功）、"畆"（亩）、"旂"（旗）、"鏁"（锁）、"栢"（柏）、"瓈"（璃）、"梨棗"（梨枣）、"淂"（得）、"譔"（撰）、"卭"（邛），等等。

对于表外汉字的处理，不宜或不能确定改为通行字的，审慎起见，仍保留原文，不作修改。

（3）避讳字：作者原文避本朝名讳，一般不改；缺笔字补足笔画；引用古书而避当朝名讳，如"弘治"作"宏治"，径予复原，不再出校记。

二、关于注

1.注音。对文中的生僻字、方言字采用汉语拼音加注。

2.文字训诂。以《汉语大词典》的释义为标准，并举相关例证。

3.年代注。为查阅方便，随文加圆括号注出。凡民国以前历史年代，公元前者，标明"前"，余则加注公历纪年。

4.人名、地名、职官名、篇名等，考证史实，指明典故出处，疏通文义。

本书由原西华大学地方文化资源保护与开发研究中心张婷婷助理研究员（现为四川大学历史文化学院中国史专业2020级博士研究生）担任校注整理工作，由西华大学文学与新闻传播学院潘殊闲教授最后审定。眉山市彭山区档案馆（区党史和地方志编纂中心）提供了相关资料，并给予了经费支持，特此致谢！

由于整理者学有不逮，校注中的不当之处，敬请方家不吝赐教！

整理者
2022年9月

目 录[①]

续修《彭山县志》序 ...... 史钦义 1
跋 ...... 冉符中 4
原序 ...... 张之溵 5
原序 ...... 陈履长 7
原序 ...... 张凤翥 9
《彭山县志》凡例 ...... 史钦义 13
重修《彭山县志》姓氏 15
原志姓氏 17

卷一 19
    星 野 19
    图 考 24
    建置沿革 32
    疆 域 33
    形 势 33
    山 川 山 河 溪 涧 滩 泉 井 34
    户 口 36
    田 赋 37
    水 利 堰塘 堤湃 筒车 40
    城 池 57
    关 隘 镇 场 口 坝 坡 堡 58

卷二 65
    津 梁 桥 渡 堤 津 65

卷三

古迹 附古碑 附古十景 …………………………………………… 68
公署 附仓廒 附义仓 ………………………………………………… 71
学校 ………………………………………………………………………… 73
祀典 附祭器 仪文及祭告祝文 ……………………………………… 75

卷三

祠庙 ………………………………………………………………………… 97
风俗 土习 民风 农事 女工 工役 商贾 饮食 嗜好 冠婚 丧祭 乡饮 祈禳 赛会 …… 100
兵制 ……………………………………………………………………… 107
铺递 ……………………………………………………………………… 107
武功 ……………………………………………………………………… 108
屯练 ……………………………………………………………………… 109
寺观 ……………………………………………………………………… 109
盐法 ……………………………………………………………………… 111
钱法 ……………………………………………………………………… 112
蠲政 ……………………………………………………………………… 113
职官 ……………………………………………………………………… 116
选举 附武科 成均 …………………………………………………… 122
封荫 附应例 …………………………………………………………… 128
政绩 ……………………………………………………………………… 128
人物 忠义 孝友 ……………………………………………………… 130
列女 节孝 贞女 ……………………………………………………… 135
隐逸 ……………………………………………………………………… 139
流寓 ……………………………………………………………………… 139
仙释 ……………………………………………………………………… 140
方技 ……………………………………………………………………… 141
古帝王 …………………………………………………………………… 142
故宫 ……………………………………………………………………… 142
陵墓 ……………………………………………………………………… 143
僭窃 ……………………………………………………………………… 145

卷四

艺文上 宸翰 赋 诗 歌 词 传 述 …………………………… 147

卷五	202
艺文下 记 碑 表 辨 论 赞 志铭 文 启 序	202
卷六	243
金 石	243
物 产	245
祥 异	260
杂 识	261
外 纪	264

【校】

①原文目录自"卷一"起，至"卷六"相关内容止。现因整理需要，加入"续修《彭山县志》序"至"原志姓氏"。另，原目录内容顺序略有调整。

续修《彭山县志》序

国有史，邑有志。志别于史，而记事则同，仿古列国史之遗意也。其大要在综核旧闻，表彰□宪，征文考献。察土俗民情之著，可以窥政治教化之源；审疆域形势之区，可以知方物赋贡之重。与夫山川、土田、城郭、宫室、道巷、沟渠之扼要，楼台、池苑、官府、坊市、津梁、陵墓之迁更。至于士女、贞纯、舆牧谣歌，尤不容湮没，以信今而传后。古者职方氏[一]辨人民之多寡，征材用之媺[二]恶，九谷[三]所宜，六畜所产，而且土训[四]掌道地图，诵训[五]掌道方志，虽一方一隅，靡所弗记，如武功[六]之志于明康海[七]，耀州[八]之志于乔世宁[九]，朝邑[一〇]之志于韩邦靖[一一]是也。彭邑弹丸，又乌可无志乎哉！

彭在汉时为武阳县，上古隶梁州域，春秋战国时为蚕丛地。按晋常璩《华阳国志·序》述云："孔子曰：'述而不作，信而好古。窃比于我老彭。'则彭祖本生蜀，为殷太史。夫人为国史，作为圣则，仙自上世，见称在昔。及周之末，服事于秦，首为郡县，虽滨戎夷，亦有冠冕。故《蜀记》曰'大人之乡，方大之国'。"又常璩志武阳曰："大贤彭祖，殁于其乡。"据此，则邑有彭祖。彭邑斯名，神明之区，实通都一大邑。会俎豆[一二]前型，流风弥烈。慨明末兵燹[一三]，献贼[一四]屠江，生灵歼尽，城社丘墟，编乘[一五]散失，罕有觏[一六]者。我朝定鼎，荡平尘氛，始复县治、辟草莱。前任张君梧冈[一七]纂①而新之，拾余光于煨烬之余，收残阙于灰劫之后，撰《武阳小乘》一册，可谓据事制范，章条纤曲矣。迄今又历六十余秋，而典籍蔑如，挂漏遗憾。

义不敏，少长会稽，壮游京洛，指长安，上蜀道，走褒斜[一八]谷口之险，扼灵关[一九]玉垒[二〇]之雄，南望峨眉，西逾雪岭，簿书[二一]鞅掌[二二]，行部所经，必访图籍，未尝不低徊留之。戊辰（1808）春，奉命擢授彭山令，烹鲜制锦，七载于兹。甫下车，游说桑田，民人皞皞[二三]；寻视学校，宫悬[二四]锵锵[二五]，隐然表一邑之胜概。公余，即披寻掌故，模山范水，游眺东麓，拜商大夫墓焉。过此汉都尉张纲故里，迤北晋洗马李密故里，殊令我高山景行，罣然[二六]遐思。方欲博采遗言，搜罗补辑，而有志未逮。

适辛未（1811），制府尚书[二七]常具奏续修《四川全省通志》，檄下，各州县遍行采访，并颁发章程，饬修县志，以昭同文之盛。予奉文，惧弗克任，乃捡故簏[二八]、披行箧[二九]，参之近志，博取诸家记载，蕲其粮粺[三〇]，撷其菁华，纪事必详而核，取义必典而确，商于司训[二一]懋斋冉君[二二]，参互而厘订之。并遴选邑中品学兼优之士，据引旁搜，毋略毋侈，不蔓不支，两经寒暑而志成。

戒之梓人，俾昭往休，以阐来镜。官斯土者，览风俗人物，则知政教；稽户口田赋，则知废兴；考疆域版图，则见经画；觇[二三]木石器用，则见积储。于以贡政府而备辅车，吾邑之文献，不信乎可征欤！以云大备，是所望于后之君子。

嘉庆甲戌（1814），知彭山县事史钦义序

【校】

①纂：原作"篡"，形近而讹，据上下文义径改。

【注】

[一]职方氏：官名。《周礼》谓夏官司马所属有职方氏，设中大夫四人，下大夫八人，中士十六人，以下尚有府、史、胥、徒等人员。掌地图，辨其邦国、都鄙及九州人民与其物产财用，知其利害得失，规定各邦国贡赋。

[二]嬍（měi）：同"美"。

[三]九谷（gǔ）：古代九种主要的农作物。所指各异，通常指稷、秫、黍、稻、麻、大豆、小豆、大麦、小麦，后泛指各种农作物。

[四]土训：古官名。负责向帝王陈报山川地势、土质好坏及土地所宜生产。

[五]诵训：周代官名。掌为王者述说四方久远故事，说明各地风俗所忌讳的言语；王者巡狩，随从王车左右。

[六]武功：县名，即今陕西咸阳市武功县。《武功志》，全称《武功县志》，明代文学家康海（号对山）纂修，刊行于明正德十四年（1519）。全书共三卷，分为七篇，一地理，二建置，三祠祀，四田赋，五官师，六人物，七选举。

[七]康海（1475—1540）：明代文学家。字德涵，号对山、沜东渔父，陕西武功县人。弘治十五年（1502）状元，以诗文名列"前七子"之一。所著有诗文集《对山集》、杂剧《中山狼》、散曲集《沜东乐府》等。

[八]耀州：州名，明代属西安府，今陕西铜川市耀州区。

[九]乔世宁（1503—1563）：字景叔，明代耀州人。他编纂的《耀州志》，为明代陕西县志中八大名志之一，誉满三秦。

[一〇]朝邑：县名，即今陕西渭南市大荔县。

[一一]韩邦靖（1488—1523）：字汝度，一作汝庆，号五泉，陕西朝邑人。明代官员、方志编纂家。撰有《朝邑县志》《五泉诗集》。

[一二]俎豆：俎和豆。古代祭祀时盛食物的礼器，亦泛指各种礼器。引申为祭祀、奉祀。

[一三]兵燹（xiǎn）：因战乱所造成的焚烧、破坏。

[一四]献贼：指张献忠。张献忠（1606—1646），字秉吾，号敬轩，延安柳树涧（今陕西定边东）人，明末起义军领袖。崇祯十二年（1639）夺取四川，在成都即帝位，建大西政权，年号大顺。后与清兵战于凤凰坡，中箭被俘死。

[一五]编乘（shèng）：编，书籍。乘，春秋时晋国的史书称"乘"，后通称一般的史书。

[一六] 觏：遇见。

[一七] 张君梧冈：即彭山知县张凤翥。张凤翥，字梧冈，浙江上虞（今绍兴市上虞区）人，因称"古虞张公"。乾隆十三年（1748）进士。乾隆十六年（1752）出任彭山知县，至二十三年（1759）十月离任。在任期间，与新津令徐守齐一起维修治理通济堰，灌溉新、彭、眉田共八万七千二百余亩。曾纂修乾隆《彭山县志》。邑人怀其德，嘉庆间建清爱祠以祀之。

[一八] 褒斜：即褒斜道，古道路名。因取道褒水、斜水两河谷得名。褒水南注汉水，谷口在旧褒城县北十里；斜水北注渭水，谷口在眉县西南三十里。自汉以后长期为往来秦岭南北重要通道之一。遗迹至今犹存，留有汉以来的石刻多处。

[一九] 灵关：又名零关、临关、重关。在今四川省雅安市宝兴县南灵关镇。

[二〇] 玉垒：即玉垒关。唐建，属导江县。在今四川省都江堰市西玉垒山下。为茂州（治今茂县）与彭州（治今彭州市）、成都间交通要冲。

[二一] 簿书：官署中的文书簿册，泛指各种官方文书。

[二二] 鞅掌：谓职事纷扰繁忙。

[二三] 皞皞（hào）：广大自得的样子。

[二四] 宫悬：古代钟磬等乐器悬挂在架上，其形制因用乐者身份地位不同而有别。帝王悬挂四面，象征宫室四面的墙壁，故名"宫悬"。

[二五] 锵锵：形容玉石撞击声。

[二六] 睾然：高远貌。睾，通"皋"。

[二七] 制府尚书：制府，清代总督之别称。因清代地方总督又兼兵部尚书，故称"制府尚书"。常：指常明。常明，佟佳氏，满洲镶红旗人。历官步军统领主事，贵州布政使、巡抚，四川总督，成都将军。曾与杨芳灿一起修纂嘉庆《四川通志》。

[二八] 簏（lù）：竹箱；用竹篾编的盛零碎东西的小篓。

[二九] 箧（qiè）：箱子一类的东西。

[三〇] 稂稗（láng bài）：稂，害禾苗的杂草。稗，稻田的害草。喻微小的，琐碎的。

[三一] 司训：明清时县学教谕的别称。

[三二] 懋斋冉君：指冉符中。冉符中，字懋斋，成都府温江县（今温江区）举人，嘉庆七年（1802）二月任彭山县儒学训导。曾参订嘉庆《彭山县志》。

[三三] 觇（chān）：看，偷偷地察看。

跋

　　志之作也，史家往往难之。谓足迹所不经，耳目所未及，风土人物不能与知，徒凭臆凿空，以为一家之言。虽训词尔雅，无征不信，此其难也。顾史之体例不一，志为史之一体，始于扶风班氏[一]，而其后史家则有专以志名者，若陈寿、常璩、郑樵诸志是也。按，王国有一统志，直省有通志，郡县有一方之志。一统志采之直省，省志则采之郡县，是志固为作史者之证据，而郡县之志又为作志者之权舆[二]也。郡县志之所关，岂细故哉！

　　彭山，故武阳治。枕山带江，俗俭民朴，其间方舆之形势，疆域之广袤，与夫田赋、户口之众寡，人物、艺文之瑰奇。前令古虞张公[三]悉心访辑，撰志四卷，成于乾隆廿一年（1756），距今已六十年余矣。阅人阅世，时异事殊，所当依类而增入者，殆不胜计。

　　今邑侯醇庵[四]，下车六年，教泽涵濡，民气和乐。莅政之暇，考前贤之遗迹，询下里之幽芳，凡有系于彝伦[五]风化者，一一裒[六]列成帙，而犹虑搜揽之有遗也。复传示绅耆，遍加采访，网罗散佚，订正阙讹，而志于是乎详且备矣。其事增于前而博以核，其文省于旧而简以该，后之考职方[七]、征文献者，观其分门别类，条理井然，不特是邦之风土人物了如指掌，即贤大夫之布德宣化，所以善人心而励风俗者，亦于此可见一斑也。

　　愚以浅陋之识，谬预参校，亦时以得所睹闻者，补所未备，然不过什之一耳。窃谓志中所纪载，新与旧虽互有异同，亦因时而有损益，而其所以传信则一也。

　　　　　　　　　　　　　　　　　　治年家眷[八] 晚生冉符中拜撰

【注】

　　[一] 扶风班氏：指班固。班固（32—92），扶风（今陕西扶风）人，东汉著名史学家、文学家。

　　[二] 权舆：萌芽，开始。

　　[三] 古虞张公：指张凤翥。

　　[四] 邑侯醇庵：邑侯，县令。醇庵，史钦义，字醇庵。史钦义于嘉庆十三年（1808）擢授彭山县令，至嘉庆十九年（1814）十二月离任。故下文说他"下车（官吏到任）六年"。

　　[五] 彝伦：常理，常道，指伦常。谓成为表率和典范。

　　[六] 裒（póu）：聚集；辑录。

　　[七] 职方：此处指版图、疆土。

　　[八] 治年家眷：治，治下。年家眷，一般是用在交情不深的人之间的客套称呼。年家，即同年，科举时代同年登科者两家之间的互称。明末以后，往来通谒，不论有无年谊，概称"年家"。

原序①

余向著《五凉志》[一]，仿之对山《武功》[二]，每邑凡七篇，所经咸取为式。至蜀，则行囊中仅《平番》一册。丙子（1756年）秋，梧冈闱事毕，携署修《彭山志》。逾年，志成，寄余览之。余见其详慎简老，深②愧《五凉》之未悉也。曰："凡事之尽其心者，不求工而自工，彭山之志犹是。"地里、建置、沟洫、风俗、官师、人物、艺文、平番之七篇，而其间提纲絜领，条分缕析，不缛[三]不遗，眉目清楚，义蕴含盖。想梧冈之访求文献、经营惨淡于执笔时也。质闻见于神明之内，鸡窗[四]风雨，周乎百里以外，征之千载以上，谁为赞襄而不殚厥志哉！窃比老彭，圣有明训，而今日更知述作之难矣。

夫梧冈之在彭也，事无巨细，不敢忽忘[五]。往者缘修通济堰，余奉制宪[六]令，偕建昌[七]周视之。吏役惟谨，市无庞杂，民敦古处，茆檐[八]整洁，田野修治，闾阎[九]殊有静气，山川朴茂，老者不负戴于途，少者咸归于垫，鲜游戏者。耕夫蓑笠与饁饷[一〇]之荆布[一一]，皆敬而有礼。余与建昌异之，以为梧冈有实力焉。至与议复堰事宜：数百年来，水何以涸？今于某处浚源，委迤曲折，越某处，达某处，阅尾某处，堪润泽不朽。制宪与藩司[一二]从其议，自新津以至眉州，复田数万余亩，父老传为盛事，以为东坡鼓吹中流，以乐粳稻丰盈，今当见之。惜乎新津徐令之已故也！

夫学者，静而操觚，动而决策，浮则非经，缛则无序，即留遗憾之端。梧冈沉潜于诗书、吏治之中，遥望乎磨针之纯密、了翁[一三]之正当，近复有岳星源[一四]先生者，抚循数省，标名圣世，咸奉为师，而不敢不尽其心。即彭山一志，可以知夙夜靖共之一端。是为序。

时乾隆丁丑（1757）金台张之浚[一五]撰③

【校】

①题目，乾隆《彭山县志》作"《彭山县志》序"。
②深：原文作"浃"，据文义改之。
③此句，乾隆《彭山县志》作"时乾隆二十二年丁丑阳春谷旦，金台张之浚谨撰"。

【注】

[一]《五凉志》：全称《五凉考治六德集全志》，是武威现存最早的府志，由凉庄道张之浚等

人倡议并鉴定，总纂修为张珚美。该志始修于乾隆十一年(1746)，成书于乾隆十四年（1749）。全书共六册，但只有五卷流传至今，即凉州府所属武威、永昌、镇番（民勤）、古浪、平番（永登）五县各一卷。

［二］对山《武功》：指明代文学家康海所编之《武功志》。全书共三卷，又分七篇，各为之目：一曰《地理》，二曰《建置》，三曰《祠祀》，四曰《田赋》，五曰《官师》，六曰《人物》，七曰《选举》。首仿古人著述，别为篇叙，高自位置，几于不让，而世多称之。

［三］缛（rù）：繁多，烦琐。

［四］鸡窗：指书斋。

［五］愆忘：违反，不遵守。

［六］制宪：清朝地方官员对总督之尊称。又称"制台"。

［七］建昌：即建昌上南道。清中叶，在府、州之上增设分巡道，康熙八年（1669）置建昌上南道，治宁远卫（今西昌），眉州属之。此处指当时的建昌分巡兵备道长官。

［八］茆檐：同"茅檐"，指茅屋。茅，指盖屋的草；檐，房檐。

［九］闾阎：里巷内外的门，后多借指里巷。泛指民间，也借指平民。

［一〇］饁饷（yè xiǎng）：送食物到田头。泛指送食物。

［一一］荆布："荆钗布裙"之省文，用为对己妻的谦称。

［一二］藩司：官名。明清时布政使的别称，为主管一省民政与财务的官员。

［一三］了翁：即魏了翁。魏了翁（1178—1237），字华父，号鹤山，学者称"鹤山先生"，邛州蒲江县人。南宋理学家。曾于嘉定六年（1213）至嘉定八年（1215）任眉州知州。

［一四］岳星源：即岳濬（jùn）。岳濬（1704—1753），字厚川，号星源。岳钟琪子，清朝官员。历官山东布政使、江西巡抚、广东巡抚等。

［一五］张之潘：字治斋，顺天大兴（今北京大兴区）人，雍正八年（1730）进士。曾任凉州府尹、甘肃凉庄道道台。乾隆十六年，以所辑《治平纲目》二十四疏进呈御览，乾隆阅后大为不满，将张之潘降为道员，后任四川松茂道道台。

原序①

国家久道化，成文教，接于寰宇。凡各省府州县，莫不考订典故，搜罗遗轶，加意于史乘。或续纂，或创修，郁郁乎同文之盛事矣！剑南[一]遭献贼虔刘[二]之后，兵燹频仍，尺板寸图，残毁无余，亦仰荷百余年之涵濡鼓舞，守土者类皆留心于补葺，以存风土之旧，以襄化理[三]之隆，正方兴未艾焉。

丁丑（1757）夏，彭山令张君梧冈新修《武阳小乘》，纲举目张，属稿已定，而问序于余。夫武阳自汉时犍为迁建以来，沿革废置，递更不一。雍正六年（1728），复设县治，而隶于眉。梧冈宰彭綮[四]久，心周闾井[五]，足遍津梁，搜微访逸，为养为教，凡力可及时举行者，无不亟起而善图之。百废俱兴，运于方寸。今以其心印者，而印诸梨枣[六]，宜乎分门别类，井井有条，而筹利防弊，慎始虑远俱有，蔼然一腔真意流注于楮墨[七]间也。

昔眉山苏老泉谓：修家谱者不在条例森严，而在真意贯通。夫条例，犹作室之间架，排列固不可缺，而非有真意，以各肖其地之情形、关其人之痛痒，直成印板文章耳，不几等于巍巍佛堂之徒设乎？夫邑乘与家谱，有大小，无二理也。武②阳即苏氏旧国旧都，菀裘[八]所托。今梧冈之修志，其无心而契合者欤？何其即小以通大，取则之不远也。

予之方莅眉也，梧冈之治绩已有成绪，迨共事久而益睹其真。不惟舒，不佞一方之忧，而且足以资同舟者求瘼[九]之助，故乐得此志而言其概。行见膺[一〇]殊擢[一一]而普阴膏张君乎！谅不能久敛，此大惠于一邑矣。而继治者手是编而得其意之所存，已行者赓而续之，未举者意而逆之，则是印诸梨枣者，固可垂之永久，非糟粕之徒存矣。岂仅分门别类，留往迹而启来牒已耶？

是为序。

乾隆丁丑（1757）眉州牧海昌陈履长撰③

【校】

①题目，乾隆《彭山县志》作"《彭山县志》序"。

②武：原文无此字，据乾隆《彭山县志》补。

③此句,乾隆《彭山县志》作"乾隆二十二年,岁次丁丑桂月,奉直大夫知四川直隶眉州事海昌陈履长拜撰"。

【注】

[一] 剑南:唐道名,因位于剑门关以南,故名。辖境相当今四川省大部,云南省澜沧江、哀牢山以东及贵州省北端、甘肃省文县一带。

[二] 虔刘:劫掠,杀戮。

[三] 化理:教化治理。

[四] 綦(qí):非常。

[五] 闾井:闾里,居民聚居之处。

[六] 梨枣:古时印书所用刻板多为梨木或枣木雕成,因以"梨枣"代称印板。

[七] 楮(chǔ)墨:纸和墨。也指诗文书画。

[八] 菟(tú)裘:古地名,春秋时鲁邑,在今山东省泗水县北。后指告老退隐的居处。

[九] 求瘼(mò):谓访求民间疾苦。瘼,病,疾苦。

[一〇] 膺:因被任命、提升或被选举而担任某职。

[一一] 殊擢:破格提拔。

原序①

志何为作乎？所以敷宣雅化，扬诩鸿图。存之郡国，以著一方之经制；贡之辒轩[一]，以备一代之典章，甚巨且重。然非躬逢盛世，制作修明，又奚所取资，从容珥笔[二]，以赞同文之治乎？蜀为天府奥区，金缠玉垒，圣贤神明，为之渊宅。子长[三]具良史才，必西瞻岷山及离堆，则蜀之名胜，洵足供词林之纪述，蔚舆地之大观，匪徒《诗》颂（蒸）民、《书》陈方贡已也。

蠹学殖浅陋，年少家贫，浪游江、淮、燕、晋间，每揽方舆所纪，足迹所经，未尝不临风掩仰，往复低徊。独以蜀地僻远，介在蛮夷，末由至止。读太冲[四]之赋，盖亦私心向往也。

戊辰（1748）幸捷南宫[五]，蒙天子简擢，即用县令。值蜀蛮不靖[六]，制府以牧令良干者请于朝。蠹谬膺兹选，衔命惴惴，愧无终军之略，不能请缨赴南越也。时维凉秋七月，金风送暑，水净山明，纵辔秦原，驱车蜀道，出褒斜，入云栈，飞身剑阁，顾盼金牛[七]，觉眼光洞放。向之所阅历者，无此雄峻耳。

至成都，大吏方焦心勤思，以思劳于塞，民困于田，虑地方有司不克仰承上泽，重虐苦吾民，俾石壕有中夜之呼，杼轴[八]有东人[九]之叹，其何以上慰九重宵旰[一〇]之忧，而下拯元元之待命者乎！时江阳方讼其令，苟命蠹往代。江阳，戎州大邑也，军需供亿，甲于他邑。蠹以书生承兹重任，兢兢焉若勿充负荷，唯有上宣德化，下通民隐，去其已甚，留其有余，以期经费无损，民气和乐而已。

越岁，忠勇公[一一]以王师入蜀，戎衣底定。天恩滂沛，赐复蠲租[一二]，欢呼震山谷，膏泽弥草野。全蜀之民复见太平，而江阳之山川人物，熙熙然触目会心矣。乃新令适至，于例得替，不暇淹留。江阳父老数百人上书攀留，勿得。斯时也，甲兵净洗，风物恬熙。农夫相与嬉于郊，商贾相与歌于途，士大夫相与庆于庭。俗茂美人殷庶，一二长吏乃得与民休息，普弦歌[一三]之化，发《江汉》[一四]之吟。余斯时方仆仆简书，有志未遑也。

己巳（1749，乾隆十三年）冬，役嶲州；庚午（1750），摄广安篆；辛未（1751），移江州，秋，有武阳之命，幸得实授一方。回忆三年之内，捧檄驰驱，倏焉如寄。人非至圣，宁见期月之可？治非循良，何来三异[一五]之称？讵非天助壮游之志，不令早滞一隅，俾三巴[一六]、百濮[一七]之奇牖我灵明乎！

武阳为古名郡，彭山其南鄙也。按，常璩《志》云："大贤彭祖，没于其乡。"厥后，埋轮都尉、陈情洗马相继挺生。眉山，密迩秀绝寰区，虽经丧乱之余，名山石室荡焉无存。按之史册，犹彰彰在人耳目间。唯复设[一八]之国，河山犹昔，风土已非，观风所止，当亦伯仲曹桧矣。幸逢国家雅化薰蒸，百余年来沐膏泽而咏乐土者，遍中外也。益以边圉绥靖[一九]，时和年丰，各大宪[二〇]奋庸熙载[二一]，时时以教养民生课于吏，诸属吏敢不恪共尽职？时时以教养民生报于上，以冀循良之选。今为问："彭之土田，辟于旧乎？"曰："岁取十千矣。"为问："彭之学校异于昔乎？"曰："蒸我髦士矣。"夫转移运会，以赞时雍[二二]之化者，大吏之权也；周知民俗，以备轺轩之贡者，牧令之责也。

翯不敏，承乏兹邑，七载于兹，会逢此闾井宴安之日，任专且久，使无一事可纪、一言可述，坐视此典籍散亡，经猷[二三]不振，又何以对我多士百姓，且报政大吏乎？顾自惭风尘挫落，弇鄙[二四]无文，而欲以拘墟之见，赞扬盛轨，是犹俯牛涔[二五]而窥沧海，登蚁垤[二六]而望太山[二七]已。用集郡志所载源本旧闻，网②罗轶事，及复设县志后制度典常，大而国计民生之务，小而乡曲里巷之经，悉为纂入。分志凡七，戒溢而侈，惧简而陋，亦以在县言县，聊尽此，知非矜言著述也。

志成，呈之郡守海昌陈公[二八]，雠定甲乙，惟公惟正。司训铜梁王君[二九]留心典故，校讹订伪，与有力焉。邑之诸君子，以为武阳百余年无志，有之自今日始。请亟登之梨枣，以光兹邑。余曰："是奚敢云志，则可谓《武阳小乘》云尔。"勉从所请，而付之梓，后之嗣兹土者，其亦鉴余之衷也。

时大清乾隆二十二年（1757），岁次疆圉赤奋若[三〇]小春[三一]中浣[三二]三日，古虞张凤翯题于武阳官署之德风堂③。

【校】

①题目，乾隆《彭山县志》作"《武阳小乘》自序"。

②网，原文作"纲"，形近而讹，据上下文义径改。

③此句，乾隆《彭山县志》作"时大清乾隆二十二年，岁次疆圉赤奋若小春中浣三日，赐进士出身文林郎邑令古虞张凤翯题于武阳官署之德风堂"。

【注】

[一] 轺轩：古代使臣乘坐的一种轻车。也代称使臣。

[二] 珥（ěr）笔：古代史官、谏官上朝，常插笔冠侧，以便记录，谓之"珥笔"。

[三] 子长：指司马迁。司马迁，字子长，西汉史学家、文学家。其所撰写的中国第一部纪传体通史《史记》（原名《太史公书》），被公认为中国史书的典范。

[四] 太冲：指左思。左思（约250—305），字太冲，齐国临淄（今山东淄博）人。西晋著名文学

家。其《三都赋》颇被当时称颂,造成"洛阳纸贵"。

[五] 南宫:指礼部会试,即进士考试。张凤翯为乾隆十三年(1748)戊辰科进士,故称"捷南宫"。

[六] 蜀蛮不靖:指金川之役。乾隆初,大金川土司莎罗奔夺取小金川土司泽旺印信,发动叛乱。乾隆十二年(1747),清廷派兵进剿,但久而无功,川陕总督张广泗被处死。乾隆帝改派岳钟琪为总兵,讨伐金川。乾隆十四年(1749),莎罗奔请降,大金川事件初告平息。

[七] 金牛:古川陕间栈道名。蜀道之南栈,旧名金牛峡,故自陕西省勉县而西,南至四川省剑阁县之剑门关口,称金牛道。自秦以后,由汉中入蜀者,必取道于此。

[八] 杼轴(zhù zhóu):亦作"杼柚",本是织布机上的两个部件,后借指工商之事。

[九] 东人:本指西周统治下的东方诸侯国之人,后泛指广大被统治者。

[一〇] 九重宵旰(gàn):九重,指帝王。宵旰,"宵衣旰食"之省文,比喻勤于政事。

[一一] 忠勇公:即富察·傅恒(1722—1770),字春和。初为蓝翎侍卫、总管内务府大臣,27岁拜保和殿大学士、领班军机大臣,衔太保。授一等忠勇公。乾隆十三年(1748)署理川陕总督,经略金川军务,降服莎罗奔父子。乾隆十九年(1754)平息准噶尔部叛乱。乾隆三十五年(1770)征缅病逝,谥文忠。

[一二] 蠲(juān)租:免除租税。

[一三] 弦歌:古代传授《诗》学,均配以弦乐歌咏,故称"弦歌"。后因指礼乐教化、学习诵读为"弦歌"。弦歌之化,指礼乐教化。

[一四] 江汉:《诗经·大雅》的篇名。共六章。据《诗序》"《江汉》,尹吉甫美宣王也"知"《江汉》之吟"指歌功颂德的诗篇。

[一五] 三异:即"鲁恭三异"。指东汉中牟令鲁恭行德政而出现的三种奇迹:蝗不入境、化及禽兽、竖子有仁心。

[一六] 三巴:古地名。巴郡、巴东、巴西的合称。相当于今四川嘉陵江和綦江流域以东的大部地区。多泛指四川。

[一七] 百濮:古代称西南少数民族。

[一八] 复设:彭山县为唐先天元年(712)以避李隆基讳改隆山县置,属眉州。后曾多次撤并复设。明洪武九年(1376)省入眉县。十三年(1380)复置,仍属眉州。清康熙元年(1662)废入眉州,雍正六年(1728)复置。

[一九] 边圉(yǔ)绥靖:此处指平定金川之乱。边圉,边疆。绥靖,安抚,使保持地方安定。绥,安抚,使平定。

[二〇] 大宪:清代地方官员对总督或巡抚的称谓。

[二一] 奋庸熙载:谓努力建立功业,弘扬功业。

[二二] 时雍:指时世太平。雍,和谐。

[二三] 猷(yóu):计划;谋划。

[二四] 弇鄙（yǎn bǐ）：见识浅陋、浅薄。

[二五] 牛涔（cén）：牛足印中的水。比喻狭小的境地。

[二六] 蚁垤：蚁穴外隆起的小土堆。

[二七] 太山：即泰山。

[二八] 郡守海昌陈公：即眉州知州陈履长。海昌，即海昌屯田都尉，治今浙江海宁市（硖石镇）西南。陈履长为浙江海宁人，故称。

[二九] 铜梁王君：彭山县学教谕王我师。

[三〇] 强圉赤奋若：即丁丑年。强圉，天干第四位丁的别称。赤奋若，古代星（岁星）、岁（太岁，亦称岁阴、太阴）纪年法所用名称，谓太岁在丑、岁星在寅的年份。

[三一] 小春：指农历十月，因天气温暖如春而得名。

[三二] 中浣：古时官吏中旬的休沐日。泛指每月中旬，即十一日至二十日。

《彭山县志》凡例

一、志书体裁，悉遵省城志局颁发采访章程则例。所列条目，自"星野"起，至"外纪"逐款厘正，分门别类，挨次排序，即每条编辑时事，亦照《通志》式样办理，以归画一，非敢易旧文而自标新奇。

二、志中条目，共四十五门，每门用一小序以发凡起例，即每事胪列[一]，井井分晰，注明连类而及。始于体例，不致舛杂，使阅者了如指掌，无畛域于南北人之看书也。

三、凡志内有略而不备者，如《通志》中之屯田、边防、土司、屯练、钱法、木政、榷政等门，彭邑无可采取，难为画蛇添足。又如"选举门"之荐辟，"人物门"之儒林、文苑，实因未得其人，不敢撼拾，姑阙以待。

四、彭邑旧志不盈卷帙，是编博搜遍采，增为六卷。凡艺文、人物、古迹，据引诸书，俱本《通志》《眉州属志》、晋常璩《华阳国志》及《潜确类书》《稗海》《蜀鉴》《广舆记》等书，必有关彭邑典故，根据确实者，方为采入，诚以志在传信，不欲贻诮[二]赝①鼎。

五、彭山、新津、仁寿，皆汉犍为郡武阳县地，天文、星野当合。今井疆割裂，版籍非旧，先天[三]以来，已隶眉州，应从眉入井鬼三度，明所统也。

六、山川古迹，流传互异，里巷称名，率非循古。如崌崃山之讹为大佛、石仓之讹为圣昌、埋轮桥之讹为龙门、通济堰之讹为桐梓。河山如故，征实已非，摘[四]之入志，殊懵然也。兹合《广舆》地里诸记，参以《通志》而更正之，不敢随俗附会，惧失之诬也。

七、彭山当汉晋则属犍为武阳，至唐贞观二年（628），则改今名。故叙人物于汉晋时，隶犍为者例得采入；至周隋以后，非确系隆山[五]诞钟，不敢附会，以涉浮夸。

八、彭山旧志艺文，流传数人而外，恒不多觏[六]。今搜之败碣，采之诸书，凡前代名宿，近今钜乡，传记诗铭，概为补入，如张翼、杨戏、杨洪、杜抚、唐重、宋德之、杨邠、杨孟时等传记及曹学佺、周厚辕等诗是也。故凡有关于彭者载之，亦有彭人作而事非关于彭者，皆得载焉，如吕陶《经史阁记》是也，用杨升庵仿程篁墩《新安文献》例。

九、忠孝节烈，彤管[七]流香，实关风化。彭遭兵火，前人芳迹，大半销磨，所挂齿者不过数人。恭逢旷典，纂辑县志，有从前遗漏，亟为补入，如"列女门"汉杨文方妻、广汉王博妻、元虞集之母是也。又有衢巷乡曲、潜德幽光、舆论允协、式孚人望者，奉文详查确访，牒举在案，亟为采收，亦严取与，又所为善善长而昭激劝也。

十、祀典礼仪，聿昭王制，谨从会典所颁志之，毋嫌剿袭[八]。至地方兴废举坠，如城郭、祠庙、津梁，必有序以记事。特新登入志，以备一邑观瞻。

十一、三苏文章，流传海内，武阳实近大贤之居，即其一言一行，诚足增重简编。然志求详慎，不尚华靡，若漫为夸饰，既恐与眉志无别，且与丹青聚讼[九]。唯篇咏所及有涉于彭者，谨录志之，如颖②滨之咏彭祖诗是也。

十二、是编事取其实，理求其备。或有杂见他书，即录取成文，注明出处，以资考据。或传闻多讹，疑义未安，宁阙以传疑。

义自惭梼昧[一〇]，惟惧失诬，又惧失烦，博雅者其必有以谅我。

史钦义谨识

【校】

①赝：原文作"鹰"，形近而讹，据文义径改。按，赝鼎，伪造的鼎，泛指赝品。

②颖：原文作"颍"，形近而讹，据上下文义径改。

【注】

[一] 胪（lú）列：罗列；列举。

[二] 贻诮（yí qiào）：见笑。

[三] 先天：唐玄宗李隆基年号，先天元年即712年。这一年，为避李隆基讳，改隆山县为彭山县，属眉州。

[四] 摛（chī）：铺陈，详细地叙述。

[五] 隆山：古县名。西魏时改犍为县置，治今四川省彭山区，属隆山郡。唐先天元年（712）改名彭山县。

[六] 覯（gòu）：遇见。

[七] 彤管：杆身漆朱的笔，古代女史记事用。代指女子文墨之事。

[八] 剿（chāo）袭：剽窃他人作品；因袭照搬。

[九] 聚讼：众说纷纭，久无定论。

[一〇] 梼（táo）昧：愚昧。多作自谦之辞。

重修《彭山县志》姓氏

总裁

　　特授四川直隶眉州知州　　　　　　　　赵来震 山西□县进士

纂修

　　特授四川直隶眉州彭山县知县　　　　　史钦义 浙江余姚副榜

　　署四川直隶眉州彭山县知县加三级纪录七次　陈作琴 湖北天门拔贡

参订

　　彭山县儒学训导　　　　　　　　　　　冉符中 温江举人

督刊

　　彭山县典史　　　　　　　　　　　　　刘锡名 郫县监生

　　彭山县驻防千总　　　　　　　　　　　王国栋 成都行伍

编次

　　袁　楷 增生

　　方　廉 附生

分编

　　唐景勋 廪生

　　甯崇礼 举人

校对

　　周元屏 井研训导

　　朱怀玉 贡生

　　刘玉林 生员

　　李　琴 监生

分校

　　唐　典 生员

　　王赐第 生员

　　袁　章 生员

艾世震 生员
采访
　　　陈蚪书 廪生
　　　李如斋 廪生
　　　何显谟 洪雅贡生
　　　袁殿秀 附生
　　　周志闳 贡生
　　　万　植 附生
　　　张福基 附生
　　　唐会中 监生
督梓
　　　王允耀 职员
　　　汪从善 理问
　　　梁在中 武生
　　　张玉川 武生
　　　虞致中 监生
　　　袁怀琳 生员
　　　葛天禄 职员
　　　艾世霈 生员
书稿
　　　李　珣
　　　方　达
　　　袁　棻
　　　朱祖骞
　　　吴学游
　　　刘芳兰
绘图
　　　刘泗潮
梓匠
　　　臧起厚
收贮板片
　　　唐崇鲤①

【校】
　　①原文自"梁在中"至"唐崇鲤"部分内容，重复出现两次，惟第二次中"绘图　刘泗潮"后多出"梓匠 臧起厚"五字。现删去重复部分，保留"梓匠 臧起厚"五字。

原志姓氏

眉州知州　　陈履长 浙江海宁举人
彭山知县　　张凤熹 浙江上虞进士
彭山训导　　王我师 铜梁贡生
彭山典史　　董启龙 湖北汉阳监生

举人
梁奇蜀

拔贡
唐亮揆 兴文训导　　　张日昇

恩贡
倪元昊 什邡教谕　　　李瑞果 富顺训导
梁国材　　　　　　　陈尚志

岁贡
宋献策　　　　　　　杨国柄 永川训导
虞绍尧 长寿训导　　　王子侯
袁　浩　　　　　　　吴以憕
陈嘉猷 盐源训导　　　陈茂猷 新津
王贵祥 梓潼训导　　　杨裕祚
王清儒

廪生
张佩玉　　　　　　　张子寅

增生
谭　理

附生
任　和　　　　　　　赵司孟
王　晋 铜梁人　　　　刘　镇

李毓瑞	杨绍爵
张　纪	郭朝权
张凤翼	宋献诗

武学生

艾　炎	郭琦玮
袁绍盎	曾顺正
周知新	张凤翔
陈联仲	范　仪

国学生

陈朝宗	佘　璟
卢士举	甯士熉
陈　璋	黄衮裳
秦正纪	夏永宽
杜景陵	陈联学
赵崇儒	陈起鹏
陈　元	曾三钦

《彭山县志》卷之一

彭山县星野志

先儒谓：古者以受封之月，岁星[一]所在之辰，其国属焉。又谓：以九州分野[二]，或系之北斗，或系之二十八宿，或系之五星，《保章》[三]所载，《天官》[四]所书，微哉其言矣！夫州域之界定，自轩辕[五]职方之纪，成于公旦，初不言分星也。志地里必首言之，何欤？岁纪淫枵[六]，知宋郑之饥；荧惑守虚[七]，去冤聚之狱。司土者占星象，慎修省，《虞书》所以示钦若[八]也。志星野。

星 野

《禹贡》：华阳黑水惟梁州，天文井鬼分野。

《汉书》：巴蜀分井鬼参。

《晋书·天文志》：自东井十六度至柳八度为鹑首[九]，又参七度，益州入。

《唐书》：剑南道分井鬼。又云：南戒自岷山嶓冢[一〇]，实沈[一一]之昒。《公羊传》谓：参左右肩股四星，为实沈。

《通志》：直隶眉州属井鬼之分，入参三度为鹑首之次。

按，眉州属入参三度。《星经》谓一度，统地二千三百九十二里，一说统地三千九百三十二里。又，《黄鼎度里通议》谓每度约二百五十里。诸说虽殊，彭隶眉，与眉接壤，同在分野之内。今以觜参井鬼之次言之，本图云益州入参七度、广汉入觜四度、越巂入觜三度、蜀郡入参一度、犍为入参三度，彭为古犍为地，则分野入参三度也无疑。

【注】

[一] 岁星：即木星。古人认识到木星约十二年运行一周天，其轨道与黄道相近，因将周天分为十二分，称十二次。木星每年行经一次，即以其所在星次来纪年，故称岁星。

[二] 分野：古代占星家为了借星象来观察地面州国的吉凶，将天上的星宿分别指配于地上的州

国，使其互相对应，即云某星宿为某州国的分野或某地是某星宿的分野。

[三]《保章》：指《周礼·春官·保章》。保章，指保章氏，官名。掌理天文星历，观测其变异而测吉凶。

[四]《天官》：指《史记·天官书》，最早比较完整地记录了中国古代的三垣二十八宿划分方法。

[五] 轩辕：即黄帝，古华夏部落联盟首领，五帝之首。据说黄帝本姓公孙，居轩辕之丘，号轩辕氏。

[六] 岁纪淫枵（xiāo）：出自《左传·襄公二十八年》："岁在星纪，而淫于玄枵。"岁纪，指以岁纪元。枵，木大而中空，引申为空虚。

[七] 荧惑守虚：出自《晏子春秋·谏上》："景公之时，荧惑守于虚，期年不去。"古人认为，荧惑是不祥之星，它出现于某方，预示某方将有灾祸降临。荧惑，古代指火星。因隐现不定，令人迷惑，故名。虚，指虚宿，二十八宿之一，对应的分野在齐国。

[八] 钦若：敬顺。

[九] 鹑（chún）首：星次名。指朱鸟七宿中的井宿和鬼宿。古以为秦之分野，指秦地。

[一〇] 嶓冢（bō zhǒng）：山名。一般认为位于陕西省汉中市宁强县境内。

[一一] 实沈：星次名。与十二辰相配为申，与二十八宿相配为觜、参两宿。魏之分野，主益州。

参觜分野[①]

星歌

参

总是七星觜相侵，两肩双足三为心。伐有三星足里深，玉井四星右足阴。屏星两扇井南襟，军井四星屏上吟。左足下四天厕临，厕下一物天屎沉。

觜

三星相近作参椠，觜上坐旗直指天。尊卑之位九相连，司怪曲立坐旗边，四鸦大近井钺前。

参觜分野图

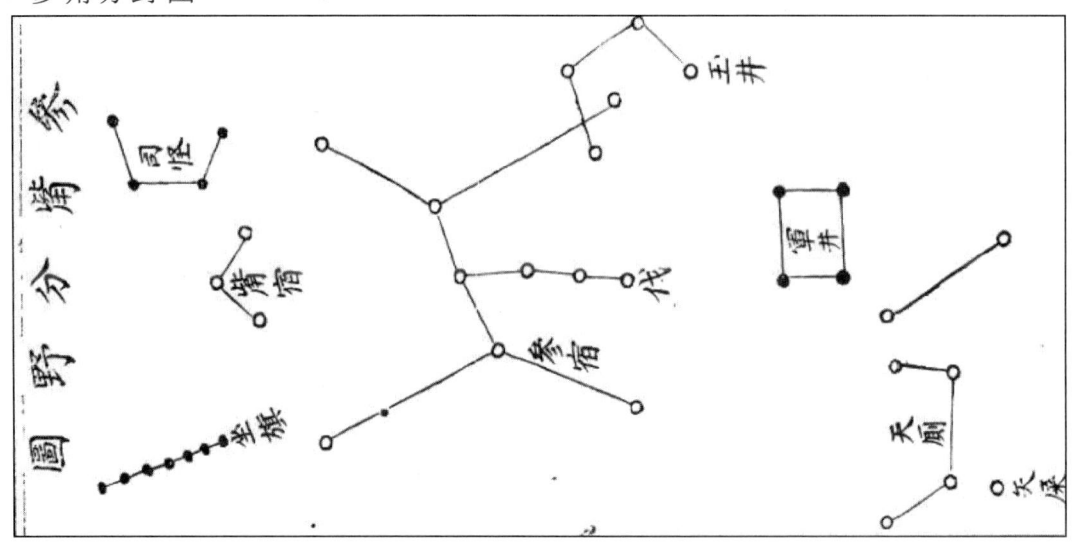

【校】

① "参觜分野"四字，底本原无，据上下文义补。

井鬼分野

星 歌

井

八星行列河中静，一星名钺井边安。两河各三南北正，天镈三星井上头。镈上横列五诸侯，侯上北河西积水，欲觅积薪东畔是。钺下四星名水府，水位东边四星序。

四渎横列南河里，南河下头是军市。军市团圆十三星，中心一个野鸡精。孙子丈人市下列，位立两星从东说。关邱二个南河东，邱下一狼光蓬茸。左畔九个弯弧弓，一矢拟射顽狼胸。有个老人南极中，春秋出入寿无穷。

鬼①

四星册方似朱柜，中央白者积尸气，鬼上四星是爟位。天狗七星鬼下是，外厨六间柳星次。天社六个弧东倚，社东一星是天纪。

井鬼分野图

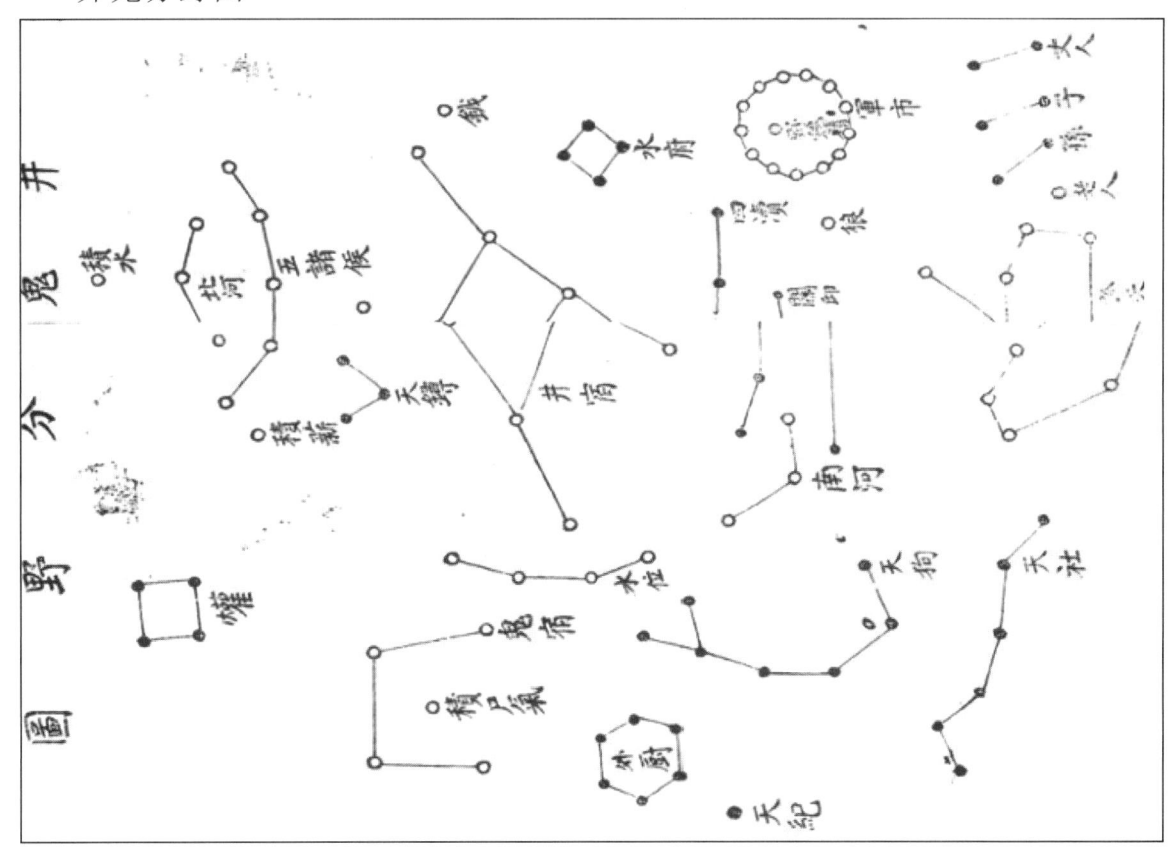

【校】

① 鬼：原文作"东"，据上下文义径改。

天文全图

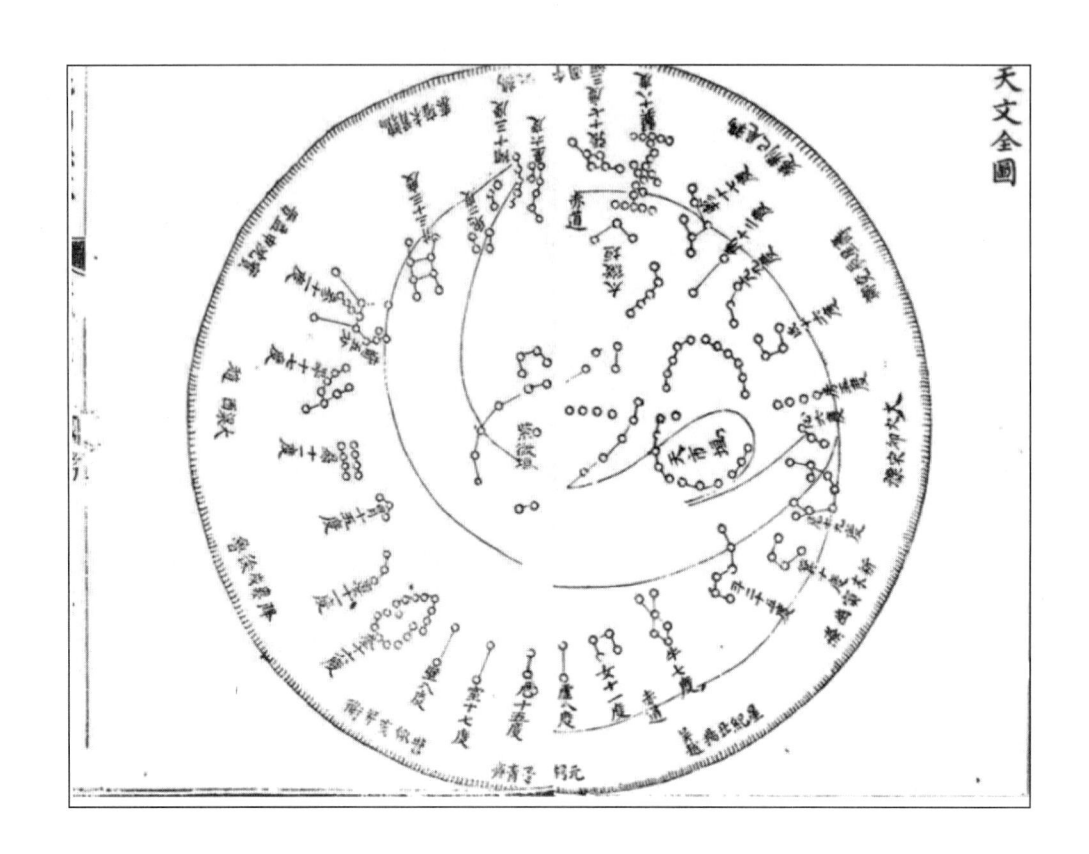

疆域图说

犍为古郡，武阳旧区，居眉山之上游，作锦水之保障。金华磐石之胜，喷簿乎蟆颐[一]；天柱北平之雄，贯通乎熊耳[二]。二水[三]包络乎五津[四]，溯都江而上焉；双江[五]委输乎三峡[六]，会青衣[七]而下之。长渠如蚺[八]，千筒灵雨润青畴；平盖如龙，百叠烟霞浮紫观。渔舟唱晚，零星杨柳春江；客舫惊时，摇曳芦花秋浦。斯为山川名胜之全形，亦为姒鼎轩图[九]所并纪。至若士游于泮[一〇]，肆宵雅[一一]之三；人安于畎[一二]，吹豳风[一三]之八。牵车[一四]服贾[一五]，工半资于商；负耒横经[一六]，农亦可为士。长衫紫领，宛然怀葛遗民；缟衣綦巾[一七]，犹是江沱美化。兹又可绘武阳风俗之图，以供太史辀轩之采者也。志图考。

【注】

[一] 蟆(má)颐：山名。在眉州东岸，因形似蟆颐得名。

[二] 熊耳：山名，在今青神县境。

[三] 二水：指赤水、皂水。赤水，由仁寿流经县境，为黄龙溪合。皂水，由新津流入县境为武阳江，即杜甫陪李七司马皂江上观造竹桥处也。

[四] 五津：《华阳国志·蜀志》载："自湔堰至犍为有五津：始曰白华津……五曰江南津。"

［五］双江：指锦江、武阳江。两江汇流处为彭山县之江口。

［六］三峡：山名。在嘉州北双江汇为外江，由眉州、青神流经三峡山下，出嘉定为岷江。

［七］青衣：即青衣江。在今四川西部，为大渡河最大支流，也指今四川青神县境内一段岷江。双江水至嘉定，与青衣江合，同为岷江，直下巴夔。

［八］螮（dì）：虹的别名，也可借指长桥。

［九］姒鼎轩图：姒，夏朝国姓，代指大禹。姒鼎，即大禹所铸九鼎。传说，大禹铸造九鼎时，事先派人将全国各州的名山大川、形胜之地、奇异之物画成图册，然后将这些仿刻于九鼎之身，以一鼎象征一州，每州之鼎所刻图形亦反映该州山川名胜之状。

［一〇］泮（pàn）：古代学宫前的水池，也指学校。

［一一］宵雅：即《诗经》中的《小雅》。"宵雅之三"，指《小雅》中的《鹿鸣》《四牡》《皇皇者华》三篇。

［一二］甿（méng）：同"氓"。古代称平民，泛指百姓。

［一三］豳（bīn）风：《诗经》十五国风之一。为古豳国的风谣。

［一四］牵车：即羊车。

［一五］服贾：指经商。

［一六］横经：横陈经籍。指受业或读书。

［一七］綨（qí）巾：青白色的女服。古代未嫁女子所服。

嘉庆 **彭山县志** 校注

《彭山县志》卷之一

图 考[①]

县治图

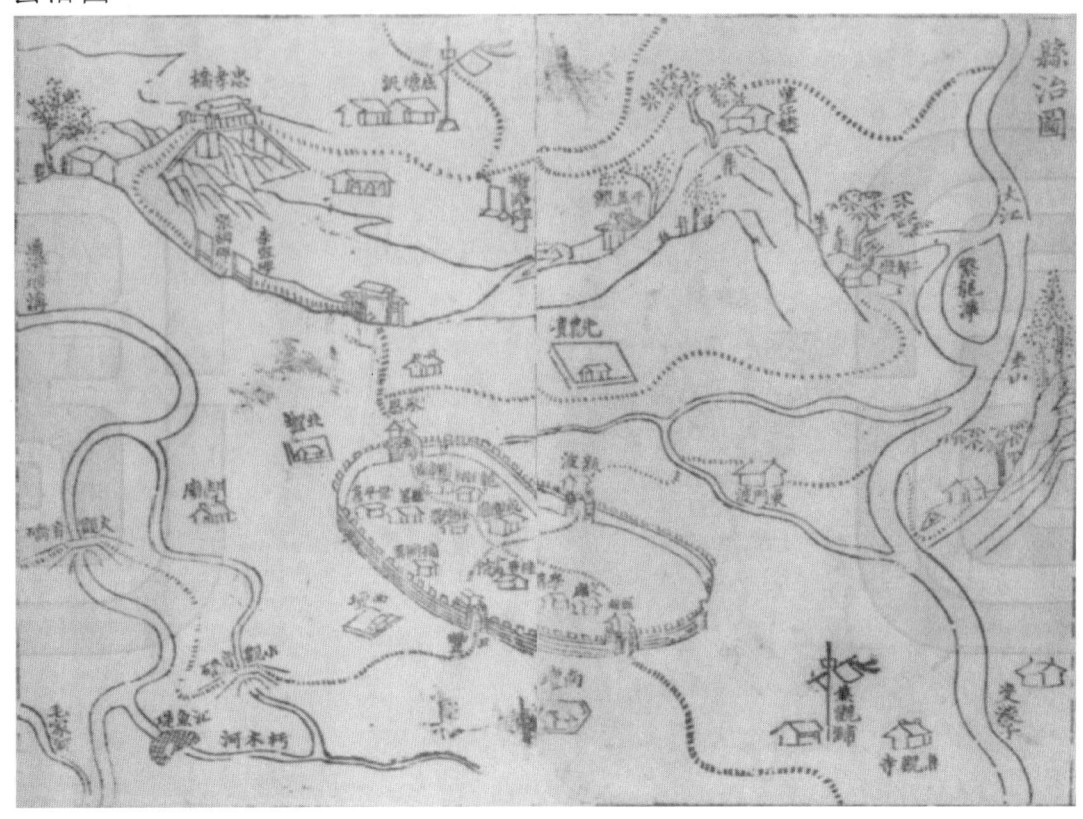

疆域图

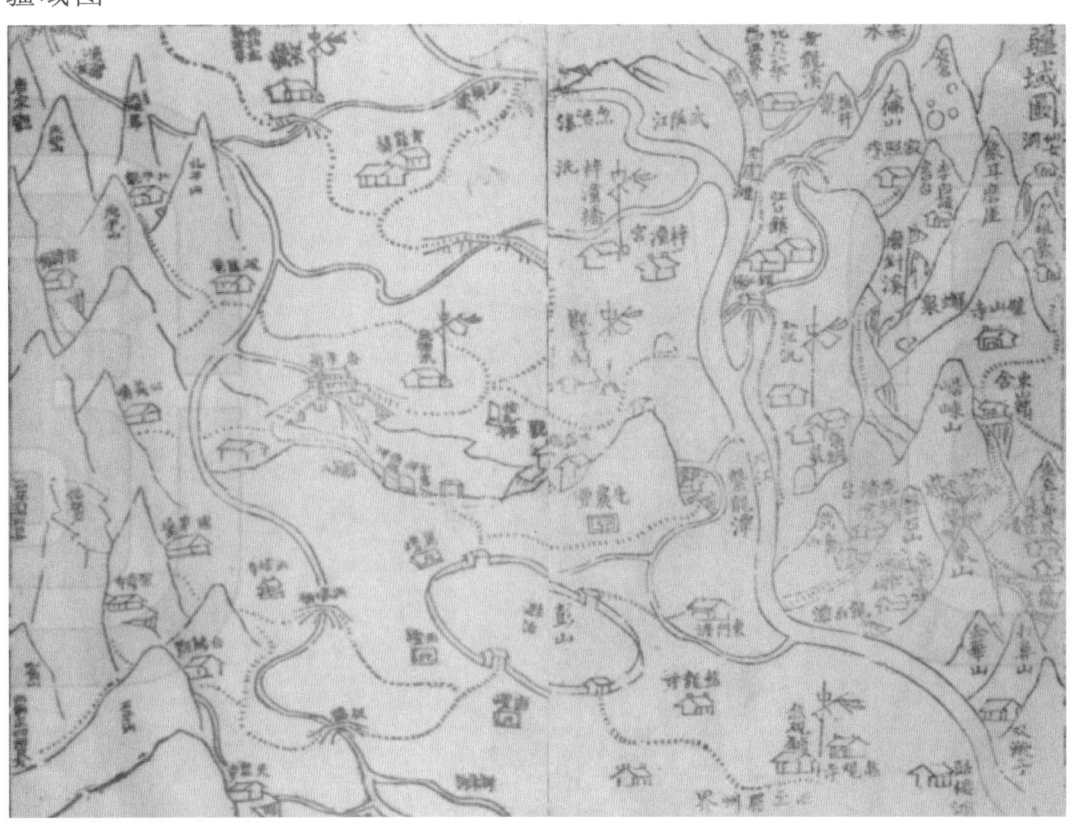

学宫图

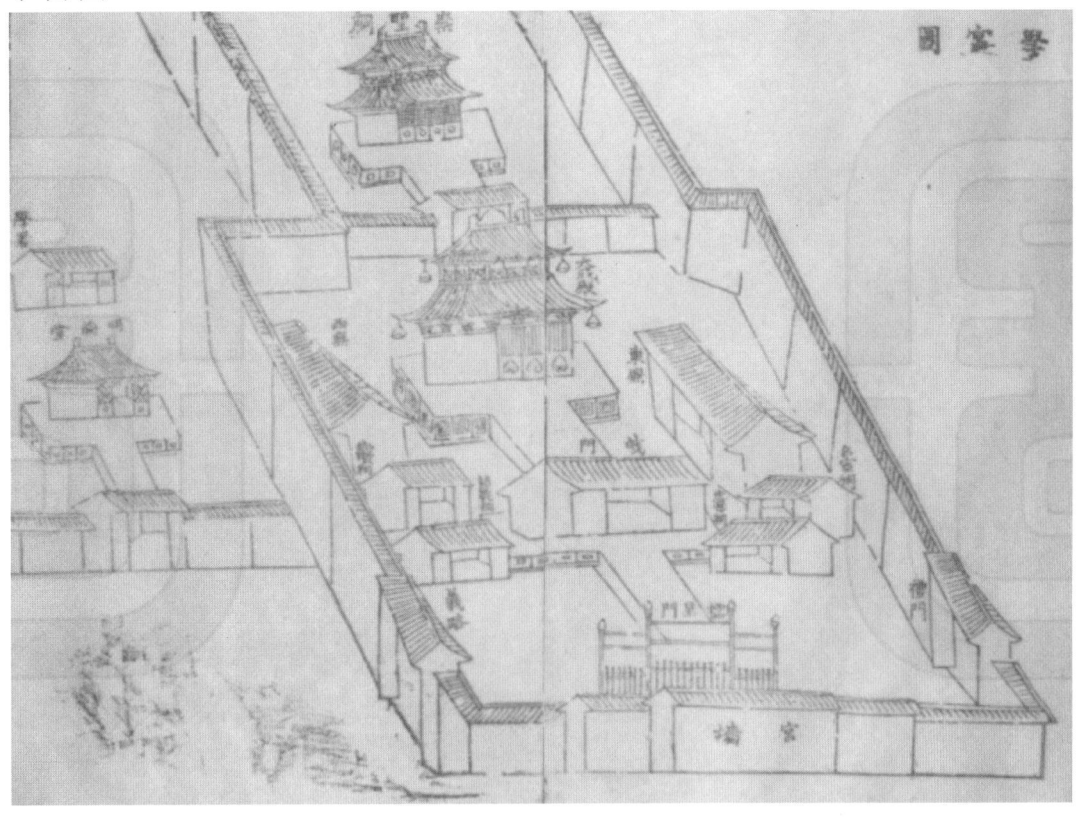

通济堰全图

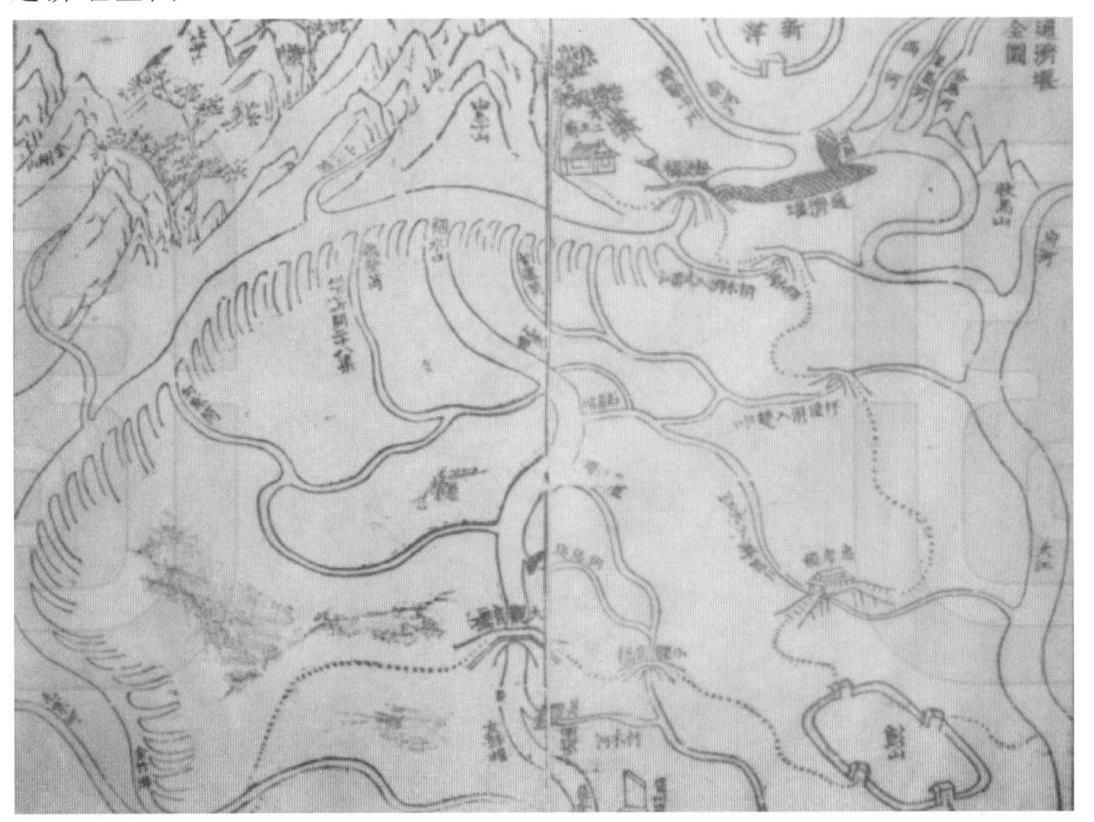

嘉庆 **彭山县志** 校注

《彭山县志》卷之一

圣寿云松

龙潭春雨

天柱神灯

秋浦芦花

嘉庆 **彭山县志** 校注

《彭山县志》卷之一

嘉庆 **彭山县志** 校注

《彭山县志》卷之一

平盖烟霞

双江渔唱

象耳摩崖

寂照风篁

嘉庆 **彭山县志** 校注

《彭山县志》卷之一

嘉庆 **彭山县志** 校注

《彭山县志》卷之一

长桥夜月

东山眺晚

古佛堰

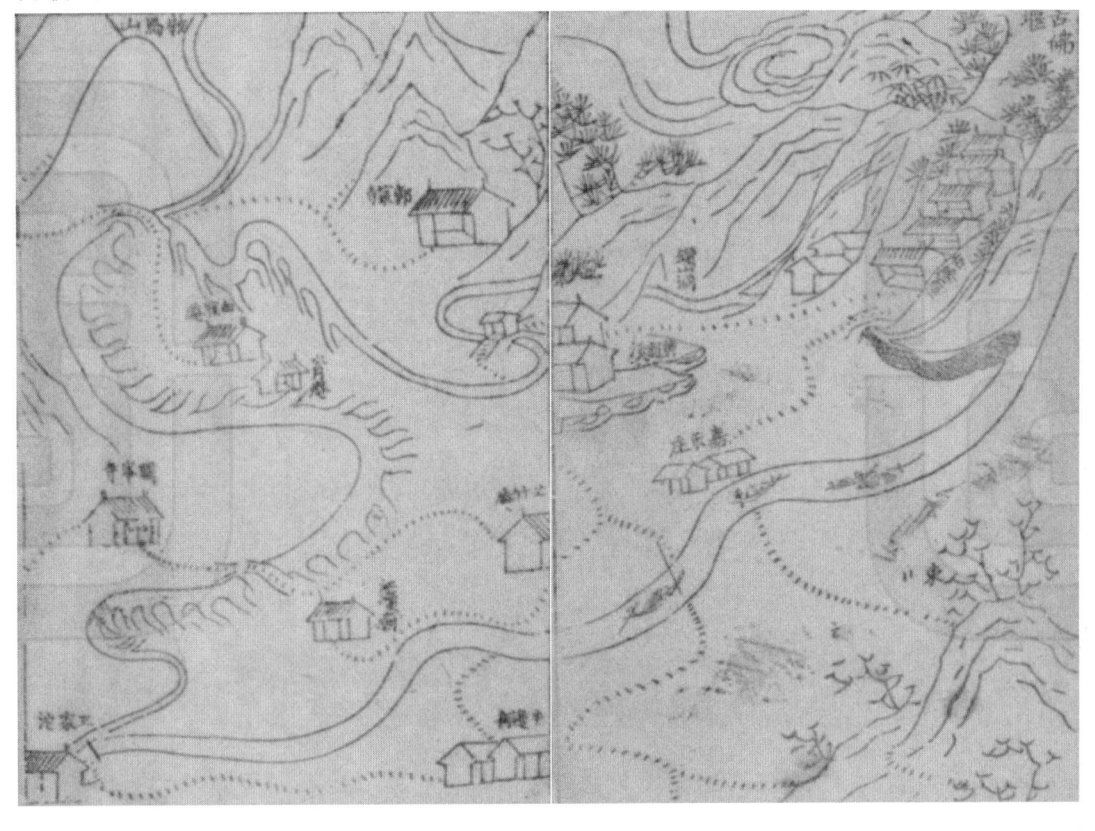

【校】

①圣寿云松、龙潭春雨、天柱神灯、秋浦芦花、平盖烟霞、双江渔唱、象耳摩崖、寂照风篁、长桥夜月、东山眺晚，称"彭山十景"，参嘉庆《彭山县志》卷之二《古迹·附古十景》。

彭山县表　属眉州

彭山县					
秦汉	武阳县	高帝分置广汉郡	武帝元光置犍为郡	王莽改戠城	昭烈定益州，又分置汉嘉郡
魏晋	分置梁、益二州，犍为属益州				
宋	江阳县				
齐梁	江阳县	梁改灵石县			
西魏	江州				
周	隆山郡	寻更名白水			
隋	开皇初郡废，改县属陵州。置西南道行台尚书省				
唐	武德三年(620)县属西南道行台，九年(626)罢		先天元年(712)改彭山		
宋	彭山县　仍隶眉州				
元					
明	彭山县	洪武九年(1376)省，十三年(1380)复置			

建置沿革志

画地分野，号为万国。周则千八百国，棋布星罗，绣壤[一]交错，大小相维，强弱相附，封建之制，后世勿能及已。厥后或为郡，或为县，或因其山川以定名，或仍其土姓之旧号，割据分争，茫乎莫考。蜀为《禹贡》梁州之域，彭山之名肇起于唐，盖因时势而递易也。志沿革。

上古隶梁州域中，春秋战国时为蜀侯蚕丛[二]地，秦末汉初属汉国，为武阳县。高帝六年（前201），分置广汉郡，县属焉。武帝元光五年（前130），开西南夷，置犍为、沉黎、汶山、牂牁、越巂五郡，县属犍为郡。建安十七年（212），昭烈[三]定益州，又分置梓潼、涪陵、汶山、汉嘉、朱提、宕渠六郡，县属汉嘉郡。魏晋分置梁、益二州，犍为属益州，县因之。梁改灵石县，西魏置江州，周置隆山郡。隋开皇初，郡废改县，属陵州，置西南道行台尚书省。三年（583），置总管府领之。大业元年（605），府废，改诸州为郡，梁州领眉州、隆州、犍为等郡。唐武德元年（618），复改郡为州，梁、益二州皆置总管府。三年（620），于益州置西南道行台，县属焉。九年（626），罢行台。贞观元年（627），以益州置剑南道，领眉、嘉等州，省县入通义。二年（628），复置，割属眉州。先天元年（712），避讳改曰彭山。至德二年（757），又别剑南为东、西川节度。昭宗初，为王建所据。唐长兴二年（931），为孟知祥所据。宋咸平四年（1001），分置益州路，领眉、彭等州，县仍隶眉州。元置四川等处行台中书省。至正中，为明玉珍所据，明洪武四年（1371）平之，置四川等处承宣布政使司，县均因之。洪武九年（1376）省，十三年（1380）复置，仍属眉州。崇祯末，为贼师张献忠所据，国朝顺治二年（1645）讨平之，仍置四川布政使司，县仍属眉州。康熙元年（1662），并县入州。雍正六年（1728），复设属州如故。

按，陵州即今资州仁寿县，仁寿为犍为郡武阳县东境。梁置怀仁郡，西魏置陵州，改县曰普宁。隋开皇十八年（598），改县曰仁寿。大业初，改隆山郡。唐武德元年（618），复曰陵州。宋熙宁五年（1072），改县为陵井监，盖彭山、仁寿皆武阳县地也。

又按，新津县，汉属犍为郡武阳县地，后周闵帝元年（557），置新津县，仍属犍为郡，至隋唐始改属益州，然则新津亦为武阳县也。

【注】

[一] 绣壤：指田间的土埂和水沟。因其交错如文绣，故称。

[二] 蚕丛：相传为蜀王的先祖，教民蚕桑。

[三] 昭烈：刘备谥号。

彭山县疆域志

《易》曰："王公设险以守其国。"究其善为创者，不过善为因者也。轩辕肇始，虞夏加详；秦汉以来，郡县以立。亥步章极[一]之规，神区[二]禹迹[三]之运，靡不经纬有端，维络有制。后之披图指示者，抚兹块圠[四]，徒羡雌雄，韩枢蜀沃，自然之形势也。夫岂易为创者哉！志疆域。

疆 域

在布政司南一百四十里，在眉州北四十里，东西距七十里，南北距五十里。东至直隶资州仁寿县界四十里，西至直隶邛州蒲江县界三十里，南至眉州顺江场界十五里，北至成都府新津县栢木桥界牌四十里，东南至眉州黄丰场界二十五里，西南至眉州大王庙三十里，东北至华阳仁寿县界四十里，西北至直隶邛州兴隆寺界四十七里。水路南至眉州双漩子十五里，东至成都府华阳县半边街三十里，北至新津县云峰寺四十里。

谨按，彭山为犍为、武阳二郡地，故四隅包越眉州、仁寿、新津界地，无高山大河之限。亩浍[五]交互，庐舍毗连，奸宄[六]易于窜伏，户籍尤多诡寄[七]。司土者和衷共济，无此疆彼界之嫌，则疆域扩清矣。

【注】

[一] 亥步章极：亥，竖亥。章，太章。 相传二人都是大禹之臣，皆善走。
[二] 神区：神明的地域。犹言仙境。
[三] 禹迹：夏禹治水，足迹遍历中国，故以禹迹为中国的代称。
[四] 块圠（yǎng yà）：亦作"坱轧"。漫无边际貌。
[五] 浍（kuài）：田间水沟。
[六] 奸宄（guǐ）：指违法作乱的人。
[七] 诡寄：将自己的田地伪报在他人名下，借以逃避赋役的一种方法。

彭山县形势志

犍为古郡，武阳旧区，据眉山之上游，作锦水之保障，平盖扼其前，崌崃[一]绕其右。眉阳北鄙，控邛部而引资中；天府南垣，抗峨眉而通熊耳。实居水陆之要，遥联冠盖[二]之冲。象耳山前，十笏江城画里；龙爪滩下，一村篱落水边。风烟斜接乎五津，锁长桥而作镇；弹丸号称夫十室[三]，跨天堑以为雄。

【注】

[一] 崌崃（jū lái）：山名。在今四川彭山区东北。

[二] 冠盖：官吏的官帽服饰和车乘的顶盖。后用以称达官贵人。

[三] 十室：犹言家家户户。

彭山县山川志

神禹随山刊木，浚亩浍距川，岷山导江，东别为沱。蜀之山川，大概可指。夫建都列国，必以某山为保障、为屏藩，某水为包幕、为灌输。山河之险，天所以限方隅[一]也。况夫宝藏兴，货财殖，山辉水媚，毓秀钟灵，所关诚大矣哉！彭山虽曰弹丸，分岷峨之秀气，澄锦水之余波，披图览胜者当亦究心也。志山川。

山　川

北平山　治西北三十里。《云笈七签》：第五北平治，在眉州彭山县，上有地，纵广二百步，越人王子乔得仙处。上有天柱峰，夜见五色神灯，汉张道陵得道于此。唐杜光庭[二]诗："天柱一峰凝紫玉，神灯千点散红蕖。"

彭亡山　治东北十里。唐《元和志》：周末，彭祖家于此而亡，故名。今其地有彭祖冢。《眉州志》：后汉岑彭讨公孙述至武阳，营于彭亡山，知而恶之，欲徙，会日暮而止。是夜，果为刺客所杀。初，岑彭[三]至此，改曰平无，今讹为平模山。《通志》：一名彭望。《寰宇志》作彭女山。《晋史》宋义熙元年[四]（405），朱龄石讨谯纵，大战于平模山，即此。

金华山　《眉州志》：治东五里，有丈六佛像，夜见神灯。

东　山　《通志》：在县东一里，虞允文次子公著读书于此，魏了翁为书"东山精舍"[五]四字。《眉州志》：在治东龙爪滩下，丹棱李壁①有诗，见《艺文志》。

平盖山　治北一里，二十四化之一。下临系龙潭，上有平盖观。《七签》云：山下有玉人，长一丈三尺，昔吴郡崔孝通于此学道得仙。《本志》云：平盖治上应娄宿[六]，治前有丹井洗墨池，唐隐士罗公远题咏之处，有清晖、涤览二亭，今圮。

鼎鼻山　《眉州志》：治东北二里。山形曲如鼎鼻，故名。《通志》：在县南十五里，相传周鼎沦于此，或见其鼻，遂以名山。

象耳山　《通志》：治东北二十五里。山形耸秀，连峰接岭，其南至蟆颐山，下有宝砚、磨针二溪，龙池、蟹泉诸胜，上有会昌村、李白读书台。

崌崃山　《通志》：治东北十二里。导江从南合流而下。

盘石山　《眉州志》：治东北六里。上有普照寺，藏宋太宗、真宗、神宗御书，今无，崖半有石室。

天社山　《通志》：治东北二十里。接新津界，汉建安间，李严凿天社山通东道。《眉州志》：汉安桥上流。

打鼻山 《眉州志》：治南十余里。刘宋②时谯纵据蜀，朱龄石讨之，纵出兵，塞打鼻山御之，即此。《通志》：《广记》云，县南十余里之打鼻山，乃古鼎鼻山，县东北之鼎鼻山乃其支峰耳。

金刚山 治西北三十里。古名飞凤山，一名翔凤山，内有寂定禅院，今毁。

牧马山 治东北三十里。明蜀王牧马之所，遂以名山。

关刀山 治东一里。其形似刀，因以名山。上有关帝庙。

盘龙山 治东南十里。即马鞍山，上有千佛崖。

挖断山 治东二十里。两山对峙，形同斧削，居民利其水道以灌溉田亩。

【校】

①壁：原文作"璧"，误，形近而讹。据中华书局点校本《宋史》卷三百九十八《李壁传》："李壁字季章，眉之丹棱人。"

②宋：原文作"宗"，误，形近而讹，据文义改之。

【注】

[一] 方隅：边疆。

[二] 杜光庭：（850—933），字圣宾，号东瀛子，处州缙云（今属浙江）人。僖宗奔蜀，光庭始充麟德殿文章应制，后隐居青城山白云溪。王建据蜀，赐号广成，有《广成集》。

[三] 岑彭：（？—35），字君然，东汉南阳棘阳（今河南新野）人。王莽时为本县县长，后降义军，属刘伯升部下，更始帝封为归德侯。归附刘秀后，官拜廷尉，为东汉名将。从平河北，收洛阳，定荆州，立下战功。建武十一年(35)，率军六万余人伐蜀，屡破公孙述军，直至成都城下，后被刺客所杀。死后谥壮侯。

[四] "宋义熙元年"，误。按，刘裕遣朱龄石讨伐割据巴蜀的谯纵，事在义熙九年（413），非义熙元年（405）。义熙为晋安帝司马德宗年号，非刘宋年号，时刘裕尚未代晋称帝。

[五] 东山精舍：指彭山治东东山上，宋虞公著读书之处。精舍，指儒家讲学的书斋、学社，也指道士、僧人修炼居住之所。

[六] 娄宿：二十八宿之一，西方第二宿。娄，同"屡"，有聚众的含义，也有牧养众畜以供祭祀的意思，故娄宿多吉。

武阳江 治东北二里。一名汶江。《通志》：大江一名汶江，又名武阳江。

系龙潭 《眉州志》：治北一里。后汉时邑人瞿君武入峨眉山，得道还家，系龙于潭，后复乘龙而去。上有桥，亦名系龙，宋麗籍《送石杨休还眉》诗："巢凤阁前劳远梦，系龙桥上认前题。"

尔家川 《眉州志》：石佛山下。苏轼诗："下有尔家山，千畦种粳稻。山泉宅龙唇，平地流膏乳。"

龙爪滩 《眉州志》：治东北二里。宋太平兴国间，有登科者，乡人送诗云："龙爪滩开彩缆去，蟆颐山看锦衣还。"

鼓楼滩 治南十五里，其水峻急，声若击鼓。

赤 水 《眉州志》：治东十八里。自仁寿县流经县境，入蜀江。《通志》：汉建安末，黄龙见于此，故又名黄龙溪。

磨针溪　《通志》：治东北象耳山下。相传唐李白读书山中，学未成，弃去，适过此溪，逢老妪方磨铁杵。白问："何为？"曰："欲作针耳。"白感其言，遂还，卒业。妪自言姓武，溪傍有武氏崖。

毛家河　源接石桥河，经谢家场，西南入眉州，居民沿河作堰溉田。

朽木河　通济堰水合毛家河，汇入大江，河上有堤，曰江鱼堤。

梓潼河　武阳江水分流，合通济堰水，至双江口入大江。

六井沟　源发象耳山，居民沿沟作堰，水出镇江桥入江，沟傍有旧盐井六，故名。

鱼涪津　治北二十里。

沙头津　治北二十五里。

石桥河　治北二十里。一自新津七星庙发源，至金刚山两河口。一自邛州邵家沟，东至龙门寺合两河口。一自邛州求子岩发源，合魏家口。一自邛州五皇寺发源，至胃水井合石桥河，至谢家场。

水碓河　治北三十二里。每秋间水平之后，居民沿水势作碓于上，捣声闻于四野，故以名河。

仰天壶　治西三十五里。山上有一穴似壶口，水从中出，四时不竭。

龙滩子　治西二十里。相传有龙戏水于此。

石板滩　治西北二十五里。引水溉田数百余亩。

盘龙溪　治南三里许。溪水湾环九曲，冬温夏凉。

锁江湾　治南五里。一名双璇河，中有二璇，水势璇转如磨。

郎官井　在县署大堂侧。大旱不竭，泉通大江，水泛则浊，水落则清，与大江候合，味甘而冽。

文园井　在县治南门学宫内。

八角井　在北平盖观上。与江水合，沉物于井，流出大江。

石缸井　治东十里。泉味甘冽，有汲水者，其声铿然，夏月常有紫霞现于其中。

文渊井　在县城南桂香书院外。

海棠井　治西三十里。旁多海棠。

胃水井　治西三十五里。其泉涌出，如星宿海，纵横觱沸[一]，滥觞成河。

楠木井　治西三十三里。

泉水井　治东三十五里。

桂花井　治北十里。

三角井　治北三十五里。

硝　井　治北二十五里。袁家山水可煎硝。

盐　井　一在治北三十里西山庙，曰乌通井，共二十余眼，今废，唯二三眼形迹尚存。一在治北三十五里文殊院，曰梅子井，共十余眼，今俱废，唯一井卤水时涌，四时不竭。一在治东十五里江口，名六井沟，今俱废。

【注】

[一] 觱（bì）沸：泉水涌出貌。

彭山县户口志

登版拜受，载在《周礼》，示重民数也。其盈缩登耗[一]之数，毋敢浮而不实。后世风气日漓[二]，百弊丛生，或以伪增受赏，或以流移逃罚，则核实无征矣。执政者必精严而互校之，则政治盛衰，生民休戚，皆可概见。而《大东》[三]《鸿雁》[四]之诗，顾非受人牛羊者所当三复[五]乎！志户口。

户　口

明季原额户口，按《眉州志》原载，人丁一千九百二十丁。

国朝雍正九年（1731），县治复设，后奉文清查彭山县户口，计一千五百七十三户，人丁四千五百七十三丁。

乾隆六十年（1795），现编彭山县户口，一万一千三百八十六户，人丁四万三千一百九十四丁。

嘉庆四年（1799），奉文清查彭山县户口，一万六千七百六十五户，人丁七万七千三百六十六丁。

嘉庆十六年（1811），现编彭山县户口，三万零一百四十二户，人丁一十五万四千三百九十一丁。

【注】

[一] 登耗：清朝时登记新添人口及除去死亡者户籍的记录。

[二] 漓：浅薄，不淳朴。

[三] 《大东》：指《诗·小雅·大东》。

[四] 《鸿雁》：指《诗·小雅·鸿雁》。

[五] 三复：三遍，谓反复诵读。

彭山县田赋志

周文王建司马[一]法，六尺为步。周公卜司徒[二]之职，有井、邑、邱、甸[三]之制，以建民中，以裁军赋。田赋之制，由来尚矣。其后开垦既多，贪凉迭变，遂至履亩之政[四]作，而兵甲之敛生。我朝自雍正六年（1728）酌古今之宜，定上下之则，革派累之弊，息徭役之征，百余年来含哺鼓腹之风，无间山城下邑也。志田赋。

田　赋

明季税粮原额，无案可稽。

国朝康熙二年（1663），县并入眉州。雍正七年（1729），复设。是年，奉文丈量。

恩准，部覆，丁条粮[五]合并积算，按亩征银，清查田地，至乾隆三十九年（1774）止。

今自乾隆四十年（1775）起，至乾隆四十九年（1784）征输[六]止，除籍田[七]四亩九分不征外，垦输上中下田地共一千八百二十五顷九十亩五分四厘二毫五丝二忽三微八尘一纤。

上田五十六顷七十六亩三分七厘三毫八丝九忽九微九尘九纤。每亩征丁条粮七分九厘七毫五丝九忽一微二纤，共征银四百五十二两七钱四分二厘四毫八丝四忽八微七尘九纤四沙。

中田七十六顷四十七亩二分二厘八毫二丝二忽五微九尘五纤。每亩征丁条粮四分七厘三丝七忽四微一尘九纤，共征银三百五十九两七钱五厘八毫七丝八忽二微五尘二纤六沙。

下田八百一十一顷四十一亩二厘七毫九丝。每亩征丁条粮二分六厘五毫八丝六忽三微六尘七纤，共征银二千一百五十七两二钱四分五厘一毫四丝六忽五微六纤。

上地五十七顷九十五亩八分五厘四毫四丝。每亩征丁条粮二分六厘五毫八丝六忽三微六尘七纤，共征银一百五十四两九分七毫一丝二忽一微五尘七纤。

中地一百三顷七十七亩九厘二毫九丝五尘八纤。每亩征丁条粮一分八厘四毫五忽九微四尘七纤，共征银一百九十一两二毫二丝一忽九微四尘二纤一沙八渺三漠。

下地七百一十九顷六十一亩九分六厘五毫一丝九忽七微二尘九纤。每亩征丁条粮一分四厘三毫一丝五忽七微三尘六纤，共征银一千三十两一钱八分八厘四毫九丝五忽八微五纤六沙。

现征丁条粮银共四千三百四十四两九钱七分二厘九毫三丝九忽五微四尘二纤七沙八渺三漠，于康熙九年（1670）奉文加增闰银，照旧时全书核算，每两加增闰银三分五毫九丝七微八尘四纤一沙五渺六漠九埃，遇闰之年照例加征。

乾隆二十二年（1757）起，至①嘉庆十六年（1811）止，所有旧额及自首报垦报部上中下田地数目：

上田五十六顷七十六亩三分七厘。每亩征丁条粮八分，共征银四百五十二两七钱四分二厘。

中田七十六顷四十七亩二分三厘。每亩征丁条粮四分七厘，共征银三百五十九两七钱六厘。

下田八百一十一顷四十一亩三厘。每亩征丁条粮二分七厘，共征银二千一百五十七两二钱四分五厘。

上地五十七顷九十五亩八分五厘。每亩征丁条粮二分七厘，共征银一百五十四两九分一厘。

中地一百三顷七十七亩九厘。每亩征丁条粮一分八厘，共征银一百九十一两。

下地七百一十九顷六十一亩九分七厘。每亩征丁条粮一分四厘，共征银一千三十两一钱八分九。

实通计，上、中、下田地一千八百二十五顷九十九亩五分四厘，共应征地丁银[八]四千三百四十四两九钱七分三厘。

【校】

①至：原文作"自"，据上下文义径改。

【注】

[一] 司马：官名。相传少昊始置。周时为六卿之一，曰夏官大司马，掌军旅之事。

[二] 司徒：官名。相传少昊始置，唐虞因之。周时为六卿之一，曰地官大司徒。掌管国家的土地和人民的教化。

[三] 井邑邱甸：古代区划田地、政区的单位名。

[四] 履亩之政：指履亩而税。履亩，谓实地观察，丈量田亩。

[五] 丁条粮：指丁银、条银、粮银。

[六] 征输：征收赋税输入官府。

[七] 籍田：古代天子率诸侯亲自耕田的典礼。在国都南面近郊，天子执耒，三推三反；群臣以次耕，王公诸侯五推五反，孤卿大夫七推七反，士九推九反，然后籍田令率其属耕播毕，礼成。自周、汉以下，各代多行之。

[八] 地丁银：清代赋税制度的一种。雍正时，把丁税平均摊入田赋中，以银两方式统一征收，谓之"地丁银"。

岁　支

文、武庙及山川、社稷各坛祠祭祀，旧额加增，每年共支银六十四两。

一、知县一员，岁额俸银四十五两。额设衙役三十名，内门子二名、皂隶一十三名、马快八名、轿伞扇夫七名，每名岁支工食银六两，共银一百八十两。仵作一名，岁支工食银六两；副仵作二名，每名岁支工食银三两，共银一十二两。民壮八名，每名岁支工食银八两，共银六十四两。禁卒八名、更夫五名，每名岁支工食银六两，共银七十八两。添设捕役二名，每名岁支工食银六两，共银十二两。斗级一名、仓夫二名，每名岁支工食银六两，共银一十八两。又县属铺司十五名，每名月给工食银五钱，共银九十两。遇闰照数加增。

一、典史一员，岁额俸银三十一两五钱二分。额设衙役六名、内门子一名、皂隶四名、马夫一名，每名岁支工食银六两，共银三十六两。

一、训导一员，岁额俸薪银四十两。额设门斗二名、膳夫二名，每名岁支工食银六两，共银二十四两。

一、廪生原额十一名，每名岁支饩粮[一]三两二钱，共银三十五两二钱。遇闰加增。

以上祭祀官俸、饩粮，岁共支银二百一十五两七钱二分。又衙役、民壮、仵作、禁卒、更夫、捕役、斗级、仓夫、铺司，共支银七百九十七两七钱二分。所有支剩丁条粮三千六百三十一两一钱八分一厘一毫一丝有零，起运布政司库收贮听候拨支。

一、知县养廉六百两，典史养廉八十两，共银六百八十两，在火耗[二]项下支销，不敷之数，赴司请领。

【注】

[一] 饩（xì）粮：指官府供给廪生的粮食。饩，赠送食物。

[二] 火耗：碎银经火镕铸成银锭或元宝过程中所产生的损耗。明清时指州县政府为弥补铸币损耗而征收的附加税。

彭山县水利志

壅有源之水，引而注之，分流接派，曰堰；聚无源之水，潴[一]而蓄之，挹[二]彼注兹，曰塘。皆以人力补天工，润彼嘉谷也。彭邑负山倚江，山不高而溪流细，不能藉山水以灌田。江则合南江、内江、汶江等水，飑波飘沫，激岸成沙，引而纳之，则赤子[三]皆鱼鳖矣。唯此武阳一水，距众流之上，壅而西注，以山为岸，以土为堤，蜿蜒屈曲，势若建瓴[四]，诚自然之通济也。他若因溪流而作堰，积潢潦[五]以为塘，既疏既瀹[六]，是筑是防，司牧者殚精以图之，民受其福矣！志水利。

水　利

堰塘①

通济堰一名远济。《地里志》：蜀州新津西南二里有远济堰，分四筒，穿渠溉眉州、通义、彭山之田。《通志》：在县西北四十里，有大堰一，小堰一②。唐开元二十八年（740），采访使章仇兼琼[七]所开，自修觉山下引水，灌溉彭山、眉州等处田亩凡三百余里。后五代时张琳重修，元彭山令雍熙复修。《新津县志》：在县西南三里，分四筒，穿渠灌溉邑东南田亩，并彭山、眉州、青神等处三百余里。《明史·河渠志》：万历七年（1579）修。眉州、彭山通济堰由武阳引水出松江口，灌溉田七百余顷，明末堰废。

国朝雍正十一年（1733），督臣[八]黄廷桂[九]重修，仿都江堰制，竹篓垒石为堤。浚渠自新津修觉寺下余波桥起，至彭山回龙寺下智远渠止，新、彭共七筒，引渠灌溉，复古制十分之一。乾隆十八年（1753），邑令张凤翥据邑耆甯朝玉、卢敬臣呈请，开修通济古堰，转详[一〇]兴修，引灌县小海子水入旧堰，开浚智远筒下古沟八十余里，凿翻水口分支入眉州，共复彭山古渠二十八、眉州古渠十四，灌溉旱田八万七千二百余亩。大学士黄廷桂给文勒碑，松茂道张之潜为之《记》，并给甯朝玉、卢敬臣等以"功垂带水"扁额，示厥奖励。其堰口，三州县堰民建二王庙，岁时致祭。

【校】

①标题原无，据目录补。

②一：乾隆《彭山县志》卷之三同，嘉庆《眉州属志》卷八、道光《新津县志》卷三十七均作"十"。

【注】

［一］潴（zhū）：水积聚。

［二］挹（yì）：舀，把液体盛出来。

［三］赤子：本意为婴儿。比喻百姓，人民。

［四］建瓴（líng）：语本《史记·高祖本纪》："譬犹居高屋之上建瓴水也。"建瓴，即"建瓴

水"之省文，谓倾倒瓶中之水，形容居高临下、难以阻挡的形势。也形容速度极快。

[五] 潢潦（huáng liáo）：地上流淌的雨水。

[六] 瀹（yuè）：疏导（河道）。

[七] 章仇兼琼：（？—750），复姓章仇，鲁郡任城县（今山东嘉祥）人。为剑南节度使时曾开渠堰以利灌溉。闻杨氏姊妹受宠于帝，思有以结纳之为奥助，表杨国忠为推官。后借国忠之力，入为户部尚书、殿中监。

[八] 督臣：即总督。下属则尊称制军、制帅、制宪或督宪。

[九] 黄廷桂：（1691—1759），字丹崖，号前黄，房山县（今北京房山区）人。乾隆年间，历任两江总督、陕甘总督、四川总督等职，后奉命督办陕甘军需，佐清军讨阿睦尔撒纳。以筹划有方，加太子太保，封三等忠勤伯。卒谥文襄。

[一○] 转详：谓将案情呈报上级官府。

一、修复通济堰始末事宜

乾隆十九年（1754）八月初八日，奉建南道张[一]檄[二]，为据禀饬查水利事：

本年五月，巡查来彭。据该县禀称"邑有通济古堰，由新津县修觉山麓引流入彭山，直达眉州，古迹可寻。自明末兵燹，堙为石田。雍正年间，经督宪黄劝谕修浚，仅至县属土堰而止，下皆淤塞。今据士民有以兴复古制禀请者，职身任地方，宁辞相度？第工赀繁钜，须斟酌万全。时值农务方殷，俟秋收后逐细确勘，妥议禀夺"等由，当经本道面嘱：务于秋收确查，不必虑及工赀，总期实心实力，毋畏难，毋苟安，已禀闻督宪矣。今届收成，檄到即便亲往确勘：自土堰至眉境，共长若干里？中间有无山冈、庐墓？需用夫料，约计若干？相度机宜，悉心议覆，以便亲勘。毋忽！

九月初九日，约新津县会勘牒[三]，为移请会勘堰务事案：

据敝县堰民呈请，修复通济古堰。兹奉本道具禀，督宪檄饬勘查。兹堰古制，原由新入彭，直达眉之松江口，出大江为尾闾。雍正年间，奉檄修举，仅至彭属之土堰，下皆旱塝，不见水利者百余年矣。今经某逐一确勘，尚有筒湃堤埂遗迹可寻。据堰户等愿，各照本界酌出夫粮，自行开修，业将工程估计确实。惟查古制，兹堰水原由新邑城南截河，用石工筑堤，壅流东注，浙渠灌溉，厥利甚溥。自兵燹久废，石堤坍损。历年两县堰民共领帮金五十二两。会修，仅用竹篓垒石，引取南河一水入沟，得水利者十分之一，而贵邑刘家筒、马家筒等渠，增添筒车二十余架，层次筑埂，堵遏下流如绵①。故堰水仅及彭属，土堰尚有纷争。今拟于某日会勘，妥议工程，以便会请兴举。苧切苧切。

【校】

①绵：乾隆《彭山县志》卷之三作"薄"。

【注】

[一] 建南道张：建南道，清代四川省五分巡道之一。治雅安府（今四川省雅安市），辖境约当今四川省西南部地区，眉州属之。张，其时任道台张钧。

[二] 檄：古代官府用以征召或声讨的文书。这里指用于晓谕的文告。

[三] 牒：文书，证件。通常指由官方颁发的证明某事的文件。

十一月初三日，会同新津县上《修通济堰状》：

窃照，民间田亩，全资水利，所关钜重。时蒙大人谆谆指示："凡有可开堰塘，务须设法修浚，以广利济。"两卑职[一]仰体宪仁，时复留心体访。

兹查新邑距城里许，有南河通济堰一道，径灌新、彭、眉三州县民田。按之古制，兴自唐开元年，纳石为埂，聚水入堰，计堤长八十余丈，嗣年久冲颓，仅存旧迹。雍正十一年（1733），奉檄兴修。以石工赀钜，仿照旧堤，易以石篓，垒堤截水，东注入沟，灌溉新津民田三千五百余亩、彭山民田一万三千余亩。动用公帑，每岁两县于水利同知衙门领银五十二两，分发新、彭堰长承修。近因沟道浮沙壅塞，护①堤渗漏，兼以南河一水发源邛州，春水微细，伏夏始旺。自上及下，分流接灌，愈远愈微，故下游②万亩粮田，仍虞干旱。

两卑职伏思，欲畅其流，必理其源，当赴堰所，细加履勘。募夫开挖，堰底埋有大石。询之乡中耆老，称曰："此过江石。旧制淘浚，以此为限，过深则水平不能下流，浅则水溢堤外。"两卑职随又相度③河中形势，南河之西，别有一河，其源出④于灌县小海，直达江口。春夏水涨⑤，即分南水西出，堰水愈竭。今就其形势，拟于西河分流水口，另筑新堤，计长二十六丈，截流归逆南河，统入于堰。春夏之水，可以源源相济。并督令堰长，将堰沟依旧制淘浚深宽，旧堤增修，高厚拟添若干丈，将水源大旺畅流，不仅新、彭历年灌溉田亩可以充裕，彭山自土堰以下淤塞古迹，计二十八渠，亦均沾利济矣。

【校】

①护：原文作"获"，形近而讹，据上下文义及乾隆《彭山县志》卷之三径改。

②游：原文作"淤"，形近而讹，据上下文义及乾隆《彭山县志》卷之三径改。

③度：原文作"及"，形近而讹，据上下文义及乾隆《彭山县志》卷之三径改。

④出：原文无此字，据上下文义及乾隆《彭山县志》卷之三增补。

⑤涨：原文作"长"，据上下文义径改。

【注】

[一]两卑职：指乾隆十九年（1754）时在任的彭山知县张凤翥和新津知县徐尧。卑职，旧时下级官吏对上级的自称。

十一月十一日，奉督宪黄[一]批：据禀，会勘堰沟，缘由因见，和衷共济，亦极留心经画，俟将来得收成效，另禀察夺，余已悉。此缴[二]。

又奉藩宪周[三]批：拦截分流，归入通济，俾久淤塞，废土得成沃壤，诚利民之事也。仰即及时兴工修竣，查明得灌田亩，具报，仍候院宪批示。缴。

又奉建南道宪张[四]批：据禀，会勘兴修通济堰，以裕水源，业经本道亲勘转禀矣。仰即及时妥协赶办，工竣具报，仍候督宪暨藩司松茂道批示。

又奉松茂道宪张[五]批：据禀，会勘西河之水，并无灌溉田亩，分流水口，砌筑堤埂，截归南河通济堰，新、彭田亩，大有利益①。仰即督令兴修，以俾永裕。仍候督宪暨藩司建南道批示。缴。

上《开浚二十八渠状》：

窃查，卑县地方半系沙土，旱田全藉堰渠渐灌。前经会同新津徐令，会勘通济堰水源，肃禀在案矣。查水源既裕，似不独新、彭，历年灌溉田亩，皆可敷足。而自卑属土堰以下，久经淤塞之会众筒、向家筒、蔡家筒、枣儿筒、白鹤湃、金竹湃至文殊堰，共二十八渠，皆可分支接灌。

随经晓谕，各粮户将旧有之筒口堤埂，按照古迹逐段②开修，勿致坐失自然之利。据耆民人等，咸愿自备工赀，兴工淘浚。并公举堰长、沟长，分别经理一面，饬委典史驻劄公所，早夜督修。卑职分头前诣，亲为指示，乘此农隙，疾速兴工，务俾水利有济。除俟工竣，试看水源灌及若干田亩，再行禀报，所有应修古迹缘由，合先绘图具禀。

【校】

①益：乾隆《彭山县志》卷之三作"济"。

②段：原文作"叚"，据上下文义改。

【注】

[一] 督宪黄：指四川总督黄廷桂。

[二] 缴：交付，交还。清代下行批文中，将已批复的下级来文副本发还原下级机关的用语，放在批示结尾。

[三] 藩宪周：指四川布政使周琬。

[四] 建南道宪张：指建南道道台张钧。

[五] 松茂道宪张：指松茂道观察使张之潗。

十九年（1754）十一月十一日，奉督宪黄批：披阅图禀，水道原委，堰沟情形，如在目前。该县能如此留心经理，本部堂当乐观厥成矣。此缴。

又奉藩宪周批：据禀，已悉。仰即上紧赶修，以收水利，仍候院宪指示。缴。

又建南道张批：已于会禀内批示矣。仍候督宪暨藩司批示。缴。图存。

《修堰示谕》：

照得[一]通济古堰，灌溉新、彭、眉三属民田，载在志书，班班可考。兹本邑得水仅四筒半，余已埋没无存。今本县会同新邑主，悉心筹酌。向因南河水势微弱，不能下流，其傍有西河一道，发于灌县南河，经崇庆、新津，东流至彭，与府江合为江口。可于分流水口筑堤截流，引南河之水入堰，将旧有人字堤加筑高厚，堰口沟道淘浚深宽。已督令新、彭堰长刻期兴工矣。唯查古沟一带，自土堰以下，历漏灌子至野鸡、杨蜡、枣儿等处，绵延数十余里，及分淅二十八渠，必须一律开通，乃能接收水利。

尔耆民、粮户人等，务仰承余意，各照本界有力者出赀募工，无力者自行裹①粮以往。勿惑于浮言，勿狃于小利，乘此农隙，踊跃赴功，庶来岁春耕，普沾水利。倘迁延玩忽，责有攸归，勉哉勿替！

《开堰祷二王文》：

唯此灵源，都江而外，厥唯通济。唯我明神，灌口有赫，靡不沾溉。自民力之周作，遂斯堰之衰替。千顷无复丰年，三秋奚以敛穧^[二]？某忝兹土，恻焉心悸，用藉同舟之力，仰希沃衍之利。百日奏功，所患者淫雨；千夫在野，所忧者疾疠。庶神明之阴相，与人谋而交娭；鱼龙前导以破坚，菰^[三]苇解坼^[四]而迎锐。复章仇之旧观，望眉山而为际；泽斯民于无穷，宜将庙貌以并启。我将大合乐以为报，岂徒用樽酒之薄祭！

【校】

①裹：原文作"裏"，形近而讹，据上下文义径改。

【注】

[一] 照得：旧时公文和布告的开头用语，意为查察而得。

[二] 穧（jì）：收割，也指割下来没有捆的农作物。

[三] 菰（gū）：多年生草本植物，生在浅水里，嫩茎称"茭白""蒋"，可做蔬菜。果实称"菰米""雕胡米"，可煮食。

[四] 坼（chè）：裂开。

十二月十九日，奉建南道檄，督宪黄批：

据本道禀，开^[一]。

敬禀者^[二]，巡道叩辞后，于二十三日抵新津县，适署眉州张牧^[三]、彭山县张令俱如期而至。巡道即于次日率同该州县，并新津县徐令^[四]公同查勘，所报开修通济堰水利。其河道水势情形，俱与张令绘图相符。

查通济堰在新津县东门外里许，历年久远，旧制原系砌筑石堤，拦截南河之水以入堰口，沿山脚而下八十余里，灌溉新、彭、眉等处民田，为利甚溥。厥后石堤冲塌，水多散漫，不能尽归堰沟。雍正十一年（1733），奉文兴修。缘工程浩大，仅仿照旧堤，用竹篓纳石，层层堆砌，截水归堰。每年在水利同知衙门，请领银五十二两零分，拨新、彭两邑堰长自行承修。

然篓石不能坚密，水多泄漏，以致其流不能及远，仅至彭山之土堰而止。其自土堰以下^①，至眉州五十余里，尽成旱地矣。且沟渠之内，因水流微缓，沙土淤塞，沟底渐高，非盛夏，大水不能激流而上，是以每岁春间，常虞水不敷足。

今据新津县徐令、彭山县张令查勘，南河之西另有一河，发源于灌县小海子，直至江口，并无灌溉田亩。就其形势相度，拟于西河分流水口，亦用竹篓装石砌筑堤埂，计长二十八丈，拦截西河之水，归进南河，俾水源畅裕。又将堰沟淤积沙土淘挖深宽，堰堤增修加高，则畅流而下。不特自新至彭三十余里水皆敷用，即彭至眉百十余里，从前淤塞之沟筒，皆可循旧开挖，均沾利济矣。

彭山县张令已委该典史董起龙在工督修，专司其事，该县仍不时亲往督率稽查。所有动用民夫，俱系各田主自行愿出，劝欣乐从，并无压派。其人工饭食，设有各堰长管理，并不假手胥吏。除饬上紧赶修俟工竣报查外，所有巡道会勘，缘由理合禀闻。

奉批："据禀，已悉。仍饬令乘时加紧赶修，务于来岁东作[五]之前告竣。并俟工完之候，查验果否收效禀夺。此缴"等因[六]，合即檄知，遵照毋违。

【校】

①下：原文作"上"，据文义及乾隆《彭山县志》卷之三改。

【注】

[一] 开：启，张。内容开列如下之意，用来引叙下文。

[二] 敬禀者：在书信中用于对亲长的启事敬辞。

[三] 署眉州张牧：指眉州知州张兑和。张兑和，浙江乌程县（今浙江湖州）举人，乾隆十九年（1754）署任。

[四] 新津县徐令：指新津知县徐荛。据道光《新津县志》卷三十一："徐荛，字守斋，浙江永康县拔贡，乾隆十五年（1750）知新津。"

[五] 东作：春耕。

[六] 等因：旧时公文用语。常用于叙述上级官署的令文结束时。但叙述平行机关及地位在上的不相隶属机关的来文，为表示尊敬，也间有使用。

二十年（1755）三月二十四日，《通济堰工竣会禀》：

新津、彭山二县敬禀者：

两卑职会修通济堰水利。旧制，其河道情形，并增筑堤埂，淘开堰沟，逐段①疏浚。及卑职彭山县新开久被淤塞之土堰以下二十八渠，前经节次[一]，禀明在案。兹幸两邑民人踊跃从事，力为开修。仰蒙大人慈训，两卑职遵循办理。

今堰工业于二月二十一日告成，所有设法引用西河之水，业已筑堤拦截，并归南河，统入于堰。新、彭两邑原得水利一带官沟，俱照旧制淘挖深宽。查新堤长二十八丈，高五丈，宽一丈。旧堤加高三尺五寸，加宽一丈一尺，加长二十五丈。进水堰沟，自新津县堰口，至彭山县原有土堰止，绵长四千零一十六丈五尺。今加深三尺，加宽四尺。又，彭山土堰以下新开堰沟，计长五千九百五十五丈。又，土堰分支之西河、彭溪、芦沙等堰，加淘堰沟二千七百八十九丈，宽深一律。

工竣之日，两卑职随于堰头处②，敬谨诚祭二王，即于沿沟逐处查勘。不特两邑旧有水利堰沟，水势加裕。所有彭邑新复二十八渠，俱已通畅，流灌已抵眉州，颇见成效。从前未得堰水旱塝地亩，渐次耕犁，俱栽水稻，计卑职彭山县添灌田二万五千九百三十五亩，内除无源堰田，今得通济堰水源灌溉田三千八百六十亩，外实在旱改成水田二千七百四十八亩。理合造具水户田亩清册，并酌拟善后事宜，以垂久远，唯大人采择焉。

【校】

①段：原文作"叚"，据上下文义改。
②处：乾隆《彭山县志》卷之三无此字。

【注】

[一] 节次：依次，依序。

四月二十三日，奉松茂、建南道张、张，转奉督宪黄批：

本道等会详批。据新津县知县徐尧、彭山县知县张凤翯会禀，开修通济堰完工日期，并得水民户田亩数目一案，奉批："果否如式？告竣得收成效。仰松茂道亲往逐一勘明，据实报夺，缴册并发"等因。奉此，职道随即星往，率同该令徐尧，先至新津之通济堰查勘，次日于沿沟处所陆续接见彭山令张凤翯、署眉州牧张兑和，并建南道张，逐一周围公同查勘，直抵眉州之界。

查新津县南河之通济堰堤，原长一百零三丈，宽一丈三尺，深一丈一尺。今加高三尺五寸，加宽一丈一尺，加长二十五丈，共高一丈四尺五寸，长一百二十八丈，宽二丈四尺。又于西河之分支水口添筑一堰，拦归南河，统入堰沟，堤长二十八丈，高五尺，宽一丈，约量现在水势，颇觉如式。新津县添灌水田三千八百八十亩，彭山县添灌水田一万七千五百一十三亩，旱田改为水田一万九千三百三十六亩，旱地改为水田二千七百四十八亩，共灌田三万九千五百八十七亩。春水俱到，效颇著①，请慰宪怀。

又，松茂道面奉宪训："此水发源何处？是否不竭？闾尾何处宣泄，不致涌溢？水性靡常，经久防维之道，务即筹画妥贴，越境人民，共此水利。岁修[一]抢修[二]之法，如何均平？水来迟早，沟底凸凹，务俾永免争讼，方成水利。"

仰见大人利济民生，周详乐育之意。职道等遵查新津之金马、羊马二河，与西河并发源于灌县内江，至新津分流而复合，此有源者也。南河之水，系邛州大邑、蒲江山水下流，无源之水，既患其易涸，而大雨滂沱，建瓴②而下，一冲而后，非大雨时行，田间不能涓滴。今新津、彭山两县，遵照大人指示，相度情形，于通济堰旧址加长、宽、高丈尺，以束南河之水分流田间。又于其上拦截西河分支水口，统入南河，是无源者而有源矣，当必不竭。自堰口至彭山之江鱼堤，沿沟俱有洴塘。水少之时，西河新堰加增新篓，于通济堰加护竹笆，逼灌于田。水溢时，去笆去篓，退入于河，沿沟余水退入于洴，终汇于江鱼堤之朽木河，此亦闾尾之得其宣泄者也。随即传播宪意，询问堰民，以经久防维之道，修费如何均平，利济如何均沾，不致争讼之处。

据称，旧规，新津三大堰长、彭山两大堰长，轮往③通济堰之二王庙，每岁于水利厅领银五十二两零，以为岁修；不敷，又按亩备料，以为岁修抢修之费。视水之盈歉，传农夫赴工，不至防维失时。在农夫一本万利，本属踊跃，只因堰水不敷，人情懒散。今开复水利，并蒙指使，拦截西河分支水口，加增统入南河，俾水得源。虽沟道有远近，略分迟早，总无误于用水之时，沟底凸凹，皆起于人心不平。现在新、彭之白发苍颜，曾不知春水有到田之事。百余年来今始见之，又敢坏良心、占微利，以涉争讼？现在两县吩咐，沟深六尺为度，各家一律均平，自当永遵。

职道等随遵照宪谕，与眉州牧张兑和、彭山令张凤翯、新津令徐尧悉心筹度善后事宜，以为经久之计。其灌溉眉州田亩，统入善后事宜，合并声明。

再，彭山令张凤翥遵奉大人德意，修复百余年水利，利济三州县数万余田亩，可否仰邀议叙，以为尽力沟洫者？劝洪思出自宪裁所有，职道等奉差查勘缘由，理合详报察核，批示遵行。

奉批："查此项堰工修浚，固属得法，而善后事宜筹画，亦极周详，诚可谓功在一时，利垂永久！至新津徐令，不分畛域，和衷共济，俾彭山张令得以因利顺导，实心经理，且查变瘠土为沃壤之田亩，数以万计，更为通省所第一，均堪嘉尚。应各计大功三次，以示鼓励。仰即移司登计，转移知照，余俱悉。此缴。"

奉此，合就会檄，知照毋违。

【校】

①效颇著：乾隆《彭山县志》卷之三作"成效颇著"。
②瓴：原文作"铃"，形近而讹，据上下文义径改。
③往：乾隆《彭山县志》卷之三作"住"，误。

【注】

[一] 岁修：指每年有计划地对各种建筑工程进行的维修和养护工作。
[二] 抢修：在最短的时间内做最紧急的修理。

乾隆二十年（1757）二月，奉藩宪周转奉督宪开[一]批：

本司会同建南道呈"详查得彭山县禀报修理通济堰善后事宜"一案，本司道覆查：该县自会中筒起，至枣儿筒，绵长十余里，因地势颇高，照依原议，淘浚宽深，已历夏秋，水势平稳，亦未淤塞。虽原议并无深宽丈尺，今该县因地势办理，似属妥协。至均派修费，除水利同知衙门给发公项不敷银两，于新、眉、彭三属用水，各户按亩均派，均皆踊跃。

其进水堰口，开去积沙，现有石工，无庸修砌。智远、江鱼二堤，原议加修石堤，因创建之初，工程浩大，一时不能如原议丈尺。今现无冲决之虞，应请饬令渐次加修。会中筒上漏，灌子土①性松浮，又为山水汇集，石工不能坚固，堰民镶[二]铁凿筒引水，似属一劳永逸之计。

又，该堰初兴水利，难免争执，仿照大堰之例，每田一千亩设筒三寸五分，量地势高低，以定筒口分寸，用石凿孔为筒，以杜小民争竞之端。

又，自泥遴筒至文殊堰新开二十八渠，俱经修理完固，以旱田改为水田者三万九千五百余亩，已蒙前督宪将该县记功，以示鼓励，均无庸议覆。

奉宪批："如何立法，俾良利永存，不致日久废弛"等因，查兴修水利之初，小民用资灌溉，莫不乐从。相沿日久，视为应有之利，或于用水之时趋便争先，或届修理之期推避诿卸，往往争端百出，致堕成功。唯在地方官准情酌理，因时利导，抑强扶弱，一秉至公。已定之章程，毋规小利，轻议纷更；久安之民习，毋听浮言，妄逞臆见。则良法常存，永昭利济。

应请饬令新、彭、眉三州县，将现在修堰情形，派定用水时日，并每年修议，及应派民夫工费各事宜，条分缕晰，详议酌定，各于堰所刊立石碑，俾小民咸知遵守。仍遴选诚实谙练之堰长、沟长董理其事，地方官随时稽查，不得妄分畛域，各私其民，庶良法不致阻格，而水利可垂永久矣。

奉批："如详转饬，刊立石碑，俾堰民永远遵守。仍遴选诚实谙练堰长董理其事，地方官随时稽查，勿任滋弊。仍俟石碑刊成，折印呈验。缴"等因，合即檄知，遵照毋违。

【校】
①土：原文作"上"，误，据上下文义及乾隆《彭山县志》卷之三径改。

【注】
[一] 督宪开：指川陕总督开泰。开泰（？—1763），乌雅氏，满洲正黄旗人，雍正二年（1724）进士。乾隆间，历任江苏学政，内阁学士，兵部侍郎，湖北、湖南、贵州等省巡抚，湖广、四川等地总督。乾隆二十年（1755），调四川任川陕总督。据《清史稿》，黄廷桂于乾隆二十年（1755）六月复调陕甘总督，开泰应于此时接任四川总督。

[二] 鐻(jù)：古同"锯"。

通济堰分筒旧有各堰：

泥逤堰　在武阳乡，与新津连界，距城三十五里。

铁头堰　在武阳乡，距城三十二里。

双筒堰　在武阳乡，距城三十里。

新开堰　在武阳乡，距城三十五里。

土　堰　在武阳、忠义二乡，距城二十八里。

通济堰分支旧有各堰：新开翻水口分支，东入于江，又西折入于汉安乡观音桥，南流入眉州。

西池堰　在忠义乡，距城二十五里，分筒二。

彭溪堰　在灵石乡，距城十里，分筒一。

芦沙堰　在灵石乡，距城十里，分筒一。

狗儿堰　在灵石乡，距城十里，分筒一。

文殊堰　在灵石乡，距城十五里。

以下即眉州诸堰，同沟分筒，共十四堰，俱与西池等堰新开，翻水口接源。

通济堰分支新开各堰：

张公堰　在忠义乡，距城十五里。与西支堰合筒。

黎家堰　在忠义乡，距城十里。与西支堰合筒。

西门堰　在灵石乡，距城五里。与芦沙合沟，穿城入龙兴寺，前汇为鼓儿塘，可引流灌溉田亩。

斗门堰　在灵石乡，距城十里。眉民买县属宝珠寺田，开沟接流，入眉属怀德乡，为万胜堰。此堰系眉州十四堰咽喉，开浚过深，堰水直泻入万胜堰，湃流大江。十四堰水利俱废，州县定案宽深，均以一尺为度，通源一线，分流灌溉。

新开二十八渠

人情渠　在忠义乡，距城二十五里，分筒一。

侯家渠　在武阳乡，距城二十五里，分筒一。

朱廖渠　在武阳乡，距城二十里，分筒二[①]。

文家渠　在忠义乡，距城二十五里，分筒一。铁铸，又名铁壁筒，即古漏灌子地，系石埂，奸民凿石泻水，二十八渠尽废。堰民[②]醵[一]铁补漏，中开筒口，洵可垂久，壁上铸文。

会中渠　在忠义乡，距城二十里，分筒一。

野鸡渠　在忠义乡，距城二十五里，分筒一。

罗家渠　在忠义乡，距城二十五里，分筒二[③]。

杨家渠　在忠义乡，距城二十五里，分筒一。

郭家渠　在忠义乡，距城二十五里，分筒一。

向家渠　在忠义乡，距城二十六里，分筒六。

金公渠　在忠义乡，距城二十六里，分筒一。

白杨渠　在忠义乡，距城二十五里，分筒一。

杨蜡渠　在忠义乡，距城三十里，分筒一。

袁家渠　在忠义乡，距城二十五里，分筒一。

刘家渠　在忠义乡，距城二十八里，分筒一。

蔡家渠　在忠义乡，距城三十里，分筒一。

周家渠　在忠义乡，距城三十里，分筒一。

柏树渠　在汉安乡，距城三十里，分筒一。

周家渠　在汉安乡，距城二十五里，分筒一。

枣儿渠　在汉安乡，距城二十八里，分筒一。

玉河渠　在汉安乡，距城二十七里，分筒一。

范家渠　在汉安乡，距城二十五里，分筒一。

鲜家渠　在汉安乡，距城二十五里，分筒一。

白鹤渠　在汉安乡，距城二十五里，分筒一。

金竹渠　在汉安乡，距城二十里，分筒一。通济堰全沟水至此尽，湃入眉州古迹，眉堰于此接水。

吴家渠　在汉安乡，距城二十里，分筒一。

杨柳渠　在汉安乡，距城十五里，分筒一。

腰堰子　在汉安乡，距城二十五里。
【校】
①二：乾隆《彭山县志》卷之三作"一"。
②民：原文作"名"，音近而讹，据上下文义径改。
③二：乾隆《彭山县志》卷之三作"一"。
【注】
［一］醵（jù）：泛指凑钱，集资。

《议详善后事宜》　奉宪勒石

一、通济堰头，宜防水涨冲决也。查堰源在新津南河，今于西河添筑新堤，拦水并归南河，水源加旺。伏夏河水猛涨，或致泛溢，冲决堤埂。应令新、彭、眉堰长轮驻堰头之二王庙，防守宣泄，交秋撤回，以保无虞。

一、宣泄，宜量其水势也。通济堰水少时，南河旧堤增加竹笆，西河新堤增加石篓，以逼水灌田。水溢时，去笆去篓，俾散入大河，其沿沟余水，退入于湃。

一、新定筒口，宜定分寸，以杜纷争也。查历年原得水利，新邑二道半，彭邑四道半。彭邑又添二十八道，其新设筒口，应计水势之浅深，以定筒口之分寸。现在仿照都江堰则例，每田千亩，分筒口三寸五分，用石凿孔为筒，以垂永久。分水支流沟道，不得私挖过低，致有越漏。

一、堰水经流壅滞①之区，宜加工淘挖也。上下官沟，均以六尺为度。查彭邑境内新开各渠，自袁家山至蔡家筒，又自野鸡筒至向家筒，绵延十余里，土性松浮，溪流汇集，每年西山诸水陡发，冲啮堤埂，沟道易淤，每年应加工淘挖，以资畅流。

一、均派修费，宜酌定章程也。查增筑南河堤埂，共高一丈四尺五寸，长一百二十八丈，宽二丈四尺。添筑西河堤埂，高五丈，长二十八丈，宽一丈。采买大竹，募夫拣石作篓，每篓长一丈五尺，坚筑堤埂，俾无漏泄。加淘进水堰沟，以现在石坎及沟底"过江石"为限，堰流充裕。此后长宽丈尺，永远遵照办理。其岁修、抢修之费，旧规每岁于水利厅领银五十二两零，不敷需用，应于新、彭、眉各堰户按亩均派备料，公同经理②。

一、每岁修护工费，宜分③别有则也。查通济堰由新津历彭山达④眉州，则水源⑤有先后之不同，灌溉有迟早之迥异，应分别筒口⑥情形之高下，得水地处之远近，酌定数目，共济其事。自新津起至彭山土堰止，向系旧有水利，应列为上则；又自彭山会中筒及西支，至文殊堰，交眉州界止⑦，应列为中则；又自向家筒至白鹤湃、金竹湃，列为下则。如遇大修，上则每亩应派银二分五厘，中则每亩应派银二分，下则每亩应派银一分五厘。岁修，上则每亩派银一分五厘，中则每亩派银一分，下则每亩派银五厘。其筒车、牛车，均系高田，应查明，照下则派办。或有新开旱地改为水田，随时报明，核实加派，隐匿田亩者罚儆。

一、沿沟堤埂吃要之处，宜加用石工也。查彭邑新开之翻水口，上智远堤，堰水越堤，引灌西支彭溪等堰，上下复层次开列筒口，实系扼要之区。应改筑石堤二十丈，宽二丈，深一尺。又，江鱼堤原属通济堰尾堤，历年水源未得，系彭属之文殊堰，同眉州青冈等十四堰共筑土埂，拦截毛家河山水以作堰。今通济大堰之水汇入下灌，水势浩大，土埂易崩。应改筑石堤五丈，又⑧宽二丈，深一丈四尺，中开湃口，水平则塞口以下灌眉地，水大则开湃以入朽木河。

一、安设筒车，宜酌定地势，以杜截下流水利也。查新、彭筒车现在四十余架，安设上游，拦沟截水，翻车取灌。每遇水缺，下游数万田亩均无涓滴。经会同新津徐令，督同新、彭堰长，沿沟查勘。凡水流湍急之处，易于翻灌，许令安设，以济高田。其漫流之地，必须坚扎高埂拦截，概不许妄违古制，私行安设，永令堰长照此查察禁止。

【校】

①滞：原文作"带"，形近而讹，据乾隆《彭山县志》卷之三改。

②公、同、理：底本漫漶不清，据乾隆《彭山县志》卷之三补。

③宜、分：底本漫漶不清，据乾隆《彭山县志》卷之三补。

④达：底本漫漶不清，据乾隆《彭山县志》卷之三补。

⑤源：底本漫漶不清，据乾隆《彭山县志》卷之三补。

⑥口：底本漫漶不清，据乾隆《彭山县志》卷之三补。

⑦止：原文作"上"，形近而讹，据乾隆《彭山县志》卷之三、嘉庆《眉州属志》卷八径改。

⑧又：乾隆《彭山县志》卷之三无此字。

　　无源旧有小堰

天生堰　在汉安乡，距城三十里，源发邛州邵家沟。

马家堰　在汉安乡，距城二十五里，源发邛州求子岩。

石椿堰　在汉安乡，距城二十五里，引马家堰水。

曹家山堰　距城二十五里，引金刚山石虎沟水。

傅家堰　在汉安乡，距城二十里，引曹家堰水。

黄家堰　在汉安乡，距城二五里，接天生堰水。

吴家堰　在汉安乡，距城二十里，引傅家堰水，入通济堰沟。

李家堰　在汉安乡，距城五十五里①，源发邛州五皇寺。

　　以上诸堰，系由新津、邛州山溪小水流入邑境，历金刚山、石虎沟、龙门寺、马家崖②、东阁庙、石柱庙、佛儿岩、水口庙、两河口、魏家口、圣寿寺、黄连桥、冒水井等处，为石桥河，历谢家场后，为毛家河，入眉州，沿河作堰。一由吴家堰湃入通济官渠，一由江鱼堤湃入朽木河。

母猪山堰　在汉安乡，距城三十里，引涌泉沟水。

陈家山堰　在忠义乡，距城三十里，引柴家沟水。

天生堰　在武阳乡，距城三十五里。山水出谷口，突生石梁，横断。乡民引水灌田约二百余亩，湃入府河。

萝卜堰　在武阳乡，距城三十五里，源发新津。

梁家堰

漆家堰

铁匠堰

　　以上四堰相连，共灌田一千余亩，湃入通济堰智远筒，即白衣湃也。

方家塘　在汉安乡，距城十五里，即金竹湃旧迹。

陈家塘

蔡家塘

菱角塘　在忠义乡，距城十五里。

红鱼塘　在武阳乡，距城三十里。中产红鱼，灌溉新、彭田二百余亩。

【校】

①五十五里：乾隆《彭山县志》卷之三作"二十五里"。

②崖：乾隆《彭山县志》卷之三作"岩"。

堤湃

《周礼》："以防止水。"堤者，防也。湃者，字出澎湃，而蜀人乃以名泄水之区，以其奔腾而不可遏也，其即以列舍水之义欤？蜀中诸水，大率冬干夏潦[一]，非坚其堤防，时其钟泄，则填淤反壤，利不永终矣。通济堰大渠之湃所以泄水，支渠之湃所以引水，而西山诸水之湃，则又汇于大渠以溢水。然则通济一渠，不独引灌口之源，实则合溪流而成堰也。故斯堰之利，不虞不足，而宣防[二]之有道，唯在经理之得其人而已矣。志堤湃。

通济堰南河堤　竹篓纳石，高一丈四尺五寸，长一百二十八丈，宽二丈四尺。

西河堤　高五尺，长二十八丈，宽一丈。

智远堤　石砌，高一丈，长二丈，宽五尺。拦水以灌二十八渠，溢则入梓潼河。

金河堤　土筑，高一丈，长二丈，宽五尺。拦水灌枣儿筒，溢则入金河子。

江鱼堤　石砌，高一丈，长二丈，宽五尺。拦水以灌眉州十四堰，溢则入朽木河。

柏木湃　水从新津马家筒出，水大放湃，历彭境柏木桥下，入青龙江。

梓潼湃　水从智远堤出，水大越堤，历梓潼桥，会金濠水，入双江口。

二郎湃　水从彭溪堰出，水大越堤，历忠孝桥，会系龙潭水，入大江。

江鱼湃　水从江鱼堤出，水大越堤，历任公桥，为朽木河，至眉州境入大江。

以上四湃，系彭山境通济堰泄水旧迹，五六月间大雨时行，山水陡涨，堰水穿堤口以出，归入各湃沟，堤岸筒口无冲啮之患。

白鹤湃　石砌，分水入金竹堰。

金竹湃　尾水入毛家河，合狗儿支堰水，历江鱼堤，添灌文殊堰及眉州田亩。

以上二湃，系通济堰正沟尾湃。古制，堰水入眉在此。

翻水口湃　石砌，高、深一丈，宽五尺，新开。引通济堰水分支入，西支等五堰入眉州。

西支湃　石砌，分水入彭溪堰。

彭溪湃　石砌，分水入芦沙堰。

芦沙湃　石砌，分水入狗儿堰。

狗儿湃　石砌，分水入文殊堰。

文殊湃　石砌，分水入眉州诸堰。

以上六湃，系通济堰支渠接水。新制，同沟分水，层次接灌。本堰则按亩以分筒，下堰则量远近以分湃。进水以二尺为度，多则本堰筒水不敷，易启争端。或俟本筒水足，层次放下，未免有迟早之歉，则均平水利，非公正之人莫能胜其任也。

白衣湃　自新津九连①山发源，入彭境马河庵，历鹅公包，入大王沟，流入漆家筒、通济官渠；又转入白衣庵官渠，合智远堤，溢入梓潼河。

金公湃　自忠义乡蔡家坡发源，至胡家沟，自李家山堰历东岳庙入官渠，合金公筒。

袁家湃　自忠义乡柴家沟发源，陈家山堰历团包山入官渠，合袁家筒。

蔡家湃　自汉安乡高坡子发源，至涌泉沟，由母猪山堰入官渠，合范家筒。

以上诸湃，系山水湃入官渠，以助堰水，溢则同堰水另湃入河。

【校】

①连：乾隆《彭山县志》卷之三作"莲"。

【注】

[一] 滮（biāo）：（水）流动的样子。

[二] 宣防：亦作"宣房"，官名。西汉元光中，黄河决口于瓠子，二十余年不能堵塞。汉武帝亲临决口处，发卒数万人，并命群臣负薪以填。功成之后，筑宫其上，名为宣房宫。事见《史记·河渠书》。后泛指防河治水。

筒　车

自魏马钧①[一]作翻车以灌园，而筒车之制兴。考之《河渠》《沟洫》诸书，皆无其文。盖逆而行之，非自然之水利也。其制纵横填阔，激水上行，飞轮蔽卷，势若悬瀑。田中剖竹为筒，长数丈，架于轮中水上，则委轮于筒，分流于田，是高田皆沃衍矣，诚良法也。顾一夫之沟可截而取，千夫之沟不可截而有也。水淫于上则水竭于下，虽欲均之，不能均也。通济一渠，灌输②三州县，自新津至武阳乡，数十里皆高田也。水在上，与田远，非翻车不能灌。顾寸寸而截之，则归于田者不能还于沟，逆于沟者必仍还于河。譬诸人身咽喉，塞则饮食不下，病且及心腹矣。则均平而调剂之，能无望贤父母乎？志筒车。

新津县筒车自李子湾起，至蒋家庙止，共二十八架。彭山县筒车自唐家山起，至漆家林止，共十八架。

按，渠水湍急之处皆可找车，水平处必截沟漫堵，水始翻车，下游遂无涓滴。顾贪人罔识地势，寸节拦找，遂为全渠之害。乾隆二十一年（1756），邑令张凤蘙会同新津令徐莞，乘筏沿沟，详勘地形，酌定安设处所。新、彭共应设筒车六十架，每年照筒口田亩，减半出费，帮修大堰。首亩注册定制，微扎篓埂，拦水上车，毋许全截官沟以阻水利，如遇亢旱，堰水缺少，分日截放，永为定例。

【校】

①钧：原文作"均"，乾隆《彭山县志》卷之三、嘉庆《眉州属志》卷八同，误。据中华书局点校本（1959年版）《三国志》卷二十九《魏书·方技传》改。

②输：原文作"轮"，形近而讹，据上下文义径改。

【注】

[一] 马钧：字德衡，扶风（今陕西兴平）人。魏明帝时任给事中。巧思过人，曾改旧绫机五十蹑、六十蹑为十二蹑，提高了效率；造指南车和提水工具翻车；改进诸葛亮连弩。对古代机械技术发展提高贡献颇大。

二十一年（1756）五月十二日，与新津徐守斋论筒车书：

来示具悉。窃唯成大事者不惑于浮言，立大功者不屈于时论。伏念通济堰未修以前，蕴隆[一]见告，赤地百里，野老吞声，妇子愁叹。社击鼓，农夫驰，神罔闻知，长吏用愍。自去岁劳我贤侯，无分畛域，大堰时浚，膏泽旁通，春水滂沛，益以甘澍，萤萤①者氓[二]，相忘何有。今年四月不雨，至于五月，而农民始知斯堰之利。

今按，彭之田栽插已十之八九，眉之田亦有七八焉。侧闻父老之闲谈，未始不叹贤侯之功德也。若夫筒车之设，说者曰："斯堰之未尽善，由于此。"愚以为一偏之论也！盖田亩高下之不齐，而挹注必藉乎人力。今欲因下而废上，是犹因噎而废食也。乌乎！可即目前折去笆之举，亦属掩耳盗铃之计，安知官来则毁，官去不塞？夫宁能十目视而十手指乎？徒使愚民籍为口实，而其势不可以终日，然则谓筒车其竟无害乎？

按，贵邑旧存二十八架，今已增之四十五矣。彭邑之车，亦增至十余架矣。寸寸而截之，实有逆而不顺之势。前经足下乘筏沿流，德感所至，膏泽下沛，水势顿添四五尺。且复有十期之限，而彭、眉最下之区，皆已见水，此筒车之阻，其明效大验也。日来天时亢阳，农民日忧不足，抱牒县廷，征符乡里，皇皇道路，刻无宁居。今欲为安上全下之计，则唯有酌盈剂虚，权衡损益，至欲为经久之谋，姑俟今秋，再图良法。愚以为今来当先审察情形，其毋烦漫扎而自流行者，此自然之利也。其必籍层叠阏塞者，此为矫揉之制也。今将去矫揉而为自然，则唯在贤父母之委曲化导而已矣！或云：不便之处，易以牛车，则于官渠无碍，亦设法取水之端也。若必蹈常袭故，贪利忘义，利将不久，则贤父母之心，又何以永无极哉！唯足下其熟图之。

【校】

①蚩蚩：原文作"虽虽"，据乾隆《彭山县志》卷之三、道光《新津县志》卷四十改。

【注】

[一] 蕴隆：暑气郁结而隆盛，引申为炽盛。

[二] 蚩蚩者氓：出自《诗经·氓》："氓之蚩蚩。"蚩蚩，敦厚貌。

附 通济堰新添白鸡河水

嘉庆七年（1802），眉州赵来震、彭山县知县于芒、新津县知县丁葵蒟三州县公议，买新邑民吕超白鸡河一带熟地五十八亩、荒地九十八亩，开河一百五十四丈五尺，添水入堰，计买价银七百七十两，载粮一两二钱七分，系新、眉、彭七万二千亩，按亩摊派承买。嗣是通渠畅流，而水利于此，益充足矣。

古佛堰 在县治东北四十里，自仁寿县起，至彭山关峰寺止。乾隆二十五年（1760），彭山知县代办眉州事张凤翥，会同华阳县知县姚、仁寿县知县王，准彭山民周文良修复古佛堰，详申按察使司陈讳奉。兹相度地势，引府河大江水，砌以石篓，筑以堤防一百余丈，截流入堰。自古佛寺凿山穿道，名曰钻山洞，接引余波，分注通衢。乾隆三十二年（1767），堰始成，灌活彭山县田四千五百二十八亩、华阳县田一千八百三十六亩、仁寿县田三千八百三十六亩，共计粮田一万余亩。每岁遴选殷实老成者董其事，砌篓筑堤，淘修淤塞，估工计费约千余缗，照亩均摊。兼之三县田上下零星交插，坟坏绮错，华阳冲繁，仁寿僻远，水利一切俱归彭山经管，所有堤筒三十五处分晰，详列载于后。

东瓜湃

唐家筒

仁义筒

泉水筒

周胡筒

裕源筒

金华筒　穿山筒在此处。

锦润筒

溥和筒

嘉庆 彭山县志 校注

《彭山县志》卷之一

五合筒
嘉禾筒
夏家筒
和顺筒
余家洞
傅刘筒
万合筒
新开筒
熟育筒
乐成筒
六合筒
藕丝筒
多福筒
黎家筒
郭家筒
松秀筒
连接筒
夜合筒
瓦石筒
青良筒
赵家筒
唐家筒
丰泽筒
白杨筒
永畅筒
关峰筒　系府河嘴，入大江。

彭山县城池志

名城十仞，汤池百步，古所谓"严刁斗[一]""浚陴隍[二]"者，其在斯乎！壮雄图于天府，尽有金墉[三]；峙高垒于云衢，都缘铁瓮[四]。几重设险，既水带而山环；百雉[五]何岩，亦龙盘而虎踞。渺尔弹丸之邑，表厥阳城；美哉商彭之墟，宏兹巨镇。宛然东洛告成，早击周王之鼓，真使南邦，是式为营。申伯[六]之疆，扼控制于三边；高悬谯橹[七]，拥嵯峨于百里。斜倚江郊，彭有城池，从此始也。十室之邑，当同赤县神州；三里之城，不啻金汤盘石。我朝文德光被，申画郊圻[八]，武功绥宁，有指疆土。枕樊道[九]蚕丛之险，众志以成城；揽金华北平之奇，重门以待暴。仿佛江城画里，全归王会之图；疏密河阳县中，待种芙蓉之树。如游白鹿之城，乐扶杖而观化；补入司空之集，想为政以风流。志城池。

城　池

彭山县旧系土①城，西北依山，东南傍水，周围一千余丈。明成化中，知县樊瑾修。正德中，佥事[一〇]卢翊包之以石。门四：东濯阳，西临邛，南望眉，北通津。外环以濠，兵燹后城圮。

康熙元年（1662），归并眉州。雍正八年（1730），县复设。凋残之后，未复旧制，仅存石址。历任详请复修，奉文蜀省，公帑未充，案内缓修。乾隆二十年（1755），邑令张凤鬖修补颓缺，筑以土墙，新建城楼三：曰春晖，曰南薰，曰新波。南颜曰"汉嘉屏翰"，北颜曰"天府南垣"，东颜曰"锦江锁钥"。城内坊门四，东西南北四街，百室离房[一一]，商贾骈集。街北黄仁妻节孝坊一座，迤[一二]西衙署。后有民田数十亩，引水入城，灌溉插秧。

嘉庆十八年（1813），知县史钦义以士民乐捐，详请新修。奉文委员估工，采石修砌，周围七百九十五丈二尺五寸，高一丈五尺五寸。建城楼四：北曰承恩门，南曰丽明门，东曰新波门，西曰玉丰门。垛[一三]堞[一四]陴郭[一五]，坚砌完固。建桥者三。有《新修城工序》以记其事，载入《艺文志》。

监理城工首事

职员　王允耀	贡生　朱怀玉	监生　李　琴
理问　汪从善	生员　王绍武	武生　张玉川
监生　黄凤羽	监生　任济洲	武生　宋涵修
监生　舒万和		

【校】

①土：原文作"士"，形近而讹，据文义改。

【注】

[一] 刁斗：古时行军用具。铜制，有柄，夜间可用以打更，白天可当锅煮饭，能容一斗米。

[二] 陴隍（pí huáng）：城池。陴，城上的矮墙，亦称"女墙"；俗称"城垛子"。隍，没有水的城壕。

[三] 金墉：犹金城，坚固的城墙。墉，城墙，高墙。

[四] 铁瓮：坚固的瓮城，比喻强盛的国势。

[五] 百雉：城墙的长度达三百丈，是春秋时国君的特权。也借指城墙。

[六] 申伯：申国国君，周宣王母舅。为周卿士，佐宣王中兴有功，赐谢邑，筑城定居，以卫南土。

[七] 谯橹：城门上用来望敌守御的高楼。

[八] 郊圻（qí）：指封邑的疆界。

[九] 僰（bó）道：古县名。汉属犍为郡，为僰人所居，故名。王莽时曾改称僰治。治今四川宜宾西南安边镇。见《汉书·地理志上》。

[一〇] 佥（qiān）事：官名。明朝及清初提刑按察使司之职官。洪武元年（1367）始设，为按察使司之正官，正五品。分领提学、驿传、清军、分巡、兵备等道。各省因事而置，无定员。清初沿置，无定员，为巡道之兼衔。乾隆十八年（1753）省。

[一一] 离房：犹别室。指众多人家。

[一二] 迤（yǐ）：延伸，向。

[一三] 垛（duǒ）：墙或某些建筑物突出的部分，有支撑或掩蔽作用。

[一四] 堞（dié）：城上如齿状的矮墙。

[一五] 郛（fú）：古代城圈外围的大城。

彭山县关隘志

彭山邑小而狭，广袤不过数十里。南通嘉、叙，北望通津，西至临邛，东接资、仁。通衢平直，无高山深谿之险，历代营垒间有，不闻有关防之设。今国家醇化翔洽，民人安堵，亦既农力于畎，士游于庠也。而井里村社、场镇街衢，人烟辐辏[一]之所，阜通货贿之区，其道路远近，轨里连乡[二]，又省方[三]观民者所宜尽心也。志关隘。

镇

双江镇 在县东十里彭亡山下。岷江诸水至此合注，直下嘉、渝。来往商旅泊舟憩息，每日约有数百艘。汉征南将军岑彭击公孙述，营此。宋朱龄石讨谯纵，大战于平模山。明季杨展率兵拒张献忠，焚贼舟数百，珠宝金银悉沉水底，俱在此处。彭邑惟此为水道要区。嘉庆八年（1803），设立水塘，拨兵二名，查缉奸匪。

场

青龙场　治北三十里。左则沿河直下，合流入江。右则接壤平原，疆里绮错。上通省会，下达嘉、眉，一冲道也。昔有青龙见于此，后人因以名场。货贿山积，居民交易之所。

观音场　治北十五里，在青龙场下。其路直抵县治。

公义场　治西北三十里。前据平原，背枕山麓。居民懋迁，通邛、蒲诸邑要路。

保胜场　治西五十里。其地多山，其界接壤乎临邛。

太平场　治西南五十里，四山环抱，万壑交连。

谢家场　治西二十五里。市近山隅，货物频集，通丹棱、洪雅要路。

双江场　治东十里，即双江镇。石磴临山，绮窗瞰江，二水交汇，直达嘉、渝，停舟泊棹之所，百货阜积之区。

黄丰场　治东三十里，交眉州界。

半边街　治东北二十五里，在黄龙溪下。其场半隶华阳，半隶彭山。

黄龙溪　治东北四十里。昔有黄龙见赤水，即此处。地接锦水，交仁寿县界，其上为彭之古佛堰。今人聚货列市，交易于此，仍以其场名黄龙溪。

【注】

[一] 辐辏（fú còu）：形容人或物像车辐集中于车毂一样聚集。

[二] 轨里连乡：《管子·匡君小匡》载："制五家为轨，轨有长；十轨为里，里有司；四里为连，连有长；十连为乡，乡有良人。"

[三] 省（xǐng）方：察看四方。

口

冯家口　距县四十里

魏家口　距县四十里

两河口　距县四十里

关子口　距县二十里

翻水口　距县二十五里

坝　附村社地名

卢家坝　距县二十里

毛家坝　距县二十里

土堰坝　距县二十五里

嘉庆 彭山县志 校注

《彭山县志》卷之一

官庄坝　距县二十四里
唐河坝　距县二十五里①
李家坝　距县二十四里
吴家坝　距县十里
盛家坝　距县二十里
魏家坝　距县二十里
马岑坝　距县十五里
独栗坝　距县二十五里
花千坝　距县三十里
白果坝　距县三十里
枯井坝　距县三十一里
骆家坝　距县三十五里
黄家坝　距县三十五里
团坝子　距县四十五里
南坛坝　距县九里
易家坝　距县九里
府地坝　距县十里②
黑池坝　距县二十五里
倪家坝　距县三十里
陈家坝　距县三十里
游家坝　距县三十里
曾家坝　距县三十里
莲花坝　距县二十里
谭家漕　距县十里
蓝家林　距县十里③
高墩子　距县十里
花果园　距县十二里
马家林　距县二十里
杨蜡林　距县十五里
龙家沟　距县二十三里
僧官园　距县二十里
袁家沟　距县二十五里
高埂子　距县二十里

60

日庙子　距县二十里④
田家沟　距县二十五里
泉水沟　距县二十里
周家塥　距县二十五里
向家塥　距县二十里
郑家塥　距县二十五里
李家祠　距县二十五里
鲁家沟　距县三十里
文家沟　距县三十里
熊家林　距县二十五里
五马盘　距县二十五里
石老虎沟　距县二十五里
柴家沟　距县二十五里
陈家山　距县二十里
石堰子　距县三十里
赵家塥　距县三十里
北平观　距县三十五里
舒家湾　距县三十里
白家漕　距县三十里
春颠林　距县十五里
张家塥　距县二十里
橦子林　距县二十里
楠木林　距县二十里⑤
竹林湾　即袁家祠　二十里⑥
柿子林　距县三十里
金河子　距县六里
分水板　距县十里
冉家山　距县二十里
板桥子　距县二十里
白树林　距县十五里
火巷子　距县二十里
汪家山　距县二十里
楚家园　距县二十五里

龙潭子	距县二十五里
走马山	距县二十里
官山塥	距县二十三里
土地埂	距县二十六里
周家场	距县二十八里
蒋家沟	距县三十一里
白鹤观	距县三十五里
王家沟	距县三十五里
张家沟	距县三十里
李家山	距县二十五里
周家湾	距县四十里
彭祖岩	距县四十里
何家山	距县二十五里
长腰山	距县三十里
袁家塥	距县三十一里⑦
马家岩	距县四十里
硝井沟	距县三十里
段家山	距县四十五里
包家山	距县三十五里⑧
半坡子	距县三十六里
石岩湾	距县六十里
李家湾	距县六十一里
张家湾	距县六十二里
栗子湾	距县六十七里
佛祖岩	距县六十三里
王家湾	距县六十五里
黄家埂	距县六十七里⑨
木瓜沟	距县六十里
包家沟	距县六十五里
张家山	距县五里
烧箕湾	距县五里
夜合园	距县十五里
皂角坪	距县十五里

青旗营	距县五里
石家嘴	距县二十里
石庙子	距县十五里
黑冲沟	距县二十里
桐梓林	距县十里
麻子窝	距县五里
管家林	距县六里
砂子荡	距县五十里
蔡家山	距县五里
板桥子	距县七里
匡家湾	距县五里
薛家山	距县六里
石山子	距县三里
姜家沟	距县十里
麻柳沟	距县十五里
核桃湾	距县十五里
梅子坡	距县十五里
大佛山	距县十里
老虎沟	距县十里
环山子	距县十里
林家沟	距县二十里
袁家湾	距县十五里
马家坡	距县二十里
苏家坡	距县十五里
符家湾	距县三十里
六井沟	距县十五里
牛王洞	距县二十五里
府河壋	距县二十里
牧马山	距县二十八里
万家山	距县四十里
嘉禾庄	距县三十里
杨家沟	距县三十里
洪喜庵	距县三十里

桂花林　距县三十里

大黄沟　距县三十里

廖家塥　距县三十里

朱家塘　距县三十里

陈家山　距县三十里

佘家湾　距县三十五里

大山坡　距县二十里

鸭公池　距县三十里

三角井　距县三十五里

獐子林　距县二十八里

鹅公包　距县三十里

梅花林　距县三十里

唐家山　距县三十里

金竹林　距县三十里

漆家山　距县三十里

宣家沱　距县三十里

嘉定营　距县三十五里

安家山　距县三十里

牟家山　距县三十五里⑩

牛角塘　距县三十里

堡

袁家堡　距县二十五里

【校】

①唐河坝　距县二十五里：乾隆《彭山县志》卷之一"村社"作"唐家霸，距城二十四里"。

②府地坝　距县十里：乾隆《彭山县志》卷之一"村社"作"府地霸，距城五里"。

③蓝家林　距县十里：乾隆《彭山县志》卷之一"村社"作"蓝木林，距城十里"。

④日庙子　距县二十里：乾隆《彭山县志》卷之一"村社"作"白庙子，距城二十里"。

⑤楠木林　距县二十里：乾隆《彭山县志》卷之一"村社"作"楠木林，距城二十五里"。

⑥竹林湾　即袁家祠　二十里：乾隆《彭山县志》卷之一"村社"无。

⑦袁家塥　距县三十一里：乾隆《彭山县志》卷之一"村社"作"袁家塥，距城二十一里"。

⑧包家山　距县三十五里：乾隆《彭山县志》卷之一"村社"作"包家沟，距城三十五里"。

⑨黄家埂　距县六十七里：乾隆《彭山县志》卷之一"村社"作"黄连埂，距城六十七里"。

⑩牟家山　距县三十五里：乾隆《彭山县志》卷之一"村社"作"牟家山，距城二十五里"。

《彭山县志》卷之二

津梁志

利涉[一]之占，载在《周易》，则褰裳[二]以往者，津吏[三]所以恫心也。顾青帘[四]白舫，建造非难，万里七里，规模犹在。或欸①乃[五]于青山绿水之间，或连亘于红衢紫陌之地，是在因人而举，治之从时。斯政非济洧，民无病涉也[六]。志津梁。

津　梁

忠孝桥　在县北五里，旧有汉张纲、晋李密祠，故名。前邑令张绰建修，圮。邑令冯鄘复修，又圮。乾隆十七年（1752），邑令张凤翥捐俸，建石柱，架长桥，购木为梁。时沙岸忽崩裂，现大木二段，遂用为梁。耆老咸谓此数百年物，疑有神助。其桥长六丈，高一丈六尺，横阔一丈二尺，上覆桥亭十二间，曲栏横槛，以为行旅憩息之所。前后建坊各一，颜[七]曰"埋轮芳迹""忠孝遗风"，松茂观察使张之潇为之《记》。墩上有铁犀一、石犀一，以镇水患。乾隆三十五年（1770），邑令徐德元重修，但系行旅通衢，历久不免圮毁。嘉庆十年（1805），邑令饶觐光增修。嘉庆十三年（1808），邑令史钦义复加培葺，涂以丹臒[八]，周以木栏。又自北关外斫石修路，阔五尺有奇，绵亘五里，直达桥所。桥首又建"汉都尉张纲故里""晋太守李密故里"两忠孝碑，有《记》，载《艺文志》。

埋轮桥　在县北八里。相传汉朱遵与公孙述战于六水门，先埋其车轮于桥侧，后因以名。一云埋轮即张纲事也，时人嘉其忠，故以名桥。康熙十年（1671），知州金一凤重修。

麒麟桥　在县南关。后汉朱褒获麟于马峡岭，因以名桥。一名任公桥。

小板桥　在县西南二十里。有"汉杨洪碑"及"汉犍为太守碑"存此。

观音桥　在县西十五里，前邑令张绰重建。

梓潼桥　在县北二十五里。乾隆二十一年（1756），邑令张凤翥建，颜坊之额曰"峨峰天半"，日久倾颓。乾隆五十九年（1794），邑人黄凤羽、帅廷选补修，卢炳文施楠木桥梁二根。其桥长五丈五尺，高三丈，阔一丈，上覆桥楼十一间。嘉庆十九年（1814）秋，河水泛涨，亭栏石墩漂没倾陷，邑令史钦义捐俸倡始，督工新修，计费千缗。董其事者有绅监卢芝秀、袁殿飏、梅芝兰、李国珍、黄光弟、王羽仪、王翘楚、僧心秀。

垂虹桥　一名镇江桥，在治东十二里上江口。乾隆二十一年（1756），邑令张凤翥建。上覆桥楼四间，前后建坊，颜曰"仰止先贤""双江永镇"。学博[九]王我师为之《记》。今桥存楼圮。

洪塔桥　在治西北二十里洪塔寺前。乾隆初，浮屠祖印捐修。

柏木桥　在治北四十里。乾隆六十年（1795），邑人黄凤羽、帅廷选补修。

系龙桥　在治北一里许系龙潭上。相传为仙人瞿君武系龙于此。

双凤桥　在治北十五里，乾隆二十年（1755）建。

彭溪桥　在治北十三里，乾隆二十四年（1759）建。

双寿桥　在治北三十五里。

梅林桥　在治北二十六里。

黄莲桥　在治西三十五里。

众兴桥　在治西三十八里金刚山下。

瞿板桥　在治西二十里。

白家桥　在治北三十二里白家堰下。

高　桥　在治北三十里青龙场下。

盐井桥　在治东十四里彭亡山下。

洪山桥　在治北二十里洪山寺前。

青石桥　在治南五里。

江石桥　在治北十五里。

迎仙桥　在治东十五里仙女山。过此，则为仙女洞，洞丈许，中供仙女像，通以疏棂[一〇]，重门洞达，接以回廊。由桥出洞口，则为殿，殿左有楼，名曰"望仙楼"。三山环绕，俯视渠田沟涧，翠岫村庐，皆毕集眼下，几令人应接不遑焉。

观岩桥　在江口镇上。由口入山处有横岩，中嵌观音像，上悬一额，颜曰"观岩祈灵"，其桥故名。

刘公桥　雍正八年（1730），邑令刘占魁捐廉建修。士民沐其恩泽，不忘其德义，因名其桥曰"刘公"，以寄甘棠之爱[一一]云。桥在梁河坎，距县十六里。

梁河桥　在县北十六里。乾隆四十四年（1779），邑人张朝佐募修。

云松桥　在县西四十里圣寿寺。邑令张凤翥建修于乾隆十九年（1754）。

西龙桥　在县西关外。
观音桥　在县北十五里观音场。
彭家桥　在县东二十二里关子口。
高家桥　在县东十四里江口镇上。
东山渡　在治东五里。
锁江渡　在治东南六里。
梅子渡　在治东十五里，属双江口。
王家渡　在治东二十里。
新开渡　在治北二十五里。
双江渡　在治北二十三里。
陈家渡　在治北二十八里，今名梁沱渡。
青龙渡　在治北三十五里上渡，今名江家渡。
青龙渡　在治北三十二里下渡，今名游家渡。
白果渡　在治北三十五里。
西河堤　在治西北二十五里。高五尺，长二十八丈，宽一丈。
智远堤　在治西北二十八里。石砌，高一丈，长二丈，宽五尺。拦水以灌二十八渠，溢则入梓潼河。
金河堤　在治西北二十里。土②筑，高一丈，长二尺，宽五尺。拦水灌枣儿筒，溢则入金河子。
江鱼堤　在治西七里。石砌，高一丈，长二丈，宽五尺。拦水以灌眉州十四堰，溢则入朽水河。
鱼涪津　在治北二十里。
沙头津　在治北二十五里。
乾江渡　在治南五里。嘉庆十四年（1809）始创，里人置田地，为义渡。

【校】

①欸：原文作"欻"，形近而讹，据文义径改。
②土：原文作"上"，形近而讹，据文义径改。

【注】

[一] 利涉：顺利渡河。
[二] 褰裳（qiān cháng）：撩起下裳。
[三] 津吏：古代管理渡口、桥梁的官吏。
[四] 青帘：旧时酒店门口挂的幌子多用青布制成，借指酒家。
[五] 欸（ǎi）乃：象声词。指开船的摇橹声或渔家号子声。
[六] 政非济洧，民无病涉也：《孟子·离娄下》载，"子产听郑国之政，以其乘舆济人于溱洧。孟子曰：'惠而不知为政。……舆梁成，民未病涉也。'"溱、洧，水名。
[七] 颜：指匾额。
[八] 丹雘（huò）：可供涂饰的红色颜料。

[九] 学博：教授五经的学官。这里指彭山县学教谕。

[一〇] 棂（líng）：旧式房屋的窗格。

[一一] 甘棠之爱：即甘棠遗爱，语出《诗经·召南·甘棠》"蔽芾甘棠，勿剪勿伐！召伯所茇。……召伯所憩。……召伯所说。"本指周代召公行德政，人民感戴，对召公憩息过的甘棠树亦爱护有加。后用以表示对贤官廉吏的爱戴或怀念。

彭山县古迹志

驷马[一]勒人文之壮志，草堂寄诗圣之遥情。达人高士，涉历创置，能不随死而亡，不与迹而没者，大都类此。夫地以事传，事以人传。后之人吊乔木之故墟，望先贤之梓里，而抚时感事，寄兴遥吟，亦以增辉媚、壮简编也。志古迹。

古　迹

武阳故城　在县东十里。《蜀纪》[二]：秦惠王使张仪伐蜀，开明距战不胜，退走武阳，获之，即此。汉置武阳县，属犍为郡。王莽改曰戢成，后汉如故。建武十一年（35），岑彭破公孙述将侯丹于黄石，晨夜兼行二千余里，径拔武阳，是也。

犍为故城　在县西北五里。汉建元中筑。昭帝时，自僰道移犍为郡，治武阳，即此。齐又移郡，还治僰道，以武阳属之。《隋志》[三]：隆山县旧曰犍为，西魏改曰隆山。盖梁时改武阳曰犍为，取故郡为名。西魏改置隆山，而故城始废也。旧《志》云：晋又迁郡，治僰，乃改武阳、犍为为县，宋末省。

江阳故城　在县东十余里。宋置江阳郡，仍置江阳县为治，齐因之。《隋志》：隆山县旧置江州。周省州，置隆山郡。开皇初，并江阳县入。盖江州本①置于江阳，故取以为名。周时改置隆山郡，而江州及江阳郡皆废。开皇初，始并，废县也。

绵水废县　在县东南十余里，后魏置。周武帝改曰白水，隋废。

乐　城　在县东北。《寰宇记》：彭山县有乐城，汉何斌为蜀郡太守筑。

彭祖宅　在县东北象耳山。

东山精舍　在县东。宋虞公著读书于此，魏了翁题壁。李壁诗："木落天晴远岭多，水平烟尽镜新磨。周公谢傅皆尘土，病鹤闲来借一柯。"今圮。

石　仓　在县东北二十五里。半山石壁间，有崖窦如蜂房。相传窦中常出米，崖上镌"石仓米洞"四字。

李白读书台　在县东北象耳山。李白读书于此，上有石刻白书。杜光庭诗："山中犹有读书台，风扫晴岚画嶂开。华月冰壶依旧在，青莲居士几时来？"

范镇读书台　　在县东北五里盘石山。宋范镇读书其上，有石刻。范镇诗："穷幽访盘石，细径入荒凉。踏叶屦履湿，觞花衣袂香。"

八角井　　在平盖山前。相传罗公远尝炼丹于此，一名丹井。

洗墨池　　治北一里许，在平盖山前。相传罗公远洗墨于此。

清晖亭　涤览亭　　治北一里许，平盖山前。罗公远题咏之处。今圮。

迎江阁　　治北一里许，在平盖山前。昔名望江楼。乾隆丁未年（1787），署令陈懋勤重修，改今名。

文渊井　　在城南桂香书院外。系元明旧迹，其水已涸多年。于嘉庆戊辰（1808），邑令史钦义莅任后，泉水复出。前任眉州知州彭锡光有诗以纪其事，云："星联井络[四]古文渊，活水源头涌旧泉。自是使君廉作宰，从今科甲庆绵绵。"

【校】

①本：原文作"木"，形近而讹，据文义及雍正《四川通志》卷二十七、乾隆《彭山县志》卷之一、嘉庆《眉州属志》卷二径改。

【注】

[一] 驷马：显贵者所乘的驾四匹马的高车。表示地位显赫。

[二]《蜀纪》：即《蜀王本纪》，旧题汉扬雄撰。该书记载了秦前古蜀国历代君王蚕丛、柏灌、鱼凫、望帝、开明帝等的神话传说和故事。

[三]《隋志》：即《隋书·地理志》。

[四] 井络：井宿的区域，按星宿分野在岷山，泛指蜀地。井，井宿，又称东井或天井，二十八宿之一。络，网罗、包罗。

古碑记附

汉黄龙甘露碑　　额题云"黄龙甘露之碑"六隶字。《隶释》云：碑中有穿，高五尺余，广三尺，文十行，仅有数字可辨。群臣列名，居石之上，上下四横，每横二十余人。可辨者侍中二人，司徒、尚书、五官中郎将、大中、中散大夫、博士各一人，议郎四人，安汉、镇东等将军二十余人。碑侧题"太守李严并丞令二人"。《华阳国志》云：建安二十四年（219），黄龙见武阳赤水，乃立庙作碑。

汉杨洪碑　汉犍为太守碑　　在今县北小板桥。

唐北平山碑　　在县之北平山，大书"北平山治之碑"，余不可读。碑阴书"大唐上元二年（675）道士施士衡笔"。

新移彭山县碑　　唐会昌五年（845），楼旦撰。

宋寺壁古画　　眉州人程承辩工画人物鬼神。孟蜀广政年间，于彭山县洞明观画"天蓬、黑杀、玄武、火铃"一堂，象耳山堂"游变神鬼"一堵，奇绝当时。

象耳山李白留题　李白书云："夜来月下卧，醒，花影零乱，满人襟袖，疑始濯魄于冰壶也。"

汉张纲故里碑　乾隆十五年（1750），邑令冯鄷题。嘉庆十四年（1809），邑令史钦义重建。

晋李密故里碑　乾隆十五年（1750），邑令冯鄷题。嘉庆十四年（1809），邑令史钦义重建。

古十景附[①]

杨祐甫《彭山十事记》[一]：一曰象耳山，二曰彭祖宅，三曰大悲道场，四曰宝砚、磨针二溪，五曰太白书台，六曰师悟、志楢二大士会昌寺，七曰薛、范二诗，八曰龙池蟹泉，九曰千岁松柏，十曰石恪画护法神。

圣寿云松　在治西四十里。圣寿古刹，盘纡石径，绕涧长松，遥望非烟非雾，山寺横开，盖缥渺白云间也。

寂照凤篁　在治东十五里，大佛山内。一庵寂静，修竹万竿，风起若鸾凤清音，可砭俗耳。

象耳磨崖　在治北三十里，即象耳山。层崖峭壁，神工鬼斧，奇态万状，上刻"李白留题"，藤萝蓊蔚[二]中，恍然有蛟龙盘拏之势。

天柱神灯　在治北三十里，即北平山。夜见五色神灯，初三四点，至数十点，或远或近，乍沉乍浮，若火齐耀景，蟾光吐彩，说者疑为金银气云。

秋浦芦花　武阳江至锦江瀠洄十余里，滨江多芦苇。秋来风飘细雪，月映寒沙，塞雁江凫，飞鸣上下，萧萧索索，间疑在溢阳九曲也。

双江渔唱　在治东十里，即双江口。沿江居民多以捕鱼为业，两岸桃花，数声渔笛，烟蓑雨笠，中不减沧浪之趣。薄暮，笭箵[三]毕集，灯火对船，有持鱼换酒入市者。

长桥夜月　在治北五里，即忠孝桥。平山掩映，镜水瀠澄，绿野烟村，一瞬千里。每当沉漻[四]夜静，皓魄凌空，蟾光出没于波心，兔影浮沉于林表。曲栏横槛，缥渺浮虚，恍置身广寒宫阙也。

龙潭春雨　在治北一里许，即系龙潭。潭水澄清可鉴，冬夏不竭。春云吐岩，山雾四起，潭中嚕呔[五]有声，喷薄成雨，土人谓有龙居之。

平盖烟霞　在治北一里许，即平盖观。道书谓"二十四化之一，求仙者羽化之所"。上有丈二金人，墨池丹井，山不高而烟霞聚，境不远而泉石清，重岩[②]滴翠，耸峯昂霄，登者神栖白云，委心玄化，所谓"山不在高，有仙则灵"，其在斯乎！

东山晚眺　在治内东门外。一峰耸秀，林木阴翳，远吞山光，平挹江濑[六]。时当夕阳在山，樵歌上下，遥望孤城，一点烟火参差，翛然有城市山林之意。

【校】

①古十景图，参本书卷之一《图考》。

②岩：底本漫漶不清，据乾隆《彭山县志》卷之一补。

【注】

[一] 杨祐甫：人称"潼川先生"，蜀人。据刘光祖《安岳冯公太师文集序》载，"左丞（冯澥）年二十三，登元丰二年（1079）第"，而冯澥"与祐甫游垂五十年"，则杨祐甫大约生活于北宋神宗、哲宗时期。《彭山十事记》为"彭山古十景"的最早记载。

[二] 蓊蔚（wěng wèi）：草木茂盛貌。

[三] 笭箵（líng xīng）：打鱼用的竹编盛器。

[四] 泬寥（xuè liáo）：空旷清朗。

[五] 噌吰（cēng hóng）：声音壮阔的样子。

[六] 江濑（lài）：江滩上的急流。

彭山县公署志

《周官》以八法[一]治官府，而官廨始兴。二府[二]八位之制，所以秩尊卑、听政事也。顾临驭堂皇，保护宜重，乃谓官如传舍，风雨罔庇，寒暑是窘，毋乃见诮于叔孙，自惭于陆抗乎？志公署。

公　署

彭山县治在城内西。明成化中，知县樊瑾建修。正德中，佥事卢翙重修。明末，被贼，焚毁。国朝康熙元年（1662）归并眉州，迨雍正八年（1730）复设，知县刘占魁建修。大堂三间，卷棚三楹，暖阁上悬，御书"清慎勤"匾额。堂东为库房，堂西为宾馆。大堂前甬道露台下，敕建圣谕牌坊一座，上书御制官箴一篇。

乾隆十八年（1754），邑令张凤翥重修。头门三间，门外照墙一座，石狮子二座。门内迤左为土地祠。仪门五间，左东角门，右西角门。门内东列吏、户、礼、仓、兵、承发六房，西列工、盐、刑三房。迤西为监狱。二堂三间，颜曰"德风堂"，邑令张凤翥题。三堂三间，前邑令冯酅建。西厢房三间，颜曰"澹宁"。东厢房三间，颜曰"半①舫"，张凤翥捐修。西书房三间，颜曰"双杏轩"，内有古杏一株，子大而味甘。东书房三间，颜曰"含素华轩"，眉州牧张兑和题。内有大梅一株，铁干虬枝，冷香满院。东小书房三间，颜曰"虚圃"，张凤翥题，并捐修。内东厢房三间。内西厢房三间。斋厨三间。马厩三间。茶房三间。

【校】

①半：乾隆《彭山县志》卷之二作"寄"。

【注】

[一] 八法：周代管理百姓的通法。《周礼·天官·大宰》："以八法治官府：一曰官属，以举邦治；二曰官职，以辨邦治；三曰官联，以会官治；四曰官常，以听官治；五曰官成，以经邦治；六曰官法，以正邦治；七曰官刑，以纠邦治；八曰官计，以弊邦治。"

[二] 二府：汉代称丞相与御史；宋代称中书省和枢密院；明清两代同知（知府的副职）的俗称。

儒学在城南。大门一间，明伦堂三间。堂上御制卧碑[一]一座，乡贤、忠孝、节义匾额。书办房三间，二堂三间。乾隆二十年（1755），邑令张凤翥捐建。

典史在县署右头门一座。二门一座，大堂三间，二堂三间，内室三间。西书房三间，厨房三间，书办房三间。

驻防把总在县署左。

阴阳学。

医学。

僧会司。

道会司。

学政考棚。　在眉州城内。

演武厅。　在县西南城隈，东岳庙前。地较、骑射、驻防、操练之所。

【注】

[一] 卧碑：明清时代，在各处孔子庙的明伦堂上立一碑，上刻约束学生不可随意进出公门及谈论国事等的条文，称为"卧碑"。

仓廒　在县署内左。

添字仓廒，一向九间。

悌字仓廒，一向九间。

实字仓廒，一向十二间。

新字仓廒，一向十一间。

宇字仓廒，一向八间。

盈字仓廒，一向七间。

丰字仓廒，一向五间。

恒字仓廒，一向十一间。

共计常平仓廒八向七十二间，额贮谷三万二千石，籍田谷十八石。

义仓

隆兴寺社仓，一向二间。

宝珠寺社仓，一向一间。

壁山庙社仓，一向二间。

天皇寺社仓，一向一间。

洪塔寺社仓，一向三间。

上菩提社仓，一向一间。

灵祖庙社仓，一向一间。

普照寺社仓，一向一间。

下菩提社仓，一向二间。

观音寺社仓，一向一间。

梓潼宫社仓，一向二间。

白庙子社仓，一向一间。

居隐寺社仓，一向一间。

公义场社仓，一向三间。

毗卢寺社仓，一向一间。

郭家寺社仓，一向二间。

回龙寺社仓，一向一间。

兴龙寺社仓，一向一间。

洪山寺社仓，一向一间。

共计义仓十九处十九向二十八间，贮谷一万三千石有零，分贮四乡，选择社首经管。

堆卞　拨兵防守，查缉奸匪。

水卞四　一在双旋子，一在东门外，一在双江镇，一在王家沱。

陆卞　在县北三十里许三角井。

彭山县学校志

昔文翁[一]为蜀郡守，起学宫于成①都市中。学宫弟子，化比齐鲁。今之郡国皆立学，自文翁始也。夫蛮夷之风，厥化尚易，况今海宇同文，经生胄子之属，脱剑揩笏[二]之俦，固无不被服雅化、涵濡圣泽者耶！夫瞻彼缉弧，犹资良冶，相诸笋玉，亦藉他山胶庠[三]之地，亦綦重矣。志学校。

学　校

　　彭山县儒学　在县城南。明嘉靖丙申年（1536），邑令周良弼创建。国朝康熙二年（1663），并县入州，学宫浸圮。雍正八年（1730），县治复设，邑令刘占魁辟荒榛，仍旧制修葺。乾隆丙子（1756），邑令张凤翥重修，复置学田十八亩。乾隆三十五年（1770）邑令徐德元、四十年（1775）邑令张京鲤相继培修。嘉庆九年（1804），邑令饶觐光捐赀增修，规模丕焕。

　　学署　明伦堂之左，恭刊御制碑文，钦奉御书"万世师表"匾额、御书"生民未有"匾额、御书"与天地参"匾额，皇上颁发"圣集大成"匾额，俱恭摹悬挂于文庙大成殿。

　　学额　小学　旧额，文、武生各四名，廪、膳、增、广生各九名。乾隆十五年（1750），邑令冯鄘详请增额，学宪葛峻起具题礼部议覆，加增文、武生进额各二名，廪、膳、增、广生各三名。三年州县学一体拔②贡。定额，文、武生各六名，廪、膳、增、广生各十一名。

　　申明亭　在县城西公署左侧。乾隆四十六年（1781），邑令徐德元创建。嘉庆元年（1796），邑令倪鼎铨重建。

　　桂香书院　在县城西南，即文昌庙，前邑令张绰建修。正殿三间，供帝君圣像，殿前又建大门一座，大厅五间，左右厢房各六间，聚士子诵读其中。于院内植丹桂数株，因颜之曰"桂香书院"。乾隆二十一年（1756），邑令张凤翥重修。乾隆四十五年（1780），邑令徐德元拨圣寿寺田六十亩，山地二段，岁收租钱一百二十千，以为延师之用。嘉庆九年（1804），邑令饶觐光又加圣寿寺田租钱二十千文，以为延师聘金、节礼及斋③长、礼房工食之用。复又新增二门一座，过厅一间，抱厅三间，拨入宝珠寺田四十一亩，岁取租谷四十一石，额收毗卢寺学谷一十二石，以作生童膏火。嘉庆十五年（1810），邑令史钦义又增入廖善端所施水旱田一十四亩，取租谷一十一石，田洪仁所施水田四亩五分，取租钱十一千。又，雷声、灵施、枇杷坡山地三段，岁取租钱三千六百文，以助膏火。现设生童正附膏火二十名，按月考课支给。

　　义学

【校】

①成：原文作"城"，形近而讹，据上下文义及乾隆《彭山县志》卷之二径改。
②拔：原文作"挨"，形近而讹，据文义径改。
③斋：原文作"齊"，形近而讹，据文义径改。

【注】

　　[一] 文翁：汉庐江舒（今安徽舒城县）人。景帝末，为蜀郡守，"仁爱好教化"，在成都市中起学官，入学者免除徭役，成绩优者为郡县吏，每出巡视，"益从学官诸生明经饬行者与俱，使传教

令"。蜀郡自是文风大振，教化大兴。见《汉书·文翁传》。后世用为称颂循吏的典故。

［二］搢笏（jìn hù）：亦作"搢忽"。插笏，古代君臣朝见时均执笏，用以记事备忘，不用时插于腰带上。引申指朝见。

［三］胶庠（jiāo xiáng）：胶，大学。庠，小学。胶庠指周代学校的名称。语本《礼记·王制》："周人养国老于东胶，养庶老于虞庠。"后以胶庠通称学校。

彭山县祀典志

祭法所当祀者有数等，要皆有理于国家，有关于风教，否则淫且渎矣。鹓鹑[一]之失可征也，祀之且不可，况可书之，以助邪妄之风耶？志祀典。

祀 典

社稷坛 雍正十一年（1733），奉旨修建。每岁仲春、秋上戊日致祭。

位次

左县社之神位，右县稷之神位。

祭品

俎一 羊一 豕一 篚一 帛黄色，长一尺八寸。 铏一 和羹 笾四 形①盐、藁、鱼、枣栗居左。豆四 韭菹、鹿醢、菁菹居右。 簠二 黍稷 簋二 稻粱② 酒尊三

仪注

祭日，长官一员，行三献礼，余官止陪祭。其斋戒、省牲、瘗埋、降神、迎神、盥洗、奠帛、初献、读祝、亚献、终献、饮福、受胙、谢神、彻馔、辞神、望瘗、送神等礼，与文庙丁祭[二]同。

祝文

年 月 日，某官致祭于社稷之神曰：维神奠安九土，粒食万邦。分五色以表封圻，育三农而蕃稼穑。恭承守土，肃展明禋[三]。时届仲春秋，敬修祀典。庶丸丸③松柏，巩磐石于无疆；翼翼黍苗，佐仓箱于不匮。尚飨！

风云雷雨山川坛 雍正十一年（1733），奉旨修建。每春、秋仲月上戊日致祭。

位次

中风云雷雨之神位，左山川之神位，右城隍之神位。

祭品

羊一 豕一 铏一 簠二 簋二 枣、栗之属五 白色帛七 风云雷雨山川六 城隍一，爵同。

祭 文

年 月 日，某官致祭于风云雷雨山川城隍之神曰：维皇赞襄天泽，福祐苍黎。佐灵化以流形①，生成永赖；乘气机而鼓荡，温肃攸宜。磅礴高深，永保安贞之吉；凭依巩固，实资捍御之功。幸民俗之殷盈，仰神明之庇护。恭修岁祀，正值良辰。敬洁豆笾，祗④陈牲币。尚飨！

【校】

①形：原文作"刑"，形近而讹，据上下文义径改。

②粱：原文作"梁"，形近而讹，据上下文义径改。

③丸丸：乾隆《彭山县志》卷之四作"芃芃"。

④祗：原文作"祇"，形近而讹，径改。

【注】

[一] 鹢鹃（yuán jū）：亦作"爰居"，海鸟名。

[二] 丁祭：旧时于每年阴历二月、八月第一个丁日祭祀孔子，称丁祭。隋、唐日制不一。隋文帝时一年有四祭，唐武德年间改用中丁日祭祀，唐开元年后专用春、秋二仲的上丁日举行祭祀。

[三] 禋（yīn）：古代烧柴升烟以祭天，谓诚心祭祀。

先农坛　雍正四年（1726），奉旨建设，每岁季春月亥日致祭。

祭品

羊一　豕一　爵三　登一　铏二　笾十　豆十　簠二　簋二　帛一

祭仪

耕耤[一]日，每年奉文行知，届期致斋二日。

祭日，主祭官及各官俱穿朝服。至坛，先请神牌，安奉坛上。礼生引主祭官至行礼处，文东武西排列。唱乐舞生各就位，执事生各司其事。主祭官就位，陪祭官各就位。

瘗[二]毛血迎神，奏乐，乐奏《永丰之章》。主祭官、众官俱行三跪九叩首礼。兴奠帛，行初献礼，乐奏《时丰之章》。引主祭官诣盥洗所，进巾，诣神位前。上香，跪，献帛，献爵，叩首，兴诣读祝位，跪，众官皆跪。读祝文，毕，俱三叩首，兴复位，行亚献礼，乐奏《咸丰之章》。又引主祭官升坛，诣神位前，跪，献爵，叩首，兴复位，行终献礼，乐奏《大丰之章》。又引主祭官升坛，诣神位前，跪，献爵，叩首，兴复位，彻馔，乐奏《屡丰之章》。辞神，乐奏《报丰之章》。主祭官行三跪九叩首，兴捧祝、帛、馔，各诣燎所，乐奏《庆丰之章》。望燎，礼毕，退至坛侧。各官俱换蟒袍、补服。礼生引至耤田所，行耕耤礼。知县秉耒、典史执青箱，播种用。耆老一人牵牛，农夫二人扶犁，九推九返，农夫终亩。耕毕，各官率耆老、农夫望阙，行三跪九叩首礼，毕而散。农具俱用赤色，牛黑色，子种青色，种照地土所宜者。

乐 章

《永丰之章》

勾芒秉耒，土牛是驱。惟神歆止[三]，苍龙驾车。念彼田畴，民命所需。生成有德，尚式临诸。

《时丰之章》

先农神哉，耒耜教民。田祖灵哉，稼穑是亲。功德深厚，天地同仁。肃将币帛，肇举明禋。厥初生民，万汇莫辨。神锡之休，嘉谷乃诞。执兹醴齐，丰功益见。玉瓒[四]椒醑[五]，肃雍举奠。

《咸丰之章》

上原下隰[六]，百谷盈止。粒我蒸民，秀良兴起。乐舞具备，吹豳称兕。再跻以献，肴馨酒旨。

《大丰之章》

糜芑秬秠[七]，惟神所贻。以神飨神，曰予将之。秉耒三推，东作允宜。五风十雨，率土何私。

《屡丰之章》

玉版苍币，来鉴来歆。敬之重之，藏于厚深。典礼由古，予行自今。乐乐利利，国以永宁。

祭 文

年 月 日，某官致祭于先农之神曰：维神肇兴稼穑，粒我蒸民。颂斯文之德，克配彼天；念率育之功，陈常时夏。兹当东作咸服，西畴洪维，九五之尊，岁举三推之典。某恭膺守土，敢忘劳民？谨奉彝常，聿修祀事。惟冀五风十雨，嘉祥恒沐于神庥[八]；庶几九穗双岐，上瑞频书于大有[九]。尚飨！

【注】

[一] 耕耤（gēng jiè）：即耕籍田之礼。参见前文"籍田"注。

[二] 瘗（yì）：埋藏，埋葬。

[三] 歆（xīn）止：歆享。歆，古指祭祀时鬼神享受祭品的香气。止，语气助词。

[四] 瓒（zàn）：古代祭祀用的一种像勺子的玉器。

[五] 醑（xǔ）：美酒。

[六] 隰（xí）：低湿的地方；新开垦的田地。

[七] 糜芑秬秠（mén qǐ jù pī）：皆为农作物。糜，谷的一种。芑，粱、黍一类的农作物。秬，黑色的黍子，古人用以酿酒。秠，一皮二粒的黑黍。

[八] 庥（xiū）：庇荫，保护。

[九] 大有：指丰收。

厉坛

每岁清明日、七月十五日、十月初一日致祭。

先期,县令牒告城隍。至日,迎城隍神于坛上,设无祀鬼神及无祀孤魂牌位于坛下,左、右各相向。祭物用牲、醴、羹饭等物,专祭本邑境内无祀鬼神、孤魂,以城隍尊神主之。

仪 注

先期,主祭官斋沐补服,备香烛、酒、果,诣本处城隍,发告文,行一跪三叩礼,平身。献爵,复行礼如初,平身。焚告文,礼毕。

祭日,率同城齐赴坛所,通赞唱:执事者各就位。众官各就位,行一跪三叩礼,平身。诣城隍前,跪,献爵,俯伏。读祭文,再行礼如初,焚纸钱,礼毕。

祭 文

某县遵承礼部劄,付为祭祀本县无祀鬼神等众。事该钦奉皇帝圣旨,普天之下,后土之上,无不有人,无不有鬼神。人鬼之道,幽明虽殊,其理则一。今国家治民事神,已有定制。尚念冥冥之中,无祀鬼神昔为生民,未知何故而殁。其间有遭兵刃而死者,有死于水火盗贼者,有被人取财而逼死者,有被人强夺妻妾而死者,有遭刑祸而负屈死者,有天灾流行而瘟疫死者,有为猛兽毒虫所害者,有为饥饱而冻死者,有因战斗而殒身者,有因危急而自缢者,有因墙屋倾陨而压死者,有死后无子孙者。此等鬼魂,或终于前代,或没于近世,或兵戈扰攘流移于他乡,或人烟断绝。人缺其祭祀,姓名泯没于一时,祀典无闻而不载。此等孤魂,精魄未散,结为阴灵[一],或倚草附木,或作妖怪,悲号于星月之下,呻吟于风雨之时。凡遇人间节令,心思阳世,魂杳杳以无归;身堕沉沦,意悬悬而望祭。

兴言及此,怜其惨凄。故敕天下有司,依时享祭,命本处城隍以主此祭。钦奉如此,今某等不敢有违,谨设坛于城北,以某年某月某日,置备牲醴羹饭,享祭本县无祀鬼神等众灵,其不昧永享此祭。

凡我一县境内人民,倘有忤逆不孝,不敬六亲者;有奸盗诈伪,不畏公法者;有拘屈作直,欺压良善者;有躲避差徭,磕损贫户者。似此顽恶奸邪不良之徒,神必报于城隍,发露其事,使遭官府。轻则笞决杖断,不得号为良民;重则徒流绞斩,不得生还乡里。若事未发露,必遭阴谴,使举家并染瘟疫,六畜田蚕不利。如有孝顺父母,和睦亲族,畏惧官府,遵守礼法,不作非为,良善正直之人,神必达于城隍,阴加护佑,使其家道安和,农事顺序,父母妻子保守乡里。

我等阖县官吏等,如有上欺朝廷,下枉良善,贪财作弊,蠹政害民者,灵必无私,一体昭报。如此,则鬼神有鉴察之明,官府非谄谀之祭。尚飨!

告城隍文

某县遵承礼部劄,付为祭祀本县无祀鬼神。该钦奉皇帝圣旨,敕天下有司依时享祭。本县无祀鬼神等众,幽明异境,人力难为,必资神力,庶得感通。今特移文于神,先期分遣诸将，召集本县阖境鬼灵。至日悉赴坛所，普享一祭。神当钦承钦命，镇控坛场，鉴察善恶，无私昭报。为此合行移牒，请照验钦依施行。

【注】

[一] 阴灵：旧时谓人死后的阴魂或者幽灵。

文庙

每年春、秋上丁致祭。

位次 乾隆十八年（1753）颁发。

大成殿正中 南向 恭奉至圣先师孔子神位东配 西向位

东配 西向

  复圣颜子之位

  述圣子思子之位

西配 东向

  宗圣曾子之位

  亚圣孟子之位

东哲 西向

  先贤闵子之位

  先贤冉子之位

  先贤端木子之位

  先贤仲子之位

  先贤卜子之位

  先贤有子之位 乾隆三年（1738）升配。

西哲 东向

  先贤冉子之位

  先贤宰子之位

  先贤冉子之位

  先贤言子之位

  先贤颛孙子之位

  先贤朱子之位 康熙五十二年（1713）升配。

东庑 西向

  先贤蘧瑗之位 雍正二年（1724）复祀。

  先贤原宪之位

  先贤澹台灭明之位

  先贤南宫适之位

先贤商瞿之位

先贤漆雕开之位

先贤司马耕之位

先贤梁鳣之位

先贤冉孺之位

先贤冉季之位

先贤伯处之位

先贤漆雕徒父之位

先贤漆雕哆之位

先贤公西赤之位

先贤任不齐之位

先贤公良儒之位

先贤公肩定之位

先贤鄡单之位

先贤罕父黑之位

先贤荣旂之位

先贤左人郢之位

先贤郑国之位

先贤原亢之位

先贤廉洁之位

先贤叔仲会之位

先贤公孙舆如之位

先贤邦巽之位

先贤陈亢之位

先贤琴张之位

先贤步叔乘之位

先贤秦非之位

先贤颜哙之位　雍正二年（1724）复祀。

先贤颜何之位　雍正二年（1724）复祀。

先贤县亶之位　雍正二年（1724）增祀。

先贤乐正克之位　雍正二年（1724）增祀。

先贤万章之位　雍正二年（1724）增祀。

先贤周敦颐之位

先贤程颢之位

先贤邵雍之位

先儒穀梁赤之位　周人，子夏门人。

先儒伏胜之位　秦博士，汉文帝时命晁错往受《尚书》。

先儒后苍之位　汉武帝时博士。

先儒董仲舒之位　汉景帝时为博士，武帝时为江都相。

先儒杜子春之位　汉哀帝时人，刘歆门人。

先儒范宁之位　东晋武帝时人，豫章太守。

先儒韩愈之位　唐德宗贞元八年（792），举进士宏词。

先儒范仲淹之位　宋真宗大中祥符八年（1015）进士。

先儒胡瑗之位　宋仁宗景祐初，苏湖教授。

先儒杨时之位　宋神宗熙宁九年（1076）进士，程子门人。

先儒罗从彦之位　宋神宗时人，杨时门人。

先儒李侗之位　宋哲宗时人，罗从彦门人。

先儒张栻之位　宋高宗末，以荫补官。

先儒黄幹之位　宋宁宗时人，朱子门人。雍正二年（1724）增祀。

先儒真德秀之位　宋宁宗庆元五年（1199）进士。

先儒何基之位　宋理宗时人，黄幹门人。雍正二年（1724）复祀。

先儒赵复之位　宋末元初人，私淑朱子。

先儒吴澄之位　元人，武宗时国子监丞。乾隆二年（1737）复祀。

先儒许谦之位　宋末元初时人，金履祥门人。

先儒王守仁之位

先儒薛瑄之位　明永乐十九年（1421）进士。

先儒罗钦顺之位　明弘治六年（1493）进士。雍正二年（1724）增祀。

先儒陆陇其之位　国朝康熙庚戌年（1670）进士。雍正二年（1724）增祀。

西庑　东向

先贤林放之位

先贤宓不齐之位

先贤公冶长之位

先贤公皙哀之位

先贤商柴之位

先贤樊须之位

先贤商泽之位

先贤巫马施之位

嘉庆 彭山县志 校注

《彭山县志》卷之二

先贤颜辛之位
先贤曹恤之位
先贤公孙龙之位
先贤秦商之位
先贤颜高之位
先贤壤驷赤之位
先贤石作蜀之位
先贤公夏首之位
先贤后处之位
先贤奚容蒧之位
先贤颜祖之位
先贤句井彊之位
先贤县成之位
先贤秦祖之位①
先贤公祖句兹之位
先贤燕伋之位
先贤乐欬之位
先贤狄黑之位
先贤孔忠之位
先贤公西蒧之位
先贤颜之仆之位
先贤施之常之位
先贤申枨之位
先贤左邱明之位
先贤秦冉之位　乾隆二年（1737）复祀。
先贤牧皮之位
先贤公都子之位
先贤公孙丑之位
先贤张载之位
先贤程颐之位
先儒公羊高之位　周人，子夏门人。
先儒孔安国之位　汉武帝时，谏议大夫。
先儒毛苌之位　汉武帝时，河间献王博士。
先儒高堂生之位　秦季②人，至汉时博士礼。

82

先儒郑康成之位　　汉桓帝时人。雍正二年（1724）复祀。

先儒诸葛亮之位　　汉昭烈时人。雍正二年（1724）复祀。

先儒王通之位　　隋文帝时人。

先儒司马光之位　　宋仁宗宝元初进士。

先儒欧阳修之位　　宋仁宗天圣年进士。

先儒胡安国之位　　宋哲宗绍圣四年（1097）进士。

先儒尹焞之位　　宋神宗时人，程子门人。雍正二年（1724）增祀。

先儒吕祖谦之位　　宋孝宗时人，进士。

先儒蔡沈之位　　宋孝宗时人，朱子门人。

先儒陆九渊之位　　宋孝宗乾道八年（1172）进士。

先儒陈淳之位　　宋宁宗时人，朱子门人。雍正二年（1724）增祀。

先儒魏了翁之位　　宋宁宗庆元五年（1199）进士。雍正二年（1724）增祀。

先儒王柏之位　　宋理宗时人，何基门人。雍正二年（1724）增祀。

先儒许衡之位　　元世祖时人，国子监祭酒。

先儒金履祥之位　　宋末元初人，王柏门人。雍正二年（1724）增祀。

先儒陈澔之位　　宋末人。雍正二年（1724）增祀。

先儒陈献章之位　　明正统十三年（1448）进士。

先儒胡居仁之位　　明正统时人。

先儒蔡清之位　　明成化二年（1466）进士。雍正二年（1724）增祀。

崇圣祠正中　　南向

　　肇圣王　木金父

东一室　南向

　　裕圣王　祈父

西一室　南向

　　诒圣王　防叔

东二室　南向

　　昌圣王　伯夏

西二室　南向

　　启圣王　邹邑大夫叔梁纥

配位

　　先贤颜氏　无繇

　　先贤孔氏　鲤

　　　　在殿内东旁　西向

　　　先贤曾氏　点

　　　先贤孟孙氏　激公宜

　　　　在殿西旁　东向

东庑　西向

　　　先儒周辅成

　　　先儒程珦

　　　先儒蔡元定

西庑　东向

　　　先儒张迪　雍正二年（1724）增祀。

　　　先儒朱松

【校】

　　①先贤县成之位　先贤秦祖之位：乾隆《彭山县志》卷之四作"先贤秦祖之位　先贤县成之位"，顺序不一。

　　②季：底本作"李"，形近而讹，径改。

陈　设

　　正位中爵三　　次登一 太羹　　次筐一 用白绫一尺八寸。　　次大俎三 左羊一，右豕一，中犊一。　次香烛　登左簠二 黍稷　次铏一 和羹　　次笾八 形盐、鱼、藁枣、栗菱、榛芡、鹿脯，照序两行。登右簠二 稻粱①　次铏一 和羹　次豆八 韭菹、酏醢、菁菹、鹿醢、芹菹、兔醢、笋菹、鱼醢，照序两行。　酒罇一

　　四配 二坛　中爵三　次左簠二　右簠二　次筐一 用绢，一尺八寸。　次中俎二 左羊体一，右豕体一。　簠左铏一　次笾六 无榛芡，余与正位同。　簠右铏一　次豆六 无韭菹，余与正位同。　酒罇一

　　十哲 二坛　中爵三　次铏一 和羹　次簠、簋各一 黍稷　次筐一 用白绢，一尺八寸。　次条俎一 豕肉，按位各一体。　次香烛　簠左笾四 形盐、枣栗、鹿脯。　簠右豆四 菁菹、鹿醢、芹菹、兔醢。　东、西酒罇各一

　　两庑 四坛　中爵三 每位加酒一盏。　簠、簋各一 黍稷　筐一 用白绢，一尺八寸。　次条俎 豕肉，按位各一体。　次香烛　左笾四　右豆四 与十二哲陈设同。　酒罇各一

　　崇圣祠正位 五坛　无太羹一登，太牢一俎，余与正殿同。其分献官或先祭，或同时祭，然子不先父食，以先祭为是。

　　配位东陈设，同十哲。

　　配位西陈设，同十哲。

　　从配东陈设，同两庑。馔盘

从配西陈设，同两庑。馔盘

正位祭品陈设图　东西配、东西哲、东西庑视此递减。

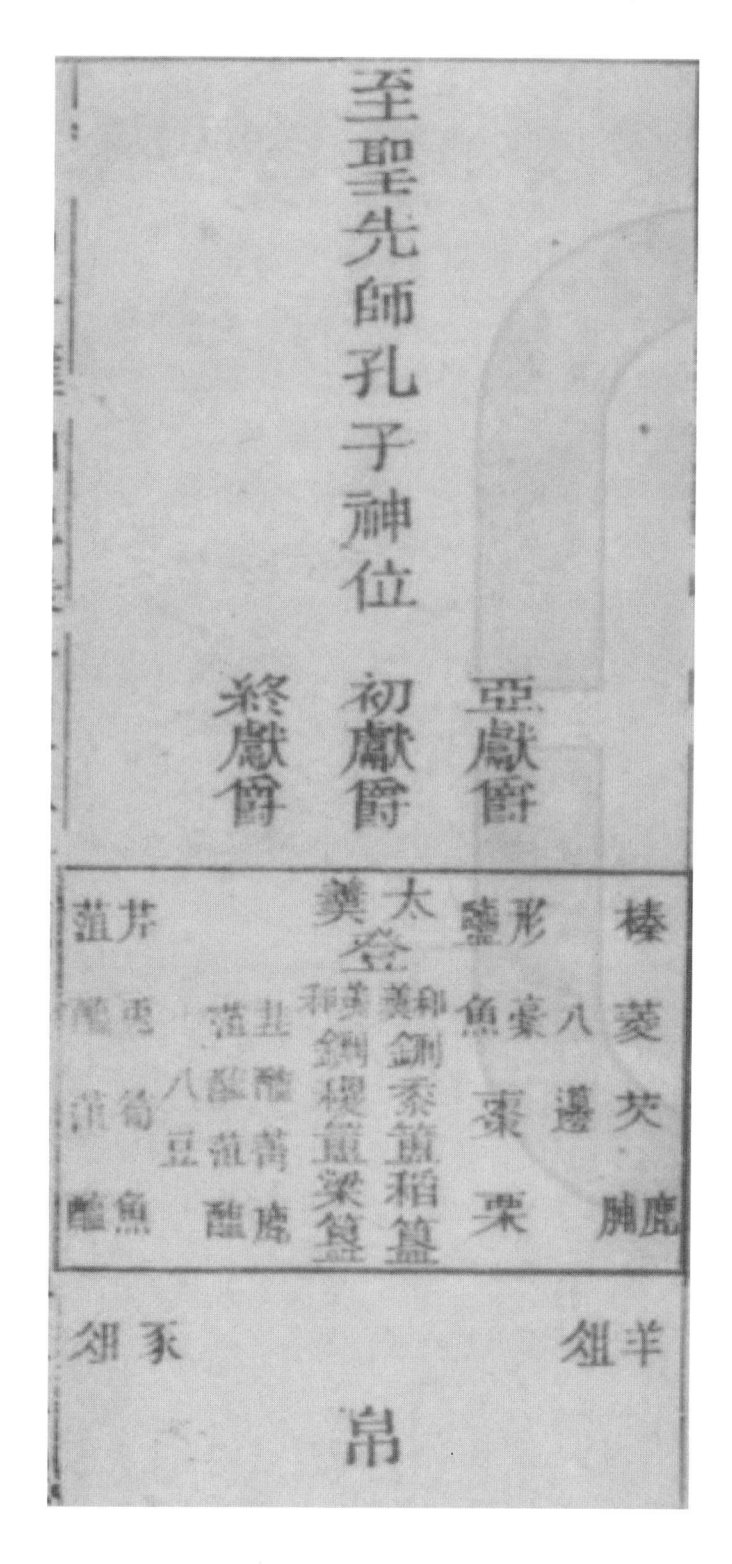

帛一筐，白色，长一尺八寸；酒三爵；羊一俎，豕一俎②；太羹一登，和羹二铏，黍稷稻粱③二簠，二簋；左形盐④，槀鱼枣，栗榛、菱芡、鹿脯八笾；右韭菹、醯醢、菁菹、鹿⑤醢、芹菹、兔醢、笋菹、鱼醢、八豆。

麾一金，钟十六，玉磬十六，搏拊二柷，一敔，一琴，六瑟，四箫，六笛，六凤，箎二，笙六，埙二，篪二，楹鼗一应，鼗一，田鼗二。

奉颁歌乐之图

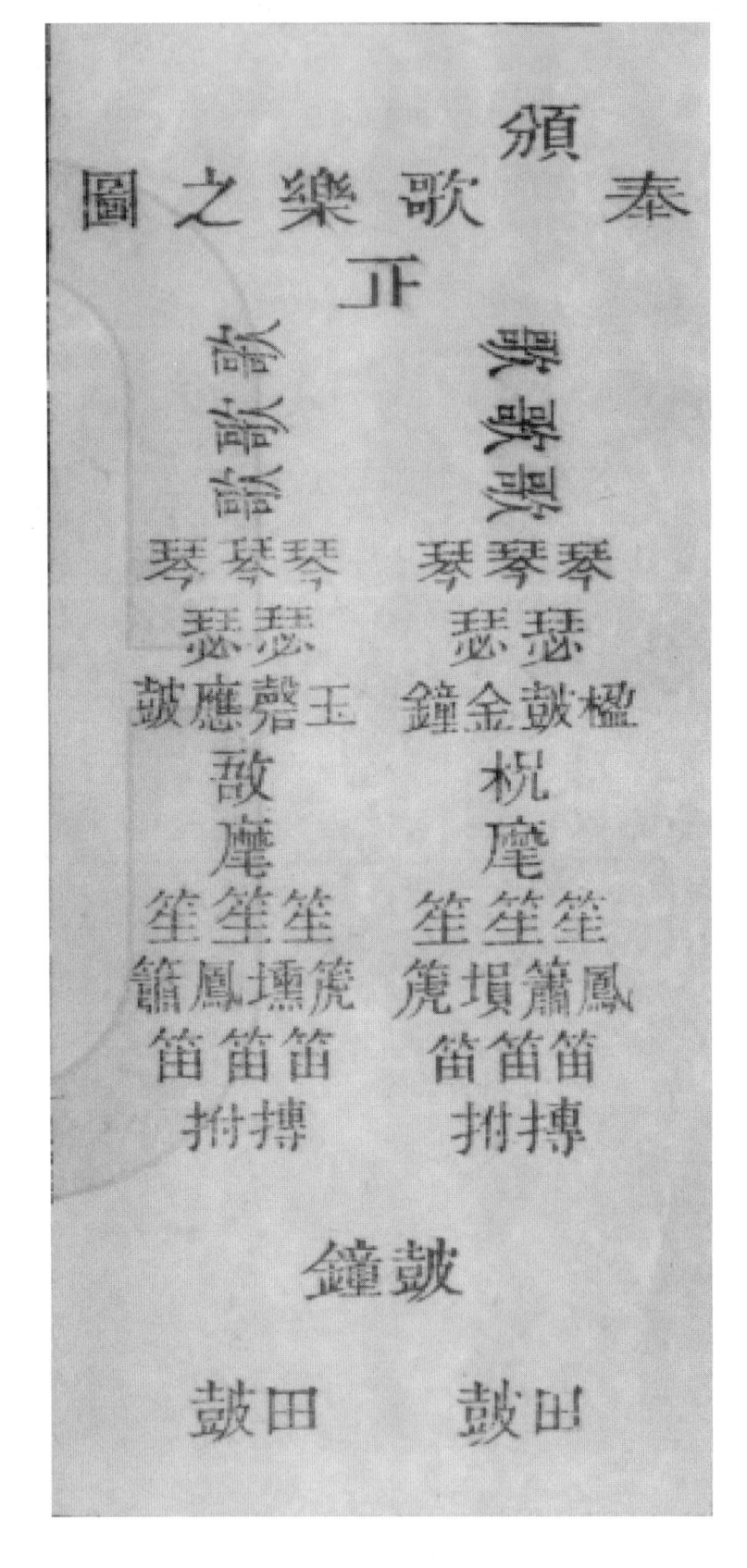

奉颁歌乐正乐之图	
歌 歌 歌	歌 歌 歌
琴 琴 琴	琴 琴 琴
瑟 瑟	瑟 瑟
鼗 应 磬玉	钟金 鼓 柷
敔 麾	柷 麾
笙 笙 笙	笙 笙 笙
箎 凤 埙 箫	箎 埙 箫 凤
笛 笛 笛	笛 笛 笛
拊搏	拊搏
鼓 钟	
鼓 田	鼓 田

按，乐之起止，视麾。起乐则举，乐阕则偃。本用一麾，今图列二麾，从《眉州志》也。节二，羽龠三十六。

奉颁舞份之图⑦

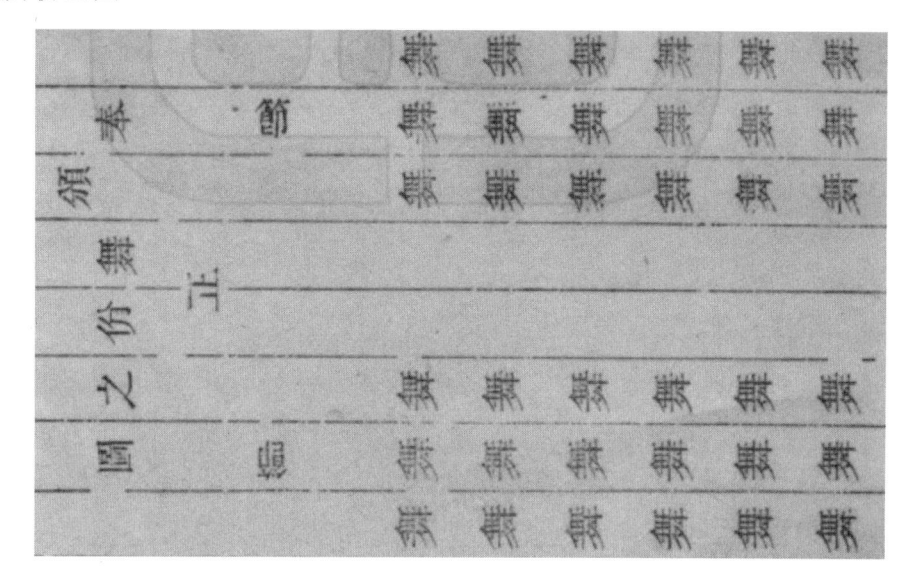

【校】

①梁：原文作"梁"，形近而讹，据上下文义径改。

②俎：底本漫漶不清，据《正位祭品陈设图》补。

③梁：原文作"梁"，形近而讹，据上下文义径改。

④盐：底本漫漶不清，据《正位祭品陈设图》补。

⑤鹿：底本漫漶不清，据《正位祭品陈设图》补。

⑥原文无标题，据图补。

⑦原文无标题，据图补。

仪注

每岁仲春、仲秋上丁日。

先期，散斋二日，各宿别室。前一日，同宿祭所。不饮酒，不食葱蒜，不吊丧问疾，不听乐，不理刑，不判署刑杀文字，不预秽事致斋，惟专治祭事。

祭前一日，知县签榜，由县中门出。鼓乐，迎至文庙前张挂。至晚，行省牲礼，知县率僚属至明伦堂，观演乐习。仪毕，引赞引献官穿补服，诣省牲所。唱曰：就位。至香案前立，献爵，奠酒，三揖。唱曰：省牲，牵牲过案。唱曰：礼毕。宰牲，用小碟盛毛血，执事生捧送各神案前供奉，余毛血埋净土。知县率僚属至先师庙丹墀，各一揖，退。

祭日，鸡初鸣，将牲馔、乐器、烛炉陈设整齐，知县率僚属等至更衣所，通赞赞曰签祝版[一]。引赞唱曰更衣，官穿朝服，生穿衿服。曰升堂，从东阶上。曰序爵，曰序事，各生执事。曰请祝，请祝版至。曰签名，各官书名。曰下堂。从西阶下。通赞赞曰启户，司户生将各门大开。曰乐舞生就位，曰执事者各司其事，诸生各执其事。曰正献官就位，分献官各就位。文东武西。通赞赞曰瘗毛血，司毛血生将毛血碟捧从中出，至西北隅，埋于坎内。启牲馔，执事将牲馔俎盘盖启开。曰迎神。乐作，引赞引各官唱曰：诣西北隅，迎神，众官皆至。众官打躬。通赞赞曰：参神，乐奏《咸平之章》。鸣赞曰：跪。众官皆三跪九叩首，兴乐止。

初献，通赞赞曰：行奠帛初献礼，乐奏《宁平之章》。引赞引主祭官唱曰：诣盥洗所，浴手，进巾。诣酒罇所，司罇①者举羃酌酒。执事取酒执爵，由正阶上，中门入，置神位前。引赞唱曰：诣至圣先师孔子神位前，跪，上香，进帛，奠帛，进爵，奠爵，俯伏，兴，平身。唱曰：诣读祝位，跪。鸣赞曰：众官皆跪。引赞曰：读祝文，俯伏，兴，平身。鸣赞曰：众官皆兴，平身。引赞引主祭官唱曰：诣复圣颜子神位前，跪，上香，进帛，奠帛，进爵，献爵，俯伏，兴，平身。唱：诣宗圣曾子神位前，跪，上香，进帛，奠帛，进爵，献爵，俯伏，兴，平身。唱：诣述圣子思子神位前，跪，上香，进帛，奠帛，进爵，献爵，俯伏，兴，平身。唱：诣亚圣孟子神位前，跪，上香，进帛，奠帛，进爵，献爵，俯伏，兴，平身，复位。通赞赞曰：行分献礼。引赞引典史诣东西哲神位前，引训导诣东西庑神位前，俱皆盥洗。跪，上香，献帛，献爵，俯伏，兴，皆复位。

亚献，通赞曰：行亚献礼，乐奏《安平之章》。引赞引主祭官诣酒罇所，取酒，唱：诣至圣先师孔子神位前，跪。余与初献同。

终献，乐奏《景平之章》。余与初献同。各复位。引赞引主祭官诣饮福位，跪，鸣赞唱：众官皆跪。引赞唱曰：饮福酒，执事取正中一爵，从右边跪递与主祭官，饮讫，将爵从左边递与执事。唱：受福胙[二]，执事取先师位前牛膞盛木盘，从右递兴主祭官，受之，递左边执事，由中门出，正阶下，送至主祭官署。俯伏，兴，平身，谢福胙，各官行三叩首礼，兴，复位。通赞赞曰：彻馔，乐奏《成平之章》。执事将牲馔等物俱彻。通赞赞曰：辞神，乐奏《咸平之章》。各官俱行三跪九叩首礼。引赞引众官送神至戟门，唱曰：诣送神所，曰：众官打躬。通赞赞曰：望燎。读祝者捧祝，执帛者捧帛，各诣燎所。先圣之帛、祝俱由中门出。引赞引众官唱曰：诣望燎位，举柴，焚祝，帛。将祝文揭下，并帛俱焚于火内，埋于坎下。曰：复位，乐止。通赞赞曰：阖户。鸣赞唱曰：礼毕，退班。

【校】

①罇：原文作"尊"，形近而讹，据上下文义径改。

【注】

[一] 祝版：书写祝祷文字的木版、纸版等，祭祀时所用。

[二] 福胙（zuò）：祭祀所用的肉类。

乐 章

春祭夹钟，为宫倍应钟起调。

迎神 《咸平》

大伵哉伵孔伵子伍，先伵觉仩先伍知伏。

与伵天伏地仩参伍，万伵世仩之伍师伍。

祥伍征仩麟伵绂伏，韵伵答仩金伍丝伍。

　　　　日仍月伏既伙揭伍，乾仅坤仅清仅夷伙。
初献　《宁平》
　　　　予仍怀仍明伙德伍，玉仕振仅金仅声仕。
　　　　生伏民仅未仕有伍，展仅也伏大仅成伏。
　　　　俎伍豆仕千仅古伍，春伏秋伏上仅丁伏。
　　　　清仅酒仕既仅载伏，其仅香仅始亿升仅。
亚献　《安平》
　　　　式仅礼仅莫伏愆伍，升仕堂伍再仅献仅。
　　　　响仕协伍蕿仅镛仅，诚伍孚仕罍伍甋仅。
　　　　肃伍肃伍雍伏雍伏，誉仅髦伙斯仕彦仅。
　　　　礼仕陶伍乐仅淑伍，相伍观仅而伏善仅。
终献　《景平》
　　　　自仅古仅在伍昔伏，先仕民伍有仅作伏。
　　　　皮伍弁仕祭仅菜伙，于仕论伍斯伏乐仅。
　　　　惟伍天仕牖仅民伍，惟仅圣仕时仅若伏。
　　　　彝伍伦伍攸仕叙仅，至仕今伍木仅铎仅。
彻馔　《成平》
　　　　先伙师仅有伏言伍，祭仅则仕受仅福伍。
　　　　四仅海仅簧伍宫仕，畴仅敢伏不仅肃仅。
　　　　礼伍成仕告仅彻伍，毋仅疏仅毋仅渎仅。
　　　　乐伍所仕自仅生伙，中伍原仅有仅菽伙。
送神　《咸平》
　　　　凫仅绎仅峨伏峨伍，洙仕泗仅洋仅洋伏。
　　　　景仕行伍行伍止仕，流仅泽仅无伍疆仅。
　　　　聿伍昭仕祀仅事伙，祀仅事伍孔仅明伙。
　　　　化仅我伍蒸仅民仕，育仅我伏胶仅庠仅。

　　　　秋祭南吕，为宫仲吕起调。
迎神　《咸平》
　　　　大伏哉亿孔仕子仅，先伏觉仅先仅知仕。
　　　　与亿天仕地仅参仅，万伏世仅之仅师仅。
　　　　祥仅征仅麟亿绂仕，韵亿答仅金伍丝仅。
　　　　日亿月仕既伏揭仅，干亿坤仕清亿夷仅。
初献　《宁平》

予伏怀亿明仕德伏，玉伏振亿金伏声伏。
生伏民伏未伏有伏，展亿也仕大伏成仕。
俎伏豆伏千伏古伏，春仕秋仕上伏丁仕。
清伏酒伏既亿载伏，其亿香仕始亿升伏。

亚献 《安平》
式伏礼伏莫仕愆伏，升伏堂伏再亿献伏。
响伏协伏蘐亿镛仕，诚伏孚伏罍伏甒伏。
肃伏肃伏雍仕雍仕，誉亿髦伏斯伏彦伏。
礼伏陶伏乐亿淑仕，相伏观仕而伏善伏。

终献 《景平》
自伏古伏在伏音仕，先伏民伏有亿作仕。
皮伏弁伏祭亿菜伏，于伏论伏斯亿乐仕。
惟伏天伏牖伏民伏，惟亿圣伏时亿若仕。
彝伏伦伏攸伏叙伏，至伏今伏木亿铎伏。

彻馔 《成平》
先伏师伏有仕言伏，祭伏则伏受伏福伏。
四亿海伏黉伏宫伏，畴亿敢仕不亿肃伏。
礼伏成伏告伏彻伏，毋亿疏仕毋亿渎伏。
乐伏所伏自亿生伏，中伏原仕有亿赦伏。

送神 《咸平》
凫伏绎亿峨仕峨伏，洙伏泗伏洋亿洋仕。
景伏行伏行伏止伏，流伏泽仕无伏疆仕。
聿伏昭伏祀伏事伏，祀伏事伏孔亿明仕。
化伏我伏蒸伏民伏，育亿我仕胶亿庠伏。

祝 文

大成殿

唯先师德隆千古，道冠百王。揭日月以常行，自生民所未有。属文教昌明之会，正礼和乐节之时。辟雍[一]钟鼓，咸恪荐于馨香；泮水胶庠，益致严于笾豆[二]。兹当仲春秋，祗率彝章，肃展微忱，聿将祀典。以复圣颜子、宗圣曾子、述圣子思子、亚圣孟子配。尚飨！

崇圣祠

主祭官行二跪六叩礼，余仪同，无乐舞。

维年月日，某官致祭于肇圣王、裕圣王、诒圣王、昌圣王、启圣王，曰：维王奕叶钟祥，光开圣绪。盛德之后，积久弥昌。凡声教所覃敷，皆循源而溯本。宜肃明禋之典，用申守土之忱。兹届仲春秋，聿修祀典，配以先贤颜氏、先贤曾氏、先贤孔氏、先贤孟孙氏。尚飨！

【注】

[一] 辟雍：亦作"辟雝"。辟，通"璧"。本为西周天子所设大学，校址圆形，围以水池，前门外有便桥。东汉以后，历代皆有辟雍，除北宋末年为太学之预备学校（亦称"外学"）外，均为行乡饮、大射或祭祀之礼的地方。、

[二] 笾（biān）豆：古代祭祀燕享时，用来盛枣栗之类的竹器和盛菹醢之类的高脚木器。引申指祭祀。

历代尊礼源流附

考孔子卒于鲁哀公之十六年（前479）夏四月己丑。哀公诔孔子曰：尼父即其冢上立庙，葬衣冠琴书，以岁时祀，此与谥庙享之始。汉高帝十二年（前195），过鲁，祀孔子以太牢[一]。诸侯王、卿相至郡，先谒庙，后从政。平帝元始七年①追谥孔子褒成宣尼公②，封孔子后均为褒成侯。东汉明帝、章帝俱诣阙里[二]宅庙祀孔子，以七十二贤从祀。魏文帝太和十六年（492）改谥文圣尼父，初祀孔子于辟雍，以颜子回配。北魏献文帝诏郡县立学，祀孔子，与周公并享，周公南面坐，孔子西牖坐。至太和，乃诏宣尼庙别敕有司荐享[三]，此有司庙享之始。后周宣帝封邹鲁公。隋文帝称宣师尼父，上丁释奠[四]，此祭用仲月上丁之始。

唐高祖武德二年（619），诏国子学立周公孔子庙。七年（624），以周公为先圣，孔子配。太宗贞观二年（628），罢周公，尊孔子为先圣，诏天下州县皆专庙塑像，出内廷衣衮③冕，正南而以颜回配。十一年（637），诏尊孔子为宣尼父。二十一年（647），诏左邱明、卜子夏、公羊高、穀梁赤、伏胜、高堂生、戴圣、毛苌、孔安国、刘向、郑众、杜子春、马融、卢植、郑玄、服虔、何休、王肃、王弼、杜预、范宁、贾逵等从祀尼父庙。高宗乾封元年（666），追孔子为太师。总章元年（668），赠颜回太子少师、曾参太子少保，皆配享[五]。玄宗开元二十七年（739），追谥文宣王，赠颜子兖国公，闵子等九人为侯，曾子为伯，以十哲升配，此十哲之称弟子庙享之始。

宋太祖建隆三年（962），诏文庙立戟十六，此文庙有戟门之始。真宗谥玄圣文宣王，又以国讳改至圣文宣王，追封圣父叔梁纥为齐国公，后裔为衍圣公，十哲皆为公，七十二弟子为侯。神宗元丰七年（1084），以孟子配，荀况、刘向、扬雄、韩愈并从祀[六]。

徽宗崇宁四年（1105），增门戟二十四。大观二年（1108），以子思从祀。理宗淳祐元年（1241），以周敦颐、张载、程颢、程颐、朱熹从祀。景定二年（1261），加张栻、吕祖谦从祀。度宗咸淳三年（1267），以颜、曾、思、孟为四配，升颛孙师位十哲，列邵雍、司马光于从祀。

元武宗大德十一年（1307），号孔子为大成至圣文宣王。仁宗皇庆二年（1313），以许衡从祀。文宗至顺元年（1330），加封孔子父为启圣王，加颜子为兖国复圣公、曾子郕国宗圣公、子思沂国述圣公、孟子邹国亚圣公，加程颢豫国公、程颐洛国公，始以董仲舒从祀。

明太祖洪武五年（1372），罢孟子配享，六年（1373）复祀。十五年（1382），诏天下儒学通祀孔子，颁释奠仪。十七年（1384），敕每月朔望，祭酒[七]以下行释菜[八]礼，郡县长以下诣学行香。二十六年（1393），颁大成乐器于州县，如式制造。二十九年（1396），黜扬雄从祀。成祖永乐八年（1410），正文庙绘像，圣贤衣冠，令合古制。宣宗宣德二年（1427），刊定从祀名爵位次，颁行天下。英宗正统二年（1437），以宋胡安国、蔡沈、真德秀从祀。三年（1438），禁释老宫不得渎祀孔子。八年（1443），以元吴澄从祀。成化二年（1466），封董仲舒广川伯，胡安国建宁伯、蔡沈崇安伯、真德秀浦城伯。二年，增乐舞为八佾④。孝宗弘治八年（1495），以宋杨时从祀，封将乐伯。

世宗嘉靖九年（1530），礼部议曰：人以圣人为至圣，人以孔子为至。宋真宗称孔子为至圣，其义已备。今宜去王号及大成文宣之号，称至圣先师孔子，称庙不宜称殿，其四配称复圣、宗圣、述圣、亚圣，十哲以下及门弟子皆称先贤某子，左邱明以下皆称先儒某子，一切公侯伯不宜复称，以混成周封爵之制。章服之加，起于塑像，今宜尊国子监规制，木主定大小尺寸，著为定式。塑像即令屏撤，以别释氏之教。

疏入，报可。改乐章中称王者，并易为师。从祀，申党即申枨，去党存枨；公伯寮、秦冉、颜何、荀况、戴圣、刘向、贾逵、马融、何休、王肃、王弼、杜预、吴澄十三人，俱罢祀；林放、蘧瑗、卢植、郑众、郑玄、服虔、范宁七人，俱各祀于其乡；进后苍、王通、胡瑗、欧阳修、陆九渊从祀，乐舞仍用六佾[九]。又于先师庙后建启圣公祠，祀圣父，以颜无繇、曾点、孔鲤、孟激公宜配，程珦、朱松、蔡元定从祀两庑。穆宗隆庆五年（1571），以薛瑄从祀。神宗万历初，以罗从彦、李侗从祀。十二年（1584），以陈献章、胡居仁、王守仁从祀。二十三年（1595），周敦颐父周辅成从祀启圣祠。

世祖章皇帝顺治二年（1645），定谥为大成至圣文宣先师孔子。十四年（1657），改谥为至圣先师孔子。十囗⑤年，驾幸国学，行释奠礼。圣祖仁皇帝康熙八年（1669），临雍释奠。二十二年（1683），幸阙里，钦颁御书"万世师表"匾额。康熙三十五年（1696），钦颁御制《孔子赞》、颜曾思孟四子《赞》，立碑。

【校】

①按，元始无七年，误。汉平帝追谥孔子为褒成宣尼公，事在元始元年，即公元1年。

②公：原文作"父"，据《汉书·平帝纪》改。

③衮：原文作"充"，形近而讹，据文义径改。按衮，指古代君王等的礼服。

④按，"二年，增乐舞为八佾"，误。孔庙祭祀乐舞增为八佾，事在成化十三年，即1477年。

⑤□：原文此处缺一字。

【注】

[一] 太牢：古代祭祀，牛、羊、豕三牲具备谓之"太牢"，有尊崇之意。又为牛的别称。

[二] 阙（què）里：孔子的故居。位于山东省曲阜县城内，相传孔子在此授徒。

[三] 荐享：指祭献，祭祀。

[四] 释奠：古代学校的一种典礼，陈设酒食以祭奠先圣先师。《礼记·文王世子》："凡学，春官释奠于其先师，秋冬亦如之；凡始立学者，必释奠于先圣先师。"郑玄注："释奠者，设荐馔酌奠而已。"

[五] 配享：合祭，祔祀。指孔子弟子或历代名儒祔祀于孔庙。

[六] 从祀：陪祭，犹配享。

[七] 祭酒：职官名。汉平帝置六经祭酒，秩上卿，后置博士祭酒，为五经博士之首。晋初改置国子祭酒。隋唐以后则置国子监祭酒，为国子监之主管官，至清末废。

[八] 释菜：古代初入学时，用芹藻之类的植物礼敬先师，称为"释菜"。

[九] 佾（yì）：古代乐舞的行列。佾生人数的多寡，事关受礼者的身份和地位，故有八佾、六佾、四佾的区别。

孔子赞并序

盖自三才[一]建而天地不居其功，一中传而圣人代宣其蕴。有行道之圣，得位以绥猷；有明道之圣，立言以垂宪。此正学所以常明，而人心所以不泯也。粤稽往绪，仰溯前徽。尧、舜、禹、汤、文、武，达而在上，兼君师之寄，行道之圣人也。孔子不得位，穷而在下，秉删述之权，明道之圣人也。行道者，勋业炳于一朝；明道者，教思周于百世。尧、舜、文、武之后，不有孔子，则学术终湮，仁义湮塞，斯道之失传也久矣！后之人而欲探二帝三王之心，法以为治国平天下之准，其奚所取衷焉。然则孔子之为万古一人也审矣。朕巡省东国，谒祀阙里，景企滋深，敬摘笔而为之赞曰：

清浊有气，刚柔有质。圣人参之，人极以立。行著习察，舍道莫由。惟皇建极，惟后绥猷。作君作师，垂统万古。曰惟尧舜，禹汤文武。五百余岁，至圣挺生。声金振玉，集厥大成。序书删诗，定礼正乐。既穷象系，亦严笔削。上绍往绪，下示来型。道不终晦，秩然大经。百家纷纭，殊途异趣。日月无逾，羹墙可晤。孔子之道，惟中与庸。此心此理，千圣所同。孔子之德，仁义中正。秉彝之好，根本天性。庶几夙夜，勖哉令图。溯源洙泗，景躅唐虞。载历廷除，视观礼器。摛毫仰赞，心焉遐企。百世而上，以圣为归。百世而下，以圣为师。非师夫子，惟师于道。统天御世，惟道为宝。泰山岩岩[二]，东海泱泱。墙高万仞，夫子之堂。孰窥其藩，孰窥其径。道不远人，克念作圣。

颜子赞

圣道早闻，天资独粹。纳礼博文，不迁不贰。一善服膺，万德来萃。能化而齐，其乐一致。礼乐四代，治法兼备。用行舍藏，王佐之器。

曾子赞

洙泗之传，鲁以得之。一贯曰唯，圣学在兹。明德新民，止善为期。格至诚正，均平以推。至德要道，百行所基。纂承统绪，修明训辞。

子思子赞

於穆天命，道之大原。静养动察，庸德庸言。以育万物，以赞乾坤。九经三重，大法是存。笃恭慎独，成德之门。卷之藏密，扩之无垠。

孟子赞

哲人既萎，杨墨昌炽。子舆辟之，曰仁曰义。性善独阐，知言养气。道称尧舜，学屏功利。煌煌七篇，并垂六艺。孔学攸传，禹功作配。

【注】

[一] 三才：天、地、人。

[二] 岩岩：高峻的样子。

五十三年（1714），升周敦颐、程颢、程颐、张载、朱熹、邵雍为先贤。五十五年（1716），又以朱子升附十哲，范仲淹从祀。世宗雍正元年（1723），改启圣祠为崇圣祠，褒封孔子五代王爵：五世祖木金父公为肇圣王，高祖祈父公为裕圣王，曾祖防叔公为诒圣王，祖伯夏公为昌圣王，父叔梁公为启圣王。二年（1724），复以林放、蘧瑗、秦冉、颜何、郑康成、范宁从祀，增县亶、牧皮、乐正子、公都子、万章、公孙丑、诸葛亮、尹焞、魏了翁、黄幹、陈淳、何基、王伯、赵复、金履祥、许谦、陈澔、罗钦顺、蔡清、陆龙其从祀，以张迪从祀崇圣祠。四年（1726），钦颁御书"生民未有"匾额。高宗乾隆三年（1738），升有若于十哲，移朱子于西哲，末复，以吴澄从祀。钦颁御书"与天地参"匾额。六年（1741），颁定先贤先儒从祀位次。九年（1744），禁建三教堂不得设佛老圣人之像，现在圣像安奉于书院、义学，撤去三教匾额。

木主[一]明嘉靖九年（1530）定制，高二尺三寸七分，阔四寸，厚七分。座高四寸，长七寸，厚三寸四分，朱地金书。四配主高一尺五寸，阔三寸二分，赤地墨书。启圣同四配。十哲两庑高一尺四寸，阔二寸六分，厚五分，高二寸六分，长四寸，厚二寸，赤地墨书。至今尚仍其遗制云。

【注】

[一] 木主：木制的神主牌位。

文昌庙 嘉庆七年（1802），钦颁祀典。春祭定于二月初三日，秋祭俟钦天监选定吉日举行。

陈 设

牛一、羊一、豕一以外，酒馔、灯炉、各案诸器俱有定位，预为图陈设。

祝 文

维 年 月 日，某官致祭于帝君之神位前。曰：惟神迹著西垣，枢环地极。六匡丽曜，协昌运之光华；累代垂灵，为人文之主宰。扶正久彰夫感召，荐馨并致其尊崇。兹届仲春秋，用昭时祀。尚其歆格，鉴此精虔。尚飨！

帝君三代祝文

维 年 月 日，某官致祭于帝君先代之神位前。曰：祭引先河之义[一]，礼崇反本之思。矧夫[二]世德弥光，延赏斯及。祥钟累代，灿列宿之精灵；化被千秋，绵人文之主宰。是尊后殿，用答前庥。兹值仲春秋，肃将时祀。用申告洁，神其格歆。尚飨！

仪 注

前殿行三跪九叩首礼，后殿行二跪九叩首礼。

木主俱用红饰金书字样。

【注】

[一] 先河之义：语出《礼记·学记》："三王之祭川也，皆先河而后海。"比喻做事要先本后末，分清主次。

[二] 矧（shěn）夫：况且。矧，况，况且。夫，语助词。

武庙 雍正五年（1727），奉旨追封关帝三代公爵：曾祖光昭公，祖裕昌公，父成忠公。敕建三公祠，每年春秋祭祀。诏加尊帝号为忠义神武关圣大帝。乾隆二十五年（1760），诏改谥神勇。乾隆三十三年（1768），诏加忠义神勇显佑关圣大帝。奉颁祭仪，与文庙略同，但无乐，后殿仪与启圣祠亦同。

祭 品

帛一、爵三、牛一、羊一、豕一、果品五器，核桃、荔支、圆眼、枣、栗各一，酒一尊。

祭 文 乾隆九年（1744）颁。

前殿

维 年 月 日，某官致祭于忠义神勇显佑关圣大帝。曰：惟帝浩气凌霄，丹心贯日。扶正统而彰信义，威震九州；完大节以笃忠贞，名高三国。神明如在，遍祠宇于寰区；灵应丕昭，荐馨香于历代。屡征异迹，显佑群生。恭值佳辰，遵行祀典。笾陈笾豆，式奠牲醪。尚飨！

后殿

年 月 日，某官致祭于关帝之曾祖光昭公、祖裕昌公、父成忠公。曰：惟公世泽贻庥，灵源积庆。德能昌后，笃生神武之英；善则归亲，宜厚尊崇之报。列上公之封爵，锡命攸隆；合三世以肇禋，典章明备。恭逢诹吉[一]，祇事荐馨。尚飨！

【注】

[一] 诹（zōu）吉：选择吉日。诹，在一起商量事情，询问。

龙神祠 祭文

年 月 日，某官致祭于龙神。曰：维神德洋寰海，泽润苍生。允襄水土之平，经流顺轨；广济泉源之用，膏雨及时。绩奏安澜，占大川之利涉；功资育物，欣庶类之蕃昌。仰藉神庥，宜隆报享。谨遵祀典，式协良辰。敬布几筵，肃陈牲币。尚飨！

名宦祠 祭文

年 月 日，某官致祭于乡贤之神。曰：于惟群公，毓秀兹邦。懿德卓行，奕世流芳。兹惟仲春秋，谨以牲醴，用申常祭。尚飨！

忠义孝弟祠 祭文

年 月 日，某官致祭于忠义孝弟之灵。曰：惟灵禀负贞纯，躬行笃实。忠诚奋发，贯金石而不渝；义闻宣昭，表乡闾而共式。祇事懋彝伦之叙，性挚莪蒿[一]；克恭念天显之亲，情殷棣萼。模楷咸推夫懿德，纶恩特阐其幽光。祠宇维隆，岁时式祀。用陈尊篹，来格几筵，尚飨！

节孝祠 祭文

年 月 日，其官致祭于节孝之灵。曰：惟灵纯心皎洁，令德柔嘉。矢志完贞，全闺中之亮节；竭诚致敬，彰阃[二]内之芳型。茹冰蘗而弥坚，清操自励；奉盘匜[三]而匪懈，笃孝传徽。丝纶[四]特沛乎殊恩，祠宇昭垂于令典。祇循岁祀，式荐尊醪。尚飨！

【注】

[一] 莪蒿（é hāo）：植物名。多年生草本植物，叶子像针，花黄绿色，头状花序。生在水边。

[二] 阃（kǔn）：指妇女居住的内室。

[三] 匜（yí）：古代盥器。形如瓢，与盘合用，用匜倒水，以盘承接。

[四] 丝纶：语出《礼记·缁衣》："王言如丝，其出如纶。"后用以称帝王的诏旨。

《彭山县志》卷之三

祠庙志

於穆清庙[一]，肃骏奔也；闷宫有侐[①][二]，重禋祀也。国家尊礼先圣，遍及百神，常祀之外，又有崇德报功之典。或以忠勋著，或以捍御称，或以名节表于乡，殁而祀之。虽显晦殊制，隆杀不同，而精光耿河岳，正气动日星，必有于豆于登，绵馨香于勿替者。故泮水圜桥[三]，观礼观乐之地；方桷路寝[四]，在宫在庙之隆。既壮规模，新庙奕奕，宁不入而思敬也哉！志祠庙。

祠　庙

文庙　在县治南，雍正八年（1730），县复，设。邑令刘占魁辟荆榛，建大成殿三楹，戟门五间，左义路，右礼门，棂星门一座。乾隆二十五年（1760）邑令张凤鬜、四十年（1775）邑令张京鲤相继培修，年久将圮。嘉庆十二年（1807），邑令饶觐光捐俸募赀，计二千缗。自宫殿、门庑、圜桥、泮池、宫墙、垣墉之属，焕然重新。

崇圣祠　在文庙北。邑令张京鲤建。

名宦祠　在文庙戟门外东。乾隆四十年（1775），邑令张京鲤建。

汉

眉州刺史张琳

征南将军岑彭　今入忠义祠。

唐

武阳令张允济

元

彭山令雍熙

乡贤祠　在文庙戟门外西。乾隆四十年（1774），邑令张京鲤建。

汉

司空张皓

护军梓潼守杨戏

晋

镇南参军李兴

宋

集贤殿学士知陈州吕陶

处士杜抚

进士文初

忠义祠　在文庙戟门外东。乾隆二十五年（1760），邑令张凤翯建。

汉

功曹朱遵

御史广陵太守张纲

蜀郡太守杨洪

晋

汉中太守李密

宋

京兆尹唐重

明

长史赠太常寺少卿②王用才

节孝祠　在文庙戟门外西。乾隆二十五年（1760），邑令张凤翯建。

后汉

汉中太守杨文方妻阳姬

广汉王博妻杨进

国朝

邑处士黄仁妻汪氏

邑处士赵永寿妻胡氏

邑民陈世龙妻闵氏

邑民戴书文妻陈氏

邑处士赵永锡妻周氏

邑处士田仁瑞妻欧阳氏

邑民江高朋妻江氏

邑庠生廖灿妻熊氏

邑贞女张凤音

邑民干体元妻夏氏

邑民宋文举妻邓氏

【校】

①佴：原文作"卹"，形近而讹，径改。

②卿：原文作"乡"，形近而讹，据文义及乾隆《彭山县志》卷之六径改。

【注】

[一] 於穆清庙：语出《诗经·周颂·清庙》："於穆清庙，肃雍显相。"清庙，清净、清明的宗庙。

[二] 閟宫有侐：语出《诗经·鲁颂·閟宫》："閟宫有侐，实实枚枚。"閟宫，这里指供奉周朝始祖后稷生母姜嫄的神庙。侐，清静貌。实实，广大貌。枚枚，细密貌。

[三] 圜桥：建在古代学宫泮水上的桥梁，是礼制的体现。在科举取士的年代里，跨过泮桥，象征着登仕的第一步。

[四] 方桷路寝：语出《诗经·鲁颂·閟宫》："松桷有舄，路寝孔硕。"桷，方形的椽子。路寝，指古代天子、诸侯的正厅。

关帝庙　在县城北关外。

社稷坛　在县治西关外。坛地广袤二亩二厘，照会典制度，方二丈五尺，高三尺四寸，出陛各三级。坛前九丈五尺，东南周绕以墙，长四十五丈，石主长二尺五寸，方一尺，埋于坛上，正中近南二尺五寸，露圆尖于外。神牌用木高二尺二寸，阔四寸五分；座高四寸五分，阔八寸五分；朱漆青字，书"县社之神安于东，县稷之神安于西"。乾隆十八年（1753），邑令张凤翥建。

风云雷雨山川坛　在县治南门外五里。坛地广袤二亩二分，制度与社稷坛同，坐东向西。神牌朱漆青字书。乾隆十八年（1753），邑令张凤翥建。

先农坛　在县治北门外平盖观下。坛地广袤二亩四分，照雍正二年（1724）新制，高二尺二寸，宽二丈五尺。神牌高二尺四寸，宽六寸；座高五寸，宽四寸五分；朱牌金字，书"先农之神位"。坛后建正房三间、配房左右各一间。筑土为墙，开门东向，择农民看守。籍田四亩九分。乾隆十八年（1753），邑令张凤翥建。

文昌庙　在县城西南。乾隆二年（1737），邑令张绰建。大门一座，大厅五间，左右厢房各五间，聚士子诵读其中，即以为桂香书院。乾隆二十一年（1756），邑令张凤翥重修。至嘉庆九年（1804），邑令饶觐光复修。甃以甬道，过厅一间，抱厅三间。城阴寂静，修篁蔽天，颇堪为藏修游息之所。

城隍庙　在县北关内。康熙二年（1663），眉州知州金一凤修，岁久倾圮。因时值凋残，规制狭小，前近街市，傍绕菜畦，断茨荒垣，尘秽纷杂，非所以妥神灵。乾隆二十一年（1756），邑令张凤翥重修，仍旧基而扩大之。今又阅数十年，风雨剥蚀，隳颓几尽，将邻于垝墟。治民事神，亦守土者之责。嘉庆十七年（1812），知县史钦义捐俸倡始，集阖邑绅民募赀更新。自山门、戏台、大殿、寝宫、廊庑、官厅、斋厨、侍从、仪仗之属，更为涂丹，一昭轮奂，庶使庙貌维新，巍峨烜赫之观。神有所栖而捍灾御患，足为民保障云。

龙神庙　在城隍庙侧，眉州知州金一凤修。乾隆二十一年（1756），知县张凤翥重修。嘉庆十七年（1812），知县史钦义募赀更新。

火神庙　在县城内西北隅，一在青龙场。

吕真君庙

厉坛　在县治北郊。坛地周围二亩五分，俱近处居民占垦，仅留坛基。乾隆二十一年（1756），知县张凤翥仍复旧制，岁清明、中元、孟冬朔日，莆地以祭。

万寿宫　在县治南，即江西会馆。中供龙牌，为岁节朝贺之所。

东岳庙　在县治西南。

江渎庙 在县治东北二十五里。

南天庙 在县治北六里。

川主庙 在县治北十五里观音场。

镇江庙 在治东八里下江口。

壁山庙 在县治东十二里江口镇内，一在彭祖祠前。乾隆十八年（1753），浮屠智适重修，邑令张凤翯为之《记》。

彭祖庙 即彭祖祠，在治东十五里彭祖墓侧。大佛山傍有丹崖翠壁，回伏拱护。

黄龙庙 在县治东四十里赤水溪。今圮。

岑彭庙 在县治北一里许。彭殁于此，里人立庙祀之。今圮。

金华庙 在县治北十五里，近观音场。

忠孝祠 在县治北忠孝桥侧。祀汉张纲、晋李密。

白马庙 在县治西三十里谢家场内。

西山庙 在县西三十里。

灵祖庙 在县治西二十二里。

古文昌庙 即梓潼宫，在县治北二十五里。始创，无征，脊顶中藏二木简：一书"明永乐二年甲申（1404），真白道人范德远重修"，一书"明隆庆六年（1572），信官张琨等挖琉璃厂瓦培修"。国朝康熙三十年（1691），眉州知州金一凤补葺，历年颓塌。嘉庆十一年（1806），知县史钦义仿旧制规模，募集绅民重修，栋宇嵯峨，焕然巨观。

彭山县风俗志

邦大夫以礼仪化于上，士民以观感成于俗。娱宾速舅[一]，介寿[二]跻堂[三]。吹豳[四]而听之，风良古也。自五方[五]风气不齐，刚柔异秉，文质异宜，童牛角马，载车载航，则修其教，斋其政，良非异人任也。志风俗。

风 俗

士习 以名节相尚。宋苏轼《远景楼记》云："士大夫贵经术，重氏族。"宋政和五年（1115），御笔西蜀，眉州属学者最多。宋《谯楼记》："民以诗书为业，以故家文献为重。"尚朴素，不竞浮华，文武子衿约百余人，类能以名节自励，无伤心城阙者。

民风 苏轼《远景楼记》云："农夫合耦[六]以相助，其民尊吏而畏法。"民俗朴俭，服稼穑，事陶冶。

农事 春则播种菜子、荍麦，名曰小春。三四月，事蚕桑。五月，新①丝入市，农人争插秧矣。其旱田，则于四月播谷种，待雨泽耕耨[七]。九月收获，筑场圃，新谷入市。其山地小春刈毕，随栽黄豆、芝麻，名曰小秋。盖一岁两收，与田等农隙，近水居民筑堰蓄塘，其田或不种。小春者,即蓄积冬水以待春耕。

女功　勤纺织,供蚕桑,习针黹[八]。

工役　工惟攻木之工、攻金之工、攻石之工、设色之工、陶冶之工,以资民用。其他无常业者,则为人佣雇,听人役,以为营生之计。

商贾　商则行官引,计口授盐。其余则粟米麻丝,自为贩运。邑小而狭,无居货懋迁[九]者勿顾焉。

饮食　日食三餐皆稻谷,以水碾水碓碾熟,舂熟者为上,其次则旱碾脚碓米。西乡山居多食火米,亦间用面荍、芋。米酒之家酿者,有常酒、甜酒、烧酒;沽于市者,有大麦酒、芋麦酒、膏粱②酒、惠泉老酒等名。遇节宴饮燕姻家,及显贵依时款,或十二簋,或八簋、五簋、四盘不等,然肉、鸡、鱼、鸭而外,无他珍味。

衣服　衣饰近古。民间多以本地纺织,俗名家机布,为常服。妇女荆钗裙布者十之八九,惟嫁娶间常华丽,然绸绫而外,无他服色。

嗜好　嗜朴诚,好礼与佛。

【校】

①新：乾隆《彭山县志》卷之四作"薪",误。

②粱：原文作"梁",形近而讹,据文义径改。

【注】

[一] 速舅：喻款待亲友。语出《诗经·小雅·伐木》："既有肥牡,以速诸舅。"

[二] 介寿：祝寿。一说为祈寿。语出《诗经·豳风·七月》："为此春酒,以介眉寿。"后以介寿为祝寿之词。

[三] 跻(jī)堂：犹登堂。语出《诗经·豳风·七月》："跻彼公堂,称彼兕觥,万寿无疆。"

[四] 吹豳(bīn)：指《诗经·豳风·七月》。

[五] 五方：指东、南、西、北和中央。也泛指四面八方。

[六] 合耦(ǒu)：两人各持一耜并肩而耕,谓相佐助。

[七] 耕耨(nòu)：耕田除草,亦泛指耕种。耨,除草,也指除草的农具。

[八] 针黹(zhǐ)：缝纫、刺绣等针线活。黹,缝纫,刺绣。

[九] 懋(mào)迁：贸易。语出《尚书·益稷》："懋迁有无,化居。"

冠礼　古人筮日筮宾,告于先祠而冠之,所以责成人也。近世子弟髫龄[一]即冠带,少仪罕能习之容,遂几成风矣。盖冠礼自唐宋已废,即士大夫家亦鲜能焉,然崇礼由礼,不可不急为讲求也。

婚礼　六礼[二],惟缙绅好礼者行之,余则男家为子谋妇。闻某有女待字[三],请媒议婚。父母许嫁,则以红纸描金帖、首饰、绅布、盒酒至其家,求女年庚,父母亲书以字之。既订盟,有力者每逢节相馈遗,男女成人则拣日具仪以报。至期,行纳币礼,礼物随贫富以为准:有力之家大约为八表礼,次之则为数四,再次之为数二。其女家治装亦视力为厘,治无定数也。亲迎，具轿马、鼓乐、花灯，请至戚齐眉者代迎之。女将嫁，夜，诸亲饯送，名花宵。先二三日前，女家迎送赔奁、床帐至男家，谓之设帐。亲迎至堂，结纳拜香火，即双入内室，合卺[四]，是夜治筵宴。次晨，新妇登堂拜舅姑，女家治茶果，设几席，命新妇跪拜上茶，尊长诸亲咸次第拜，谓之拜茶。长者有赐，则拜而受之。三日，女家邀婿、女饮，谓之回门。生子三朝，汤饼。弥月送粥米，周岁晬[五]，盘如古礼。

【注】

[一] 髫（tiáo）龄：童年。髫，古代小孩头上扎起来的下垂头发。

[二] 六礼：这里指古代在确立婚姻过程中的六种礼仪，即纳采、问名、纳吉、纳征、请期、亲迎。

[三] 待字：女子成年待嫁。因古时女子成年许嫁举行笄礼（结发加笄）时取字，"待字"即称女子尚未有婚嫁之约。语本《礼记·曲礼上》："女子许嫁，笄而字。"

[四] 合卺（jǐn）：婚礼中，新郎新娘交杯共饮。语出《礼记·昏义》："妇至，婿揖妇以入，共牢而食，合卺而酳，所以合体同尊卑以亲之也。"后世遂以合卺称"结婚之礼"。

[五] 晬（zuì）：古代称婴儿满一百天或一周岁。

丧礼　自初终以及大小敛[一]、下窆[二]、虞祭[三]、祔庙[四]、祥禫[五]，《礼经》具有明文，士大夫亦有行之者。若民间，则称家有无。亲终之日，遍告至亲，大小毕集，而后盖棺。择日成服，亲属以逮五服[六]，衰麻[七]以降有隆杀[八]。三日，开吊[九]仪，亲友具赙往吊，俗名烧更纸，主人送孝帛。七日、百期多用僧道作佛事。安厝[一〇]年月定，仍讣告亲友，开奠[一一]三日。家行三献礼，有力者备丧仪，轿、伞、仪仗、题主，绅士及寿终耆老皆行之，一如家礼。葬则砌石为椁，灰土为茔，务求坚固。三日后，率孝眷祭于墓，曰覆土，使其高大，过此则不敢擅动矣。

祭礼　彭邑自兵燹后，缙绅衿士之家，俱未建立祠堂家庙，禴祀蒸尝[一二]之礼，鲜能行焉。祭先者但于清明日携酒盒祭扫坟墓，七月十三日修肴馔、焚钱化帛，除日治鸡、豚、酒浆，以终腊祭而已。

音乐　金石之属，有钟磬、钲铙[一三]；丝竹之属，有笙箫、琴瑟；革木之属，有鼖鼓[一四]、檀板。冠婚祭祀，士庶亦多用之。惟匏土之属无有，盖彭山地僻，故八音不必其皆备也。

祈禳　四时亢旱，乡人多建坛，请僧道祈雨，往往辄应。疾病多延巫祝，亦间有女觋，或则请黄冠，礼斗姆[一五]。至每逢冬十月，间有庆坛之家，大约以一夜为率，甚则一日夜，即工部诗所谓"赛乌鬼罗罗"之说也。

【注】

[一] 大小敛：大敛，亦作"大殓"，丧礼之一，指将已装裹的尸体放入棺材。出自《仪礼·既夕礼》："大敛于阼。"小敛，亦作"小殓"，旧时丧礼之一，指给死者沐浴、穿衣、覆衾等，称死者入棺而未加盖为小殓。出自《仪礼·既夕礼》："小敛辟奠不出室。"

[二] 下窆（biǎn）：下葬。窆，古代用来牵引棺椁下墓穴的石头，也指墓穴。

[三] 虞祭：古祭名。既葬之后，将死者魂魄安于殡宫的仪式。

[四] 祔庙：祔祭后死者于先祖之庙。

[五] 祥禫（dàn）：丧祭名。语出《礼记·杂记下》："期之丧，十一月而练，十三月而祥，十五月而禫。"

[六] 五服：五等丧服。分为斩衰、齐衰、大功、小功、缌麻五种，以亲疏为差等。

[七] 衰（cuī）麻：丧服的一种。衰衣麻绖。

[八] 隆杀：犹尊卑、厚薄、高下。

[九] 开吊：丧家在出殡以前接待亲友来吊唁。

[一〇] 安厝（cuò）：亦作"安措"。安葬。也指因待葬或要改葬而暂将灵柩停放某处。

[一一] 开奠：丧家在出殡前举行祭奠。

[一二] 禴（yuè）祠蒸尝：祭祀名。一年四季在宗庙里举行祭祀的名称：春祭曰祠，夏祭曰禴，秋祭曰尝，冬祭曰蒸。见《诗经·小雅·天保》："禴祠蒸尝。"

[一三] 钲铙（zhēng náo）：指铜锣。

[一四] 鼗（táo）鼓：有柄的小鼓。以木贯之，摇之作声。古祭礼用的一种乐器。亦指鼗鼓之声。

[一五] 斗姆（mǔ）：道教所信奉的女神。亦称"斗姥"。传说是北斗众星之母，故名。

附十二月村市赛会

正月元日，五鼓，设香烛、肃衣冠，拜天地、宗祖、祝君。上拜父母、尊长，老幼各以次相拜。即出，拜师长、朋友、亲戚者，谓之拜年。间日，为具扫墓钱纸，谓之上新年坟。

上元节，预于初八、九日，城内四街、城外四乡悬灯，或扮演龙灯、狮象灯、走马采莲船灯及他杂剧故事。先于各庙宇朝献，然后逐户盘旋。箫鼓喧阗，以米粉包糖为团相馈遗，庆赏元宵。是日浴蚕种，十五日祭先蚕。

二月初三日，文昌帝君圣诞，庠士庆祝，师儒官吏相聚饮福。初二，为衙神土地降诞，书役、乡民演剧庆祝。

三月初三日，为彭女降诞，四方男女朝拜祭赛者，前后十日，络绎不绝。又为媒神圣母降诞，土人名为三婆会，演剧庆祝，妇女求子者杂沓。

四月初十日，为城隍神降诞，邑人扮演抬阁故事朝献，或供大烛集梨园，称觞上寿，远近辐辏，不下万余人。

五月五日，天中节[一]，以角黍[二]、果品相遗，门旁插艾叶、菖蒲，门楣悬艾虎，贴天师，啖角黍，饮菖蒲雄黄酒。双江河上，装彩龙舟效竞渡。故事，大约多楚人为之。十三日，为关圣大帝降诞，秦人会馆工歌庆祝。

六月初六日，为镇江神降诞，楚人会馆演剧庆祝，凡舟楫贩商者，多攒金祭赛。又为川主会，乡民于二十四日，演剧庆祝。田祖会亦初六日，农民治鸡、豚，斗酒祀之，以祈禾稼收成。

七月初七日，女子穿针乞巧，中霤[三]土地之神降诞，家家设酒钱祀之。十三日，祀先祖，释氏为盂兰会。

八月初三日，为六祖会，粤省人演剧庆祝。十五日，为中秋，以月饼、桂花馈亲朋，至夜，设酒馔玩月。

九月初九日，重阳节，士人携酒登高，俗亦赛土地，家家造酒，谓之重阳酒。

十月初一日，为牛王神诞期，农民演剧庆祝。

十一月，长至令节，相拜贺如元旦礼，唯士大夫家行之。十九日，为太阳神诞，士民演剧庆祝。

十二月初八日，作粥，年老者相约建牟尼会。二十四日，祭灶[四]。除日，烧年纸，分年饭，丰俭随宜，大约每人肉一盂，即猫犬果木亦不遗。换桃符，挂门纸，糊春联，器用壁柱皆贴楮钱。老幼相聚饮酒，爆竹彻夜，名曰守岁。

【注】

[一] 天中节：端午节的别称。

[二] 角黍：即粽子。以箬叶或芦苇叶等裹米蒸煮使熟。状如三角，古用黏黍，故称。

[三] 中霤（liù）：古代五祀所祭对象之一，即后土之神。

[四] 祭灶（zào）：即祀灶，为五祀之一。旧俗腊月二十三或二十四日祭灶神。

乡饮 附

古礼有四：一则宾兴贤能，二则乡大夫饮国中贤者，三则州长习射饮酒，四则党正蜡祭饮酒。乡三年大比[一]一行，天子六卿升学士于天子，诸侯三卿升学士于诸侯。又，乡简不率教者，习乡上齿，以化导之，皆乡大夫为主人；州一年再行，春秋以礼会民，射于州府，因而饮之，州长为主人；党一年一行，岁十二月大蜡祭，以礼属民，饮酒于序，以正齿位，党正为主人。

凡行礼，主人朝服，就先生而谋宾介。先生者，致仕之大夫，曰父师士，曰少师，使教于乡学，名为乡先生，知里人之贤，故就谋之。贤者为宾，次者为介，又次者为众宾，无常数。主人献众宾，其长升拜受者三人，故表为三宾。僎即乡之乡大夫。士来助主人者，介以辅宾，必不可无；僎以辅主，可有可无，但有之则全耳。宾象天，主象地，介①、僎象阴阳、日月，三宾象三光，三让象月。三日成魄，四面坐象，四时升歌，三终笙入，三终间歌，三终合乐，三终乐备，扬觯[二]立司，正尊于房户之间，宾主供之也。

牲用狗，取其有所守而善择人也，其义则尊让洁敬，以远斗辨免人祸。先礼后财，则民敬让尊长，养老而孝弟之行立，所以感人心、维风化者，典綦重也。

国朝顺治二年（1645），顺天府详查乡饮酒礼旧制，移送礼部，题请通行。直省府州县，每举行设宾僎介主酒席，于存留钱粮内支办。雍正元年（1723），特谕：乡饮酒礼乃敬老尊贤之古制，近闻年久多视为具文，所备筵宴亦甚不堪，应加谨举行。乾隆二年（1737），河南按察司隋人鹏奏请颁发《仪注全图》，议以所举人员开具事实履历，由府、直隶州呈司查考，咨部备案，各州县所举人员不得瞻徇滥举，致干议例。如有劣衿棍民鼓荡唇吻，诬蔑良善者，严法究治。定于绅士中年高德厚者一人为大宾，士子中一人为介宾，庶人中数人为众宾。乾隆十八年（1753），陕西布政司张若震条奏《乡饮酒礼则例》，部议题覆，载入《学政全书》。乾隆二十五年（1760），礼部议奏，直省乡饮每年举行二次，儒学州县秉公选举，具详该管上司照京府例责成，布政司核实报明，督抚存案，如不得其人，即详明停止，不得苟且塞责。

【校】

①介：原文作"价"，形近而讹，据上下文义径改。

【注】

[一] 大比：周制，每三年对乡吏进行考核，选择贤能，称"大比"。隋唐以后泛指科举考试。明清亦特指乡试。

[二] 扬觯（zhì）：举起酒器。觯，青铜酒器，形似尊而小，或有盖。

仪注

每岁正月十五日、十月初一日，于儒学行乡饮酒礼。

前一日，执事者于儒学之讲堂依图陈设座次，司正率执事习礼。至黎明时，执事者宰牲具馔，主人及僚属、司正先诣学遣人，速宾、僎以下比至。

执事者先报曰："宾至。"主席率僚属出迎于庠门之外，揖入。主居东，宾居西，三让三揖而后升堂，东西相向立。赞，两拜，宾坐。执事者又报曰："僎至。"主席又率僚属出迎，揖让、升堂、拜坐如前仪。宾、僎、介至就位。

执事者唱："司正扬①觯。"执事者引司正由西阶升诣堂中，北向立。执事者唱："宾、僎以下皆立。"唱："揖司正，揖，宾、僎以下皆揖。"执事者以觯酌酒授司正，司正举酒曰："恭惟朝廷，率由旧章，敦崇礼教，举行乡饮。非为饮食，凡我长幼，各相劝勉。为臣尽忠，为子尽孝。长幼有序，兄友弟恭。内睦宗族，外和乡里。无或废坠，以忝所生。"读毕，执事者唱："司正饮酒。"饮毕，以觯授执事。执事者唱："揖司正，揖，宾、僎以下皆揖。"司正复位，宾、僎以下皆坐。唱："读律令。"执事者举律令，案于堂之中。赞礼引读律令者诣案前，北向立。唱："宾、僎以下皆立，行揖礼如前。"读毕，复位。

执事者唱："供馔案。"执事者举馔案至宾前，次僎，次介，次主，三宾以下各以次举。讫，执事者唱："主献。"宾主起席，北面立。执事斟酒以授主，主受爵，诣宾前，置于席，稍退，赞两拜，宾答拜。讫，执事又斟酒，授主，主受爵，诣僎前，置于席，交拜如前。仪毕，主退，复位。

执事者唱："宾酬。"主、宾起，僎从之。执事者斟酒，授宾，宾受爵，诣主前，置于席，稍退，赞，两拜。宾、僎、主交拜。讫，各就位坐，执事者分左右立。介三宾、众宾以下，以次斟酒于席。

讫，乐工入，升歌鼓瑟。歌《鹿鸣》，饮酒供汤；歌《四牡》，饮酒供汤；歌《皇华》，饮酒供汤。笙入，奏《南陔》，又奏《白华》，又奏《华黍》。诗歌《鱼丽》，笙奏《由庚》《南有嘉鱼》，奏《崇邱》，歌《南山有台》，奏《由仪》。于是合奏《关雎》《鹊巢》，又奏《葛覃》《采蘩》，又奏《卷耳》《采苹》。

每诗先歌首章，饮讫，执事者唱："彻馔。"候彻馔案。讫，唱："宾、僎以下皆行礼。"僎主僚属居东，宾、介、三宾、众宾居西，赞两拜。

讫，唱："送宾。"以次下堂，分东西行，仍三揖，出庠门而退。

主府知府、州知州、县知县如无正官，佐贰代位于东南。大宾以致仕官为之，位于西北。僎、宾择乡里年高有德之人，位于东北。介以次长，位于西南。三宾以宾之次者为之，位于宾、主、介、僎之后。除宾、僎外，众宾序齿列坐，其僚属则序爵。司正以教职为之主。扬觯①以罚赞礼者，以老成生员为之。律令凡乡饮酒礼，序长幼，论贤良，别奸顽，其坐席间高年有德者居上，高年淳笃者并之，以次序齿而列。其有违条犯法者，不许干②与良善之席，违者罪以违制。敢有喧哗失礼扬觯者，以礼责之。

乡饮酒礼图③

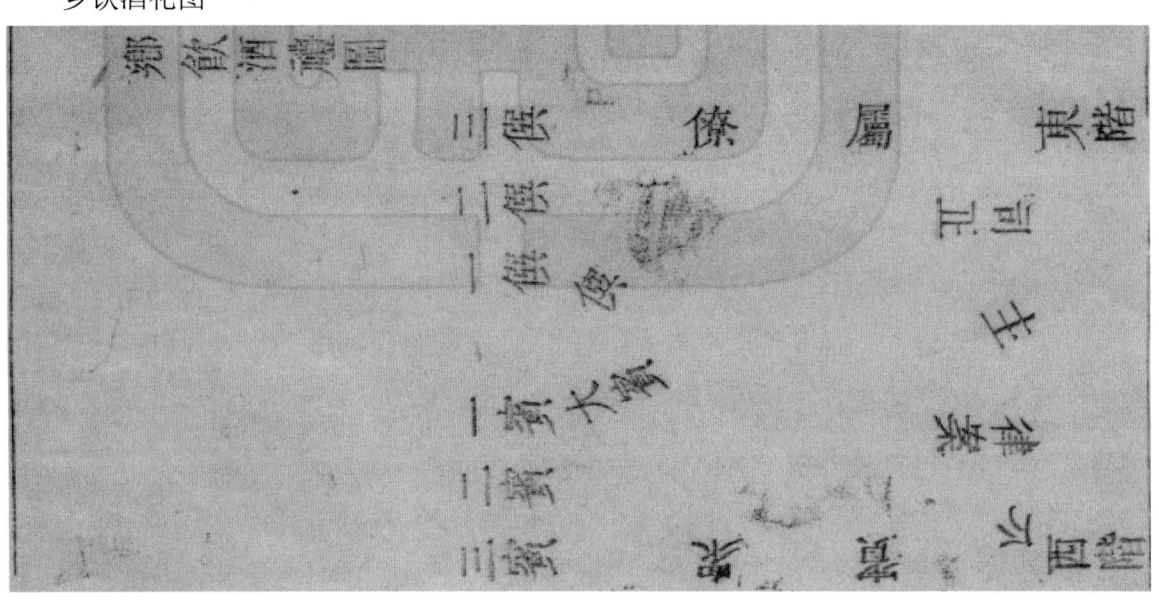

[图]

前代无考④

国朝

张凤翯　　徐德元

饶觐光　　史钦义

【校】

①扬：原文作"杨"，形近而讹，据上下文义径改。

②干：原文作"千"，形近而讹，据上下文义径改。

③原文无，据图补。

④前代无考：四字原在图内，今移出，置于图后。

彭山县兵制志

仲春，教振旅[一]；仲夏，教茇舍[二]；仲秋，教治兵；仲冬，教大阅。将兵将将，统于司马，军实简，而武备修也。圣朝生聚教养，百余年来，德泽涵濡，足食之。外继以足兵，狝狩搜苗，既务农而讲武。车旗铙镯时，荷戟以从王，罝兔野人，皆干城之寄也[三]。志兵制。

兵　制

驻防外委一员，本隶阜和协峨边营，改隶提标中营，岁领银五十四两。额设战兵一名，岁领银二十两零六钱四分；守兵二十三名，每岁每名领银十四两九钱八分二毫。共守、战兵二十四名，岁共支银三百四十四两五钱四分四厘六毫。至火药铅弹，系峨边营给发，以及锣锅、帐房、镗镰、斧锄等项，俱在峨边营内。

忠孝塘　烟墩、哨楼俱全。安设塘兵二名防守，旧在南门城内。乾隆十八年（1754），邑令张凤翥详请移建忠孝桥，南距眉州龙安塘十五里，北距县属梓潼塘二十里。

梓潼塘　烟墩、哨楼俱全。安设塘兵二名防守，北距县属柏木塘二十里。

柏木塘　烟墩、哨楼俱全。安设塘兵二名防守，南距彭山县治四十里，北距新津底塘二十里。

双江水塘　烟墩、哨楼俱全。安设哨船一只，拨塘兵二名防守，哨兵二名巡查。上下船只挂号验放，游巡沿江奸匪，南距眉州桃子园水塘四十里，北距华阳县半边街水塘四十里。

以上水、陆塘兵十名，存城防守兵十四名。

【注】

[一] 振旅：整顿军队，操练士兵。

[二] 茇舍（bá shè）：言军队茇除草莽，即于野地宿息。

[三] 罝（jū）兔野人，皆干城之寄也：语出《诗经·周南·兔罝》："肃肃兔罝，椓之丁丁。赳赳武夫，公侯干城。"罝兔，张网捕兔。罝，网住，也指捕兔的网。

彭山县铺递志

今之铺递，即古之邮置。顾邮置，皆驿也。《说文》曰："驿者，置骑。"饰厨传[一]，称过使客。或以达警急非常，而铺递不过传送文书，稽其程限而已。然晷刻[二]有制，非驶足者莫能胜也。志铺递。

铺 递

焦观铺　在县南十里，与眉州交界，至眉州三十里，递眉州龙安铺十里。

观音铺　在县北十五里，递县属梓潼铺十里①。

梓潼铺　在县北二十五里，递县属柏木桥铺②十五里③。

柏木铺　在县北四十里，与新津县交界，至新津二十五里，递新津县新店铺十五里。

东路通仁寿小道铺，递无。

西路通蒲邛小道铺，递无。

【校】

①十里：乾隆《彭山县志》卷之二作"十五里"。

②铺：原文无此字，据上下文义及乾隆《彭山县志》卷之二补。

③十五里：乾隆《彭山县志》卷之二作"二十里"。

【注】

[一] 厨传：古代供应过客食宿、车马的处所。

[二] 晷（guǐ）刻：时刻。

彭山县武功志

师出有名，夫子壮熊罴之气；军行采芑[一]，元老策雷霆之勋。古人立功异域，扬旌万里者，此也。今天子文德怀柔，诘尔戎兵，静则为神武之不杀，动则为威武之奋扬。虽近边如彭，名臣上将，代不乏人。叶长子于师中，运筹策于帷幄，吾知其必有以决胜千里也。志武功。

武 功

汉

岑彭，棘阳[二]人。光武建武五年（29），时公孙述[三]窃据成都，彭为征南大将军，率臧宫等讨之。述据荆门，截水道与彭相距。乃遣将军鲁奇逆流死战，焚浮桥，长驱入洏关，百姓皆奉牛酒以迎彭。彭安慰之，留冯骏守江州，自领兵直拔垫江，克平曲。述遣将延岑拒广汉，侯丹拒黄石。彭使宫从涪水拒岑，自率精兵溯都江①而上，袭丹，大破之，乃径拔武阳，使精骑击广都，势如破竹。及彭至武阳绕出延岑后，述遂大惊，以杖击地，曰："是何神也！"岑盛兵于沅水，臧宫众多食少，欲引还。会帝遣谒者将兵，诣岑彭宫，矫制取以自益，登山鼓噪，声动山谷。岑不意汉军猝至，大震，恐宫因纵击破之，斩首溺死者万余人。

岑奔成都，其众悉降。

杨展。明季献贼猖獗，屠戮成都居民，率众八万蔽江南下。杨展起兵逆之，战于彭山，分左右翼冲拒，别遣小船载火器以攻贼舟。兵交，风大作，贼舟火。展身先士卒，殪[四]贼前锋数人。贼奔，溃，反走江口。两岸逼仄，前后数千艘，首尾相接，急不能退，风烈火猛，势若燎原。展急登岸促攻，枪铳弩矢，百道俱发，贼舟尽焚，士卒糜烂几尽，所载珠宝及银鞘数百千，悉沉水底。献贼从别道逃，免。事见《蜀碧·杨展传》。

【校】

①都江：原文作"江都"，误。按，都江即今四川中部之岷江。《后汉书》卷十七《岑彭传》：建武十一年(35)，"(岑彭)自分兵浮江下还江州，溯都江而上，袭击侯丹，大破之。因晨夜倍道兼行二千余里，径拔武阳"。江都，郡名，隋大业初改扬州置，治江阳(今江苏扬州)。

【注】

[一] 采芑：《诗经·小雅》的篇名，是叙述、赞美周宣王大将方叔征服荆蛮的诗。芑，似苦菜，可生食。

[二] 棘（jí）阳：古县名。汉高祖七年(前200)置，治今河南省南阳市南。北魏改名南棘阳县。

[三] 公孙述：（？—35），字子阳，东汉扶风茂陵（今陕西兴平）人。汉哀帝时以父任为郎，后为导江卒正，居临邛。更始元年(23)起兵，攻克成都，后尽有益州之地，自立为蜀王，不久又称帝，国号"成家"，形成割据之势。建武十一年(35)光武帝命岑彭征蜀，述兵败被杀。

[四] 殪（yì）：杀死。

彭山县屯练志

国朝自县治复设以来，涵濡圣泽，百有余年，人不知兵。地方宁谧，素无团练堵御之事，即设外委、把总一员，战、守兵二十四名，亦惟以备守卫而已。

彭山县寺观志

宇内山水灵秀之区，莫不有琳宫[一]梵宇[二]，插崿争奇，而高人逸士，亦往往托迹其间，流其芳韵。香山[三]、莲社[四]之遗，鉴湖[五]、玄都[六]之胜，或参契宗风[七]，或流连胜景，高风千载，地以人传。蜀自峨眉天半，佛场仙观，接派分支，虽未尽名人之游览，而山川之灵秀犹存也。志寺观。

寺　观

磐石寺　在县治东。旧名普照，咸通间建。

大圣寺　在象耳山，明时建。

兴福寺　在县治南。

龙兴寺　在县城内北。明正德年间建。

洪塔寺　在县治①西二十里。

毗卢寺　在县治北三十里。元至顺年间建，明万历时重修，有碑，记载《艺文志》。

武陵寺　在县治东北三十里。明成化年建。

郭家寺　在县西北三十里。明正德八年（1513）建。万历十三年（1585），蜀王遣官陈世节铸钟于寺。

莲池寺　在县治北二十五里。

宝珠寺　在县治南五里。有石如珠，光莹可鉴，因以名寺。

平盖观　在县治北一里许。唐开元年建，康熙十八年（1679），知州金一凤重修，并建望江楼，今圮。俯瞰清江，风帆沙鸟，目不暇给。

北平观　在县治西北二十五里。《太平广记》："张道陵闻蜀多名山，因携家来游，即北平居焉。"唐初为观，明永乐间重修，今圮。

圣寿寺　在县治西三十里。长松修竹，水曲山回。

仙女寺　在彭祖祠上傍，有仙女洞、仙女池。重岩滴翠，俯瞰江天，千里一色。乾隆十八年（1753），浮屠德潜重修。

上菩②提　治西二十里。

下菩提　县治西北十五里。

天皇寺　治西南二十里。

寂照庵　在大佛山。乾隆二十八年（1763），邑人曾定梅募修。

盘龙庵　在县治③南三里。溪盘九曲，故名。

西山寺　在县治北三十里。唐僖宗末年建。

居隐寺　在县治北四十里。

观音寺　在县治北十五里观音场下，一在下江口场之西。

宝象寺　县治西北三十里。

洪熙寺　县治东北三十里。

石佛庵　县治东北二十里。

三圣宫　县治北十八里洪山桥之下。邑人张永宁倡始募修。

妙高寺　县治北七里。

关峰寺　县治东北二十五里。

报恩寺　县治北三十里青龙场，上即火神庙。

华光寺　在县治北三十里青龙场侧。

五圣宫　在县治东。邑人曾忠华募修。

【校】

①治：原文作"志"，音近而讹，据文义及乾隆《彭山县志》卷之二径改。

②菩：原文作"苦"，形近而讹，据文义及乾隆《彭山县志》卷之二径改。

③治：原文作"志"，音近而讹，据文义及乾隆《彭山县志》卷之二径改。

【注】

[一] 琳宫：仙宫。亦为道观、殿堂之美称。

[二] 梵宇：佛寺。

[三] 香山：洛阳龙门山上香山寺的省称。

[四] 莲社：佛教净土宗最初的结社。晋代庐山东林寺高僧慧远，与僧俗十八贤结社念佛，因寺池有白莲，故称。

[五] 鉴湖：即镜湖，又称长湖、庆湖。在浙江绍兴市西南，为绍兴名胜之一。

[六] 玄都：道教传说中神仙所居之地。

[七] 宗风：原指佛教各宗系特有的风格、传统，多用于禅宗。有时也用以泛指道教或文学艺术各流派独有的风格和思想。

彭山县盐法志

盐曰咸鹾[一]，东方谓之斥，西方谓之卤，河内谓之咸。在昔黄帝时，夙沙氏煎盐。至春秋，则管仲煮海，即《周礼·天官》"盐人，掌盐之政令"是也。其利鱼盐，其民殷富，剂之以法，而开物成务[二]之道，樽节[三]日用之恒，其康济小民于无穷也，尚亦有利哉！志盐法。

盐　法

按，彭山县盐井，一在治东十五里，地名六井沟，有井六眼；一在治北三十里，地名乌通井，共二十余眼；一在治北三十五里，地名梅子井，共十余眼。今俱废。

雍正八年（1730），复设县治，分拨眉州水引[四]三十张，陆引三十五张。十二年（1734）三月，奉准改拨盐引[五]以敷民食，案内改拨蓬溪县水引五张。又，是年闰五月，又增水引三张、陆引三张。

乾隆二年（1737），奉准请增盐引以敷民食。事案内加增水引十张、陆张一百五十张。八年（1743），饬增陆引三十张。三十六年（1771），复增水引二十四张。

共水引七十二张，每张征正课银三两四钱零五厘，共征正课银二百四十五两一钱六分；陆引二百一十八张，每张征正课银二钱七分二厘四毫，共征正课银五十九两三钱八分三厘二毫。水、陆二引共征正课银三百零四两五钱四分三厘二毫。

每水引一张，征截角银六钱，共银四十三两二钱；陆引一张，征截角银四分八厘，共银十两零四钱六分四厘。乐山县配运行销水引四十八张，每张征羡银二两一钱四分五厘，共银一百零二两九钱六分。犍为县配运行销水引二十四张，每张征羡银二两二钱九分五厘，共银五十五两零八分。乐山县配运行销陆引三十八张，每张征羡银一钱七分一厘六毫，共银六两五钱二分八毫。犍为县配运行销陆引一百八十张，每张征羡银一钱八分三厘六毫，共银三十三两零四分八厘。水、陆二引共征截角羡余银二百五十一两二钱七分二厘八毫。、

以上水引七十二张、陆引二百一十八张，共征正课截角羡余银五百五十五两八钱一分六厘。

盐卡[六]嘉庆四年（1799），商人李长口、漆维灿，杨占元、来时东等呈恳大宪咨准，口彭山县东顺河设立盐卡一座，协查私贩，至今盐法平剂焉。

【注】

［一］咸醝（xián cuó）：泛指一般食盐。

［二］开物成务：通晓万物之理，得以办好各种事情。语出《周易·系辞上》："夫《易》，开物成务，冒天下之道，如斯而已者也。"

［三］樽节：节省，约束。

［四］水引：商人从水路运销货物的凭证。陆运用陆引。引，指商人运销货物的凭证，也指所规定的重量单位。

［五］盐引：古代官府在商人缴纳盐价和税款后，发给商人用以支领和运销食盐的凭证。也指盐包，每引四百斤或七百斤不等。旧时贩卖茶、盐，按引课税，以盐四百斤或七百斤为一引，每引纳税若干。已按引纳税的为官盐，未按引纳税的为私盐。

［六］盐卡：为堵缉食盐走私，清廷于行盐之水陆各要路隘口所设巡截之卡。

彭山县钱法志

泉刀[一]之制，以便民用。彭邑附省城为近，素无铜铅山厂，民间所用制钱，俱由省城买运村里。市场彼此流通，以其所有，易其所无。如乡民卖谷米、菽麦、丝棉、布帛之属，俱照时值，合银价钱价。又或以银钱贩买货物，悉较斗石升，合尺寸、长短、斤两、分厘[二]为权[三]。阜通商贾，听民便之。至钱钞，必体式画一，轮廓精好者始流遍通用。则私铸私贩，无由夹带搀混，所谓"致民聚货交易，而退各得其所也"。现在绞银一两，换制钱[四]九百文。

【注】

[一] 泉刀：泉与刀皆古代钱币，因以"泉刀"泛称钱币。
[二] 分厘：分量，重量。
[三] 权：秤锤。
[四] 制钱：由官家铸造通行的钱币，形状、重量、成色，历朝各有定制。

彭山县蠲政志

马端临曰："聿稽《周礼》《戴记》，言周家复除[一]之法，止言其力役而已，至汉则并赋税蠲之。"我国家景运凝休，俗登殷阜，而偶以水旱之见，告蛮夷之不靖。蠲租免役，锡被无穷，司徒之稽，舍汉武之诏，复何以加诸？晁错所谓"德泽加于万民，民愈劝农，大富乐者矣"。志蠲政。

蠲　政

康熙二十五年（1686），奉上谕：湖南、福建、四川、贵州地方，昔年为贼窃据，民遭苦累，今虽获有宁宇，更宜培养，以厚民生。四川、贵州两省所有二十六年（1687）应征地丁各项钱粮，俱着蠲免；二十五年（1686）未完钱粮，亦着悉与豁除。

康熙三十二年（1693），奉上谕：广西、四川、贵州、云南四省俱属边地，土壤硗瘠，民生艰苦，与腹内舟车辐辏，得以广资生计者不同。朕时切轸怀，历岁以来屡施恩恤，积欠钱粮，俱经次第蠲豁。兹念育民之道，无如宽赋，矧边省地方非再沛优恤之恩，则闾阎无由充裕，所有三十三年（1694）四省应征地丁银米，着通行蠲免。

康熙四十二年（1703），奉恩诏：云南、贵州、四川、广西四省俱属极边之地，朕未经巡视，数年以来又未曾蠲免钱粮，宜更施恩泽，四十三年（1704）四省应征地丁各项钱，通着蠲免。

康熙四十九年（1710），奉恩诏：朕八龄践祚之初，太皇太后问朕何欲。朕对："臣无他欲，惟愿天下治安，生民乐业，共享太平之福而已。"迄今五十年矣，惓惓此心，未尝一日少释。每思民为邦本，勤恤为先，政在养民，蠲租为急。数十年以来，除水、旱灾伤例应豁免外，其直省钱粮次第通蠲一年者，屡经举行，更有一年蠲及数省，一省连蠲数年者。前后蠲除之数，据户部奏称，通共会计已逾万万。朕一无所顾惜，百姓足，君孰与不足？朝廷恩泽不施及于百姓，将安施乎？朕岁供御所需，概从俭约，各项奏销[二]、浮冒[三]，亦渐次厘革。外无师旅饷馈之烦，内无工役兴作之费，因以历年节省之储蓄，为频岁涣解之恩膏。朕之蠲免屡行，而无国计不足之虑，亦特此经画之有素也。比来省方，时迈已历七省，南北人民风俗及日用生计，靡不周知，而民生所以未尽殷阜者，良由承平既久，户口日蕃，地不加增，产不加益，日用不给，理必有然。朕洞瞩此隐，时深轸念，爰不靳敷仁，用苏民力。明年为康熙五十年（1711），思沛大恩，以及吾民。直隶、奉天、浙江、福建、广东、广西、四川、云南、贵州各巡抚及府尹所属，除漕项钱粮外，康熙五十年（1711）应征地亩银共七百二十二万六千一百两有奇，人丁银一百一十五万一千两有奇，历年旧欠共一百一十八万五千四百两有奇，俱着免征，其余应蠲省分，次第遵行。

雍正七年（1729）闰七月，奉上谕：数年以来，甘肃、四川、云南、贵州、广西五省，有用兵西藏及剿抚苗蛮等事，其一应军需，皆动用公帑备办，秋毫不派及于民间，而粮饷转输亦有资于民力。今藏地、苗疆俱已宁谧，朕心嘉慰，特沛恩膏，将庚戌年（1730）五省额征地丁银两，悉行蠲免。

【注】

[一] 复除：古代称免除赋税徭役。

[二] 奏销：清代各州县每年将钱粮征收的实数报部奏闻，上报户部注销欠缴的钱粮。

[三] 浮冒：虚报，冒充。

乾隆十一年（1746），奉上谕：四川、云南、贵州等省应征地丁钱粮，通行蠲免，余省次第施行。

乾隆十三年（1748），奉上谕：金酋不法[一]，大兵剿抚，一切军需，皆动支国帑，而转运飞刍，不能不需用夫役，借资民力所有。十三年（1758）应征地丁钱粮，着缓征。

乾隆四十一年（1776）二月十三日，奉上谕：年来征剿金川，军需粮项皆官为办给，而负任运供，不免稍资民力。川省百姓，踊跃急公，甚属可嘉。业已叠次加恩，将乾隆四十年（1775）以前应征钱粮，特令该督等查明分数，分别酌免。兹金川全境荡平，逆酋兄弟及助恶头人悉就擒获，红旗报捷，大勋告成，用是广布恩施，以昭优恤。着该督文绶[二]，将川省节年应征缓带钱粮，查明承办军务，地方就其出力轻重、差务繁简，分别妥酌，或全行蠲免，或量其分数。蠲缓之处，详细核实，迅速奏闻。朕将特普渥恩，用副嘉惠劳民至意。钦此。嗣奉行知眉州，四十年（1775）分应征钱粮，蠲免七分。

乾隆五十五年（1790）元旦，奉上谕：今岁届朕八旬寿辰，仰荷贻麻，率土称庆，以至梯航[三]重译，祝嘏[四]来庭，从古史牒，实所罕睹。是宜广宣湛闾，敷锡兆民，用叶崇禧，以答嘉贶。着将乾隆五十五年（1790）各直省应征钱粮，通行蠲免。

乾隆六十年（1795）十月初八日，上谕：朕临御以来，勤求民隐，日有孜孜，惟期藏富于民，家给人足。仰荷昊苍眷佑，列祖贻麻，寰宇升平，重熙累洽，行庆施惠，闾泽频加。节经普免天下漕粮三次、地丁钱粮四次，其余遇有偏灾，随时蠲、赈，不下千万亿两。近将各省积欠钱粮概行蠲免，又复数千余万两，所以子惠元元，休养生息者，至周且渥。今朕纪年庆符周甲，丙辰（1796）元旦，举行归政典礼，为嗣皇帝登极初元，大廷授受，笃祐延釐[五]，实为旷古吉祥盛事。允宜广沛恩纶，俾薄海群黎共沾湛恺。本欲于新正传位后降旨，但思二月间即屈开征之期，恐远省接奉稍迟，着即将嘉庆元年各直省应征地丁钱粮，通行蠲免，以示朕与嗣皇帝爱育闾阎，同锡恩施至意。

嘉庆六年（1801）四月十六日，奉上谕：勒保奏查明"川省捐输银数，请将嘉庆七年（1802）应征地丁钱粮，分别蠲免"等语。此次办理津贴，非正供可比。该省民人谊切桑梓，急公尚义，实属可嘉，着加恩照勒保所请之数处，递行加增。所有成都等五十七厅州县，着蠲免十分之二，以示奖励。该部知道，折单并发。钦此。

【注】

[一] 金酋不法：指乾隆初，大金川土司莎罗奔夺取小金川泽旺印信而引发的叛乱。清廷于乾隆十二年（1747）派兵进剿，至乾隆十四年（1749）初步平息大金川事件。以后，大小金川之间常有冲突，小金川土司僧格桑（泽旺子）与大金川土司索诺木（莎罗奔侄孙）一度联合反清。清廷派兵历时五年，于乾隆四十一年（1776）平定叛乱。

[二] 文绶：（？—1784），富察氏，满洲镶白旗人，清朝大臣。雍正十三年（1735），自监生授内阁中书。再迁礼部员外郎，改内阁侍读。历任甘肃凉州知府、山西布政使、河南巡抚（未上官）、陕甘总督。乾隆三十七年（1772），授四川总督，未行，仍调授陕甘。

[三] 梯航："梯山航海"的省文，谓长途跋涉。

[四] 祝嘏（gǔ）：祝贺寿辰，多用于皇室贵族等。

[五] 延釐：旧时祝颂语，谓迎来福祥。釐，通"禧"。

平粜[一]仓谷

嘉庆十年（1805）六月，彭山县知县饶觐光详请动碾常平仓谷减价平粜，以济民食事。照例，存七粜三动碾过仓谷一千九百五十石，每仓升一升，价银二分。至十一年七月，岁大熟，乘时采买仓谷一千九百五十石，如数贮仓。

嘉庆十三年（1808）六月，彭山县知县史钦义详请平粜常平仓谷一千六百四十石。是年九月，即行采买仓谷一千六百四十石，如数贮仓。

【注】

[一] 平粜（tiào）：遇荒年时，米粮价格高涨，官府为平衡物价，而将官仓里的米粮以平价卖出，称为"平粜"。

彭山县职官志

仿古人官署题名之例，凡莅兹土者，膺一命一爵，皆得备载。秩官[一]一书，所由稽也。虽有高下，无去取焉。至于德懋政醇，铭功竹帛，则又其人之卓然可纪，食报千秋者。我皇上知人则哲，能官人。庶尹百司，莫不殚心励治，勉学为良吏，则今日之牧民而列于秩官者，即异日树甘棠而登于名宦也。志职官。

职 官

知县一员　主簿一员 今裁　教谕一员 今裁　训导一员　外委、把总一员　典史一员

文秩

知县①

隋

张允济　青州北海人。

元

雍　熙　未详何处人。

明

黎　灏　孝感人。正统辛酉年（1441）任。

甘　棠②　湘阴人。景泰丙子年（1456）任。

樊　瑾　豫章人。成化乙未年（1475）任。

马　驯　长安人。成化年任。

赵　溥　进贤人。弘治年任。

侯　骥　凤翔人。弘治年任。

徐应华　大冶贡生。正德年任。

焦汝登

杨　英　未详何处人。正德年任。

李时沛　云南人。嘉靖年任。

王景勋　昆明人。万历年任。

周良弼　未详何处人。万历年任。

杨　京　太和人。

张　岭　江西人。

【校】

①知县：原文无此二字，据上下文义补。

②棨：乾隆《彭山县志》卷之五作"棨"。

【注】

[一]秩官：常设之官。

国朝

刘占魁　云南举人。雍正八年（1730）任，后以署仁寿被劾去。

张　绰　云南浪穹进士。乾隆二年（1737）任，以丁忧去。

陈　俨　直隶文安举人。乾隆八年（1743）任，后以改教去。

丁永年　浙江仁和举人，卒于任。

彭　瑚　乾隆十二年（1747）署任。

冯　酆　山西代州举人。乾隆十三年（1748）任，后调任秀山去。

张凤翥　浙江上虞人，戊辰（1748）进士。乾隆十六年（1751）任，至二十三年（1758）十月离任。

熊　葵　江西南康府安义县拔贡。乾隆二十三年（1758）十二月署任，至二十四年（1759）九月离任，后张凤翥回任，至二十六年（1761）二月离任。

戴之适　顺天府永清县壬申（1752）科进士。乾隆二十六年（1761）二月代办彭山县事，至四月离任。

张龄度　乾隆二十六年（1761）五月代办彭山县事，至七月离任。

王锡书　山西太原府榆次县人，己未（1739）进士。乾隆二十六年（1761）七月署任，至二十七年（1762）九月离任。

沈　鹏　浙江杭州府仁和县举人大挑。乾隆二十七年（1762）九月署任，至乾隆二十八年（1763）十二月离任。

陈奉兹　江西九江府德化县人，庚辰（1760）进士。乾隆二十八年（1763）十二月任，至三十二年（1767）二月离任。

张永升　江苏江宁府江蒲县举人。乾隆三十二年（1767）代办彭山事，至六月离任。

李　　　湖北武昌府大治县举人。乾隆三十二年（1767）六月署任，至三十三年（1768）六月离任。

杨金兰　浙江杭州府钱塘县举人。乾隆三十三年（1768）六月署任，至三①十四年（1769）五月离任。

徐德元　浙江湖州府归安县举人。乾隆三十四年（1769）五月任，至三十七年（1772）正月离任。又，乾隆四十一年（1776）四月回任，至四十二年（1777）六月离任。又，十一月回任，四十四年（1779）十一月离任。四十五年（1780）八月回任，四十七年（1782）十二月离任。

杨承业　陕西西安府鳌屋举人。乾隆三十七年（1772）正月署任，至九月离任。

朱　琦　山东济南府历城县人，拔贡中式举人。乾隆三十七年（1772）九月署任，至四十年（1775）正月离任。

张京鲤　湖北黄州府黄冈县举人。乾隆四十年（1775）正月署任，至四十一年（1776）四月离任。

秦昌统　广西桂林府临林县举人。乾隆四十二年（1777）六月署任，至十一月离任。

白　澧　山西太原府兴县举人。乾隆四十四年（1779）十一月署任，至四十五年（1780）八月离任。

王会锟　广东琼州府乐会县，由拔贡中式举人。乾隆四十七年（1782）十二月署任，至四十八年（1783）四月离任。

陈九畴　山东登州福山县举人。乾隆四十八年（1783）四月署任，至六月离任。

郑绍徽　福建漳州府龙溪县举人。乾隆四十八年（1783）六月署任，至四十九年（1784）正月离任。

贾策安　陕西西安府咸宁县壬申（1752）进士。乾隆四十九年（1784）正月署任，至五十年（1785）八月离任。

项应莲　安徽徽州府歙县举人。乾隆五十年（1785）八月代办彭山县事，至十二月离任。

陈懋勤　直隶易州漆水县拔贡。乾隆五十一年（1786）十一月署任，至五十三年（1788）十一月离任。

倪鼎铨　江苏常州府金匮县举人。乾隆五十三年（1788）十一月任，至五十五年（1790）十一月离任。五十六年（1791）三月回任，至四月离任。六十年（1795）回任，嘉庆二年（1797）六月离任。

许登彤　湖北汉阳府沔阳州举人。乾隆五十五年（1790）十一月署任，至五十六年（1791）三月离任。

王廷端　正红旗举人。乾隆五十六年（1791）三月署任，至八月离任。

李世荣　正白旗学生，考取笔帖式。乾隆五十六年（1791）八月署任，至五十七年（1792）五月离任。

孙学治　安徽徽州府黟县举人。乾隆五十七年（1792）署任，至五十九年（1794）九月离任。

盛世奇　浙江嘉兴府秀水县人，由武英殿议叙，未入流。乾隆五十九年（1794）九月署任。

谷　瑄　贵州安顺府归化厅，由监生捐从九品。乾隆六十年（1795）正月署任，至十二月离任。

翟　泉　安徽宁国府泾县举人。嘉庆二年（1797）六月署任，至四年（1799）五月离任。

薛天相　山西蒲州府临晋县，己酉（1789）进士。嘉庆四年（1799）五月署任，至十一月离任。

鲁凤辉　浙江绍兴府会稽县人，因监生捐府经厅。嘉庆四年（1799）十一月署任，至五年（1800）九月离任。

图　敏　镶黄旗内务府举人。嘉庆五年（1800）九月署任，至六年（1801）正月离任。

于　芒　山东登州府福山县人，由刑部律例馆议叙，未入流，由军功推升知县。嘉庆六年（1801）正月署任，至八年（1803）六月离任。

饶觐光　湖北宜昌府长阳县举人。嘉庆八年（1803）六月任，至九年（1804）七月离任。八月回任，十一年（1786）十二月病故。

马文耀　浙江绍兴府会稽县，由监生誊录馆议叙，经历。嘉庆九年（1804）七月署任，至八月离任。

陈作琴　湖北安陆府天门县拔贡。嘉庆十一年（1806）三月署任一载，至十九年（1814）十二月复任。

吴士淳　顺天府永清县人，由贡生捐纳知县。嘉庆十二年（1807）正月署任，至十三年（1808）二月离任。

史钦义　浙江绍兴府余姚县副榜，考职州判，军功擢授彭山一任，至十九年（1814）十二月离任。

【校】

①三：原文作"二"，形近而讹，据上下文义径改。

主簿 今裁①

明

田　兴

田　畴

王应显

潘　佐　俱未详何处人。

教谕 今裁

明

曹　滋　开县人。

赵　遵

高　节　未详何处人。

刘　翅　安福人。

薛　春　云南人。

【校】

①按，"主簿　今裁"原文在"明"下一行，现据上下文义提前。下"教谕""训导""典史"条同。

训导

张　铠　普定人。

范应元　松滋人。

国朝

杨　正　巴县岁贡生。雍正八年（1730）任，后休致去。

张启喆　华阳岁贡生。乾隆二年（1737）任，居职十四年，循例休致去。

周思渊　逢溪县廪贡生。乾隆十八年（1753）任，被劾去。

王我师　铜梁县岁贡生。乾隆十九年（1854）任，至二十三年（1858）五月离任。

王廷极　保宁府剑州岁贡生。乾隆二十三年（1858）五月任，至二十六年（1861）二月病故。

王　椿　乾隆二十六年（1861）三月署任，至十一月离任。

王　谓　龙安府平武县岁贡生。乾隆二十六年（1861）十二月任，至三十二年（1767）三月离任。

詹尔康　资州资阳县人，由廪生捐训导。乾隆三十二年（1767）三月任，至九月离任。

张　珞　龙安府石泉县人，由廪生捐训导。乾隆三十二年（1767）九月任，至三十七年（1772）七月离任。

郭　安　潼川府乐至县岁贡生。乾隆三十七年（1772）七月署任，至三十八年（1773）十月离任。

程先哲　泸州举人。乾隆三十八年（1773）十月署任，至四十一年（1776）二月离任。

彭　宾　叙州府隆昌县副榜。乾隆四十一年（1776）二月署任，至九月离任。

董之骥　忠州垫江县岁贡生。乾隆四十一年（1776）九月任，至四十五年（1780）四月离任。

李遴春　嘉定府乐山县举人。乾隆四十五年（1780）四月任，至十一月离任。

董　枢　重庆府合州举人。乾隆四十六年（1781）十一月任，至四十八年（1783）六月离任。

周　南　成都府成都县举人。乾隆四十八年（1783）六月任，至四十九年（1784）三月离任。

何怀仁　叙州府南溪县岁贡生。乾隆四十九年（1784）三月任，至五十二年（1787）十一月离任。

郭平山　忠州举人。乾隆五十二年（1787）十一月任，至五十三年（1788）正月离任。

景发振　潼川府三台县举人。乾隆五十三年（1788）正月署任，至四月离任。

张龙元　资州内江举人。乾隆五十三年（1788）四月任，至嘉庆六年（1801）三月离任。

欧相今　龙安府江油县人，由廪生捐训导。嘉庆六年（1801）三月任，至七年（1802）二月离任。

冉符中　成都府温江县举人。嘉庆七年（1802）二月任。

典史

明

马汝昱

何存德

贺　宽

焦一贤

顾　镇

杨　合　俱未详何处人。

国朝

潘　鉴　顺天定州①人，捐纳。雍正八年（1730）任。

钱景坤　浙江嘉兴人，捐纳。乾隆元年（1736）任。

曹元士　直隶隆平人，捐纳。乾隆三年（1738）任。

王　谟　浙江会稽人，吏员。乾隆十四年（1749）任，调任巴县去。

董起龙　镶白旗汉军监生。乾隆十九年（1754）任②，至三十二年（1767）五月病故。

郭于桐　山西绛州绛县监生。乾隆三十二年（1767）五月署任。

詹尔康　乾隆三十二年（1767）三月任，至三十三年（1768）三月离任。

戴山年　山东兖州府济宁州监生。乾隆三十三年（1768）三月署任，至十一月离任。

陈光宗　顺天府永清县吏员。乾隆三十三年（1768）十一月任，至四十一年（1776）五月离任。

熊寿佺　江西瑞州府新昌县监生。乾隆四十一年（1776）五月署任，至九月离任。

孙振声　陕西西安府临潼县吏员。乾隆四十一年（1776）九月署任，至四十二年（1777）二月离任。

沈昭诚　浙江嘉兴府秀水县监生。乾隆四十二年（1777）二月署任，至六月离任。

李仙林　广东肇庆府四会县监生。乾隆四十二年（1777）六月署任，至四十三年（1778）四月离任。

耿素政　河南归德府零陵县监生。乾隆四十三年（1778）四月署任，至四十五年（1780）四月离任。

李廷勋　湖北荆州府江陵县监生。乾隆四十五年（1780）四月署任，至四十六年（1781）正月离任。

宋大钰　山西汾州府介休县监生。乾隆四十六年（1781）正月署任，至十二月离任。

赵廷相　顺天府大兴县人，捐，未入流。乾隆四十六年（1781）十二月任，至四十八年（1783）三月离任，至九月复任，五十三年（1788）九月离任。

刘竣福　陕西同州府大荔县监生。乾隆四十八年（1783）三月署任，至九月离任。

先勇均　浙江嘉兴府同乡县监生。乾隆五十三年（1788）九月任，至十月离任。赵廷相回任，至五十六年（1791）七月病故。

吕涵清　安徽池州府贵池县人，由内阁拔取议叙，未入流。乾隆五十六年（1791）八月任，至十二月离任。

赵之燨　湖北德安府云梦县监生，誊录馆议叙，吏目。乾隆五十六年（1791）十二月任，至嘉庆二年（1797）四月离任。四年（1799）七月回任，六年（1801）十二月离任。九年（1804）回任，十一年（1806）离任。十四年（1809）回任，十五年（1810）十二月病故。

潘　鉴　浙江绍兴府山阴县监生。嘉庆六年（1801）十月署任，至九年（1804）七月离任。

李涵元　贵州安顺府普定县监生。嘉庆六年（1801）十月署任，至九年（1804）七月离任。

姚　棠　顺天府大兴县监生。嘉庆九年（1804）七月署任，至九月离任。

赵　洽　江苏常州府无锡县人，从九品，军营投效。嘉庆十一年（1806）十一月任，至十二年（1807）十一月离任。

胡　镔　顺天府大兴县人，从九品。嘉庆十二年（1807）十一月任，至十三年（1808）十一月离任。

欧阳璧　江西九江府彭泽县，由礼部主客司议叙。嘉庆十三年（1808）十一月任，至十四年（1809）十一月离任。

邹作桢　江西瑞州府新昌县监生。嘉庆十六年（1811）正月署任，至八月离任。

刘锡名　湖南衡州府酃县，寄籍顺天宛平县，监生。嘉庆十六年（1811）八月任。

【校】

①定州，乾隆《彭山县志》卷之五作"蓟州"。

②"乾隆十九年任"，此句，乾隆《彭山县志》卷之五作"乾隆九年任，告病去，乾隆十九年循例复任"。

武秩

国朝

曾　伯①　永宁人。雍正九年（1731）任。

张　正　成都人。雍正十三年（1735）任。

王九巨　陕西人。乾隆九年（1744）任。

朱古鳌　峨眉人。乾隆十年（1745）任。

杨德明　成都人。乾隆十六年（1751）任。

周文明　乾隆二十四年（1759）任。

彭佩林　乾隆二十七年（1762）任。

陈　荣　乾隆二十七年（1762）任。

吴永盛　打箭炉人。乾隆五十二年（1787）任。

郑　榜　峨眉县人。乾隆五十七年（1792）任。

张治平　成都人。乾隆五十八年（1793）任。

陈之俊　成都人。乾隆五十八年（1793）任。

马　清　成都人。乾隆五十八年（1793）任。

高　和　峨眉人。乾隆六十年（1795）任。

蔡　云　峨眉人，荫生。嘉庆二年（1797）任。

傅鹏程　建昌人。嘉庆八年（1803）任。

王国栋　成都人。嘉庆十二年（1807）任。

【校】

①曾伯：乾隆《彭山县志》卷之五作"曾仕伯"。

彭山县选举志

古者社稷之臣，王霸之佐，或起于耕耘，或举于版筑，或猎于屠钓[一]。或献言以入侍，或荐进而登朝。遭际各殊，选举斯异，无一出于科第也。自隋唐以降，迄于宋明，数百年间，名臣伟器，例由科目，无一出于选举也。然其遇合于君，皆能尊主庇民，论道佐时，于前人曾无攸殊，洵乎陈祐之言曰："唯河有鲂，唯洛有鲤。"取之之术，虽罾[二]筌[三]罟[四]钓之不同，期于得鲂鲤则一也。志选举。

选　举

荐辟　无

进士

　宋

熙宁　吕　陶　官至集贤学士。

大观　唐　重　官至京兆尹。

绍兴　文　初

元　雁塔剥落，无考。

明

洪武　文道光　辛未（1391）

成化　张　静　丙戌①（1466）一阅《河南省通志·职官志》，载张静"崇祯时进士，四川眉州彭山县人，知河南汝州知州"。

弘治　王用才　癸丑，历太常卿。

【校】

①戌：原文作"戍"，形近而讹，径改。

【注】

[一] 屠钓：职官名。宰牲和钓鱼。旧指操贱业者。

[二] 罾（zēng）：古代一种用木棍或竹竿做支架的方形鱼网。

[三] 筌：捕鱼的竹器。

[四] 罟（gǔ）：渔网。

举人

唐　宋　元　俱无考。

明

洪武　文道光

永乐　何　聪　辛卯（1411）

　　　萧仕昌　辛卯（1411）

　　　张思初　辛卯（1411）

　　　袁　宾　辛卯（1411）

　　　胡天祥　辛卯（1411）

　　　汪　海　甲午（1414）

　　　林　志　甲午（1414）

　　　陈　聪　庚子（1420）

景泰　周　祐　癸酉（1453）

　　　朱有达　癸酉（1453）

天顺　程良杰　己酉①

　　　张　静　己酉②

成化　杨孟时③　乙酉（1465）科，官至云南副使。

　　　李万仁④　辛卯（1471）

　　　王　臣　辛卯（1471）

　　　　王用才　壬子⑤科连捷，官长史。
　隆庆　朱　绂　解元
　万历　王宗道

　　国朝
康熙丙午（1666）科
　　　杨　岱
乾隆丙子（1756）科
　　　梁奇蜀　任江南宁国县知县。
戊申（1788）科
　　　干荣先
嘉庆丁卯（1807）科
　　　甯崇礼

【校】

①按，天顺无己酉年，疑"己""乙"乃形近而讹，天顺乙酉即成化乙酉元年，即1465年。

②按，天顺无己酉年，疑"己""乙"乃形近而讹，天顺乙酉即成化乙酉元年，即1465年。

③杨孟时：原文作"杨茂时"，据乾隆《彭山县志》卷之六改。又，嘉靖《四川总志》卷之十二："杨孟时，成化丁酉乡试。"雍正《四川通志》卷三十五："杨孟时，彭山县人。"

④李万仁：乾隆《彭山县志》卷之六作"李万"，误。又，同书卷之七《艺文志》收录《重修平盖观落成记》一文，署名"李万仁"。

⑤壬子：成化无壬子，疑为弘治壬子，即1492年。

武举
　　国朝
乾隆丙辰（1736）科
　　　罗文耀
癸酉（1753）科
　　　周文英　原任云南省副总府，推升都阃府[一]。
辛卯（1771）科
　　　谢良臣
己酉（1789）科
　　　贾大成
嘉庆辛酉（1801）科

宋正龙

庚午（1810）科

宋殿元

癸酉（1813）科

张廷栋

恩贡①

国朝

乾隆十六年（1751）

李瑞果

二十六年（1761）

倪元杲　任什邡县教谕。

三十九年（1774）

杨裕祚

四十七年（1782）

梁国材

五十一年（1786）

陈　尧

五十五年（1790）

陈尚志

嘉庆三年（1798）

贾世瑢

七年（1802）

万年春

十二年（1807）

赵履祥

拔贡

国朝

雍正七年（1729）

唐亮揆　候选县丞，借补兴文县训导。

乾隆十七年（1752）

张日昇

三十年（1765）

  夏文震 分发山东知县。

四十一年（1776）

  袁　沆

【校】

①按，"恩贡"二字原文在"国朝"二字下一行，现据上下文义提前。下"拔贡""岁贡"条同。

【注】

  [一] 都阃府：清代正四品武官都司的别称。

岁贡

 国朝

康熙

  周文生 任训导。

  郭维藩

  赵永隆

雍正二年（1724）

  张宏道 任珙县训导。

六年（1728）

  李志邰 任南江县训导。

十年（1732）

  倪元柱 任长寿县训导。

乾隆元年（1736）

  王贵祥 任梓潼县训导。

七年（1742）

  宋献策 任垫江县训导。

□□□（1749）

  杨国柄 任南川县训导。

十九年（1754）

  虞绍尧 任长寿县训导。

二十三年（1758）

  李作槐

二十七年（1762）

王子侯

三十一年（1766）

余泰临

三十五年（1770）

梅华光

三十九年（1774）

王　靖

四十三年（1778）

陈嘉猷　盐源县教谕。

四十七年（1782）

袁　浩

五十一年（1786）

杨敬修

五十五年（1790）

吴以憻

五十九年（1794）

倪凌云

嘉庆三年（1798）

王辉文

七年（1802）

刘存恺

十一年（1806）

周志闳

十五年（1810）

周元屏　任仪陇县训导。

十九年（1814）

刘克宽

彭山县封荫志

盖其先世，尝有功德于民者，即世禄其子孙，成材则官之，所以赏功酬劳也。我朝庸勋[一]锡类[二]，俊乂[三]在官，小大臣工，罔不熙载。苟有世济其美，不陨其名，封荫一例，独邀匪躬之报，不亦与有荣施与。志封荫。

封　荫

国朝

岳　濬　由荫生官至山东巡抚。父钟琪，官四川提督，封威信公。母高氏，赠夫人。

岳廷杬　恩赐二品荫生。父濬，官山东巡抚，谥清介。母卞氏，赠夫人。

岳　灿　荫生。父，母。

以上俱报入眉阳彭山县籍。

余应龙　荫云骑尉，彭山县籍。父正朋，行伍随营千总，从征达州，□匪阵亡。母王氏。

附应例

陈文权

艾元衢　嘉庆七年（1802），遵工赈例，由廪贡加捐训导，署任大竹县。彭山县人。

万年春　恩贡生。嘉庆间，遵衡工例，捐纳教谕，署任清溪、隆昌等县。彭山县人。

周元屏　岁贡生。嘉庆十六年（1811），遵土方例，加捐训导。十七年（1812），署任仪陇县。彭山县人。

【注】

[一] 庸勋：酬赏有功的人。

[二] 锡类：谓以善施及众人。

[三] 俊乂（yì）：亦作"俊艾"。指才德出众的人。

彭山县政绩志

盖闻舍茇之阴过甘棠者，犹爱其树，况其人乎？士君子膺仕版[一]而抚辰凝续，实有功德及人，斯循良著美，而后先辉映也。夫桐乡[二]之爱，岘首[三]之思，民之好善，今不殊昔。后有莅兹土者，其览是编而兴起与！志政绩。

政 绩

隋

张允济　青州北海人。仕隋，为彭山令。廉平自矢，民安其政，道无拾遗。贞观初，累迁刑部郎。入名宦祠。

唐

章仇兼琼　颍①川人，剑南节度兼四川采访制置使。创修通济堰，溉眉州、彭山县等处田凡三百余里。邑人思之，立庙于堰南，号寅德公。入名宦祠。

五代

张　琳　为眉州刺史。继章仇兼琼修通济堰，灌溉田一万五千顷，民被其惠。歌曰："前有章仇后张公，疏决水利秔稻丰。南阳杜诗不可同，何不用之代天工？"入名宦祠。

元

雍　熙　天历初，知彭山县。令修复通济堰，以御旱灾，民赖其利。入名宦祠。

明

樊　瑾　豫章人。成化初，知彭山县。令修复古迹，百废俱兴，有《重修范文忠公读书台记》。

国 朝

刘占魁　云南举人。雍正八年（1730），复设县治，为立学宫、坛庙，建衙署，辟荆棘，广招徕，创始之功为多焉！以署仁寿县被劾去。

张　绰　云南浪穹进士。乾隆二年（1737），知彭山县事。修举废坠，建设桂香书院。居任年久，民怀其恩。

冯　鄘　山西代州举人，乾隆十三年（1748）任。请增学额，建忠孝桥以便行旅。后调任秀山，去，士民立"去思碑"。

张凤翥　字梧冈，浙江绍兴府上虞县人，戊辰（1748）进士。乾隆二十一年（1756），任彭山县令。修复通济堰，灌溉眉、彭田数万余亩。置学田，造祭器，建明伦堂，创修邑志。留心政事，至今士民犹怀其德。

徐德元　字芷堂，浙江湖州府归安县举人。乾隆三十四年（1769），以内廷教习出知彭山县令。训士有方，设立书院课程，拨圣寿寺山地百余亩，以为延师之聘。后推升汉州去。

张京鲤　湖北黄州府黄冈县举人。乾隆四十年（1775），以咸安宫教习出任彭山县令。补葺文庙，建名宦、乡贤各祠。历任屡有新政，邑人为之攀舆垂涕。

饶觐光　湖北长阳县举人。嘉庆九年（1804），知彭山县事。增修书院，添设桂香书院膏火田四十余亩。公余课士，有惠政声。又捐俸为士民倡重新文庙，计二千缗。白宫殿门，庑焕以隆，栋涂以丹腰，外周垣墉，内甃磉石，圜桥泮池，规模宏敞，实为前所未有，创建之功，于以大备焉！卒于官。

张启喆　成都府华阳县岁贡，乾隆二年（1737）任训导。年已九十，视履如童时。居职十四年，循例休致去。

王我师　铜梁县贡生。乾隆二十□②年任彭山县训导。学问博雅，善于课士。

【校】

①颍：原文作"颖"，误，形近而讹。按章仇兼琼，正史两《唐书》均无传。其籍贯，据王昶编《金石萃编》卷八十八（中国书店1985年版）《章仇元素神道碑》载，其祖上自秦末"流离荒服六百余载"，直到北魏从平城迁都洛阳之时，元素（兼琼父）之六代祖才"始归中原"，并任职北魏为刺史等职，死后葬于任城(今山东济宁)，其后代"因而家焉"，则章仇兼琼应为鲁郡任城县人。颍川，郡名，治今河南许昌。这里称章仇兼琼为颍川人，当是沿用雍正《四川通志》卷六《名宦》："章仇兼琼，颍川人。"此说不知何据。

②按，原文此处缺一字，据嘉庆《彭山县志》卷三《职官志》："（王我师）乾隆十九年（1854）任，二十三年（1861）五月离任。"

【注】

[一] 仕版：旧指记载官吏名籍的簿册。亦借指仕途，官场。

[二] 桐乡：古地名。在今安徽省桐城市北。春秋时为桐国，汉改桐乡。《汉书·循吏传·朱邑》："（朱邑）少时为舒桐乡啬夫，廉平不苛，以爱利为行，未尝笞辱人，存问耆老孤寡，遇之有恩，所部吏民爱敬焉……初邑病且死，属其子曰：'我故为桐乡吏，其民爱我，必葬我桐乡。后世子孙奉尝我，不如桐乡民。'及死，其子葬之桐乡西郭外，民果共为邑起冢立祠，岁时祠祭。"后因以为官吏在任行惠政、有遗爱之典。

[三] 岘（xiàn）首：山名。即今湖北襄阳区南的岘山。据《晋书·羊祜传》载，晋羊祜镇襄阳时，勤于治事，大兴学校，关心百姓疾苦。襄阳百姓因此在他常游憩的岘山建碑立庙以为纪念。后遂以"岘首"等称赞卓越的政绩，表示怀念之情。

彭山县人物志

昔人有云：其山巀嶭[一]而巍峨，其人磊落而英多，所谓"灵秀之区，挺异人也"。彭邑山飞峨岭，水据江源，储清淑气，以渊薮人材，麟麟炳炳，蔚起千秋者，揽而志之。某也忠义，某也循良，某也行谊可风，某也文章足誉。鸿辉亮节孚舆论，而物望攸归，虽百世下，闻风兴起，其亦有争自濯磨[二]者乎！志人物。

人 物

名臣

宦业

理学

儒林

文苑

处士

汉

杨 莽　字翁君，彭山人。官扬①州刺史，见《何霸传》。□晋常璩《序志》载："知术：扬州刺史杨莽"云云。入祀乡贤。

朱 遵　彭山县人。为功曹，率兵拒公孙述，绊马，死战。常璩《序志》载："忠壮。复汉将军朱遵，字孝仲。"崇祀忠义祠。

杨 涣　字孟文，彭山县人。官司隶校尉，见《犍为耆旧传》。

杨文方　彭山县人，涣子。官汉中太守。

杨 准　字伯邳，彭山县人，涣孙。官司隶校尉。

赵 松　字君乔，彭山县人。官上党太守。

张 皓　字叔明，彭山县人。汉留侯良六世孙，五迁至尚书仆射，出为彭城相。安帝时，拜廷尉。阎后谮废太子，帝召公卿议，皓与太仆来历、太常桓焉议曰："经说年未满十五，过恶不在其身，且王男、邴吉之谋，皇太子容有不知，宜选忠良保傅，辅以礼义。废置事重，此诚圣恩所宜宿留。"及顺帝即位，拜司空，多荐达天下士。时赵腾因天变，当伏重法。皓谏曰："腾本欲尽忠正，谏如当诛，塞谏诤之源，非所以昭示后也。"帝悟，减腾死罪。崇祀乡贤祠，有传，见《艺文》。

张 纲　字文纪，彭山县人，皓子。仕为御史，与杜乔等持节，分按天下。纲独埋轮都亭，后为广陵太守，平张婴之乱。有传，见《艺文》。县治北故里在焉，崇祀忠义祠。

张 续　彭山县人，即纲子。官拜郎中，附见《纲传》。

王 元　彭山县人。官别驾从事，见《杨统传》。

赵 敦　字建侯，彭山县人。官新都令。

杨 戏　彭山县人。为督军从事，职典刑狱，论法决疑，号为平当。累拜护军监军，出领梓潼太守，入为射声校尉，所在清约不烦。延禧间，著《汉季辅臣颂》。有传，见《艺文》，入乡贤祠崇祀。

杜 抚　彭山县人。受业于薛汉，定《韩诗章句》，后居乡里教授，远近宗之。时冯良为尉，耻迎②督邮，因毁车裂冕，遁至犍为，从抚受业。有传，见《艺文》，入祀乡贤。

蜀汉

程 琼　彭山县人，官尚书。与巴郡文立友，后晋武帝闻其名以问，立对曰："臣知其人，但年垂八十，秉性谦退，无复当时之望，不以上闻耳。"琼闻之，曰："广休可谓不党矣。"崇祀乡贤。

杨 洪　彭山县人，为益州从事。昭烈攻汉中，不克，急议发州兵。孔明以问洪，洪曰："汉中，益州之咽喉，存亡之机会。若无汉中，则无蜀矣，此家门之祸也。发兵何疑？"亮从之。后为蜀郡太守，事母至孝，清忠端亮，治国如家。又，常璩《序志》载："政事：蜀郡太守关内侯杨洪，字季休。"今崇祀忠义祠。

张 翼　彭山县人。常璩《序志》载："忠正：车骑将军都亭侯张翼，字伯恭。"又为庲降都督，用法严。南夷刘胄叛，武侯以参军马忠代翼，召翼，令还其人，谓翼宜速即罪。翼曰："吾临战场，代人未至，当运粮积谷，为灭贼之资，岂可以黜退之故，而废公家之务乎？"于是统摄不懈，代到乃发，忠因其资斩之。又，延熙九年（243），为征西大将军。时姜伯约频议北伐，翼廷诤，以为国小民劳，不宜黩武。不听，遂将数万人，败魏刺史王经于洮西。翼又谓曰："可以止矣！进或毁，此大功，为蛇画足。"维大怒，进围狄道，后竟无功遁还。

杨 义　字文然，彭山人。官射声校尉。

【校】

①扬：原文作"杨"，形近而讹，径改。

②迎：底本漫漶不清，据乾隆《彭山县志》卷之六补。

【注】

[一] 嶻嶫（jié yè）：高耸。

[二] 濯磨：洗涤磨炼。比喻加强修养，以期有为。

晋

李 密　彭山县人。常璩《序志》载："素隐：汉中太守李密，字令伯。"有《陈情表》。《李令伯传》见《艺文志》。又，《西州后贤志》有"汉中太守李密令伯"。铭曰："汉中韪晔，才盖群生。"县治北忠孝桥故里在焉。

杨 邠　字岐之，彭山县人。少好学志古，澡厉名行。州辟主簿、别驾。刺史王濬举秀才，安汉雒令，以选为尚书郎，迁汶山太守，徙授巴东，转广汉。永嘉末，进衡阳太守。遇流民叛乱，攻没长沙、湘东，邠辄求助。贼众侵盛，遂破郡城，获邠，欲以为主，邠不许。贼昼夜执守，邠候其少息，夜急走，比觉，已去远。收余众，欲投湘州刺史荀眺，共图进取。会眺降贼，邠孤军固城。贼攻围之，誓死不移，遂卒城中，年六十九，赠淮南内史。《西州后贤志》有"衡阳内史杨邠岐之"。铭曰："衡阳固节，隐然不倾。"

张 征　字建兴，翼子。笃志好学，官至广汉太守，与成都良寿并知名。彭山县人，崇祀乡贤祠。

张 统　彭山县人，仕苻①秦，为菱水令。长安失守，吕光自龟兹还凉州，刺史梁熙谋闭境拒之，未决。统曰："今关中大乱，京师存亡不可知。吕光之来，其志难测。将军世受国恩，忠诚夙著，立勋王室，宜在今日。"熙竟不能用统言，后光果杀熙，拔凉州。

李 赐　字宗硕，密子，彭山县人。汶上太守。

李 兴　字儁硕，密子，彭山县人。一名安，太傅掾②。永兴中，镇南将军。

宋

吕 陶　字元钧，举进士，知寿阳令，应熙宁制科。时王安石改新法，陶对策，枚数其过，忤安石意，出知彭州。哲宗即位，除殿中侍御史。上疏论蔡确、韩缜、章惇皆负国，悉罢去。官至集贤殿学士。彭山县人，后知陈州。入祀乡贤。

杨文仲　字时发，彭山县人。登进士第，累官崇政殿说书，荐陈存等十八人，名士二人：金华王柏、天台车若水。

唐 重　彭山人。少有大志。大观中进士，累官起居舍人。重言："开边之祸，起于童贯，宜诛贯以谢天下。"后知京兆府兼府经略制置使③，金将围城，固守逾月。城陷，血战，中流矢死。初，重度不可支，以书别其父克臣，曰："忠孝不两立，义不苟生，以辱吾父。"克臣报之曰："汝能以身殉国，吾含笑入地矣。"崇祀忠义祠。有传，见《艺文志》。

文 初　彭山人。父永客汴，初尚在襁褓中。后二十年，至汴访寻之，逾年始得，归养。暨登第，封永为承事郎，安舆奉养，时人称之。

明

王用才 彭山人，举进士，授宁府长史。宸濠潜蓄异谋，用才匡救以正，誓死不从，逮狱者累月，终不屈，竟忧愤而死。事闻，赠太常少卿，赐于家。

【校】

①苻：原文作"符"，形近而讹，据乾隆《彭山县志》卷之六径改。

②掾：原文作"椽"，形近而讹，径改。

③按，原文无"使"字，据乾隆《彭山县志》卷之六补。

彭山县忠义志

荩臣作忠，匹夫慕义。其人固有卓立当时，而声施后世者，谓非浩然之气侔于日星，高义之风不敝天壤者，与夫乡国之贤，闾里之望，苟得一二，芳行炳麟史册，褒美纶音。后之人思忠魂义骨，能勿馨香而俎豆之也。志忠义。

汉

岑 彭 棘阳人。时公孙述窃据成都，彭为征南大将军，率臧宫等讨之。述遣将延岑拒广汉，侯丹拒黄石。彭使臧宫从涪水拒岑，自率精兵袭丹，大破之。乃径拔武阳，击广都。兵绕出延岑后，述大惊，乃夜遣客诈降，刺彭于彭亡山下，彭死。土人怜之，立庙以祀，谥曰"壮侯"。分详载《武功志》，崇祀忠义祠。

南宋

程义士 彭山县人，失名，唐宰相程异之后。建炎中，邑苦荒旱，程代民完逋赋[一]。绍兴中，又值大旱，程罄家赈贷，售室产以济，费赀一万七千余金。后屏居山谷，以终老焉。

明

虞文海 彭山县人，刚直好义。献逆余贼蹂武阳，文海助粮集众，御于大水河。崇祀乡贤。

虞尚贵 彭山县人。惠恺居衷，喜周贫乏。甲申（1644），岁饥，出粟以济，全活甚众。入祀乡贤。虞绍尧，其第三子也。

国朝

岳昇龙 字见之，任四川提督。康熙四十九年（1710），宁番瓦屋不法，督兵进剿招安，凉山①一带沙骂阿都各路酋长投诚，军威远振。康熙四十九年（1710），奉旨编隶川省民籍，随即报入眉阳籍。卒，葬于彭山之金刚山，一名翔凤。年六十八岁，赐谥敏肃，有谕祭碑文，赐谥法碑文及叠次御书宸翰。诰敕载《艺文志》。康熙六十年（1721），呈请崇祀名宦。子一，钟琪，官太子少保兼兵部尚书、四川提督、威信公。孙七人：长岳濬，实授山东巡抚；次岳浤，举孝廉；岳瀞，为六安参将。乾隆中，题请威信公祀名宦。

岳 濬 字厚川，号星源，敏肃公之孙，襄勤公之子。由都察院右副都御史擢授山东巡抚，历任江西、广东、云南，所至培养人才，一时俊杰之士皆归门下。廉平察吏，封疆宴然，内擢通政参议。卒于任，年五十岁，赐谥清介，谕祭全葬于彭山县之金刚山，即凤翔山。恩赐二品荫生，长子廷杭承袭，次子廷楷同知，次廷枢守备。孙七：焜、炯，浦江知县；灿，荫生；照、耀、烈、烺。乾隆中，题请清介公从祀名宦。

方可佩　邑监生。积德好义，拯救困穷。乾隆间，有金川之役，士卒以瘴疠死者甚众。佩力为施药以救之，一时军士全活无算，即每岁必出百金，治为丸，散以济灾沴。修桥砌路，慷慨不辞劳费。又与其侄城邑庠生收枯骸数百人，置之义冢。年近九十终，邑人高之。

国朝

周文良　邑人。乾隆年间，倡修古佛堰一座，凡八载，堰成，灌溉民田万余亩，陆产尽变膏腴。奉按察使司陈讳奉兹硃给周文良执照云：古佛大堰，本尔创开，成效灌溉，皆属尔力，布置裁成，本司例酬往劳，以示鼓励，并题"子肖孙贤"匾额，以旌其门。

卢敬臣　邑人，急公好义。乾隆年间，呈请开复通济堰，新瀹二十八渠，灌溉民田数万亩，陆产尽变膏腴。时上宪以敬臣干济有才，给予殊②照，并题"功垂带水"扁额，以旌其门。其利导之功，至今犹赖焉。

【校】
①凉山：原文作"梁山"，音近而讹，据雍正《四川通志》卷十二、乾隆《彭山县志》卷之六改。
②殊：原文作"硃"，形近而讹，据上下文义径改。

【注】
[一]逋（bū）赋：未交的赋税；指逃避赋税。

彭山县孝友志

人生树立勋名，谁不曰芳香史册？然庭闱之内，天显勿敦，则本之不存，末将焉附？称张仲者曰孝友，美君陈者曰孝恭，所以示其本也。彭邑上下古今，以彝德著者几人？然得一二，敦伦饬纪，亦风俗人心之幸也。志孝友。

蜀汉

杨　洪　邑人。诸葛亮谘以政事，迁蜀郡太守。事母至孝。

方子高　邑人，事母至孝，有司旌之。一以为丹棱人，载入《丹棱志》。总之，彭与丹比邻接壤，其芳徽固自有不泯者，亦宅里风声之著也，故仍从邑旧志载入。

晋

李　密　邑人，字令伯。父早亡，母更适，见育于祖母刘氏。武帝征为太子洗马，诏书屡下，密上表陈情留养祖母，云："臣无祖母无以至今日，祖母无臣无以终余年。臣今年四十有四，祖母刘今年九十有六。是臣尽节于陛下之日长，报刘之日短。"帝览表，曰："密不空有此名。"

宋

文　初　邑人，详见上《人物》。

国朝

魏荣龙　邑人。幼习举业，未就。家贫，授徒。居乡，以孝行称。父母早故，庐墓尽哀，事继母以孝。祖父母年老有疾，龙侍汤药，衣不解带十余载。先后相继殁，殡葬尽礼，乡人称之。

胡永清　邑人。幼失恃，事继母孝。父亡，抚二弟成立。养兄遗孤，子女婚嫁悉赖。年三十四，鳏，义不再娶①。乡人屡举耆老，以德薄辞。乡邻咸高之，卒年九十二岁。

【校】

①娶：原文作"聚"，形近而讹，据文义径改。

彭山县列女志

守贞难，守节尤难。当烈风震荡之下，百卉俱靡，顾乃誓心皎日，矢志青松，振干扶枝，其昌奕叶。《柏舟》[一]之咏，所以见美于风人也。眉山程氏系出武阳，淑德芳型，于兹未远。故史册虽存硕果，而幽贞尚著穷檐。前乎此者，几经兵火，香骨终沦；后乎此者，刻意搜罗，幽芳可采。士林之责，司教之任已。志列女。

列　女

后汉

汉中太守杨文方妻阳姬

广汉王博妻杨进

元

杨　氏　虞集母，彭山县人，归虞汲。宋末兵乱，汲挈家奔岭外，无书可携。母口授集《左传》、欧、苏文，卒以文章名世，皆母训也。出《广舆记》。

国朝

汪　氏　邑处士黄仁之妻。于归三载，仁即病故，遗一子尚幼。氏勤纺绩，抚育成立，历久不移其操。郡守旌之。

胡　氏　邑处士赵永寿继妻。寿元配生子应升，产亡，继娶氏。甫六月，寿亦亡。氏时年甫十六，誓死守节。抚前子如己生，教养成立，事翁姑以孝闻。

闵　氏　邑民陈世龙妻①。字龙三载即寡，遗孤，才五月。矢志守贞，纺绩以事翁姑，抚孤以绵宗祀。

陈　氏　邑民戴书文妻。年二十三岁，寡。苦志守节，教二子，皆成立。

周　氏　邑处士赵永锡妻。结褵[二]三载，夫故，遗子幼稚。氏矢志不嫁，奉姑训子，生养死葬，越四十有四年，冰心如一。

欧阳氏　邑处士田仁瑞妻。少寡，清操矢志，艰苦备尝。训前室子皆游庠。

汪　氏　邑民江高朋妻。夫故，氏年二十三岁，遗三子。家贫守节，躬亲耕绩，孝事翁姑。

熊　氏　邑庠生廖灿妻。二十二岁，夫亡，仅遗二女。因姑老，矢志守节，孝养终始，无间言，邻族咸钦。

贞女张凤音　邑庠生张凤翔姊。幼许严姓，严氏子游荡不知所之，翁姑以氏青年难待，浼斧柯[三]还聘，听氏另适。氏父母兄弟欲夺其志，氏以死誓，淡泊明贞，五十有五年矣。里人高之。

夏　氏　邑民干体元之妻。年十八于归，甫二年，夫故，遗一子。氏抚孤守节，奉事翁姑，清操历久不移。题请旌表。

邓　氏　邑民宋文举妻。举亡，氏年二十岁。励志守节，备尝艰苦，三十余年，里人咸称其慈孝。奉覃恩旌表。

以上十一人俱入祀节孝祠。

【校】

① 妻：原文无此字，据文义增补。

【注】

[一] 柏舟：《诗经·鄘风》的篇名。据诗序："《柏舟》，共姜自誓也。"此诗叙姑娘婚姻不得自由，向母亲倾诉她坚贞的爱情。以流动漂浮的柏舟起兴，隐含着命运的飘忽不定。

[二] 结褵（lí）：成婚。褵，古代妇女出嫁时所系的佩巾。

[三] 斧柯：借称媒人。语本《诗经·齐风·南山》："析薪如之何？匪斧不克。取妻如之何？匪媒不得。"

新举节孝

王　氏　邑民刘宗槐之妻。年二十于归，甫四载，宗槐物故，遗一子。氏勤劬克尽。子长完婚，得一孙，而子媳皆亡。又抚其孙成立，毕其婚配，十余年而孙与孙妇复亡，仅存一曾孙。淡泊孤苦，守节六十二年。

周　氏　邑民袁尚友之妻。尚友亡故，遗孤，方五月，翁又继亡。氏年甫二十，经营殡殓如礼，侍养其姑。姑老病朽，几垂十余年，亲奉汤药，始终弗辍，苦志守节，今五十八年。并抚其侄袁章，训以诗书，俾入胶庠。里党翕然称善，毫无间言。

郭　氏　邑民徐应举之妻。年二十于归，甫六载，应举病故。氏抚□子凤祥成立，婚配钱氏。越数载，凤祥又亡。氏与媳钱氏同抚遗孙，以至成立。氏守节六十年，钱氏亦守节数十年。

向　氏　邑民田绍仁之妻。年二十三归绍仁，甫四载，夫故。翁姑早亡，门祚单寒，仅守其子成立，至于婚娶①。阅数载，子与媳俱夭，又抱遗孙抚养，以至长成。守节今五十七年。

毛　氏　邑民虞谟之妻。氏年二十二，谟亡。其翁虞绍尧官长寿学博，卒于任，因之姑亦继殁，子幼。氏独扶榇[一]归葬，教子镇和纪名成均。守节今五十年。

王　氏　邑监生汪自珍之妻。乾隆三十四年（1769），自珍病故。氏年二十，清操自励。翁早逝，事其姑徐氏，视膳奉匜，如此者二十五年，始终弗辍。姑怜而贤之，以氏仅一子汪从善，劝氏援例记名，布政司理问职。守节今四十五年。

倪　氏　邑庠生唐述铎之妻。年十七于归，铎以父唐亮撰官兴文学博，随学任所，氏从侍姑嫜。年二十二，铎以岁试汉嘉，因染病卒。氏闻凶，自兴文急趋嘉，扶柩里门，葬祭尽礼。百日，举一子，名文明。少长，即督以诗书，后补入文庠。氏守节四十二年，以全节终。

张　氏　邑民赵德万之妻。年二十二，适德万。家计贫苦，舅姑年迈。甫二载，德万病故，遗孤才三月。氏奉膳庭帏，苦心教子成名。守节今三十八年。

田　氏　邑监生艾元衡之妻。年二十一，适衡。衡亡，氏甫二十四岁，其舅复亡。励节苦操，事姑十余年，晨夕弗离庭帏。姑殁后，蹩踊哀毁，期犹失声，虽一饮食，必为荐享。训子世霈，弱冠补邑庠生。矢志三十九年，以完节终。

高　氏　四川阜和协提塘高士耀之女，邑民甯绍发之妻。发亡，氏年十九，苦志守贞，事舅姑一如内则礼。氏颖慧，通四书、《论语》《孝经》。遗一子甯崇礼，稍长，即使学书，计临绛纱[二]受业。甫弱龄，游庠，旋登嘉庆丁卯（1807）科贤书。至今守节三十年，笃心自矢，虽亲属罕觏其容者，邑人咸钦之。

高　氏　邑民艾元任之妻。年十七于归，越一年，夫故。氏事孀姑，抚遗子，孝养兼尽。守节今三十五年。

张　氏　邑民周国瓒之妻。年二十九，瓒亡。氏无子，抚夫兄之子承嗣。清操自守，守节今四十五年。

唐　氏　邑民贾世亨之妻。年二十二岁，亨亡。家徒壁立，翁姑在堂。月余，始举一子。氏纺织精勤，夜以继日，上奉甘旨，下畜遗孤。守节四十五年。

文　氏　邑民周子盛之妻。年十八于归，甫六载，盛亡，仅遗一子。氏誓不他适，坚矢冰操，孝事翁姑，抚子成立。守节三十九年。

陈　氏　邑明经陈尚志次女。岁十八，字邑贡生郭洪龄妻，年二十有二而寡。氏柏舟自明，守义靡他，青年屏涂泽，不逾阈，不出门，事奉重闱，孝且敬勤，勤修妇职，礼氏娴淑。训其子中兰，稍长，即授以父书，能记事即告以父言行，无顷刻失教。甫弱冠，中兰补入胶庠，教使然也。笃心亮节四十八年，里人咸称之。

刘　氏　邑监生陈思雍之妻。年二十四，夫亡，仅遗一子。氏抚子成立，完娶①，得二孙而子复亡。氏与子媳又抚其二孙，以至婚配。未几，二孙相继物故。氏一门三代，又抚其曾孙子。氏苦节五十七年。

徐　氏　邑民何先泽之妻。年二十七，泽亡，仅遗一子。氏矢志守节五十三年。

孙　氏　邑民周居乾之妻。年十九于归，甫二载，夫亡，遗腹一子。氏抚其成立，苦节今四十四年。

严　氏　邑民梅发先之妻。年二十二于归，甫三载，发先病故。氏事奉翁姑，下抚遗子，冰霜励志六十八年。

廖　氏　邑民倪正广之妻。年二十三，正广物故，遗子一女一，不幸遗子早殇。氏抚其侄以承夫之嗣，苦节四十年，六十三岁以完节终。

郭　氏　邑民郑万瑚之妻。年十九于归，越四载，瑚亡。氏上事翁姑，下抚遗子，孝养兼尽，守节四十三年。

【校】

①娶：原文作"聚"，形近而讹，据文义径改。

【注】

[一] 榇（chèn）：棺材。

[二] 绛纱：犹绛帐，对师门、讲席之敬称。

梁　氏　邑民何开佐之妻。年二十八，开佐物故。氏事姑孝，抚子慈，矢志冰霜五十四年。

何　氏　邑民李好之妻。年二十于归，越七载，好物故，遗子方七月。氏勤于纺织，上奉翁姑，下抚遗子，厥后孙迎潜等俱入胶庠。苦节六十一年，以完节终。

李、张氏　邑民吴万锡之妻。年十八于归，生二女而夫亡。氏孝事翁姑，抚弱叔吴万钱成立，为之娶张氏。年二十九，生一子而万钱又亡。于是娣姒同抚遗孤，极尽教养，以至成立。李氏年八十二卒，张氏现年八十六岁，人谓吴姓一门，双节孝云。

任　氏　邑民孙应先之妻。年十七于归，至二十二岁，夫故。氏抚一子承桃，守节五十余年。

刘　氏　邑民王永清之妻。年十八适永清，甫四载，永清亡，无子，仅遗一女。矢志守贞，抚女长成，事姑以孝。守节今三十一年。

刘　氏　邑民詹金魁之妻。二十三岁，夫亡。氏冰心自矢，抚侄詹正明为子，教养成立。守节二十九年，以完节终。

李　氏　邑民陈遇礼之妻。年十八于归，甫九月，遇礼物故。氏誓不再醮，俸养翁姑，躬亲瘗葬。守节六十四年。

苏　氏　邑民黄崇德之妻。年十六于归，历四载，崇德亡。氏抚大伯崇元之子为子。氏苦节三十三年。

郭　氏　邑人陈嘉言之妻。年十八于归，甫六载，夫亡，脉遗子二。氏奉姑抚子，苦节四十六年。

龚　氏　邑武生田泰来之妻。年二十于归，数载，泰来亡故。氏苦节自励，抚遗孤成立，守节三十四年。

王　氏　邑民熊世林之妻。年十八于归，甫四载，夫亡，仅遗一子。氏抚孤成人，守节四十余年。

杜　氏　邑监生艾元佐之妻。年二十于归，甫一载，夫亡，遗一子。氏上事翁姑，下抚遗子，苦节三十年。

张　氏　邑民王建都之妻。十八于归，甫四载，夫亡，仅遗一子王与。氏上奉亲帏，抚子成名，艰苦备尝。守节四十三载，以完节终。

傅　氏　邑庠生杨槐楠之妻。年十六于归，越数年而槐楠亡，氏年二十六岁。矢志坚操，抚遗孤成立。守节今三十二年。

凌　氏　邑民郭廷义之妻。年十八于归，甫三载，廷义亡故。姑以家贫，劝其另适，妇不从，且言："姑老在堂，有子可守。"冰洁自矢，守节今三十三年。

赵　氏　邑民范贵麟之妻。年十九，适贵麟，甫四载，贵麟物故。三月，始举一子，名元炜。氏抚孤丁有义方，卒能克成其子，补邑庠。守节三十八年，以完节终。

烈妇康氏　邑人刘显荣之妻。年十八于归，甫一载，显荣物故。氏义不再生，日夜啼泣，誓以身殉，未几，竟自缢于柩侧。里人至今犹藉藉称其烈女风焉。

贞女梁元寿　邑处士梁子贤之女。从幼许字，年及笄而婚废。女之父母倩斧柯他适，女不许，愿长倚双亲左右。父母不得已，又厚财礼购良田一分，另为招赘，女力拒之，誓死自明。青年屏涂饰，淡泊生平，纯心皎洁，至今四十余年，始终不渝其操。里闾悯其苦心，为请于有司，特表其贞义以风。

贞女冯氏　邑民冯永昌之女。从幼许字帅门，年十七而帅氏子亡。氏欲以身殉，父母不许，女遂守节，誓不他适。幼依父母十余年，后父母亡，又依兄弟数十余年。寿至七十，以完节终。

贞女熊氏　邑处士熊天鉴之女，自幼许聘张元之子，后张氏子病故。氏矢志守贞，誓不他适，冰心苦节，今数十年矣。

刘　氏　邑民王国道之妻。年十八于归，越数载，夫亡。氏年二十五岁，冰操自矢，誓不他适，守节二十六年。

胡　氏　邑民杨汝翔之妻。年十六于归，越四载，夫亡。氏冰霜自守，侍奉翁姑甘旨，抚夫兄汝翼之三子杨玉林，以承夫嗣。守节今二十八年。

杨　氏　邑民姜茂贤之妻。年二十于归，越七载，夫亡。氏抚四子仲柏等孀居三十载。查该氏矢志青年，完贞于皓首□□，人言无间，公论攸归。

曾　氏　邑民梁立锦之妻。年二十七，夫亡，遗子一岁。氏抚养长成，为之婚配。越数年，子复亡，又抚幼孙，以至长成。守节四十年，冰心如一。

彭山县隐逸志

四皓[一]七贤[二]，三高[三]六逸[四]，烟霞泉石间，原不乏人矣。武阳蕞尔邑，一邱一壑，虽无岩下老人；一杯一琴，亦有竹中高士。桂渚松山，行踪已杳；药炉丹灶，芳迹犹存。正不得付之不论也。志隐逸。

隐　逸

宋

宋耕，彭山县人，官宣教郎。性刚介，因乱弃官，远遁莫知所之。子廉访闻在越，求之，已避去。四明孙德之渡江寻访，有蜀僧言："山后烂平山，三居士在焉，其一宋宣教也。"跻攀而至，唯见丹灶药炉而已。

【注】

[一]四皓：商山四皓的简称。指秦末隐士东园公、夏黄公、绮里季、甪里先生四人，因避乱世而隐居商山，年皆八十余岁，须眉皓白。

[二]七贤：一般指魏晋时嵇康、阮籍、山涛、向秀、刘伶、阮咸、王戎七个名士。

[三]三高：指吴越地区的三位高士，即春秋时越大夫范蠡功成身退，西晋张翰知机还乡，晚唐诗人陆龟蒙隐居甫里。

[四]六逸：竹溪六逸的简称。指开元年间隐居于竹溪的六位名士。开元二十五年，李白移家东鲁，与山东名士孔巢父、韩准、裴政、张叔明、陶沔在泰安府徂徕山下的竹溪隐居，人称"竹溪六逸"。

彭山县流寓志

地灵人杰，诞降既殊，选胜穷幽，名贤至止。或藉山水之灵秀，来游来歌；或因人物之清高，永朝永夕。空山卒业，风雨可怀；石室全真，烟霞如挹。吊古者常低徊留之，而不能去云。志流寓。

流 寓

周

籛铿[一]，彭城人。周末入蜀，即武阳家焉。相传有彭祖宅，在象耳山下。

汉

张道陵，居北平山下，修真得道。

唐

罗公远[二]，寓平盖山，上有洗墨池、丹井。

李白，彰明人。读书象耳山，有石刻留题。

宋

范镇，华阳人。读书盘石山，有台。镇题诗刻石，明邑令樊瑾为之《记》。

虞公著，仁寿人。读书东山，魏了翁为题"东山精舍"四字。

李焘，丹棱人。读书巽崖[三]，有"石刻"二大字。

【注】

[一] 籛铿（jiān kēng）：人名。即彭祖，姓籛名铿，相传古之长寿者，尧时封于彭城，故又称老彭。

[二] 罗公远：又名思远，鄂州（今湖北武昌）人，唐代道士。常往来青城、罗川等道教名山之间，与张果、叶法善齐名。唐玄宗时多蒙召见，策问、奏答皆称旨。

[三] 巽崖．巽崖书院，位于宋眉州丹棱（今四川丹棱）。宋绍兴初进士李焘始建于城北龙鹄山麓，作读书讲学之所。

彭山县仙释志

琼楼绛阙，祇树昙花，徒存其说，未见其形。然其教曰："虚无因果，扩而充之。"吾儒之何思何虑？吉凶影响也。故孟子曰："归，斯受之而已矣。"彭邑钟产无多，即流寓，亦无几人。岂忠孝之正气充塞于中，不容异类之相杂欤！就所流传志之，盖亦阙疑之例，姑置不论云。志仙释。

仙 释

周

彭祖，陆终第三子，封于大彭。周末，浮游四方，晚入蜀，抵武阳，家焉。后卒葬彭亡山，其冢与祠今尚存。

王子乔，越人。在治西北三十里北平山得仙。

崔孝通，吴郡人。《云笈七籤》云：崔孝通于平盖山学道得仙。

王侨，裴秀《冀州记》：缑氏仙人庵，昔有王侨，犍为武阳人，为柏人令，于此登仙。

汉

张道陵。在天柱峰得道，其山夜有五色神灯，陆离隐见。唐杜光庭诗云："天柱一峰凝紫玉，神灯千点散红蕖。"

瞿真人，邑人，名居，字鹊子。入峨眉山四十年，得仙，乘白龙还家，系龙于潭，白日上升，后遂名其潭为系龙潭。

彭山县方技志

一技足名，一艺足录。虽方术谶纬[一]，在所弗遗。即如画家道子之写生，云林之结搆，往往通神入化，体妙思精，有非寻常蹊径所能造极者，亦曲技之所由名也。志方技。

宋

孙处士知微，字太古，彭山人也。因师益部，工水墨。僧令宗，俗姓邱氏。知微形貌山野，性介洁，凡欲图画道释尊像，精心致意，虚神静思，不茹荤饮酒，多在山观村院终冬夏，方能周就。尝寓青城白侯坝赵村，爱其水竹重深，嚣尘不入，冀绝外虑，得专艺学。知微画思迟滞无羁束，有位者或求之不动，即绝食托疾而遁。有功德，并故事、人物传于世。又，东坡云："蜀人黄筌[二]、孙知微，皆得唐处士孙位[三]笔法，其画水独出新意，尽水之变。"尝于大慈寺四壁作输泻，跳蹙之势汹汹，若崩崖也。文与可[四]于大慈寺壁间见其墨竹，有"墙头细雨垂纤草，水面回风聚落花"之句。

程永辨，邑人，亦以画得名。

【注】

[一] 谶纬（chèn wěi）：汉代流行的神学迷信。"谶"是巫师或方士制作的一种隐语或预言，作为吉凶的符验或征兆。"纬"指方士化的儒生编集起来附会儒家经典的各种著作。

[二] 黄筌：（？—965），字要叔，成都（今四川成都）人。事前蜀王衍为画院待诏，后蜀孟昶时累迁如京副使。入宋，隶图画院。善画花竹翎毛，兼工佛道人物、山川龙水。与南唐徐熙并号"黄徐"。

[三] 孙位：一名遇，会稽（今浙江绍兴）人，自号会稽山人。举止疏野，襟怀旷达。僖宗光启中因黄巢军入关中，自京入蜀。工画，曾画应天寺东壁，以笔精墨妙、情高格逸著称。现存之《高逸图》据宋徽宗题系位所绘。又工书法。

[四] 文与可：即文同（1018—1079），字与可，梓州（今属四川绵阳）人。号笑笑先生，世称石室先生、锦江道人。工诗文，善篆、隶、行、草、飞白，尤长于画竹。有《丹渊集》。

彭山县古帝王志

西至崆峒[一]，北过涿鹿[二]，其古帝王之故墟乎？又况平阳[三]蒲坂[四]，尧舜毓焉；丰水[五]镐京[六]，文武都焉，后之人有流连而弗忍去也。蜀为井络星缠，神禹钟石纽[七]之村，昭烈隆炎汉之制，号称天府。彭僻在西南，伊古以来，驻跸[八]之所经，扈从之所及，是又不可不述而识也。志古帝王。

彭山治北有竹林，黄帝所植。相传公孙轩辕氏至峨眉山，见天皇真人[九]于玉堂，咨问三才之道，曾驻跸于此，故据彭山治北有竹林，咸以为黄帝所植。又按，明弘治间，云南提举杨孟时《序平盖观》云："彭山北距木竹治，有水香竹林、龙穴凤门，轩辕黄帝于此得仙。"然则彭山地界岷、峨之间，古号称峨眉樊道，其为黄帝之所经而植竹林也，益信一说。彭山治北即平盖观。

【注】

[一] 崆峒（kōng tóng）：山名。在今甘肃省平凉市西。相传是黄帝问道于广成子之所。一说为黄帝问道于广成子之山，在今河南省汝州市西南。

[二] 涿鹿（zhuō lù）：地名。故城在今河北省涿鹿县南。相传黄帝与蚩尤战于涿鹿之野，流血百里。

[三] 平阳：地名，为尧的都城，在今山西省临汾市。

[四] 蒲阪：亦作"蒲坂"，地名。位于今山西省永济市西蒲州。相传虞舜在此建都。

[五] 丰水：亦作"沣水"。关中八川之一，即今陕西省西安市长安区和咸阳市境内之沣河。《诗经·大雅·文王有声》："丰水东注，维禹之绩。"

[六] 镐（hào）京：西周国都。故址在今陕西省西安市长安区西北沣河东岸的镐京村附近。周武王灭殷后，迁都于此。亦谓宗周、西都、镐。《诗经·大雅·文王有声》："考卜维王，宅是镐京。"

[七] 石纽：古地名。相传为夏禹出生地，在今四川省汶川县境。

[八] 驻跸（zhù bì）：帝王出巡时，沿途停留暂住。

[九] 天皇真人：道教信奉的前劫修真获得极道的远古仙人。

彭山县故宫志

太冲《蜀都赋》[一]曰："营新宫于爽垲[二]，拟承明而起庐。列绮窗而瞰江，开高轩以临山。"降而至于一邑，亦有宫室台榭，以壮观瞻，以资游眺。是以红亭曲槛，竹径横斜，高阁临江，珠帘细卷。名公学士往往抒怀古之幽情，寄雅人之深致，又胡可略而不纪也。志故宫。

宫府殿苑 无

望江楼 在县治北平盖观侧。

奎星阁 在县城南隅。周围六角，高四丈有奇。平栏远眺，四面绮窗，城邑井然，尽得江山之胜。

观音阁 在县治北三十里青场。高四丈有奇。画栋雕栏，耸峙层霄。

涤览亭 在县治北二里平盖观。今圮。

清晖亭 在治北二里平盖观。今圮。

墨　池 在县治北二里平盖观。方广三亩许。水色墨汁，四时不竭。

莲　池 在县治北二十六里旷野。方塘长十余亩，春冬不涸，在莲池寺外。

仙女池 在县治东十五里彭祖祠后。

柏木池 在县治北三十五里柏木桥下。

瑞莲池 在衙署后方二亩许。中有莲数千本。夏至盛开时，瑟瑟红衣，望之烂若朝霞。有并蒂者，预主科目之兆。

【注】

［一］蜀都赋：为三都赋（另为《魏都赋》《吴都赋》）中的一篇，细致地描述了巴蜀的物产、山川、风俗等，赋中还描绘了当时四川豪门的宴饮生活。

［二］爽垲（kǎi）：高爽干燥的地方。

彭山县陵墓志

封树[一]之制，由来旧矣。尊贵者守以编户，贤达者重以标题。后之人过其地，或瞻拜为荣，或歔欷凭吊，盖不与寒芜死草同其湮没矣。志陵墓。

陵　墓

周

彭祖墓，在彭亡山，距治东十里。因流寓于彭，卒，遂葬焉，旧有祠。苏辙诗："猖狂战国古神仙，曳尾泥涂老更安。厌世乘云人不见，空坟聊复葬衣冠。"[二]乾隆二十一年（1756），邑令张凤翥重修。勒石表，题坟右，建阁，供彭祖位。

汉

张纲墓，在崌崃山，距治东十里。纲以讨广陵贼张婴有恩信，比卒，婴率五百余人制服送至武阳，负土成坟而去。康熙年间，州牧金一凤重修。

晋

李密墓，在治北五里忠孝桥侧。康熙年间，州牧金一凤重修。

唐

花卿[三]墓，在治三十里外。《眉州志》以为在东馆，属眉州界。

宋

程义士墓，在治西北祝家山，距县三十里。葬宋义士程某，失其名。有断石载墓志，犹依稀可读，乡人重修。

宋

成氏满娘墓，在县北三十里宛家山。樵者于荆棘中得一碑，云"《宋故归东吴成氏幽堂志》：先妣成氏满娘，系出弘农太守成璠之后，长适东吴。绍定戊子（1228）春末间，为忧其孙申之病，悒郁不起，遂有终天之别。呜呼哀哉！百身莫赎！其子吴松、吴辄扶榇扳，舆葬于本县之崇善乡瑞应里。姑志其大要，勒诸幽石，以志不朽"云。

平原先生墓，在治北二十里竹林湾。其坟平圮，仅有残碣，大书"宋故平原先生墓记"八字。其《记》磨灭难读，冢墓名氏俱不可考。

明

庄懿王墓，在治东六里盘石山。明宗室内江王葬焉。

五子墓，在治东二十五里象耳山。明内江王第五子葬焉。

　　按，治东北三十五里武阳乡净皇寺后有皇陵，相传为明内江王墓，未知孰是。治北三十二里牧马山亦有皇陵，地名金陵埂。治北四十里莲花坝亦有皇陵，其地为皇庄，而冢墓俱无考。

王孝子墓，在治东十里彭女山。古墓残毁，仅存石屋。有碑卧荆棘中，上书"明孝子王公慕豀之墓"，名氏无考。

国朝

岳昇龙，官四川提督，卒葬治北三十里金刚山

岳濬，官山东巡抚，卒葬治北三十里金刚山。

董启龙，官彭山尉，卒葬县治后龙兴寺侧。

【注】

[一] 封树：堆土为坟，植树为饰。古代士以上的葬礼。《礼记·王制》："庶人县封，葬不为雨止，不封不树，丧不贰事。"

[二] 按，苏辙此诗原题为"逍遥堂"，小注云"庄周墓上祠堂也"，可见凭吊的乃是庄周，非彭祖。

[三] 花卿：名敬定，唐人。骁勇过人。唐肃宗上元初，段子璋反于蜀，时崔光远为成都尹，敬定为牙将，讨平之。既诛子璋，敬定将士大掠东蜀，肃宗乃罢光远职。

彭山县僭窃志

《春秋》严诛心之笔，《梼杌》[一]惩凶恶之行，历代以来，史不绝书矣。盛朝德教遐敷海隅，率俾即有酋峦不靖，天戈所指，尘氛扫平，莫不畏其神服。其教群震叠于声灵，而僭窃一条尤大书而特书者，以示警也。志僭窃。

僭窃

汉

马相、赵祗 汉中平元年（189），凉州黄巾逆贼马相、赵祗等聚众绵竹，杀县令李升，募疲役之民，一二日中得数千人，遣王饶、赵播等进攻雒城，杀刺史俭并下蜀郡犍为。旬月之间，破坏三郡。相自称天子，众以万数。又别破巴郡，杀太守赵题。部州从事贾龙率领家兵在犍为之青衣率吏民攻相，破，灭之，州界清净。出《华阳国志》。

晋

陈瑞 咸宁三年（277）春，刺史王濬诛犍为民陈瑞。瑞初以鬼道惑民，自称天师，徒众以千百数。濬闻，以兵诛瑞及其党袁旌等，焚其传舍。益州民有奉瑞道者，见官。二千石长吏巴郡太守犍为唐定等，皆免官。出《华阳国志》。

晋

蜀獠[二]**民** 建元元年（343），蜀獠民从山出，自巴至犍为、梓潼，布满山谷，大为民患，境内萧然。出《华阳国志》。

唐

南诏 咸通十年（869）十二月，南诏陷嘉、黎、雅等州。初，南诏遣使来谢，释董成之囚。定边节度使李师望欲激怒南诏以求助，遂斩其使。师望贪残，士卒怨怒，诏以宝滂代之，滂贪残尤甚。蛮陷犍为及嘉州，滂自将，拒之大渡河。蛮乘船筏争渡，诸将勒兵出战。滂单骑宵遁，蛮遂陷黎、雅，诏左神武将军颜庆复将兵赴援。十一年（870）二月，南诏进攻成都，次眉州，节度使与前泸州刺史杨庆复共修守备，募骁勇士，号曰"突将"。时兴元、凤翔援兵已至汉州，滂阻之，令勿前。蛮合梯冲，四面攻城，城上投火沃油，焚之。庆复率突将出战，杀蛮二千余人，少却，复攻城，城中复出兵击之，乃退。贬窦滂康州司户，以颜庆复为东川节度使。蛮遣使求和，不许。蛮复急攻，援蜀兵至城下，与战，遂夜遁去。

张献忠 顺治三年（1646）三月，献贼遣刘文秀、狄三品来攻嘉定，败去。时明参将杨展恢复嘉定，并复眉、邛、雅诸州邑。献贼杀川民已尽，率兵十数万，装金宝数千艘，顺流东下，欲乘势走楚。杨展逆于彭山之江口，纵火，大战，烧沉其舟。贼奔北，士卒辎重，丧亡几尽，复还成都。展取所遣金宝，以益军储，自是富甲诸将。献贼走川北，展追贼于汉州，不及而还。冬十二月，王师诛献忠于凤皇山。五年（1648），故贼将袁韬、武大定归杨展。展爱其材武，厚待之，令韬屯犍为，大定屯青神。六年（1649），袁、武刺杀杨展。初，明故巡抚李乾德怨展遇己疏略，阴劝袁、武图展。会展寿，置酒犍为，邀展，展醉，刺杀之，遂围嘉定。三月城陷，展子璟新出奔，袁、武悉并其资与众献贼，诛。后贼将孙可望、刘文秀等窜入云南，闻展死，使王自奇向川南，刘文秀、白文选等取遵义，于是全川复陷于贼。八年（1651），文秀攻嘉定，袁、武败降于贼。九年（1652），大兵至眉州。向成功据守石佛栈，大兵攻破其栅，成功中流矢死。三月，南征，下嘉定。十年（1653），大破刘文秀等于保宁，继下重庆、叙州、马湖等属。康熙元年壬寅（1662）冬十二月，总督李国英统秦、豫、广三省，会四川进剿余孽俱尽，全蜀收入版图，招来安集，始获享升平之福矣。

【注】

　　[一]梼杌（wù）：楚国史书名。撰记楚国历史的编年体史书，已亡佚。

　　[二]獠：魏晋以来对分布在岭南和西南地区部分少数民族的泛称。在岭南地区，獠常和俚并称；在西南地区，獠常和濮相混。蜀汉时，蜀后主曾将牂牁、兴古僚人部分迁至汉中，至东晋十六国时，大量獠人自牂牁北上进入四川西部和西南部。獠人入蜀是这一时期西南民族史上的一桩重大事件。

《彭山县志》卷之四

艺文志（上）

粤稽艺林之作，根乎六经之文。论、说、辞、命，则《易》统其首；诏、策、章、奏，则《书》发其源。赋、颂、歌、赞，则《诗》立其本；铭、诔、箴、祝，则《礼》总其端；纪、传、铭、檄，则《春秋》为之祖。自皇古以推近今，分镳并驱，因枝振叶。子云[一]有鞶①帨[二]之说，萧统[三]有椎②轮[四]之叹，百家腾跃，彪炳艺林。顾其间显晦殊其迹，华枯毕其轨。或制作承明，雷掀而电抉；或啸歌岩谷，雨晦而风潇；或封岳磨崖，烜焯乎马班[五]；或丽牲[六]悬绛，铿鎗[七]乎韩柳[八]。则又山川增其停峙，人物益其雄俊者矣。夫灵兰之秘，非鲰儒[九]所得窥也；金石之文，非稗野所能载也。筱骖虬户[一〇]，窘思堕于岁月；牛涔蚁垤，浅论笑于大方。譬诸沟渎，蛟龙不能喷薄；观彼蛙蛭，巨鳞羞而却走。以云纪载，盖亦难焉。蜀自老彭好古，流风弥邵，延及后世，英才间出：扬马驰声于天汉，陈李飞誉于唐京。眉山父子，光芒浑浩，涵古盖今，是能根柢乎六经，故为文章之宗祖。至矣，蔑以加矣。

武阳在昔实为名区，彭铿振铎于前，眉山嗣音于后。宜其灼扬其藻，斐敷其艳，斌斌郁郁之士，骈肩而接踵。顾乃忠亮时闻，词章罕觏。《陈情》一表，犹见讥于伪朝；《隆中》之文，尚未垂于册府。重以浩劫之余，金石沉沦，文献凋谢。匡衡[一一]好学，无佣作之主人；郭象[一二]窃名，失流传之私本。仲宣[一三]之《登楼》无闻，康乐[一四]之游山罕遇。宁非寂寥编简，黯淡江山者乎！故捃摭[一五]无伦，骩骳[一六]不振，无邹衍[一七]雕龙[一八]之才，并孔璋[一九]画虎[二〇]之诮，用是广征大雅，补缀斯文。学士登高而作赋，名公载酒以行吟，虽一言一字，亦贵重璆[二一]琅[二二]。而我朝宸翰天章，如纶如绋，煌煌《大诰》，又若江河之行于地，云汉之昭于天。小如下邑，莫不近天子之光也。文分古今，胪陈条目，作《艺文志》。

【校】

①鞶：原文作"槃"，形近而讹，据文渊阁《四库全书》本《扬子云集》卷一《寡见》"今之学也，非独为之华藻也，又从而绣其鞶帨"径改。

②椎，原文作"扶"，形近而讹，据萧统《文选·序》"若夫椎轮为大辂之始，大辂宁有椎轮之质"径改。

【注】

[一] 子云：指汉代著名辞赋家、文学家、哲学家扬雄，字子云。

[二] 鞶帨（pán shuì）：腰带和佩巾。扬雄《法言·寡见》："今之学也，非独为之华藻也，又从而绣其鞶帨，恶在《老》不《老》也。"李轨注："鞶，大带；帨，佩巾也。衣有华藻文绣，书有经传训解也。文绣之衣，分明易察；训解之书，灼然易晓。"

[三] 萧统：字德施，梁武帝长子。天监元年（502）立为皇太子。少习儒、佛经典，博览兼通。及长，明于政事，善文章诗赋。广集才学之士，研讨古今图籍，选编历代典诰文章、诗词歌赋为《正序》十卷、《文章英华》二十卷、《文选》三十卷。又自撰有文集二十卷。中大通三年病卒，谥昭明太子。

[四] 椎轮：原始的无辐车轮。亦以指栈车。萧统《〈文选〉序》："若夫椎轮为大辂之始，大辂宁有椎轮之质？"吕向注："椎轮，古栈车。"

[五] 马班：指汉代史学家司马迁和班固。一著《史记》，一著《汉书》，故并称之。

[六] 丽牲：指古代祭祀时将所用的牲口系在石碑上。借指碑石。

[七] 鍧（hōng）：象声词。形容钟、鼓等发出的大声。

[八] 韩柳：唐代古文家韩愈和柳宗元的并称。

[九] 鲰（zōu）儒：迂腐的儒士。鲰，古代用以骂人的话，意谓短小愚陋的人。

[一〇] 筱（xiǎo）骖虬户：亦作"虬户筱骖"。谓作文喜用僻辞古语，故作高深。

[一一] 匡衡：字稚圭，西汉东海承（今山东兰陵）人。少好学，家贫，佣作以供资用。

[一二] 郭象：（约252—312），字子玄，洛阳（今河南洛阳）人。西晋玄学家。少有才理，好《老子》《庄子》，能清言，常闲居。尝以向秀《庄子注》为己注，述而广之。一说窃注之事，恐未必信。力倡"独化论"，主张名教即自然，为当时玄学大师。

[一三] 仲宣：指东汉文学家王粲。王粲（177—217），字仲宣，山阳郡高平县（今山东微山县两城镇）人。善属文，其诗赋为建安七子之冠，与曹植并称"曹王"。

[一四] 康乐：指东晋大诗人谢灵运。谢灵运（385—433），字灵运，以字行于世，小名客儿，世称谢客、谢康乐。其诗歌开创了中国文学史上的山水诗派。明人辑有《谢康乐集》。

[一五] 捃摭：摘取；搜集。

[一六] 骫骳（wěi bèi）：谓文笔纡曲或萎靡无风骨。

[一七] 邹衍：道家代表人物，五行学说创始人，战国末期齐国人。

[一八] 雕龙：雕镂龙纹。比喻善于修饰文辞或刻意雕琢文字。

[一九] 孔璋：东汉末年著名文学家陈琳。陈琳（？—217），字孔璋，广陵射阳（今江苏宝应县射阳镇）人。"建安七子"之一。

[二〇] 画虎：典出曹植《与杨德祖书》："以孔璋之才，不闲于辞赋，而多自谓能与司马长卿同风，譬画虎不成反为狗也。"参互而改。

[二一] 璆（qiú）：古同"球"，美玉，玉磬。又指玉石相碰声。

[二二] 琅（láng）：像珠子的美石。又形容金石相击声。

宸 翰

国朝

康熙四十二年（1703）西巡，钦赐岳敏肃公昇龙之母张太夫人匾一轴，御书"重闱锡类"；钦赐岳敏肃公昇龙匾"仁爱士伍""威信著闻"；钦赐岳敏肃公昇龙对联御书"太平时节原无战，上将功勋在止戈"。

论祭碑文

维康熙五十二年（1713），岁在癸巳，冬十月初七日，皇帝谕祭原任四川提督岳昇龙之灵，遣四川布政司堂上官、分巡松茂道按察司佥事佟世禄致祭于灵曰：鞠躬尽瘁，臣子之芳踪；赐恤报勤，国家之盛典。尔岳昇龙，性行纯良，才能称职。方臻遐龄[一]，忽闻长逝，朕用悼焉。特颁祭葬，以慰幽魂。於戏！宠锡重垆，庶沐匪躬之报；名垂信史，聿昭不朽之荣。尔如有知，尚克歆享！

颁赐谥法文 雍正五年（1727）三月初二日。

戎阃[二]宣猷，聿重封疆之寄；丝纶焕采，用施泉壤之荣。况乃训忠悃[三]以传家，懋诚劳而报国。既建师中之绩，无忝象贤；宜宏格外之恩，以昭锡类。尔岳昇龙，材谙韬略，质禀赳桓，奋迹偏裨，洊[四]膺节钺[五]。总戎山左[六]，训练有方；移镇天津，缉绥攸赖。随王师而进剿，控巴蜀之全区。暨边徼之底平，拥旌旄而复任。先帝深嘉其勤，恪当身已，被夫宠光，礼备哀荣，例颁祭葬。睠惟尔子，克奏肤功，因议叙之，从优遂驰，章而上请，鉴其诚款！特予易名，载考平生，谥之敏肃。於戏！表芳名于奕世，典重酹庸；溯遗烈于当年，义隆教孝。承兹殊锡，岂不休欤！

乾隆十六年（1751）冬十一月覃恩诰封岳昇龙文

奉天承运，皇帝制曰：国爵优崇，树鹰扬之伟烈；家声光大，表蛾术[七]之良模。特沛新纶，用彰旧德。尔岳昇龙，乃太子少保兼兵部尚书岳钟琪之父，青门代启，素履恭修。教子义方，早授豹韬[八]之略；传家忠孝，果符鹊印[九]之祥。庆典式逢，崇阶宜陟。兹以覃恩赠尔为光禄大夫、太子少保兼兵部尚书、四川提督、威信公，锡之诰命。於戏！显扬克遂，沐兹天室徽章；作述交辉，展也人伦盛事。令名无斁，世泽长垂。

【注】

[一] 遐龄：老年人高寿的敬语，以知命为遐龄。

[二] 阃：指统兵在外的将军。

[三] 忠悃（kǔn）：忠实至诚的心意。悃，至诚，诚实，诚心。

[四] 洊（jiàn）：多次。

[五] 节钺：符节与斧钺。古代授予官员或将帅，作为加重权力的标志。

[六] 山左：旧指山东。因在太行山左（东）而得名。岳昇龙曾任登州总兵，故称"总戎山左"。

[七]蛾术：语出《礼记·学记》："蛾子时术之。"郑玄注："蛾，蚍蜉也。蚍蜉之子，微虫耳。时术蚍蜉之所为，其功乃复成大垤。"术，通"述"，学习。后因以"蛾术"比喻勤学。

　　[八]豹韬：古代兵书《六韬》篇名之一。借指用兵的韬略。

　　[九]鹊印：汉代张颢得山鹊所化的金印，官至太尉，后遂以"鹊印"指得官的喜兆。借指公侯之位。

晋

赠杨邠内史策

　　策曰：己未，使持节都督江阳诸军事，大将军琅琊王濬谨遗扳命：前衡阳内史杨君，忠肃贞固，守正不移。虽危迫，节义可嘉。不幸殒卒孤城，甚悼之。今列尚书，赠君淮南内史。魂而有灵，嘉兹宠荣。

赋

天柱神灯赋　　睦州 宋载 大舟

　　缅北平之胜境，有天柱之高峰。是仙人之旧化，留隐士之芳踪。厥有神灯朗烛，林泉之景；独于午夜烂分，星月之容。火树千枝，干层霄而彻绝壑；红葉万点，映屏障而灿芙蓉。尔其灯之为状也，乍灭乍明①，忽隐忽现，灼烁离奇，辉煌葱蒨。高高下下，如翔御火之龙；两两三三，疑出通明之殿。或直上而流星，倏横飞而掣电。亦远亦迩，极骇目而惊心；若聚若散，更千堆而万点。类汉家之祠太乙，火达甘泉；犹宋主之上泰山[一]，光分封禅。想夫灯之从来也，导神出游，照仙设谯，俨列庭燎，徐开灯扇。依稀锦树，既蒙锦而笼纱；错落星桥，互流光而垂焰。如谪仙秉烛于桃李之园，而五色更翻；若帝子放萤于金陵之岫，而九华迭见。无异神僧塔上，与舍利以同明；岂必青城山中，接神光而独显。维时山川敛翠，河汉无云，树林阴翳，烟景氤氲。月未来而众山寥沉[二]，霞已散而列壑缤纷。忽睹神灯之灿烂，如闻香蜡之芳芬。似龙膏之入桦烛，无微不转；胜渔火之浮芦渚，有影可分。把酒闲看，不乏四更之好事；临风想像，只无元夜之红裙。重为赋曰：

　　上彻井络，下瞰锦川。烛龙献瑞，天柱争妍。何必竹楼，劳武皇之雅拜；岂淮莲炬，为学士而周旋。谁云灵药之光，纷如木叶；我信圣灯所在，必有真仙。

【校】

　　①乍灭乍明：乾隆《彭山县志》卷之七作"乍明乍灭"。

【注】

　　[一]宋主之上泰山：指宋真宗"天书封禅"之事。

　　[二]寥沉：空虚幽静。

江口观鱼赋　　　山阴　周洪

猗[一]彼锦江，实为鱼国！大则千斤，小或百族。桃花水涨，辄举网而得之；竹箭流便，倏溯①洄而来复。不减濠梁之上，乐与人同；何殊花港之间，鳞随波簇。尔其江口旧镇，丙穴嘉鱼，或跃在渊，亦依于蒲。婢妾前驱，导引琴高[二]之鲤；鲲鲕后属，扈从张翰[三]之鲈。晴日则扬鬐[四]于藻外，雨中则喷浪于荷区。唅落花而泼刺，吞新月而容与。若夫任公[五]所钓，子产所馈[六]，并蓄簈[七]中，兼收簇内。枯鱼善泣，不须待救于西江；赪尾[八]何劳，自可相忘于玉垒。爰有轻舟夜泛，珊竿晨挂，取舍随人，往来如画。绿蓑青笠，不殊西塞山前；桃饵柳丝，宛似西湖月下。解筝筈[九]以易酒，雅不论钱；携橙橘以脍鳞，岂须归舍？则有彩虹架水，玉蛛横堤，垂杨四覆，茅②舍新泥。鳡鲤鳍鲨，可凭栏而悉数；庖燔烩炙，多即席以分鲑。最宜月夕花晨③，好作异鱼之图赞；莫谓金鳞翠尾，只容渔父之标题。乱曰：

嘉鱼锦鬣[一〇]，春水绿④波。天机活泼，胜地委佗。适意来观，饶有如棠之乐；得鱼归去，请留《欸⑤乃》之歌。

【校】

①溯：同"泝"，原文作"沂"，误，形近而讹，据文义及乾隆《彭山县志》卷之七改。

②茅：原文作"芧"，误，形近而讹，据文义及乾隆《彭山县志》卷之七改。

③晨：乾隆《彭山县志》卷之七作"辰"。

④绿：乾隆《彭山县志》卷之七作"渌"。

⑤欸：原文作"欹"，形近而讹，据文义径改。

【注】

[一]猗（yī）：叹词。常用于句首，表示赞叹。相当于"啊"。

[二]琴高：传说为周末赵人，能鼓琴，后于涿水乘鲤归仙。

[三]张翰：（约258—319），字季鹰，西晋吴郡（今江苏苏州）人。雅有清才，善属文，纵任不拘，时称为"江东步兵"。齐王司马冏辟为大司马东曹掾。翰知冏将败，又因秋风起，思吴中菰菜、莼羹、鲈脍，遂归吴。

[四]鬐（qí）：古通"鳍"。鱼类的运动器官。

[五]任公：即任公子，古代传说中善于捕鱼的人。

[六]子产所馈：出自《孟子·万章上》："昔者有馈生鱼于郑子产，子产使校人畜之池。校人烹之，反命曰：'始舍之，圉圉焉，少则洋洋焉，攸然而逝。'子产曰：'得其所哉！得其所哉！'"

[七]簈（hóng）：鱼梁，用竹篾编成的捕鱼器具。

[八]赪（chēng）尾：鱼疲劳则尾呈赤色。语出《诗经·周南·汝坟》："鲂鱼赪尾，王室如毁。"后用以比喻人民受困于虐政。

[九] 笭箵（líng xīng）：打鱼用的竹编盛器。

[一〇] 鬣（liè）：鱼颔旁小鳍。

米洞赋　　贵筑 蒋佩韦

维天府之产物兮，穷宇宙以神奇。炊井火之自炎兮，汲膏油而焚之。乃斯米之宝贵兮，羌逸获于时时。纷精凿[一]而洞出兮，同来牟之我贻。非畬非畲，不耕不耔，孰舂孰簸，载生载施。陋黑水之野麦兮，胜扬州之稻穄。潦与旱而无虞兮，春历秋而有补。较因陈于太仓兮，曾不患夫红腐[二]。彰粉白于虞裳兮，资馈饷于汉祖。借伏波[三]以运筹兮，进仲由而负取。安得家置一穴兮，免三农之作苦。愿膏车以秣马兮，往结庐于斯麓。藉天然之粹玉兮，瞻堂前之侍①粥。已笔耕以求志兮，遂我书之终读。畏见讥于《伐檀》[四]兮，噬回心而脱辐[五]。惟生物之不测兮，坐私念而未谕。岂此邦之任氏兮，窖岩阿[六]以甚裕。在大空之雨粟兮，亦伊谁而明故。彼仙佛之致物兮，余尝怪其幻异。实诞谩而不经兮，非及人之美利。嘉汉皇之悔悟兮，笑方士之欺秦。舍当前之蓬瀛兮，求渺茫于海滨。盖瑶坛之非远兮，要止在乎人寰。观二井与兹洞兮，又何羡乎三山。留标题于贤哲兮，入循良之邑史。爰敷词而为赋兮，著山灵于万祀。

【校】

①侍：乾隆《彭山县志》卷之七作"恃"，误，形近而讹。

【注】

[一] 精凿（záo）：舂去谷物的皮壳。亦指舂过的净米。

[二] 红腐：指陈米色红腐烂或陈米。

[三] 伏波：即马援（前14—49），字文渊，扶风郡茂陵县（今陕西兴平）人。东汉开国功臣，累官至伏波将军，世称"马伏波"。

[四] 伐檀：《诗经·魏风》篇名。据诗序："《伐檀》，刺贪也。"诗中指责奴隶主贵族霸占奴隶们的劳动成果，表达了奴隶阶级对统治者的憎恶和愤慨。

[五] 脱輹（fù）：夫妻反目。

[六] 岩阿：山的曲折处。

诗

井络诗　　唐 李商隐

井络天彭一掌中，漫夸天设剑为锋①。阵图东聚夔江口，边柳西悬雪岭松。堪叹故君成杜宇[一]，可能先主是真龙。将来为报奸雄[二]辈，莫向金牛放旧踪。

【校】

①锋：乾隆《彭山县志》卷之七作"峰"。

【注】
　　［一］杜宇：即杜鹃鸟。据《成都记》载：杜宇又曰杜主，自天而降，称望帝，好稼穑，治郫城。后望帝死，其魂化为鸟，名曰杜鹃。
　　［二］奸雄：本指淆乱是非的辩士。后多以"奸雄"指弄权欺世、窃取高位的人。

戏作花卿歌　　　　　唐 杜甫

成都猛将有花卿，学语小儿知姓名。用如快鹘[一]风火生，见贼唯多身始轻。绵州副使着柘黄[二]，我卿扫除即日平。子章[三]髑髅[四]血糊糊，手提掷还崔大夫。李侯重有此节度，人道我卿绝世无。既称绝世无天子，何不唤取守京都？

　　　按，花卿墓，《省志》《眉州志》俱在彭山江口镇，故编次"陵墓"从之，而工部一诗亦得附入。唯考杜注，山谷云："花卿冢，在丹棱之东馆镇，至今有阴①气血食。其乡谢皋羽有《花卿冢行》云：'湿云糢糊埋秋空，雨青沙白丹棱东。'"是固明指在丹棱也。今按，彭山江口并无其墓，而丹棱县治南有顺应庙，即崇奉花卿者，血食甚盛，然则墓在丹棱无疑矣。

【校】
　　①阴：乾隆《彭山县志》卷之七作"英"。

【注】
　　［一］鹘（hú）：鸟类的一科。翅膀窄而尖，嘴短而宽，上嘴弯曲并有齿状突起。飞得很快，善于袭击其他鸟类。也叫隼。
　　［二］柘（zhè）黄：指柘黄袍。
　　［三］子章：即段子璋。唐朝将领、节度使。后谋反，自称王。作战勇猛，曾跟从当时的太上皇唐玄宗到蜀地，立下汗马功劳。为剑南节度使。后封梓州刺史。
　　［四］髑髅（dú lóu）：指死人的头。

巽崖书院　　　　　宋 魏了翁

古往今来一貉坵，行藏有道坎还流。凤凰池[一]上春风梦，龙鹄①山头夜月秋。闲拽深衣[二]聊独乐，有怀连璧赋三游。何人得与余心会，野水黏天一片鸥。

【校】
　　①鹄：原文作"骨"，据乾隆《彭山县志》卷之七改。

【注】
　　［一］凤凰池：池水的美称。亦指仙池。
　　［二］深衣：服饰名。上下衣裳相连，长及脚踝，男女皆可穿。有些妇女的深衣衣襟接得很长，穿时可缠绕数次。

孝津行　　　　　明 杨慎

岷山青蟠空，下映犍为江。江滨有孝娥，自名叔①先雄。娥父为功曹，冉冉趋府中。泛舟越洪涛，捐躯以凶终。娥也痛父死，临渊矢相从。练囊封儿臂，珠环系儿躬。寄言与儿别，别去不再逢。宁假鼋[一]鼍梁，直下蛟龙宫。川后垂玄②鉴，江妃[二]怜丹衷。死抱父尸出，依泊葶[三]花丛。戚党悲复感，闾里喑且哄。风谊动今古，庙貌森穹崇。文纪[四]与令伯[五]，祠墓相西东。解使犍为县，永作忠孝邦。岷之山石可泐[六]，犍之江波可竭，千秋菊兮万春兰，孝娥之名③焉可灭。

按，彭山无孝津。据《通志》，诗盖为犍为聂汝器作，以其父俊卒于太学，汝器旦暮悲号，负父骸骨归，作《孝友赋》。升庵奇其文，作《孝津行》以赠之。然以孝津为诗，升庵必非无据。按，《犍为志》载"孝女桥"，下注孝女负尸之事，然亦未详何代人。而《列女志》中亦未见其名，想不过土俗流传者耶。今按，诗中旁引"文纪""令伯""祠墓""西东"，则张、李二公之在彭山，确有可纪，然则孝津亦在彭山矣。升庵指是为诗者，以彭山即古犍为郡地，欲借二公之忠孝以况汝器，托兴于孝津耳。读之者如以文害义，则两无所据矣。

【校】

①叔：原文作"淑"，据文渊阁《四库全书》本《升庵集》卷八十一改。

②玄：原文分别作"县"，据《升庵集》卷八十一改。

③孝娥之名：原文作"娥之名兮"，据《升庵集》卷八十一改。

【注】

[一] 鼋（yuán）：大鳖。

[二] 江妃：亦作"江斐"。传说中的神女。

[三] 葶（tíng）：花葶。由植物的地下部分抽出的无叶花茎。

[四] 文纪：指东汉张纲，字文纪。

[五] 令伯：指西晋李密，字令伯。

[六] 泐（lè）：通"勒"。铭刻。

宿彭山县通津驿，大风，邻园多乔木，终夜有声　　宋　陆游

木欲静风不止，子欲养亲不留。[一]夜诵此语涕莫收，吾亲之没今几秋？尚疑舍我而远游，心冀乘云返故邱。再拜奉觞陈膳羞，陶盎治米声嗖嗖。木甑[二]炊饼香浮浮，芼姜屑桂调甘柔。稚鳖煮臛[三]长鱼腩，夜敷枕席视衾裯。晨起熏笼进衣裘，哀乐此志终莫酬。有言不闻九泉幽，北风岁晚号松楸。哀哉万里为食谋！

【注】

[一] 首两句化用汉韩婴《韩诗外传》卷九："树欲静而风不止，子欲养而亲不待也。"用于感叹子女希望尽孝时，父母却已经亡故。风不止，是树的无奈；亲不在，是孝子的无奈。后人便以"风树之悲"来借喻丧亲之痛。

[二] 甑（zèng）：蒸食炊器。其底有孔，古用陶制，殷周时代有以青铜制，后多用木制。俗叫甑子。

[三] 臛（huò）：肉羹。

游平盖观　　明彭山令　樊瑾　豫章人

旧殿巍①峨新落成，展眉又得一闲登。长江闲去无今古，胜事从来有废兴。渴鸟远窥丹井水，游鱼静憩墨池菁。徘徊不尽追思兴，欲濯尘缨[一]愧向平。

【校】

①巍：原文作"魏"，误，形近而讹，据文义径改。

【注】

[一] 尘缨：比喻尘俗之事。

夜泊彭山江口　　　　　　明万历进士 曹学佺 福建人

锦城平日暖，旅泊始知寒。犍蜀中分地①，岷峨相向看。冈连三女冢，水疾二郎滩。芦苇风吹急，萧萧汉将坛。

【校】

①地：原文作"处"，据乾隆十九年曹岱华刻本《石仓诗稿》卷三十三改。

国朝

平盖即景　　　　　　康熙己巳（1689）学政 周灿 临潼县人

岷山来未远，遥望海天东。翕受诸川广，奔腾万里雄。解维[一]春树外，鼓棹夕阳中。俯仰无穷意，疏排念禹功。

【注】

[一] 解维：解开缆索，指开船。

吊彭祖墓　　　　　　眉州刺史 金一凤 山阴人

洛邑名臣长佩珂，不须迟暮叹蹉跎。三千甲子犹嗟少，五百春秋未厌多。古垄凄清鹤夜舞，断墟偃仰鹿晨过。空怀紫雾生岩谷，但见璃江月映波。

吊张纲墓　　　　　　金一凤

沦落芳踪不可寻，曾歌《麦秀》[一]匿山林。本因祖母陈情切，还矢先朝报国心。[二]冢土草长高北斗，姓名偃仰重南金[三]。乌鸦日暮相啼哑，风木余情泪滴襟。

【注】

[一] 忠鲠（gěng）：亦作"忠梗"。忠诚耿直。

[二] 休声：赞美声，美好的名声。

吊李密墓　　　　　　金一凤

沦落芳踪不可寻，曾歌《麦秀》[一]匿山林。本因祖母陈情切，还矢先朝报国心。[二]冢土草长高北斗，姓名偃仰重南金[三]。乌鸦日暮相啼哑，风木余情泪滴襟。

【注】

[一] 麦秀：指麦子秀发而未实。

[二] 此两句用李密事。详见本书卷之四《艺文志》之《李密传》《李令伯传》。

[三] 南金：南方出产的铜，后亦借指贵重之物。比喻南方的优秀人才。

汉广陵太守张纲故里　　　　　　　嘉州太守　周璘　新城举人

崱崍草木几春秋，直节岩岩光照眸。负土扬徐新赤子，埋轮勋戚旧乌牛。借用《南史·萧正德传》内事。中官秽恶机先识，揽辔澄清志未酬。天柱少年经术用，肯教汉社属曹侯？

双梅树歌　　　　　周璘

君不见武阳官舍风韵古，太初^[一]气萃群玉府。中有双梅不记年，森森对峙当庭户。张侯敬爱重徘徊，开轩索笑^[二]成宾主。古貌素心能几人，寒香泠艳堪同谱。万品方随葭管^[三]埋，雨株先吐乾坤春。疏花落落风尘迥，暗香点点性情真。雪重冰凝感气骨，风清月皎标精神。馥育朝含金鼎味，光辉夜照玉壶人。忆昔鸿飞蘼断碣，素华类此孤芳咽。纵复璀璨无人知，寂寥柯干空盘铁。赣州兴国县城，南宋鸿飞书院废址，石壁下古梅二本，盖数百年间物，委荣枯于榛莽中，无有过而问者，视此何不幸也！华轩觞咏酹琼瑶，花香酒气交清澈。幽姿珍惜尽如君，岂有贞士老岩穴。时张侯方试士，故云。

【注】

[一] 太初：亦作"大初"。天地未分之前的混沌元气。

[二] 索笑：犹逗乐；取笑。

[三] 葭管：亦称"葭律"。装有葭莩灰的律管。

咏彭山十景之四

长桥夜月　　　　　巴县令　袁锡夔　六合进士

我家宅近古扬州，廿四桥^[一]头汗漫游。怪煞画舫箫鼓夜，二分明月在迷楼^[二]。

双江渔唱

千家返照入蓬窗，点点鱼灯映水双。欸①乃乍停清韵起，声声犹唱古吴江。

龙潭春雨

龙潭新雨嫩如丝，点染春光翠欲移。潭气作云云作雨，春耕不用劝农诗。

秋浦芦花

木落高原静，秋空极浦^[三]凉。如何芦荻上，叶叶点新霜。香草旧相识，伊人思更长。横天一雁过，烟雨满潇湘^[四]。

【校】

①欸：原文作"欤"，形近而讹，据文义径改。

【注】

[一] 廿四桥：即二十四桥。故址在今江苏省江都市西郊。

[二] 迷楼：隋炀帝所建楼名。故址在今江苏省扬州市西北郊。

[三] 极浦：遥远的水滨。

[四] 潇湘：指湘江。因湘江水清深故名。又，湘江与潇水的并称，多借指今湖南地区。

含素华轩梅花六咏

含蕊　　　　　徐兰 仁和布衣

欲探罗浮[一]消息难，一番风雪孕来寒。陇头暗暗迎春转，岭上罗罗[二]守岁残。笑口岂因芳恨锁，清姿却似露珠溥。寄声东阁勤遮护，蕴得冰心子细看。

乍放　　　　　邑令 张凤翥 上虞进士

几度冲寒出故宫，清姿瘦质影朦胧。微窥岭上半轮月，忽听楼头一笛风。破玉自怜春意透，含娇人爱晓光融。玄禽翠雀寻常在，略借馨香便不同。

盛开　　　　　金锡类 山阴茂才

放遍南枝又北枝，清寒透体不胜姿。浓香已逗春千里，冷艳难描冰一池。鹤唳偏来雪满处，笛声遥弄月明时。个中消息凭谁领？只有孤山梦里知。

半谢　　　　　罗江令 叶鉴 崑山进士

东君[三]催卸缟衣裳，已谢还留总断肠。雪点飘零妆半面，玉枝瘦损带余香。分身化鹤乘风暖，残影窥窗淡月光。羌笛声声吹未歇，仙姿终返白云乡。

乱落　　　　　眉州尉 张城 山阴监生

飘风飘雨更飘烟，断送香魂八九天。惨淡云飞空里色，缤纷蝶化[四]梦中仙。轻轻薄薄横琴外，叠叠重重酎酒边。底事罗浮芳信杳，又劳孤怨逐经年。

剩瓣　　　　　宋凤起 仁和监生

已逐东风犹恋枝，月痕隐隐雨丝丝。浮烟不尽轻寒夜，余恨应羞索笑时。无计返魂香欲断，有情怜瘦意还痴。传神纵得徐熙[五]笔，小影依稀恐莫追。

【注】

［一］罗浮：山名。在广东省东江北岸。风景优美，为粤中游览胜地。晋葛洪曾在此山修道，道教称为"第七洞天"。相传隋赵师雄在此梦遇梅花仙女，后多为咏梅典实。

［二］罗罗：清疏的样子。

［三］东君：司春之神，指春。梅花的凋谢因温度和地区而不同，长江流域通常是在翌年三月。

［四］蝶化：指物化，死去。

［五］徐熙：五代南唐杰出画家，金陵（今江苏南京）人。出身于江南名族。一生未仕，郭若虚称他为"江南处士"，沈括说他是"江南布衣"。其性情豪爽旷达，志节高迈，善画花竹林木、蝉蝶草虫，其妙与自然无异。

忠孝桥吊古　　　　　资州倅 郭伟人 太原进士

桥是北门钥，登临溯古人。陈情惟有表，飞简独埋轮。浩气满天地，鸿文泣鬼神。山河一俯仰，搔首问苍旻[一]。

【注】

　　[一] 苍旻：苍天。

丙子清和，梧冈相约乘筏按视通济堰渠，行三十里登岸，薄暮，至翻水口，观二十八渠，归县时已二鼓[一]**。先承梧冈作诗，寄谢，奉和原韵**　　　新津令　徐尧　金华拔贡

茂树疏烟雨岸齐，相将共泛绿杨堤。尽教天堑从头彻，_{时筒车作堰，阻水彻去，以疏水利。}一派汪洋入小溪。

课雨占晴四月天，农夫搔首问灵泉[二]。由来吏职民依切，敢谓流膏种福田。

夹岸新秧映翠微，跳波发发[三]鲤鱼肥。浪花无数溅衣湿，粉蝶随风逐水飞。

绿油一泻势潺湲，润滴农田顷刻间。携得壶浆停麦陇，岂因揽胜对江山。

飞珠溅瀑急流添，入隙穿渠绣碧粘。荷插成云耕作雨，忘机[四]鱼鸟亦恩沾。

漱石穿云荇藻寒，篙师最怯路纡盘。呼骑踏向斜阳外，回首云峰兴未残。

烟郊荒径草生花，问渡行人立晚沙。脉脉已归翻水口，暮烟一带乱鸣鸦。

土膏雷动报新疏，不数当年郑白渠[五]。筒口细流分玉韵，泉飞石缝任窥鱼。

归途月色影模糊，彳亍[六]舆夫促渡夫。渔火尚留光似线，披星夜气接天衢。

【注】

　　[一] 二鼓：二更天，即晚上九点到十一点。
　　[二] 灵泉：对泉水的美称。
　　[三] 发发（bō bō）：众多貌。亦说象鱼跃声。
　　[四] 忘机：消除机巧之心。常用以指甘于淡泊，与世无争。
　　[五] 郑白渠：关中地区的大型引泾灌区，秦郑国渠和汉白渠的合称，近代陕西省泾惠渠的前身。
　　[六] 彳亍（chì chù）：小步走，走走停停貌。

商大夫葬衣冠处　　　王喆　钱塘茂才

连堙[一]翙翙蒸白云，中有永宅山之垠。相传彭祖得羽化，衣冠留此埋空坟。坟前草色青如昨，大夫远矣不复作。商周代阅数千年，谁封谁志奚穷索？缅彼大夫亦儒士，四

十九妻五十子。异床异被述养生，不闻别著飞升[二]史。飞升只合气与神，御风那得凭凡①身。罗公之履法善剑，后人附会宁作真。由来道术祖黄老，筴氏之生际中造。李聃[三]尸解[四]帝墓存，朽骨依然半荒草。我闻阿瞒[五]之家曾传疑，大夫心世夷，何必惑眩红尘奇？又闻葛翁[六]之衣能化蝶，大夫妙琼笈[七]，也应飞散罗浮 。追维补导实所长，水精云粉徒荒唐。历年八百乃其异，埃俗于此多侈张。君不见玄元《道德》五千言，不言白日升青天。即今山号标明证，但记商贤不记仙。

【校】

①凡：原文作"几"，误，形近而讹，据文义及乾隆《彭山县志》卷之七径改。

【注】

[一] 堽（gāng）：同"冈"。山脊。

[二] 飞升：谓羽化而升仙。

[三] 李聃：指老子。姓李名耳，号老聃。道家学派的创始人。

[四] 尸解：谓道徒遗其形骸而仙去。

[五] 阿瞒：指曹操。曹操，字孟德，小字阿瞒。其墓址不详，相传有七十二疑冢。

[六] 葛翁：指东晋道教学者葛洪（284—364），字稚川，自号抱朴子，晋丹阳郡句容人。三国方士葛玄之侄孙，世称小仙翁。他曾受封为关内侯，后隐居罗浮山炼丹。著有《肘后方》等。

[七] 琼笈：玉饰的书箱。多指道书。

拜岑彭庙　　　　　王喆

凛烈征南气若生，那堪落日问山名。宛城大义经时重，岭海奇功片纸平。诏下荆门曾破浪，星沦阳武未移营。洞胸已雪将军恨，史载公孙述被刺，洞胸而死。古庙萧萧送树声。

张纲故里　　　　　王喆

崌崃山畔孝廉居，萧瑟空阶月影虚。独恨《广陵》[一]催《薤露》[二]，但从蜀岭认蓬庐。摩崖应记埋轮节，牧马还吟降垒书。借问汉臣谁个似？望风凭吊一欷歔。

【注】

[一] 广陵：即《广陵散》。琴曲名。三国时嵇康善弹此曲，秘不授人。后遭诬被害，临刑索琴弹之，曰："《广陵散》于今绝矣！"见《晋书·嵇康传》。

[二] 薤露：乐府《相和曲》名，是古代的挽歌。

张纲故里　　　　南江令 闻肇埕 钱塘举人

都尉今何在？崌崃壮气蟠。绣衣[一]争就道，白简[二]迈同官。狐类知堪击，狼贪讵忽①宽。朝臣眉尽蹙，贵戚胆教寒。揽辔心弥切，埋轮义所安。一时留谏草，千古仰忠丹。贾谊匡君笃，刘　翊运难。驱车凭吊处，仿佛睹衣冠。

【校】

①忽：乾隆《彭山县志》卷之七作"忍"。

【注】

[一] 绣衣：即"绣衣直指"。官名。汉武帝天汉年间，民间起事者众，地方官员督捕不力，因派直指使者衣绣衣，持斧仗节，兴兵镇压，刺史郡守以下督捕不力者亦皆伏诛。后因称此等特派官员为"绣衣直指"。绣衣，表示地位尊贵；直指，谓处事无私。后亦称"绣衣使者"。绣衣直指本由侍御史充任，故亦称"绣衣御史"。王莽时改称"绣衣执法"。

[二] 白简：古时弹劾官员的奏章。

李密故里　　　　闻肇埠

至性高今古，如公迥出群。征书驰道急，乌养报刘殷。荣遇欣逢主，终年幸赖孙。苦辛天地鉴，忠孝短长分。表上哀鸣切，情陈血泪纷。名垂晋宇宙，声震蜀风云。柱史[一]齐芳躅，都亭共令闻。天彭桥畔过，千载感斯文。

【注】

[一] 柱史："柱下史"的省称。周秦官名，即汉以后的御史。因其常侍立殿柱之下，故名。

系龙潭　　　　金瓯　山阴茂才

平盖山麓石高矗，状如龟额向潭伏。潭中之水何沖瀜[一]，人言其下若深谷。回风荡漾清且寒，窈然而湥藏波澜。倏忽横空作杳霭，滃浡[二]郁律[三]烟云盘。俯瞰直下正幽邃，似有神物在其间。忆昨瞿仙驻此渚，系龙于此飘然举。若疑仙迹事虚无，胡为春霖多应序？吁嗟龟石昂藏龙潜渊，相将扳髯举青天。云影徘徊独不见，徒使予讴吟上下空迁延。

【注】

[一] 沖瀜（chōng róng）：水深广貌。

[二] 滃浡（wěng bó）：云蒸雾涌貌。

[三] 郁律：烟气上腾貌。

游平盖观呈张明府

城北行数武[一]，孤观郁层丘。碧苔滋古磴，丛竹乱荒畴。屹望天柱峰，遥瞩双江流。回合临空郭，寥落识归舟。坟衍背广陆，曲沮夹通洲。眺逈烟霞豁，飘飒林木秋。丹井月窟浚，墨池云光浮。风迴傍虎穴，雨气冲龙湫[二]。入观霭蒙蒙，绕廊寒飕飕。壁画迹淋漓，栋雀声啁啾[三]。对此殊淡薄，顿令身心幽。欲却区中缘，何必物外游。赏元①每踯躅，即此当冥搜。

【校】

①元：乾隆《彭山县志》卷之七作"立"。

【注】
　[一] 武：半步，泛指脚步。
　[二] 龙湫（qiū）：上有悬瀑下有深潭谓之龙湫。
　[三] 啁啾（zhōu jiū）：形容鸟叫声。

彭祖墓　　　　金瓯
彭祖何年墓？空传葬此丘。衣冠绍宇宙，俎豆自春秋。风雨千年锁，封堂四面周。张君新筑石围堂。张君非重献，遗迹为谁留？

彭山杂咏　　　　什邡令 胡德琳 桂林进士
木落天气清，空山来返照。远景隔林明，万岭恣凭眺。精舍读书人，倚栏定长啸。
东山晚眺

芙蓉已罢采，孤鹜飞落霞。几点明渔火，三秋见雪花。伊人在何处？白露老苍葭。
秋浦芦花

清兮可濯缨，浊兮可濯足。[一]云山《韶濩》[二]音，爱此沧浪曲。欸①乃一声中，苍烟湛寒绿。双江渔唱

平盖何逶②迤，迢迢白云外。霜下鸣疏钟，清音杂梵呗。不离声闻禅，始觉象教大。
平盖晚钟

雁齿红栏远，平原四望秋。衣香与人影，仿佛过扬州。忠孝精灵在，清波涌月流。
长桥夜月

任公钩六鳌，琴高乘赤鲤。御风骑气行，神仙亦人耳。烟云何蒙蒙，咫尺春雷起。
龙潭春雨

顽铁磨成针，石乳滴成溜。濯魄向冰壶，花香满襟袖。仙人犹读书，废学嗟余陋。
象耳磨崖

紫玉高千丈，红蕖叠万层。黝然空山里，随地有传灯[三]。下士忽大笑，厥声如苍蝇。
天柱神灯

长公留题处，古洞何青苍。游戏特狡狯③[四]，讹言白帝仓。何如顺帝则，鼓腹游熙康。石仓米洞

桃浪涌江心，彩虹饮江口。支机云锦张，濯自天孙手。远使忆张骞，浮槎[五]上牛斗[六]。

垂虹春色

【校】

①欸：原文作"欬"，形近而讹，据文义径改。

②逶：原文作"透"，形近而讹，据文义径改。

③狯：原文作"会"，形近而讹，据文义径改。

【注】

[一] 此两句语出《孟子·离娄上》："沧浪之水清兮，可以濯我缨；沧浪之水浊兮，可以濯我足。"后以"濯缨"比喻超脱世俗，操守高洁；以"濯足"比喻清除世尘，保持高洁。

[二] 韶濩：汤乐名。后亦以指庙堂、宫廷之乐，或泛指雅正的古乐。

[三] 传灯：佛家指传法。佛法犹如明灯，能破除迷暗，故称。

[四] 狡狯（kuài）：戏言；玩笑。

[五] 浮槎（chá）：传说中来往于海上和天河之间的木筏。槎，同"查"。

[六] 牛斗：指牛宿和斗宿。

拜汉征南将军岑彭庙长歌　　　　胡德琳　宝书

人苦不知足，得陇复望蜀。[一]十二公孙已定期，五铢炎德[二]知当复。区区子阳井底蛙，习汉吏事开成家。不据瞿唐据虎牙，妄引图谶争矜夸。讹言白帝堪绝倒，高山赤甲空枯槎。白水真人[三]定陇右，西州隗嚣旋授首。日献三捷撤其藩，斗绝一隅犹困守。征南将军复堂堂，远自夷陵屯津乡。帝知明习善水战，浮桥一炬何辉煌。垫江都江顺流下，倍行不复分晨夜。武阳径拔趋广都，风驰雨骤人争讶。将军用兵真无伦，竖子[四]投杖惊犹神。不知面缚丐余命，乃逞故智戕厥身。前年遣盗杀来歙，陛下哀怜垂涕泣。今年山忽兆彭亡，亡奴夜发嗟何及。将军军令严秋毫，大星宵陨静不嚣。柏人知几亦数定，蜀人怜重还悲号。呜呼跃马成黄土，将军庙祀昭千古。我来再拜对斜阳，欲赋铙歌[五]追乐府。王乔仙迹叹悠悠，彭祖衣冠共一丘。凛然忠义余生气，豸节乌私锦水秋。

【注】

[一] 此两句诗化用李白《古风》之二十三："物苦不知足，得陇又望蜀。"

[二] 五铢炎德：这里代指汉朝。五铢，即五铢钱。汉武帝于元鼎年间所铸，钱上有"五铢"二篆字，故名。炎德，即火德。汉属火德。

[三] 白水真人：《后汉书·光武帝纪》："及王莽篡位，忌恶刘氏，以钱文有金刀，故改为货泉。或以货泉字文为'白水真人'。"

[四] 竖子：这里指公孙述。岑彭讨公孙述，及彭至武阳绕出延岑后，述遂大惊，以杖击地，曰："是何神也！"

[五] 铙歌：军中乐歌。传说黄帝、岐伯所作。汉乐府中属鼓吹曲，马上奏之，用以激励士气。也用于大驾出行和宴享功臣以及奏凯班师。泛指军歌。

汉都尉张纲故里　　　　　　　锦江　李光绪　耿堂

农夫去恶草，力殚不敢置。如何埋轮者，直待绣衣使。得时则鹊起，浩气帅吾志。极目望崛崃，夕阳映山翠。

晋洗马李密故里

孤松出寒林，霜雪披荒荆。栖鸟归得食，哑哑哺其亲。若移孝作忠，圣言当至情。无为章句[一]士，一字毁人名。

【注】

[一] 章句：剖章析句。经学家解说经义的一种方式。亦泛指书籍注释。

商大夫彭铿葬衣冠处

神仙厌人世，蝉蜕[一]弃敝屣[二]。人世慕神仙，衣冠争敛毖。缅兹彭大夫，夫子所窃比。风起云冥冥，长生自无始。

【注】

[一] 蝉蜕：喻脱胎换骨。多指修道成真或羽化仙去。

[二] 敝屣：破烂的鞋子。

拜汉将军岑彭庙

英雄不私身，志士宝素勣[一]。壮哉岑将军，转战神天激。奇功业已就，芒星忽飞摘。却看白帝城，山雨吹瓦砾。

【注】

[一] 勣（jī）：同"绩"。功业。

游仙女洞

女亦成神仙，仙根信有缘。即彭祖女云。金丹不世出，凡骨徒忧煎[一]。行行[二]望灵洞，空翠生明娟。笑彼天台山[三]，落花来人间。

【注】

[一] 忧煎：忧愁煎迫。

[二] 行行：不停地前行。《古诗十九首·行行重行行》："行行重行行，与君生别离。"

[三] 天台山：山名。在浙江天台县北。山势从东北向西南延伸，由赤城、瀑布、佛陇、香炉、华顶、桐柏诸山组成。道教曾以天台为南岳衡山之佐理，佛教天台宗亦发源于此。相传汉刘晨、阮肇入此山采药遇仙。

东山精舍

静志重夙养，东山结精庐。竹木泻青彩，天风翻素书。远景开晴光，得意吟清虚。良时资著述，用舍[一]安所居。

【注】

[一] 用舍：即"用行舍藏"，亦作"用舍行藏"。谓被任用就行其道，不被任用就退隐。

彭山杂吟　　　　　蜀州 何明礼 希贤

弦诵当年独寤歌，倚栏凭眺兴如何。放怀偶记名贤句，木落天清一作晴。远景多。东山晚眺

露下霜高净碧浔，渔郎江口暮云深。残星漫引冥鸿[一]度，飞入芦花何处寻。秋浦芦花

烟波稳处旧生涯，醉起江天日半斜。两岸歈[二]歌连欸①乃，疏灯几点是渔家。双江渔唱

迤逦平盖白云封，仙苑时时送暮钟。却怪世人眠正稳，一声惊起碧潭龙。平盖晚钟

旧柱犹留忠孝题，潭寒月落草萋迷。恩波此日凌云度，错认扬州绿柳堤。长桥夜月

朝来乾鹊[三]弄春音，绣陌新犁望泽深。寄语潜虬无稳卧，乘时汲浪便为霖。龙潭春雨

冰壶花影夜沉沉，皓魄犹疑仙子吟。笑我窗前磨铁砚，倩谁崖畔度金针。象耳摩崖

嶙峋一柱挺天中，放出神光万点红。莫讶丹霄长不夜，年年留照紫微宫。天柱神灯

石仓云子灿盈盈，玉洞凝烟冷翠茎。广注颉皇[四]三日雨，人间何处有呼庚[五]。石仓米洞

锦城玉垒碧云中，夹岸芙蓉一水通。春色古今流不尽，系龙潭外挂长虹。垂虹春色

【校】

① 欸：原文作"欻"，形近而讹，据文义径改。

【注】

[一] 冥鸿：高飞的鸿雁。

[二] 歈（yú）：同"愉"。也指歌。

[三] 乾鹊：即喜鹊。其性好晴，其声清亮，故名。一说，"乾"音"虔"（qián）。鹊为阳鸟，先事物而动应，故名。

[四] 颉（jié）皇：指仓颉。传说中远古时人。黄帝之史官，始作汉字。一说，为伏羲以前或炎帝之世或神农、黄帝之间人。或以为即史皇，当为古代整理文字之代表人物。

[五] 呼庚：即"呼庚癸"，乞粮的隐语。

张纲故里　　　　　山阴 周洪 星源

汉世无遗土，先生独有村。崷崒山不改，都尉宅长存。豺畏埋轮气，盗归持节魂。至今灵爽在，风柏啸黄昏。

商大夫葬衣冠处

乘云人已去，此地葬衣冠。墓古松明碧，山空鹤梦寒。大夫原不作，真宰岂须棺。三代曾谁在？聊同法物看。

汉张纲故里　　　　　　邑令 张凤翥

埋轮桥畔秋草荒，都亭遗迹传武阳。崾崃孝廉辟高第，按之史册非荒唐。崾崃盘挐屹天柱，中郁伟人扶帝阊[一]。汉家文明启成宪，四门穆穆登俊庞。流风气节尚未泯，祖孙父子[二]唯我张。传家奕叶本经术，公子年少登朝廊。遇主于巷时否塞，祸水惨惨沦炎纲。孤鸣枭噪窃大柄，睗睒[三]妩媚唯诸梁[四]。锦堂翠袖红玉带，朱轮绣裩[五]黄金珰。嗟乎吕侯汉公移，大鼎时无平勃将。奚匡真人龙起扫大逆，祖功未远何不覆[六]。中官常侍备执戟，岂容渎乱干天常。锄奸诘暴御史职，澄清整肃先奸疆。岂敢睢盱[七]厕牛后，行欲高举凌鹰扬。都亭埋毂气浩浩，殿廷执简声喤喤。天子动色元老贺，伏下黄头走且僵。公然勋戚重山岳，城狐社鼠[八]相包藏。是时四海尽违憝，广陵健儿着柘黄。揭竿斩木蔽淮海，绎骚痴突[九]连徐方。前年太守曾纳印，今年太守又走亡。天狗堕地惊百里，幕①燕啾啾池鱼[一〇]殃。羽林百万皆跛尪，凛凛朝士胡能将？唯冀欲将公委贼，中台承旨颁银章。爱民唯恃二千石，公其任此宁非当。一摩出守远帝阙，遥观残土心茫茫。相厥召乱唯豺虎，谁非赤子宁胥戕？以心感人人自至，抚绥何必厉戎行。单车直趋披铁垒，睛睚相顾厥凶眶。敷衍《洛诰》[一一]《大诰》字，重宣东京西京[一二]光。万牛脔炙置高会，万瓮行酒酹巨觥。[一三]誓天指日沥肝胆，推心置腹擢肾肠。渠魁[一四]奋呼乞效死，部卒呜咽感我皇。我皇龙准天汉种，岂忍背违召不祥？自来酷吏猛于虎，竭民膏血堆私囊。五侯七贵[一五]甲第盛，十室九空[一六]田庐荒。偷生釜底讵能久？共思东海观扶桑。我公我公来何暮，极之水火登寿康。忽闻州前捶大鼓，敕书十道恩滂洋[一七]。投戈脱剑新赤子，聚图纳土旧井疆。男耕女织归乐土，八蚕[一八]再熟贡太仓。殊勋宁独让卫霍[一九]，佐时应合超轩唐[二〇]。已见寇恂[二一]借河内，不闻李广封狼臕。公亦数奇非杀虏，浮云蔽亏澹不芒。恺恻[二二]能动负嵎虎[二三]，忠诚难格当道狼。三闾[二四]沉幽太傅[二五]老，畹兰江芷徒芬芳。可怜福星中道陨，千秋万岁相感伤。张婴万人感复奋，如丧怙恃[二六]哭搹吭[二七]。愿歌《薤露》凄巫峡，愿陈《蒿里》[二八]悲故乡。首丘[二九]共谋使君穴，杜鹃化血啼山冈。义声砰銿[三〇]轰蜀土，雄风磅礴虩维扬。天子凭轩涕涟洏[三一]，史臣簪笔[三二]垂端庄。锡金拜爵利后嗣，功臣子孙不过郎。只今高冢负巀嶭[三三]，我来瞻拜空回翔。劫余衰草霾半碣，碧萝回风山鬼凉。再寻故里人莫识，但闻埋轮桥下武阳江水流汤汤。

【校】

①幕：原文作"募"，形近而讹，据文义及乾隆《彭山县志》卷之七径改。

【注】

[一] 帝阊：天门。亦指宫门。

[二] 祖孙父子：指汉张纲，其父司空张皓，其子张续以及其玄孙张翼，皆以忠义见称。详见本书卷四《艺文志》《张皓传》《张纲传》《张翼传》。

[三] 睗睒（shì shǎn）：疾视貌。

[四] 诸梁：指当时把持朝政的外戚梁冀等人。

[五] 裈（kūn）：同"裈"。满裆裤。以别于无裆的套裤而言。

[六] 蘉（máng）：勤勉，努力。

[七] 睢盱（suī xū）：亦作"睢于"。睁眼仰视貌。喜悦貌。

[八] 城狐社鼠：城墙洞中的狐狸，社坛里的老鼠。比喻有所凭依而为非作歹的人。

[九] 痴突：犹勇猛。

[一〇] 幕燕、池鱼：比喻处境危险极易遭殃的人。

[一一] 洛诰：《尚书》篇名。

[一二] 东京西京：西汉都长安，东汉改都洛阳，因称洛阳为东京，长安为西京。

[一三] 此两句语出韩愈《元和圣德诗》："万牛脔炙，万瓮行酒。"

[一四] 渠魁：大头目；首领。

[一五] 五侯七贵：泛指达官显贵。

[一六] 十室九空：形容因灾荒、战乱或苛征暴敛以致百姓破产或流亡的景象。

[一七] 滂洋（pāng yáng）：众多而广大。

[一八] 八蚕：谓一年八熟的蚕。

[一九] 卫霍：西汉名将卫青和霍去病皆以武功著称，后世并称"卫霍"。

[二〇] 轩唐：传说中的古代帝王轩辕、唐尧的并称。

[二一] 寇恂：字子翼，东汉上谷昌平（今属北京市）人。出身大姓，初为郡功曹。更始年间，拥戴本郡太守耿况抗击王郎，遂归附刘秀，拜偏将军。后任河内太守，行大将军事，坚守转运，给足军粮。历颍川、汝南太守，修乡校，教生徒。光武建武七年迁执金吾。从帝南征颍川群盗，降之，百姓遮道请于帝，愿复借寇君一年。后从征陇西，逼隗嚣余部高峻降汉。经明行修，名重朝廷，人称长者。封雍奴侯，卒谥威。

[二二] 恺恻：和乐恻隐。

[二三] 嵎（yú）虎：负嵎之虎。

[二四] 三闾：即三闾大夫，指屈原。

[二五] 太傅：指西汉文学家贾谊。贾谊曾官太子太傅，后人称为贾太傅。

[二六] 怙恃：父母的合称。

[二七] 搤肮（è háng）：扼住咽喉。谓使要害受制。形容危急的形势。

[二八] 蒿里：乐府《相和曲》名，是古代的挽歌。

[二九] 首丘：亦作"首邱"。《礼记·檀弓上》："古之人有言曰：'狐死正丘首'，仁也。"郑玄注："正丘首，正首丘也。"孔颖达《疏》："所以正首而向丘者，丘是狐窟穴根本之处，虽狼狈而死，意犹向此丘。"后以首丘比喻归葬故乡。

[三〇] 砰鍧：象声词。疾雷声。

[三一] 涟洏（lián ér）：亦作"涟而"。泪流貌。

[三二] 簪笔：谓插笔或笏于冠，以备书写。古代帝王近臣、书吏及士大夫均有此装束。

[三三] 巀嶭（jié niè）：指高峻的山。

谒商大夫老彭墓

彭亡竟说古贤人，墓道荒凉满刺榛。丹药不闻传柱史[一]，白云何处绕灵椿。衰朝典籍犹存信，旧穴衣冠尚有神。千载尼山[二]分俎豆，悲风萧飒仰先民。

【注】

[一] 柱史："柱下史"的省称。代指老子。相传老子曾为周柱下史，后以"柱下"为老子或老子《道德经》的代称。

[二] 尼山：指孔子。

劝农诗四首

游丝飞絮引康衢，此日郊原土脉疏。十亩阴膏开沃土，一团宝镜漾新畲。沉浮翠麦和烟秀，鳞栉红茄带雨梳。待得空膛催布谷，枝头好鸟遍村墟。

眼前风景促人忙，雨笠烟蓑远近乡。荳麦齐腰年半稔，柳榆拂面日初长。鸡豚茆径村庐静，饁饷桑田野味香。劝课不须劳长吏，农歌三两韵悠扬。

平畴①百顷漾新流，银汉光生炎炎[一]浮。秧母分畦呈绣陌，鹅儿点水立芳洲。春旗露拂花间犬，嫩羽晴薰陌上鸠。携得壶樽唤田畯[二]，好乘膏雨问青畴。

水镜山帘四望清，一篙新涨绿秧平。溪流断岸春渠乱，云拥遥冈碧浪生。闲看桔槔[三]高下卧，快听牧笛往来声。太平时节农人稳，已见田头鼓腹频。

【校】

①平畴：乾隆《彭山县志》卷之七作"桉平"。

【注】

[一] 炎炎（yǎn yǎn）：风微起貌。

[二] 田畯（jùn）：即田啬夫。

[三] 桔槔：亦作"桔皋"。井上汲水的工具。在井旁架上设一杠杆，一端系汲器，一端悬、绑石块等重物，用不大的力量即可将灌满水的汲器提起。

彭山十景

圣寿云松

宝刹岩峣[一]映寿星，苍松蔼蔼拂云平。香浮虬影诸天静，涛送潮音万界清。已具灵根留不老，何须大药[二]驻长庚[三]。夜深鹤唳鸾吟处，似有嵩呼万岁声。

龙潭春雨

烟霞豁壑一泓深，顷刻为霖若有神。蜃气[四]暖吹灵石雨，龙宫蛰散武阳春。霏霏花重千林湿，脉脉田膏万亩新。自是瞿仙留异迹，秋风九月尽吹邠。

天柱神灯

红渠紫玉古图称，《地图》：唐杜光庭诗有"红蕖紫玉"之句。天柱峰高最上层。凤舞清宵霞采烂，龙回沧海烛光凝。天柱左支①有飞凤山，右翼为回龙山，俯瞰大渠。只今幽壑藏磷火[五]，自昔神光耿玉绳。神灯今不见。幻作金华山色异，数枝常映读书灯。治东金华山，神灯尚存，常于乙夜[六]见之，土②人名"圣灯山"。

秋浦芦花

瑟瑟回波两岸花，漫空飞雪卷晴霞。天高鸿雁排寒阵，秋老鱼龙卧浅沙。祇爱清江萦客旅，谁怜泽国隐兼葭。萧疏只合瀼西住，杜甫淹留未有家。[七]

平盖烟霞

平冈迢递[八]起苍烟，绛③阙琼楼别有天。丹井露寒灵药驻，碧池云涌墨华鲜。半村半郭烟霞外，宜雨宜晴山水边。策杖闲来寻宦隐，虎溪何处觅三贤？

双江渔唱

二水萦洄浩淼愁，清江渔父正悠悠。垂纶[九]自理烟波业，举网宁供名利求。古调歌残峨岭月，商声吹送锦江秋。萧然自入芦花去，惊起闲眠一片鸥。

象耳磨崖

鸟迹苍茫挂薜④萝，秋岚一片影嵯峨。半钩残月留诗句，满径山花伴醉歌。台自谪仙人去杳，溪传武氏杵曾磨。天彭不少登临客，谁扫荒苔载酒过？

寂照风篁

市远山深落日荒，唯留竹色影颓墙。紫茸香拂县花细，绿玉寒堆凤尾[一〇]凉。寂照可因参寂定，空姿只合伴空王[一一]。偶来小憩泠然善，风起萧萧弄夕阳。

长桥夜月

柳外何人度玉箫？风光犹忆住红桥。二分明月关情旧，万里烟波入梦遥。野水虹拖光潋滟，天河鹊架影空摇。江村山郭平林夜，谁解移尊对沉寥[一二]？

东山晚眺

西望奇峰落日殷，晚来瞻眺上东山。虹收残雨孤城静，风卷晴霞独鸟还。浩淼长江迷锦棹，苍茫平野入乌蛮。几回试看巴山月，又见沙头浸一弯。

【校】

①支：原文无此字，据文义及乾隆《彭山县志》卷之七补。
②土：原文作"上"，形近而讹，据上下文义径改。
③绛：原文作"缝"，形近而讹，据上下文义径改。
④薜：原文作"薛"，形近而讹，据上下文义径改。

【注】

[一] 岧峣：高峻，高耸。

[二] 大药：道家的金丹。

[三] 长庚：古代指傍晚出现在西方天空的金星。亦名太白星、明星。

[四] 蜃气：一种大气光学现象。光线经过不同密度的空气层后发生显著折射，使远处景物显现在半空中或地面上的奇异幻象。常发生在海上或沙漠地区。古人误以为乃蜃吐气而成，故称。

[五] 磷火：俗称鬼火。旧传为人畜死后血所化，实为动物尸骨中分解出的磷化氢的自燃现象。其焰淡蓝绿色，光弱，浮游空中，唯暗中可见。

[六] 乙夜：二更时候，即夜间九时至十一时。

[七] 此两句，据宋鲁訔《杜工部诗年谱》：杜甫"大历元年（766）丙午……暮春迁居瀼西，有《暮春题瀼西新赁草屋》五首"。

[八] 迢递（dì）：亦作"迢遰"。遥远貌。

[九] 垂纶：垂钓。又，传说吕尚（姜太公）未出仕时曾隐居渭滨垂钓，后常以"垂纶"指隐居或退隐。也借指隐士。

[一〇] 凤尾：即凤尾竹。亦泛指竹子。

[一一] 空王：佛教语。佛的尊称。佛说世界一切皆空，故称"空王"。

[一二] 沉寥：形容心情寂寞孤独。

赋得野含时雨润 州试童子，题得"时"字，五言八韵。

昭苏[一]回大野，窈窕发新姿。净洗郊原秀，膏粘土脉滋。条风初应候，好雨正当时。汩汩渠中溜，盈盈沙际湄。轻花摇细浪，柔柳漾①晴丝。蛙鼓喧人急，莺簧弄舌迟。生机宁有滞，化理[二]本无私。圣世征休景，同赓多稔诗。

【校】

①漾：乾隆《彭山县志》卷之七作"漾"。

【注】

[一] 昭苏：苏醒，恢复生机。

[二] 化理：佛教指事物变化之理。

登新津二王庙远眺

凭虚厂高殿，极目大江渍[一]。派自彭山合，源从灌口分。烟波浴沙鸟，远树锁斜曛。苍狗悲今事，悠然感白云[二]。

【注】

[一] 江渍：江岸。亦指沿江一带。

[二] 苍狗、白云：杜甫《可叹》诗："天上浮云如白衣，斯须改变如苍狗。"后因以比喻世事变幻无常。

新津县二王庙落成，陪徐明府恭谒纪事

陆海茫茫蜀土稠，武阳新见水通流。平分万亩青畴阔，饱看千家绿玉收。岂谓德公能再世，唐章仇兼琼开通济堰，后人立庙祀之，号"寅德公祠"。为因徐父在同舟。年来此地巡行遍，吸得清泉有几瓯？通济堰久废，赖徐守斋和衷共济，始有成功。今其利已遍新、眉、彭矣。

修觉山前庙貌新，二王遗泽遍蒸民。源从灌口流来碧，势压江门注似银。相国碑开天上字，郑公渠远古来津。乍看俎豆雍容盛，萧鼓灵旗万户春。

拜先广陵太守墓

崛崃一曲蜀山尖，古墓荒凉说孝廉。京洛威名犹未泯，广陵勋业已终淹。江枫远映丹心赤，山石孤凌白简铦。我有一樽酬祖德，愿分余泽到苍黔[一]。

【注】

[一] 苍黔：百姓。

晋顺孙李密故里

晋有李顺孙，萧萧古桥北。乌鸦噪寒林，指点终茫昧。相闻沦洪波，故居失洸溃[一]。又闻变桑田，牛羊已成队。嗟乎！君不见苌弘[二]死后流精魄，豖血千年化成碧。又不见武侯祠庙松柏苍，亭亭铁干凌风霜。顺孙故里今何在？日暮途穷空断肠。

【注】

[一] 洸溃：威武貌。

[二] 苌弘：亦作"苌宏"（约前565—前492），字叔，又称苌叔。周景王、敬王的大臣刘文公所属大夫。刘氏与晋范氏世为婚姻，在晋卿内讧中，由于帮助了范氏，晋卿赵鞅为此声讨，苌弘被周人杀死。传说死后三年，其血化为碧玉。事见《左传·哀公三年》。后亦用以借指屈死者的形象。

游仙女洞

攀萝蹑孤峰，渐入烟霞境。缥缈寒云间，摇曳长江影。洞中日月长，仙迹留贞静。猿鹤发清哀，松泉漱风冷。何时看飞升，山僧说幻景。

岑彭旧祠

将军有蜀土，公孙无将才。悠悠数千载，陈迹惟荒台。寂寞女萝[一]影，悲风从空来。

【注】

[一] 女萝：亦作"女罗"。植物名，即松萝。多附生在松树上，呈丝状下垂。

西郊即事感怀

简从发西郊，秋林肃芳甸[一]。黄塍望欲迷，青嶂悠然见。田空犊负篝[二]，天高雉带箭。

感时陟芳甸，息念会时变。商音撼丛薄[三]，石骨浮水面。寒花晚节荣，嘉穗当风贱。太虚动秋雯，风尘逐春燕。劳劳倦行部，眷怀金闺彦。瀛台[四]追盛游，零露沾①周宴。同谱《颂风》诗，持献明光殿。

【校】

①沾：原文作"治"，形近而讹，据文义及乾隆《彭山县志》卷之七径改。

【注】

[一] 芳甸：芳草丰茂的原野。

[二] 篝（gōu）：上大下小而长，可以盛物的竹笼。

[三] 丛薄：茂密的草丛。

[四] 瀛台：即瀛洲，亦作"瀛州"。唐太宗为网罗人才，设置文学馆，任命杜如晦、房玄龄等十八名文官为学士，轮流宿于馆中，暇日，访以政事，讨论典籍。又命阎立本画像，褚亮作赞，题名字爵里，号"十八学士"。时人慕之，谓"登瀛洲"。事见《新唐书·褚亮传》。后来的诗文中常用"登瀛洲""瀛洲"比喻士人获得殊荣，如入仙境。

武阳田家

出郊多平畴，秋膏遍华黍。荁子雨初晴，白露风吹渚。光沃千亩畇，高扬万穗举。腰镰年少儿，负秸前村女。皤皤[一]老农夫，荷莜[二]作絮语。今年谷又贱，去年米有鼠。负谷城中来，斗米换鲂鲊[三]。

【注】

[一] 皤皤（pó pó）：白发貌。形容年老。

[二] 莜（diào）：古代耘田用的竹器。

[三] 鲂鲊（fáng xù）：鲂，鱼名。鳊鱼的古称。体广而薄肥，细鳞，青白色，味美。鲊，即鲢鱼。

秋兴

侵晓开素轩，凉飔[一]净修竹。弹琴对北窗，几案喜清肃。民风近唐魏，举念慎幽独。薄禄何所营，观刈出晴谷。

【注】

[一] 飔（sī）：凉风。

轩前种竹，喜成，率成四律

其一

翠竹影萧骚[一]，窗前卷素涛。乍看出地奋，旋见拂云高。绿箨①[二]迎风解，青条带雨缫。此中堪寄隐，孤兴待吾曹。

其二

虚室涵清影，萧森竹数竿。渭滨千亩润，湘水一林寒。薄粉含云湿，清香拂露残。公余洗尘俗，俯槛听吟鸾。

其三

喜见新条发，孤根引子长。雷惊排剑戟，雨细碎琳琅。覆叶迷花径，抽芽过短墙。栽培岂人力，应自念穹苍。

其四

有竹居非俗，无缘趣自浓。瘦筇[三]怜鹤影，清韵答松风。玉版禅初契，红莲味不空。谁参真意味，虚圃问坡翁[四]。

【校】

①箨：原文作"籜"，据乾隆《彭山县志》卷之七径改。

【注】

[一] 萧骚：形容风吹树木的声音。

[二] 箨（tuò）：竹笋皮。包在新竹外面的皮叶，竹长成逐渐脱落。俗称笋壳。

[三] 瘦筇：指手杖。筇竹，节高干细，可作手杖，故称"瘦筇"。

[四] 坡翁：指北宋著名文学家苏轼，号东坡居士。

冬日巡视堰工，暮归武阳道中

再渡平桥晚，寒云锁石根。青帘上下路，红叶寺前村。竹色浮晴影，萍光掠冻痕。因公攀话久，归骑已黄昏。

筒车歌

时维五月天亢阳，赤乌[一]当空火伞张。老农插秧过芒种[二]，仰观银汉空茫茫。里人抱牒向余欣，坐看膏泽流彼方。昔年使君沛大泽，徐侯[三]不分界与疆。西河筑堤三十丈，湔江入口源流长。章仇[四]神迹渐复古，长虹偃波犀奔忙。字青石赤颁九土，刑牲瑾玉酬二王。今年何为吝神泽，为是筒车千轮百架阻武阳。遏流屈曲注高阜[五]，编竹为堑悬金汤。人谋洵可夺天巧，辘轳[六]万转神功藏。雪浪拍天云水立，银河注地鱼龙翔。细珠乱落逗秋雨[七]，素练裂破拖电裳。翻水叱咤转钩轴，迎风呕哑[八]流徵商。遂使东流向西注，苍龙倒挂回扶桑。嗟乎！翻车始自马钧①手，后来作者徒争强。抟跃[九]过颡[一〇]岂天性，激行在山非经常。徐侯解泽自公溥，披星戴月求民康。水缙百万出泉亩，岂使向隅含悲伤。惩奸察弊走魑魅[一一]，宣幽达滞含混茫。天池一泻三峡坼②，渤澥半倒九河襄。菰蒲[一二]没水凫雁立，动影窈窕空林塘。回前筒车声婉转，荥③潛激荡风浪浪。江鱼跳波白鹤舞[一三]，江鱼、白鹤，皆堤堰名。金竹戛戛[一四]摇青冈。金竹，彭山堰名。青冈偃，在眉州。农夫归路发清讴，田头放水补插秧。手提桔槔明月下，坐看水满浮星光。绿苗飕飕吹浪起，一犁烟雨迎清凉。晚来醉卧茆檐下，不愁红日升东墙。

【校】

①钧：原文作"均"，乾隆《彭山县志》卷之三同，误。据中华书局点校本《三国志》卷二十九《魏书·方技传》改。

②圻：原文作"圻"，形近而讹，据文义及乾隆《彭山县志》卷之七径改。

③荥：原文作"荣"，形近而讹，据文义及乾隆《彭山县志》卷之七径改。按，荥濙即荥潆，波浪回旋貌。

【注】

[一] 赤乌：金乌。亦代指太阳。

[二] 芒种：二十四节气之一。一般都在每年公历6月6日前后。

[三] 徐侯：指新津知县徐荛。曾与彭山知县张凤翥一起复修通济堰，灌溉新、眉、彭田数万亩。

[四] 章仇：指唐剑南节度使章仇兼琼。

[五] 高阜（fù）：高的土山。犹高起。

[六] 辘轳（lù lú）：利用轮轴原理制成的井上汲水的起重装置。古人常于井上立架置轴，贯以长木，上面嵌上曲木，缠绠其上，下悬汲水用斗，用手转之汲水。

[七] 此句从李贺《李凭箜篌引》"石破天惊逗秋雨"化出。

[八] 呕哑（ōu yā）：象声词。水车车水声。

[九] 抟跃：跳跃，跳动。

[一〇] 颡（sǎng）：额头。

[一一] 魑魅（chī mèi）：古谓能害人的山泽之神怪。亦泛指鬼怪。

[一二] 菰蒲（gū pú）：菰和蒲。借指湖泽。

[一三] 此句从李贺《李凭箜篌引》"老鱼跳波瘦蛟舞"化出。

[一四] 戛戛（jiá jiá）：亦作"夏夏"，象声词。

官廨东偏，古梅一株，孤立崚嶒[一]，杂于凡卉，赏心绝少，伴余寂寞已三年矣。因构小轩配之，颜曰"孤赏"，漫纪二律以待同志

一枝孤立在尘埃，也向东风着意开。瘦影蹁跹[二]唯鹤至，暗香寂寞少人来。分明玉宇琼楼品，莫作浮花浪蕊猜。每到岁寒寻旧侣，赏心唯我独徘徊。

小轩幽厂贮冰清，何处吹来羌笛声？一曲调孤犹有恨，三年人伴岂无情。夜深纸帐甘同梦，月落巡檐索旧盟。我有故园堪共赏，段家桥畔数枝横。

【注】

[一] 崚嶒（léng céng）：高耸突兀。

[二] 蹁跹（pián xiān）：形容仪态曼妙。

重九登江上楼

陶令[一]高怀未易酬，恰逢佳节独登楼。篱边点点应时菊，江上摇摇送客舟。石瘦远山归倦鸟，潭澄野水狎闲鸥①。滔滔东下何时转，极目云山一片秋。

【校】

①鸥：原文作"欧"，形近而讹，据文义径改。

【注】

[一] 陶令：指晋陶潜。陶潜曾任彭泽令，故称。

轩前秋色烂然，漫成一律

檐外秋英[一]灼灼开，沉香冠佩倚瑶台。高擎玉露仙人掌，小舞金风蜀锦堆。塞雁窥红惊候过，游蜂粘紫认春猜。疏篱曲径萧萧遍，冷雨清霜不禁催。

【注】

[一] 秋英：秋花。

含素华轩四咏

其一

春光匝四野，和风袭乌①几。婪尾[一]翻阶红，平头映窗紫。庭昼鸟呼人，衙午蜂喧耳。静躁驰胸臆，眼前都桃李。呼童取琴樽，策马临江汜②。更爱出东皋，奄观载良耜。

其二

炎风日卓午[二]，小轩时避喧。林密远熇暑[三]，事简洗烦冤[四]。雨余黄梅落，露泫兰叶繁。日抱三两卷，萧然倚颓垣。峨峨泥涂冕，落落厅事裈。守拙[五]安吾道，投足[六]甘穷猿。

其三

岷峨金天晶，雕鹗[七]破风早。蟋蟀哀荒篱，中夜鸣衰草。从军塞外愁，机妇闺中老。小轩挹孤岑，回风起清晓。焚香肃金徽[八]，万象入孤抱[九]。起诵《豳风》诗，城西多获稻。

其四

白日入我轩，羲驭[一〇]若飞鞚[一一]。隙光不可留，仰观天宇空。木秃宿鸟危，窗寒老蝇冻。黄垂榴实圻，白暗梅香动。冷味透疏帷，冰弦[一二]怯三弄[一三]。息念归太虚，一枕南华梦[一四]。

【校】

①乌：乾隆《彭山县志》卷之七作"鸟"，误，形近而讹。按，乌几，即乌皮几。

②汜：乾隆《彭山县志》作卷之七"泛"，误，形近而讹。按，江汜，即江边。汜，通"涘"。

【注】

[一] 婪尾：即婪尾春，芍药的别名。

[二] 卓午：正午。

[三] 熇（xiāo）暑：酷热。

[四] 烦冤：烦躁愤懑。

[五] 守拙：安于愚拙，不学巧伪，不争名利。

[六] 投足：栖身；投宿。

[七] 雕鹗（è）：猛禽。比喻人才力雄健。

[八] 金徽：琴上系弦之绳。借指琴。

[九] 孤抱：无人理解的志向。

[一〇] 羲驭：太阳的代称。羲和为日驭，故名。

[一一] 飞鞚：谓策马飞驰。

[一二] 冰弦：琴弦的美称。传说中有用冰蚕丝做的琴弦，故称。

[一三] 三弄：古曲名。即《梅花三弄》。

[一四] 南华梦：指庄周的蝴蝶梦。南华，南华真人的省称，即庄子。

泛渠十绝句奉寄新津明府

金马河边放筏齐，余波桥下水平堤。为因民事劳谘询，不是山阴访剡溪[一]。

清溆邈迤漾晴天，漠漠轻鸥弄晓烟。高处引流飞匹练，碧波珠跳水平田。

穿林远径影霏微，竹里人家笋蕨肥。更爱水蓣[二]花夹岸，蜻蜓几个往来飞。

遥通银汉水潺湲，凿破云根杳①霭间。疑是乘槎泛牛斗，翠烟笼处是眉山。

宫厨携得菜根香，小憩桑阴午饭凉。莫讶主人风味冷②，恐劳田父馈壶浆。

源头活水势频添，绣碧春畦土脉粘。又见武阳风景好，龙鳞开出万山尖。

泠泠清石漱风寒，路断危桥树曲盘。登岸马蹄行处滑，夕阳红映水波残。

细麦轻摇蹙浪花，小凫点点戏圆沙。碧筒新涨晚来急，无数儿童作手车。

山回水曲土膏疏，潋滟波浮十二渠。<small>翥开通济分渠二十八道，借用邺令事。</small>翻水口头遥眺望，<small>翻水口，翥新凿，通眉州水利。</small>安流一直到江鱼。<small>眉州堤名。</small>

翠微山色影模糊，问水桥边唤仆夫。索火前村鸡犬静，残星几点照归衢。

【校】

①杳：乾隆《彭山县志》卷之七作"查"。

②冷：原文作"泠"，形近而讹，据文义及乾隆《彭山县志》卷之七径改。

【注】

[一] 剡（shàn）溪：水名。曹娥江的上游。在今浙江嵊州市南。

[二] 水蓣（hóng）：亦作"水荭"。水草名。一年生草本植物。全株有毛。叶子阔卵形，花红色或白色，可观赏，花果可入药。

丙子秋闱[一]，邑弟子梁生奇蜀获隽[二]，为兹邑破荒，喜而赋此，并以相勉

圣世集麟凤[三]，山泽无遗珍。武阳亦贡士，不闻观国宾。悠悠百余载，泮水多潜鳞。兹闱文明兆，磅礴郁轮囷[四]。皎皎驹出谷，呦呦①鹿在旻。会当鸿飞渐，宁为屈蠖[五]信。乍观笙簧礼，归来耀乡邻。勖哉九万里，努力策高轮。

【校】

① 呦：原文作"呦"，据乾隆《彭山县志》卷之七改。

【注】

[一] 秋闱：秋天举行考试的场院。特指科举制度的乡试，因在秋季举行，故称。

[二] 获隽（jùn）：会试得中。亦泛指科举考试得中。

[三] 麟凤：麒麟和凤凰。亦比喻才智出众的人。

[四] 轮囷：屈曲盘绕的样子。

[五] 屈蠖（huò）：指屈身的尺蠖。亦比喻委屈不得志。

劝农四首　　　　　邑令 史钦义

乡村引辔艳阳天，万顷秧畴翠浪鲜。叱犊[一]人忙红杏雨，沿堤鸠唤绿杨烟。循行祇念耕耘切，勉作休教未耜悬。伫望桑麻盈井里，还将景物入吟笺。

社鼓[二]频敲西复东，田歌声彻绿云中。壶樽泽遍桑田酒，馌饷香传麦浪风。劝课何容劳长吏，雨晴无复乞元工。为呼田畯多齐力，转盼①秋成慰圣衷。

半犁新水涨春泥，雨笠烟簑处处齐。茆径闲眠桑下犬，芳塍时听稻中鸡。牧童横笛斜阳外，秧母分畦曲涧西。土脉香生疏润侯，一声布谷柳丝低。

岂是闲游览物华，为来田舍问桑麻。青畴绿树②舍云液，甘雨和风簇稻花。千耦其耘[三]鸠拂羽，三时不害粟盈车。待他黍稷丰穰日，击壤田头听万家。

【校】

①转盼：原文作"鼓腹"，据道光二十五年刻本《听雨楼随笔》卷四改。

②树：原文作"壤"，据《听雨楼随笔》卷四改。

【注】

[一] 叱犊：大声驱牛；牧牛。叱，大声呵斥。

[二] 社鼓：旧时社日祭神所鸣奏的鼓乐。

[三] 千耦其耘：千对农人在耕地。出自《诗经·周颂·载芟》："千耦其耘，徂隰徂畛。"耦，二人并耕。千，概数，言其多。耘，除田间杂草。

唐景勋①

陌外春和听鸟啼，声声布谷唤农齐。双岐秀麦青浮浪，一派新秧绿满畦。驱犊同披朝露湿，荷锄共话夕阳西。五风十雨皆成瑞，野老扶鸠立柳堤。

披簑荷笠逐人忙，为趁融和早种秧。舍北舍南春水绿，村前村后野荞黄。闾阎栉比闻鸡犬，妇子殷勤馌酒浆。最好长官行处乐，田歌在在祝年康。

袁　楷

榆花风暖长新苗，载莳青畴朝复朝。百顷分秧驱马队，千畦荷锸谱民谣。林边叱犊横篙水，垅上扶犁隔柳桥。到处循行风景好，鸠声远远唤桑条。

布谷催耕四月天，及时零雨[一]税桑田。告余有事勤方社，贻我来牟[二]望岁年。白鹭飞斜簦[三]笠影，乌犍[四]驱着柳丝鞭。黍苗甘泽随车润，归咏大田多稼篇。

【校】

①按，以下四首诗，题目失载。据其内容，当为一组农诗。

【注】

[一] 零雨：慢而细的小雨。

[二] 贻我来牟：出自《诗经·周颂·思文》："贻我来牟，帝命率育。"贻，赠给。来牟，麦子。

[三] 簦（tái）：蓑衣。

[四] 乌犍：常泛指耕牛。

晋洗马李令伯、汉都尉张文纪故里　　姚江　史　沆

血性当留天地清，流芳青史独垂名。轮埋久破豺狼胆，表上时含乌鸟[一]情。忠孝两朝存实际，江山万古不虚生。衣冠俎豆于今在？瞻拜殷殷感慨并。

【注】

[一] 乌鸟：乌鸦之属。古称乌鸟反哺，因以喻孝亲之人子。

圣寿云松

巍巍绀宇[一]接遥天，松雨云根两穆然。非雾非烟萦万笏，成虬成鹤历千年。月笼岚窦寒泉泻，涧抱禅门曲径旋。为有老僧携杖立，涛声如涌玉堂仙。

象耳磨崖

象耳岗峦状若何？神工鬼斧出奇多。悬岩健笔题留矣，低石磨针迹在么。雨后晴岚开画帐，风前幽壑叠烟萝。撑天碧树寒山月，掩映书台好啸歌。

天柱神灯

云峰高插月华开，无数红荥绝续来。乍露一痕知凿壁，忽看千点欲薰煤。行行玉烛趋朝过，队队金莲夜燕回。或恐常山齐步武，争先疾走尽衔枚[二]。

平盖烟霞

平盖梵宫昔有名，苍烟杳霭画图呈。彩霞迢递丹岩古，碧树阴森紫殿横。日暖禅林花欲笑，霜深萧寺鹤知鸣。墨池丹井今犹在，竚听云霄弄笛声。

龙潭春雨

四面峰回水淼茫，神龙变幻最难量。为霖闾泽[三]膏千顷，掣电灵威振八方。风啸山前珠颗溅，磬鸣林外雨声长。桨①摇簑笠孤舟渡，一片清波独绕冈。

双江渔唱

江到彭门汇众流，苍茫烟树接天浮。何人载宝沉蛟窟，是处垂竿老荻洲。一曲《龙吟》前渡口，几番渔唱古溪头。问津疑向桃源[四]去，短短簑衣小小舟。

寂照风篁

古庵岑寂紫云深，修竹竿竿护绿阴。月下萧疏筛瘦影，风来戛击递清音。从前漫拟游

仙梦，到此真堪涤俗心。偷得僧房闲半日，梵声听罢暮烟沉。

秋浦芦花

白云黄叶两悠悠，凫雁飞鸣杜若[五]洲。几处花丛迷牧径，三更香露点渔舟。寒沙月映萧萧景，细雪风飘瑟瑟秋。不是衡阳疑九曲，此中定拟有仙游。

长桥夜月

桥畔垂杨绿满堤，波澄静夜白云低。恰当半壁吞丹瀑，宛似长虹卧碧溪。上下影摇烟外树，往来人步镜中梯。数声短笛横栏唱，远近峰岚翠色齐。

东山晚眺

黄昏闲②步看山来，牧笛声声傍郭隈。几处斜阳闻鼓角，一泓秋水见楼台。舟停两岸幽波静，树暗平林倦鸟回。翘首冈峦明月上，半天虚碧净尘埃。

【校】

①桨：原文作"浆"，形近而讹，据上下文义改。
②闲：原文作"間"，应为"閒"，即闲。

【注】

[一] 绀（gàn）宇：即绀园，佛寺之别称。
[二] 衔枚：古代行军时口中衔着枚，以防出声。引申为缄口不言。
[三] 阗泽：形容和乐貌。
[四] 桃源：喻世外乐土或避世隐居的地方。
[五] 杜若：香草名。多年生草本植物，高一二尺。叶广披针形，味辛香。夏日开白花，果实蓝黑色。

龙溪即事　　　　方可佐 邑人

莫道龙溪迹已残，新晴景色尚堪怜。依然酒旆[一]桃花上，未少江楼红袖[二]翩。野店人喧归去渡，山桥柳暗[三]晚来烟。兴狂欲贳陶家酒，小犬篱根吠客船。

【注】

[一] 酒旆（pèi）：系在酒店门前竹竿上的布条，用于招徕客人。
[二] 红袖：指古代女子襦裙长袖，后来成为女子的代名词。
[三] 柳暗：谓柳树叶茂荫浓。

夜泊江口

未是山阴访戴舟，江寒夜静鼓中流。鸿声咽冷芦花月，渔火吹红白鹭洲①。纵少宫袍随意乐，何妨长啸放情优。就中欲说英雄事，恐使深潭野鬼愁。

【校】

①洲：原文作"洀"，古同"盘"，回旋，意不通且出律。应为"洲"。

江口闲步

霏微宿雾[一]淡蒙蒙，路转山腰去尽通。竹翠绕堤临水绿，荞花映日隔江红。人家零落春阴[二]外，野艇横斜曲港中。最是寻间宜散步，柳丝牵动酒旗风。

涧竹岩花到处幽，香风拂拂碧云流。笼葱树色浓于画，荡漾晴光淡似秋。远浦轻烟飞断岸，澄江夕照起浮鸥。偶穿小径来渔渡，漫向槎头下钓钩。

【注】

[一] 宿雾：前夕的残雾。

[二] 春阴：春日花木的荫翳。

游观岩寺和韵

登登[一]山路谒瞿昙[二]，十里烟横一抹蓝。名胜风传岩下窦，赏奇水试竹边潭。野花吐秀随拈笑，谷鸟啼娇任意探。更爱前峰高最处，此心期共白云恬。

佛地花香即是昙，偷闲得得访晴蓝。悟缘不必登禅榻，遣兴何妨漱石潭。邱壑披襟虽足俯，烟云挥手不难探。醉中漫学苏门啸[三]，坐倚长松百虑恬。

【注】

[一] 登登：众多貌。

[二] 瞿昙：一译乔答摩(Gautama)，释迦牟尼的姓。亦作佛的代称，也可借指和尚。

[三] 苏门啸：指啸咏。亦比喻高士的情趣。

仙女洞题壁步余峄桐[一]韵

石楼云护隔尘烟，得信人间别有天。金简[二]玉书[三]从古秘，宝幡[四]珠像至今鲜。奇花作供当檐外，青鸟传音落槛边。岂是瑶台朝欲退，灵风旗满望油然。

【注】

[一] 余峄桐：字仲响，清华阳县（今成都双流区）人。性高洁，能为诗。屡试不遇，遂绝意进取，而益肆力于篇什。家虽空乏，处之泰然，以布衣终。著有《十三楼诗集》。李调元《蜀雅》、孙桐生《国朝全蜀诗钞》录其诗。嘉庆《四川通志》有传。

[二] 金简：金质的简册。常指道教仙简或帝王诏书。

[三] 玉书：神仙的书，谶纬家以此为素王受命的瑞征。也指道家修炼之书。

[四] 宝幡：指道观庙宇中悬挂的旗幡。

游江口竹枝　　　　袁怀瑄 邑庠生

夜泊春江短竹篱，船头灯火晚风吹。半篙明月半篙水，映满桃花四五枝。

几只渔舡欲剪波，渔人唱罢放船歌。二郎滩下波声①急，轻理兰桡[一]缓缓②过。

花港层楼隐翠微，行人络绎过鱼矶[二]。山头共打黄③梅熟，江上争提紫蟹归。

烟街一带挂青帘，亚字栏干倚画檐。解得腰钱沽酒市，登盘[三]笒箮撒花盐。

【校】

①声：原文作"光"，据道光二十五年刻本《听雨楼随笔》卷七改。

②缓缓：原文作"稳稳"，据《听雨楼随笔》卷七改。

③黄：底本漫漶不清，据《听雨楼随笔》卷七补。

【注】

[一] 兰桡（náo）：以木兰树制成的船桨，在诗文中常用来代表船。

[二] 鱼矶：可供垂钓的水边岩石。

[三] 登盘：登上舞盘。相传汉赵飞燕曾于盘上舞，唐杨贵妃亦曾于翡翠盘中舞霓裳羽衣舞。

彭山竹枝词　　　　唐景勋 邑廪生

绣壤芳塍一片青，歌声袅袅[一]绕旗亭。问谁识得田家乐，鸡黍村醪醉野坰[二]。农

锄罢嘉禾憩树阴，油云指示起遥岑。急忙呼得小儿女，箬笠蓑衣趁早寻。农

祈蚕叠鼓里间间，为祝马头竞往还。记得年年三月里，莺声百啭绕林端。桑

腥风一派飏沙洲，欸①乃声从浪里流。网得江鱼江水煮，荻花深处系渔舟。渔

晒网人家落照中，烟横隔岸语哝哝。潭头一艇归来晚，摇入灯光浪影红。渔

朝采樵兮暮采樵，攀萝扪[三]葛历岩峣。溪头小坐呼同伴，一路偕行过野桥。樵

【校】

①欸：原文作"欷"，形近而讹，据文义径改。

【注】

[一] 袅袅（niǎo niǎo）：形容歌声悠扬婉转。

[二] 坰（jiōng）：离城远的郊野。

[三] 扪（mén）：按，摸。

　　　　袁楷① 邑增生

十亩新畬五亩禾，彭门爱唱插秧歌。流泉初下斜阳晚，戴笠归来未脱蓑。农

西山脚下路三叉②，十五采桑王谢家。小摘筐篮看满满，墙边闲拾合欢花。桑

急掉船头过曲江，生涯小小木兰舣[一]。郎撑桂枻[二]侬撑桨，得个鱼儿对酒缸。渔

打鼻山连鼎鼻山，樵童络绎野棠湾。一肩红叶一肩雨，远远冈头任往还。樵

山隈历尽复林隈，多少樵人去又来。斜指江阳红树外，盘龙山下打柴回。樵

【校】

①组诗失题。

②又：原文作"乂"，形近而讹，据上下文义径改。

【注】

[一] 舣（shuāng）：古书上说的一种小船。

[二] 桂枻（yì）：用桂木制成的船桨。亦为舟楫的美称。

张皓传　　《后汉书》

张皓，字叔明，犍为武阳人也。六世祖良，高帝时为太子少傅，封留侯。皓少游学京师，初，永元[一]中，归仕州郡，辟大将军邓骘府，五迁尚书仆射职事。八年，出为彭城相。永宁元年（120），征拜廷尉。皓虽非法家，而留心刑断，数与尚书辩正疑狱，多以详当见从。时安帝废皇太子为济阴王，皓与太常桓焉、太仆来历廷争之，不能得。事已具《来历传》。退而上疏曰："昔贼臣江充[二]，造构谗逆，至令戾园[三]兴兵，终及祸难。后壶关三老[四]一言，上乃觉悟，虽追前失，悔之何逮！今皇太子春秋方始十岁，未见保傅九德之义，宜简贤辅，就成圣质。"书奏，不省。

及顺帝即位，拜皓司空，在事多所荐达，天下称其推士。时清河赵腾上言灾变，讥刺朝政，章下有司，收腾系考[五]，所引党辈八①十余人，皆以诽谤当伏重法。皓上疏谏曰："臣闻尧舜立敢谏之鼓[六]，三王树诽谤之木[七]，《春秋》采善书恶，圣主不罪刍荛。腾等虽干上犯法，所言本欲尽忠正谏。如当诛戮，天下杜口，塞谏争之源，非所以昭德示后也。"帝乃悟，减腾死罪一等，余皆司寇。四年（129），以阴阳不和策免。阳嘉元年（132），复为廷尉。其年卒官，时年八十三。遣使者吊祭，赐葬地于河南县。子纲②。

【校】

①八：原文作"人"，形近而讹，据上下文义改。

②纲：原文作"冈"，误，据中华书局点校本（1965年版）《后汉书》卷五十六改。按，张皓子名张纲，事迹详后。

【注】

[一] 永元：汉和帝刘肇年号，即89-104年。

[二] 江充：（？—前91）字次倩，赵国邯郸（今河北邯郸）人。曾执法忤太子，惧日后被诛，遂上告太子等为巫蛊诅害武帝，被任为使者治巫蛊，掘蛊戾太子宫，为戾太子所杀。

[三] 戾园：戾太子的陵园，这里借指戾太子，即汉武帝刘彻嫡长子刘据。

[四] 壶关三老：指令狐茂。令狐茂上书为太子辩冤。武帝感悟，灭江充一族，建思子宫及归来望思之台，以示悔意。壶关，县名。秦置，为上党郡治，治所在今山西长治市北三十五里故驿村。三老，职官名。乡县郡都有设置，掌管教化，由年老的长者担任。十亭一乡，乡有三老。

[五] 系考：囚禁审讯。

[六] 敢谏之鼓：即谏鼓。设于朝廷，供人民进谏时击用的鼓。

[七] 诽谤之木：即谤木。立于宫外，供人书写批评政治的意见之木。

张翼传　　《三国志》

张翼，字伯恭，犍为武阳人也。高祖父司空皓，曾祖父广陵太守纲，皆有名迹。先主定益州，领牧，翼为书佐[一]。建安末，举孝廉，为江阳长，徙涪陵令，迁梓潼太守，累迁至广汉、蜀郡太守。建兴九年（231），为庲降都督、绥南中郎将[二]。翼性持法严，不得殊俗之欢心。耆率[三]刘胄背叛作乱，翼举兵讨胄。胄未破，会被征当还，群①下咸以为便宜驰骑即罪[四]。翼曰："不然。吾以蛮夷蠢动，不称职故还耳，然代人未至，吾方临战场，当运粮积谷，为灭贼之资，岂可以黜退之故而废公家之务乎？"于是统摄不懈，代到乃发。马忠因其成基以破殄胄，丞相亮闻而善之。亮出武功，以翼为前军都督，领扶风太守。亮卒，拜前领军[五]，追论讨刘胄功，赐爵关内侯。延熙元年（238），入为尚书，稍迁督建威，假节[六]，进封都亭侯，征西大将军。

十八年②，与卫将军姜维俱还成都。维议复出军，唯翼廷争，以为国小民劳，不宜黩武。维不听，将翼等行，进翼位镇南大将军。维至狄道，大破魏雍州刺史王经，经众死于洮水者以万计。翼曰："可止矣，不宜复进，进或毁此大功。"维大怒，曰："为蛇画足！"维竟围经于狄道，城不能克。自翼建异论，维心与翼不善，然常牵率同行，翼亦不得已而往。景耀二年（259），迁左车骑将军，领冀州刺史。六年（263），与维咸在剑阁，共诣降钟会于涪。明年（264）正月，随会至成都，为乱兵所杀。

【校】

①群：原文作"郡"，形近而讹，据中华书局点校本（1959年版）《三国志》卷四十五改。

②十八年：原文作"十六年"，误，据中华书局点校本《三国志》卷四十五改。

【注】

[一] 书佐：官名，主办文书的佐吏。又称为门下书佐，位掾、史之下。历代沿设。唐武德时改名为"参军事"。

[二] 绥南中郎将：武官名号。东汉末置，作为交趾太守统兵的加官。三国蜀亦置，用于加授庲降都督。

[三] 耆率：老将，这里指地方首领。率，通"帅"。

[四] 驰骑即罪：骑马奔回朝廷接受惩处。

[五] 前领军：职官名。建安四年（199），曹操于相府置领军，领禁兵。十二年改中领军。三国魏文帝即位，以领军主五校、中垒、武卫三营，始置领军将军。后资重者为领军将军，资轻者为中领军。蜀置中领军，复有领军、前领军、行领军之官。

[六] 假节：假以符节。汉朝指大臣临时持节出巡。三国魏、蜀、吴沿袭此制，但非临时性，实际成为象征地位的政治待遇。

张纲传　　《东汉书》

纲字文纪。少明经学，虽为公子[一]，而励布衣之节。举孝廉不就，司徒辟高第为御史。时顺帝委纵宦官，有识危心[二]。纲常感激，慨然叹曰："秽恶满朝，不能奋身出命①，扫国家之难，虽生，吾不愿也。"退而上书曰："《诗》曰：'不愆不忘，率由旧章[三]。'寻大汉初隆，及中兴之世，文、明二帝，德化尤盛。观其理为，易循易见，但恭俭守节，约身尚德而已。中官常侍不过两人，近倖赏赐，裁满数金，惜费重人，故家给人足。夷狄闻中国优富，任信道德，所以奸谋自消而和气感应。而顷者以来，不遵旧典，无功小人皆有官爵，富之骄之，而后害之，非爱人重器，承天顺道者也。伏愿陛下少留圣思，割损左右，以奉天心。"书奏，不省。

汉安元年（142），选遣八使[四]巡行风俗，皆耆儒知名，多历显位，唯纲年少，官次最微。余人受命之部，而纲独埋其车轮于洛阳都亭，曰："豺狼[五]当路，安问狐狸[六]！"遂奏曰："大将军冀，河南尹不疑，蒙外戚之援，荷国厚恩，以舅甥之资，居阿衡[七]之任，不能敷扬五教[八]，翼赞日月，而专为封豕长蛇，肆其贪叨，甘心好货，纵恣无底，多树谄谀，以害忠良。诚天威所不赦，大辟[九]所宜加也。谨条其无君之心十五事，斯皆臣子所切齿者也。"书奏，京师震竦。时冀妹为皇后，内宠方盛，诸梁姻族满朝，帝虽知纲言直，终不忍用。

时广陵贼张婴等众数万人，杀刺史、二千石，寇乱扬、徐间，积十余年，朝廷不能讨。冀乃讽尚书，以纲为广陵太守，因欲以事中[一〇]之。前遣郡守，率多求兵马，独纲以单车就职。既到，乃将吏卒十余人，径造婴垒，以慰安之，求得与长老相见，申示国恩。婴初大惊，既见纲诚信，乃出拜谒。纲延置上坐，问所疾苦。乃譬[一一]之曰："前后二千石多肆贪暴，故致公等怀愤相聚。二千石信有罪矣，然为之者又非义也。今主上仁圣，欲以文德服叛，故遣太守，思以爵禄相荣，不愿以刑罚相加，今诚转祸为福之时也。若闻义不服，天子赫然震怒，荆、扬、兖、豫大兵云合，岂不危乎？若不料强弱，非明也；弃善取恶，非智也；去顺效逆，非忠也；身绝血嗣，非孝也；背正从邪，非直也；见义不为，非勇也；六者成败之几[一二]，利害所从，公其深计之！"婴闻，泣下，曰："荒裔愚人，不能自通朝廷，不堪侵枉[一三]，遂复相聚偷生，若鱼游釜中，喘息须臾间耳。今闻明府之言，乃婴等再生之辰也。既陷不义，实恐投兵之日，不免孥戮。"纲约之以天地，誓之以日月，婴深感悟，乃辞还营。明日，将所部万余人与妻子面缚[一四]归降。纲乃单车入婴垒，大会，置酒为乐，散遣部众，任从所之；亲为卜居宅，相田畴；子弟欲为吏者，皆引召之。人情悦服，南州晏然。朝廷论功当封，梁冀遏绝，乃止。天子嘉美，征欲擢用纲，而婴等上书乞留，乃许之。

纲在郡一年，年三十六②卒。百姓老幼相携，诣府赴哀者，不可胜数。纲自被疾，吏人咸为祠祀祈福,皆言:"千秋万岁,何时复见此君?"张婴等五百余人制服行丧,送到犍为,负土成坟。诏曰:"故广陵太守张纲,大臣之苗,剖符[一五]统务,正身导下,班宣德信,降集剧贼张婴万人,息干戈之役,济蒸庶之困,未升显爵,不幸早卒。婴等缞杖[一六],若丧考妣,朕甚愍焉!"拜纲子续为郎中,赐钱百万。

【校】

①命:原文作"令",形近而讹,据中华书局点校本《后汉书》卷五十六改。

②三十六:中华书局点校本《后汉书》卷五十六作"四十六"。

【注】

[一] 公子:三公(东汉指太尉、司徒、司空)之子。张纲之父张皓在顺帝时官拜司空,故称纲为公子。

[二] 有识危心:有识之士内心替他担忧。

[三] 不愆不忘,率由旧章:不做错事,不忘自己的职责,一切都遵循原有的法度章程。出自《诗经·大雅·假乐》。愆,过失。率,因循。由,依从。

[四] 八使:因当时杜乔、周举、郭遵、栾巴、张纲、周栩、刘班八人同时授官,天下称之"八使"。

[五] 豺狼:喻当时把持国家权柄的大将军梁冀及其弟河南尹不疑。

[六] 狐狸:喻官小位卑的奸邪谄附者。

[七] 阿衡:商代官名,为师保之官。引申为任国家辅弼重任,宰相之职。

[八] 五教:五常之教。指父义、母慈、兄友、弟恭、子孝五种伦理道德的教育。

[九] 大辟:死刑。古代五刑的一种。

[一〇] 中:中伤,打击。

[一一] 譬:晓谕,开导。

[一二] 几:预兆、细微的迹象。

[一三] 侵枉:欺凌,冤害。

[一四] 面缚:双手被绑在背后,面部向前。

[一五] 剖符:犹剖竹。古代帝王分封诸侯、功臣时,以竹符为信证,剖分为二,君臣各执其一,后因以"剖符""剖竹"为分封、授官之称。

[一六] 缞(cuī)杖:披挂于胸前的麻布条,古人用来服三年之丧(臣为君,子为父,妻为夫)。

杨戏传　　《后汉书》

杨戏,字文然,犍为武阳人也。少与巴西[一]程祁[二]公弘、巴郡杨汰[三]季儒、蜀郡张表[四]伯达并知名。戏每推祁以为冠首,丞相亮深识之。戏年二十余,从州书佐为督军从事,职典刑狱,论法决疑,号为平当,府辟为属主簿。亮卒,为尚书右选部郎[五],刺史蒋琬请为治中从事史[六]。琬以大将军开府,又辟为东曹掾①[七],迁南中郎参军,副贰庲降都督,领建宁太守。以疾征还成都,拜护军监军,出领梓潼太守,入为射声校尉,所在清约不烦。延熙二十年(257),随大将军姜维出军至芒水②。戏素心不服维,酒后言笑，每有傲弄之辞。维外宽内忌，竟不能堪。军还，有司承旨奏戏，免为庶人。后景耀四年（261）卒。戏性虽简惰省略，未尝以甘言加人，过情接物，书符指事，希有盈纸。然笃于旧故，居诚存厚。与巴西韩俨、黎韬童幼相亲厚，后俨瘤疾废顿[八]，韬无行[九]见捐，戏经纪[一〇]振邮，恩好如初。又，时人谓谯周无当世才，少归敬者，唯戏重之，尝称曰："吾等后世，终自不如此长儿[一一]也。"有识以此贵戏。张表有威仪风貌③，始名位与戏齐，后至尚书，督庲后将军，先戏没。祁、汰各早死。

戏以延熙四年（241）著《季汉辅臣赞》，其所颂述，今多载于《蜀书》，是以记之于左。自此之后卒者，则不追谥，故或有应见称纪而不在乎篇者也。其戏之所赞而今不作传者，余皆注疏本末于其辞下④，可以粗知其髣髴云尔。

【校】

①掾：原文作"椽"，误，形近而讹，据中华书局点校本《三国志》卷四十五改。按，曹掾，指分曹治事的属吏、胥吏。

②芒水：原文作"亡水"，误，形近而讹，据中华书局点校本《三国志》卷四十五改。按，芒水，古水名，即今陕西周至县南之黑水。《水经·渭水注》："芒水出南山芒谷……北流注于渭也。"

③貌：中华书局点校本《三国志》卷四十五作"观"。

④下：原文作"不"，形近而讹，据中华书局点校本《三国志》卷四十五改。

【注】

[一] 巴西：指巴西郡。东汉建安六年（201）刘璋改巴郡置，属益州。治阆中县（今四川阆中市）。

[二] 程祁：字公弘，早卒。

[三] 杨汰：字季儒，早卒。

[四] 张表：字伯达。蜀汉名士。

[五] 尚书右选部郎：职官名。协助选部曹尚书选拔任用官员。

[六] 治中从事史：职官名，府州之佐吏。汉诸州刺史置治中从事史，秩百石，居中治事，主众曹文书。三国魏晋南北朝皆置，身份虽低，职权却重，由刺史自辟，例用本地人，后渐由中央任命。

[七] 东曹掾：职官名。西汉丞相府、东汉三公府属吏，主东曹，职掌二千石长吏选举迁除。东汉秩比四百石。三国、西晋公府沿置。

[八] 废顿：瘫痪。

[九] 无行：没有好的品行。见捐：被人抛弃。

[一〇] 经纪：指照顾。

[一一] 长儿：高个子男子。谯周身长八尺，约合今1.90米，故称。

杜抚传　　《后汉书》

杜抚，字叔和，犍为武阳人也。少有高才，受业于薛汉，定《韩诗章句》。后归乡里教授，沉静乐道，举动必以礼，弟子千余人。后为骠骑将军东平王苍[一]所辟。及苍就国，掾①史[二]悉补王官属，未满岁，皆自劾归。时抚为大夫，不忍去，苍闻，赐车马财物遣之。辟太②尉府。建初中，为公车令，数月卒官。其所作《诗题约义通》，学者传之，曰"杜君法③"云。

【校】

①掾：原文作"椽"，形近而讹，据中华书局点校本《后汉书》卷七十九下改。

②太：原文作"大"，形近而讹，据中华书局点校本《后汉书》卷七十九下改。

③法：原文作"注"，形近而讹，据中华书局点校本《后汉书》卷七十九下改。

【注】

[一]东平王苍：即刘苍。汉光武帝刘秀阴皇后所生，汉明帝刘庄同母弟。刘苍于建武十七年（41）进封为东平王，定都无盐（今山东东平县东）。明帝永平元年（58）为骠骑将军，在朝辅政。永平五年（62），上疏归国。

[二]掾（yuàn）史：汉代以后职权较重的长官有属吏，分曹治事，通称掾史。多由长官自行辟举。唐宋后废辟举制，掾史之名渐移于胥吏。

杨洪传　　《三国志》

杨洪，字季休，犍为武阳人也。刘璋时历部诸郡。先主定蜀，太守李严命为功曹。严欲徙郡治舍，洪固谏不听，遂辞功曹，请退。严欲荐洪于州，为蜀部从事。先主争汉中，急书发兵，军师将军诸葛亮以问洪，洪曰："汉中则益州咽喉，存亡①之机会，若无汉中，则无蜀矣，此家门之祸也。方今之事，男子当战，女子当运，发兵何疑？"时蜀郡太守法正从先主北行，亮于是表洪领蜀郡太守，众事皆办，遂使即真[一]。顷之，转为益州治中从事。

先主既称尊号，征吴，不克，还住永安。汉嘉太守黄元素为诸葛亮所不善，闻先主疾病，惧有后患，举郡反，烧临邛城。时亮东行省疾，成都单虚，是以元益无所惮。洪即启太子遣其亲兵，使将军陈曶、郑绰讨元。众议以为元若不能围成都，当由越巂据南中。洪曰："元素性凶暴，无他恩信，何能办此？不过乘水东下，冀主上平安，面缚归死；如其有异，奔吴求活耳。敕曶、绰但于南安峡口[二]遮即便得矣。"曶、绰承洪言，果生获元。洪建兴元年（223）赐爵关内侯，复为蜀郡太守、忠节将军，后为越骑校尉[三]，领郡如故。

五年（227），丞相亮北住汉中，欲用张裔为留府长史，问洪何如。洪对曰："裔天姿明察，长于治剧[四]，才诚堪之，然性不公平，恐不可专任，不如留向朗。朗情伪[五]差少，裔随从目下，效其器能，于事两善。"初，裔少与洪亲善。裔流放在吴，洪临裔郡，裔子郁给郡吏，微过受罚，不特原假[六]。裔后还闻之，深以为恨②，与洪情好有损。及洪见亮出，至裔许，具说所言。裔答洪曰："公留我了矣。明府不能止。"时人或疑洪意自欲作长史，或疑洪知裔自嫌，不愿裔处要职，典后事也。后裔与司盐校尉岑述不和，至于忿恨③。亮④与裔书曰："君昔在柏下，营坏，吾之用心，食不知味；后流送南海，相为悲叹，寝不安席；及其来还，委付大任，同奖王室，自以为与君古之石交[七]也。石交之道，举雠以相益，割骨肉以相明，犹不相谢也。况吾但委嚑于元俭[八]，而君不能忍邪？"论者由是明洪无私。

洪少不好学问，而忠清款亮，忧公如家，事继母至孝。六年（228）卒官。始洪为李严功曹，严未至犍为而洪已为属郡。洪迎门下书佐何祗，有才策功幹，举郡吏，数年为广汉太守，时洪亦尚在蜀郡。是以西土[九]咸服诸葛亮能尽时人之器用也。

【校】
①亡：原文作"忘"，形近而讹，据文义径改。
②恨：原文作"憾"，形近而讹，据中华书局点校本《三国志》卷四十一改。
③恨：原文作"憾"，形近而讹，据中华书局点校本《三国志》卷四十一改。
④亮：原文作"洪"，误，据中华书局点校本《三国志》卷四十一改。

【注】
[一] 即真：指由临时代理转为实际授官。
[二] 南安峡口：地名。在今四川乐山，为青衣水入长江口处。
[三] 越骑校尉：职官名。汉武帝所置八校尉之一。秩二千石，掌宿卫越骑。东汉初改为青巾石校尉。建武十五年（39），复称越骑校尉。
[四] 治剧：治理繁杂艰难的局面。
[五] 情伪：弄虚作假的事情。
[六] 原假：原谅，宽恕。
[七] 石交：坚如磐石的友情。
[八] 元俭：指岑述。岑述，字元俭。
[九] 西土：西方土地，指蜀汉。

李密传　　《晋书》

李密，字令伯，犍为武阳人也，一名虔。父早亡，母何氏改醮。密时年数岁，感恋弥至，蒸蒸[一]之性，遂以成疾。祖母刘氏，躬自抚养，密奉事，以孝谨闻。刘氏有疾，涕泣侧息，未尝解衣，饮膳汤药必先尝后进。有暇则讲学忘疲，而师事谯周[二]，周门人方之游、夏[三]。

少仕蜀，为郎。数使吴，有才辨，吴人称之。蜀平，泰始初，诏征为太子洗马。密以祖母年高，无人奉养，遂不应命。乃上疏曰"臣以险衅"云云。帝览之曰："士之有名，不虚然哉！"乃停召。

后刘终，服阕，复以洗马征至洛。司空张华问之曰："安乐公[四]何如？"密曰："可次齐桓。"华问其故，对曰："齐桓得管仲而霸，用竖刁[五]而虫蚀。安乐公得诸葛亮而抗魏，任黄皓[六]而丧国。是知成败一也。"次问："孔明言教何碎？"密曰："昔舜、禹、皋陶相与语，故得简雅，《大诰》与凡人言①，宜碎。孔明与言者无已敌，是以碎耳。"华善之。

出为温令，而憎疾从事，尝与人书曰："庆父不死，鲁难未已。"从事白其书司隶，司隶以密在县②清慎，弗之劾也。密有才能，常望内转[七]，而朝廷无援，乃迁汉中太守，自以失分怀怨。及赐饯东堂[八]，诏普令赋诗，末章曰："人亦有言，有因有缘。官中无人，不如归田。明明在上，斯语岂然！"武帝忿之，于是都官从事奏免密官。后卒于家。二子：赐、兴。

赐字宗石，少能属文，尝为《玄鸟赋》，词甚美。州辟别驾，举秀才，未行而终。兴字隽石，亦有文才，刺史罗尚辟别驾。尚为李雄所攻，使兴诣镇南将军刘弘求救，兴因愿留，为弘参军而不还。尚白弘，即夺其手版而遣之。兴之在弘府，弘立诸葛孔明、羊叔子碣，使兴俱为之文，甚有辞理。

【校】

①故得简雅，《大诰》与凡人言：此句底本原刻作"故得简大雅诰与凡人言"，是颠倒"雅""大"二字位置而致误，现据中华书局点校本（1974年版）《晋书》卷八十八改正之。

②县：底本漫漶不清，据中华书局点校本《晋书》卷八十八改。

【注】

[一] 蒸蒸：热切的样子。形容李密对母亲的思念之情。

[二] 谯周：（201—270），字允南，三国蜀汉巴西西充国（今四川西充县）人。著名学者，著有《法训》《五经论》等书。

[三] 游、夏：指孔子的学生子游和子夏。

[四] 安乐公：指蜀后主刘禅。

[五] 竖刁：亦作"竖刀"。春秋时齐国人，姜姓。自宫为宦者，得宠于齐桓公。管仲以为非人情之常，应远斥之。桓公不听。桓公与管仲立公子昭为太子。管仲死，刁与易牙等专权，五公子争为太子。桓公卒，刁又与易牙杀群大夫，立公子无亏，太子昭奔宋。齐遂内乱。

[六] 黄皓：蜀汉宦官。深受蜀后主刘禅爱宠，历官黄门丞、黄门令、中常侍、奉车都尉。延熙九年（246）董允死后始干预政事，操弄权柄，直至蜀亡。为人以奸险著称。

[七] 内转：地方官上调中央政府任职。

[八] 东堂：太极殿为魏晋南北朝时期正殿的通用名称，太极东堂则是太极正殿的东厢房，史籍一般简称"东堂"。

李令①伯传

李密，字令伯，犍为武阳人也。祖父光，朱提太守。父早亡，母何氏更行[一]，见养祖母。治《春秋左传》，博览五经，多所通涉。机警辨捷，辞义响起。事祖母以孝闻，其侍疾则泣涕侧息，日夜不解带，膳饮汤药，必过目尝口。本郡礼命[二]，不应。州辟从事、尚书郎、大将军主簿、太子洗马。奉使聘吴，吴主问蜀马多少，对曰："官用有余，民间自足。"吴主与群臣泛②论道义，谓"宁为人弟"。密曰："愿为人兄。"吴主及群臣称之。

大同[三]后，征西将军邓艾闻其名，请为主簿。及书招，欲与相见，皆不往。以祖母年老，心在色养[四]，拒州郡之命，独讲学，立旌授徒。武帝立太子，征为洗马。诏书累下，郡县相逼。密上疏，武帝览之，曰："密不空有名也。"嘉其诚款③，赐奴婢二人，下郡县，供其祖母奉膳。

徙尚书郎，河内温[五]令。敷德陈化，政教严明。时卫尉散骑常侍临江文立卒，表荐成都寿良云二州人士零颓，才彦凌迟，无复厕豫纲纪，慰宁遐外。良公朝英特二州之望，宜见超予，绍继立后。太傅钜平侯羊公[六]薨，无子，帝令宗子为世子嗣④之，不时赴丧。密遣户曹赍移推縠遗之。中山诸王⑤每过温县，必责求供给，吏民患之。密至，中山王过县，征刍茭[七]、薪蒸[八]。密引"高祖过沛，宾⑥老幼，桑梓之供，一无烦费。伏唯明王孝思惟则，动职光戒，本国望风，式歌且舞，诛求烦碎，所未闻命"。后诸王过，不敢烦温县。盗贼发河内余县，不敢近温，追贼者不敢经界。陇西王司马子舒深敬友之，而贵家惮其公直。密去官，为州大中正[九]。性方亮，不曲意势位者，失荀、张指，左迁[一〇]汉中太守。诸王多以为冤。一年，去官，年六十四卒。

著《述理论》，论中和仁义、儒学道化之士，凡十篇。安东将军胡罴与皇甫士安深善之。又与士安论夷、齐，及司马文中、杜超宗、郗令先、文广休等，议论往返，言经训诂，众人服其理趣。释河内赵子声诔、诗、赋之属二十余篇。寿良、李骧与陈承祚相短长，密公议其得失而切责之。常言："吾独立于世，顾影为俦，而不惧者，心无彼此于人故也⑦。"

密六子，皆英挺秀逸，号曰"六龙"。长子赐，字宗硕，州别驾，举秀才，汶山太守。少与东海王司马元超友昵⑧，每书诗往返，雅有新声。少子兴，字俊硕，太傅参军⑨。幼子盛硕，宁藩太守。

密同时蜀郡高玩，字伯珍，少受学于太常杜琼。术艺微妙，博闻强识，清尚简素。少与密齐名，官位相比。大同后，察孝廉，除曲阳令。单车之县，移檄县纲纪，不使遣迎。以明三材，征为太史令，送者亦不出界，朝廷称之。方论大用，会卒。

【校】

①令：底本漫漶不清，据下文补。

②泛：原文作"汛"，形近而讹，据巴蜀书社（1974年版）《华阳国志校注》（刘琳校注）卷十一《后贤志》改。

③款：原文作"欵"，形近而讹，据《华阳国志校注》卷十一《后贤志》改。

④嗣：底本漫漶不清，据《华阳国志校注》卷十一《后贤志》补。

⑤王：底本漫漶不清，据《华阳国志校注》卷十一《后贤志》补。
⑥宾：原文作"滨"，形近而讹，据《华阳国志校注》卷十一《后贤志》改。
⑦故也：原文作"也故"，误，据《华阳国志校注》卷十一《后贤志》改。
⑧昵：底本漫漶不清，据《华阳国志校注》卷十一《后贤志》补。
⑨军：底本漫漶不清，据《华阳国志校注》卷十一《后贤志》补。

【注】

［一］更行：女子改嫁。

［二］礼命：国家的礼籍和君王的策命。这里指授职书。

［三］大同：指魏灭蜀。

［四］色养：即敬养。

［五］温：县名，即温县。治所在今河南温县西南三十里古温城（今上苑村北）。

［六］太傅钜平侯羊公：指羊祜。羊祜（221—278），字叔子，西晋泰山南城（今山东费县西）人。出身世族，景献羊皇后弟。

［七］刍茭（jiāo）：喂牲畜的草。茭，喂牲畜的干草。

［八］薪蒸：薪柴。

［九］大中正：职官名。曹魏齐王芳时，司马懿执政置。于中正外，在州置大中正，任区别人才、分为九等之职。南朝齐、梁亦重此职。

［一〇］左迁：降职、贬官。古人尊右而卑左，故称。

吕陶①传　　《宋史》

吕陶，字元钧，彭山②人。蒋堂守蜀，延入学，程其文曰："贾谊手也。"登进士，调铜梁令。民庞氏姊妹冒幼弟田，弟状，诉③官不得直。陶至，即讯，服。

改知寿阳，帅唐介辟签书判官，告以立朝事君大节，荐应制科。对策枚举安石之过，谓"贤良之旨，贵犯不贵隐。陛下初即位，愿不惑理财之言，不间老成之谋，不兴疆场之事"。神宗顾安石取卷读未半，神色颇沮。帝觉之，使冯京更读，称其言有理。司马光、范镇皆谓陶曰："不意君及此，平生闻望，在兹一举矣。"安石既怒，科亦随罢，陶虽入等，才通判蜀州，擢知彭州。张商英请废永康军［一］，下旁郡议，陶上言不可，得不废。威、茂夷入寇，召大姓潜具守备，城门启闭如平时。

王中正为将，谬庚，奏召还之。朝廷新立茶法，命李杞、蒲宗闵来榷④，西州骚动。陶言："川蜀产茶，视东南十不及一，诸路既皆通商，两川独蒙禁榷［二］。茶园本是税地，自来敷卖以供衣食。今立法太严，取息太重，遂使⑤良民枉陷刑⑥辟，非陛下仁民爱物之意也。宗⑦闵怒⑧，劾其沮败新法，责监怀安商税。或往吊之，陶曰："吾假外郡之虚名，救蜀民之实祸。幸而言行，所济多矣。敢有荣辱进退之念哉！"起知广安军，召为司门郎中。

元祐初，擢殿中侍御史，献邪正君子小人之辨，谓："今蔡确、韩缜、张璪、章惇，在先朝，与小人表里，为残民害物之政，使人主泽不下流；在今日，观望反覆，为异时子孙之计。安焘、李清臣又从而依阿其间，伺势之所在而归附之。非但负先帝，抑且负陛下。愿亟加斥逐，以清朝廷。"于是数人相继罢去。

差役[三]行，陶言："郡县风俗异制，民之贫富不均。当此更法之际，若不预设防禁，则民间虽无纳钱之劳，反有偏颇之害。莫若以新旧二法，裁量厥中。"会谒告归，诏于本道定议。陶考究精密，民以为便。还朝，正两路转运榷茶之罪。又奏十事，皆利害切于蜀者。

苏轼为朱光庭所论。陶与王觌言："台谏[四]当徇至公，不可假借事权以报私隙。光庭尝恶轼戏薄程颐，顾欲加轼罪，何所不可？必指其策问⑨以为讥谤⑩，恐洛蜀党患[五]，自兹炽矣。"帝亦患之，遂置不问。

与同⑪列论张舜民事不合，传尧俞、王岩叟攻之，太皇⑫太后不纳，迁陶左谏议大夫，历梓州、淮西、成都路转运副使，入拜右司郎中，起居、中书二舍人。奏大臣上殿必使左右史随之，有乞屏左右及史官者，是所言私也。诏定为令。使契丹归，乞修河北边备。帝曰："臣僚言边事，惟及陕西，不及河北。不知河北有惊，则十倍陕西矣！卿言甚善。"进给事中。

帝亲政，陶言："太皇⑬太后保祐九年，尊而报之，惟恐不尽。然⑭臣犹⑮以为无可疑而疑，不必言而言者。万一⑯有奸邪不政之谋，上或渊听，谓某人宜复用，某事宜复行，此乃治乱安危之机，不可不察也。"寻以集贤院学士知陈州，改潞州，又徙河阳，例夺职，贬库部员外郎。

徽宗立，复集贤殿修撰、知梓州，致仕。卒，年七十七。

【校】

①陶：底本漫漶不清，据下文补。

②彭山：中华书局点校本（1977年版）《宋史》卷三百四十六《吕陶传》作"成都"。

③诉：原文作"诉"，形近而讹，据《宋史》卷三百四十六《吕陶传》改。

④榷：原文作"榷"，形近而讹，据文义径改。

⑤使：底本漫漶不清，据《宋史》卷三百四十六《吕陶传》补。

⑥刑：原文作"形"，误，形近而讹，据《宋史》卷三百四十六《吕陶传》改。

⑦宗：底本漫漶不清，据《宋史》卷三百四十六《吕陶传》补。

⑧怒：底本漫漶不清，据《宋史》卷三百四十六《吕陶传》补。

⑨问：原文作"间"，形近而讹，据《宋史》卷三百四十六《吕陶传》改。

⑩谤：底本漫漶不清，据《宋史》卷三百四十六《吕陶传》补。

⑪同：底本漫漶不清，据《宋史》卷三百四十六《吕陶传》补。

⑫太皇：原文无此二字，据《宋史》卷三百四十六《吕陶传》补。按，太皇太后，指宣仁圣烈皇后

⑬太皇：原文无此二字，据《宋史》卷三百四十六《吕陶传》补。

⑭然：原文无此二字，据《宋史》卷三百四十六《吕陶传》补。

⑮犹：原文无此二字，据《宋史》卷三百四十六《吕陶传》补。

⑯万一：原文作"必"，据《宋史》卷三百四十六《吕陶传》改。

【注】

[一] 永康军：北宋太平兴国三年（978）改永安军置，治灌口镇（今四川都江堰市）。熙宁五年（1072）废为灌口寨，九年复于导江县（今都江堰市东）置永康军。

[二] 禁榷：禁止民间私自贸易盐铁茶酒等物资而由政府专卖。

[三] 差役：这里指王安石新法中的募役法，又称免役法。

[四] 台谏：台官与谏官之合称。唐时，台官与谏官分立。唐、宋侍御史、殿中侍御史与监察御史掌纠弹，通称为台官，谏议大夫、拾遗、补阙、正言掌规谏，通称谏官，合称台谏。

[五] 洛蜀党患：宋哲宗时，朝臣分洛、蜀、朔三党，皆反对王安石新法。洛党以程颐为领袖，朱光庭、贾易等为其羽翼；蜀党则以苏轼为首。

唐重①传　　《宋史》

唐重，字圣任，眉州彭山人。少有大志，登进士。徽宗制策[一]，问制礼作乐，对以"事亲从兄，为仁义礼乐之实。陛下以神考为父，哲宗为兄，盍亦推原仁义之实而已，何以制作为哉？"授蜀州司理参军，改成都教授，知金堂县，入为辟雍学录。

召对[二]，极言拓地开边之害。历迁吏部员外郎②、左司郎中、起居舍人、右谏议大夫。金人构难，朝议和战迁守不一，重告于钦宗，决定守城之计。金人要求金帛，中书侍郎王孝迪下令，许人讦告，有匿者死。重曰："如此，则子得告父，弟得告兄，奴婢得告主，岂初政所宜？"疏论，止之。又累疏乞斩蔡京父子以谢天下。寻转中书舍人[三]，以多缴奏不合落职，知同州，擢天章阁待制。

高宗即位，上疏论当今急务有四：欲车驾西幸，建藩镇，封宗子，通夏国之好，继青唐之后，使相掎角，以缓敌势；大患有五，谓法令不彰，朝纲委靡，军政败坏，国用竭，民心离，宜大奋乾断，登用忠直。

时关中缺守□询、长安帅刘岑荐重，擢天章阁直学士、知京兆府兼经略制置使。复申前议，请上亲幸关中，以固根本。然后营屯于汉中，开国于西蜀，此策之上；若驻节南阳，控吴越、齐楚、赵魏之师，以临秦晋之墟，视敌强弱为进退，此策之中；傥因旧都，再治城池，据成皋、崤函之险，悉严防守，此策之下；若引兵南渡，则国势微弱，人心离散，此最无策。又条奏关中形势并防河事宜，言自昔控制陕西六路，捍蔽川陕四路，关中固，则可保秦、蜀十路无虞。顷缘逐路帅守、监司[四]各有占护，不相通融。乞选宗亲贤明者充京兆牧，或置元帅府，令总管秦、蜀十道兵马，以便宜从事，一应监司、帅守并听节制。缓急则合诸道之兵，以卫社稷，不惟可以御敌，亦可以救郡县瓦解之失。又言近来虢、陕残破，解与河中已陷，同华沿河与金对垒边面亘六百余里，本路无一可战之兵。乞增以五路兵马十万，命官节制，并委漕臣[五]储偫[六]以守。不报。乃留程迪提举军马，措置民兵。

金将娄宿已陷韩城。时京兆兵皆调赴行在，重度势不可支，与迪诣种氏诸豪，谋率众保险，俟敌势□衰出奇击之。转运桑景询揭牓□民，择险自固，会前河东经制傅亮建议，当守不当避。重从之，去者悉还。既而益迫，复以迪行视南山，诸谷将运金帛，徙治其中，召土豪集民兵以补军籍。时应募者众，亮语重曰："人心如此，假以旬日，守备且具奈何？"弃去，重然之，遂与郭忠孝等分域固守。重主东壁，忠孝主西壁。金人围城，忠孝引神臂弓射，敌不得前。重先以书别其父克臣曰："忠孝不两立。男义不苟生，以辱吾父！"克臣报曰："汝能徇国，吾含笑入地矣。"又遗书运使李唐孺曰："重平生忠义，不敢辞难，始意迎车驾[七]入关，居建瓴之势，庶可以临事。方今车驾南幸，臣民望绝，虽竭智力无所施，一死报上而已。"固守逾旬，外援不至。傅亮夺门出降，城遂陷。重以亲兵百人血战，诸将扶使去，辞曰："死，吾职也！"遂中流矢没。唐孺上其书，帝哀悼之，赠资政殿学士。

【校】

①重：底本漫漶不清，据下文补。

②郎：原文无此字，据中华书局点校本《宋史》卷四百四十七《唐重传》补。

【注】

[一] 制策：一种古代选拔人才的方法。汉代试士，由主考官发策以问，应试者因其所问而陈己之所见，称为"对策"。而由天子亲自出题的称为"制策"。

[二] 召对：君主召见臣下令其回答有关政事、经义等方面的问题。

[三] 中书舍人：职官名。中书省的属官。西晋初设置，历代名称和职务不尽相同，南朝时掌起草诏令，参与机密，决断政务；隋时主管诏令；唐时掌管诏令、侍从、宣旨和接纳上奏文表等事；宋时主管中文书，起草有关诏令；明朝时则负责缮写文告、命令等事务；清代沿置。简称为"中书"。

[四] 监司：职官名。宋代路一级地方监察机构安抚司、转运司（包括江浙荆淮发运使）、提刑司、提举常平司等的总名。监司官互不统属，各对朝廷负责。

[五] 漕臣：管理漕运的官员。

[六] 偫（zhì）：积蓄，储备。

[七] 车驾：天子出巡时乘坐的马车。后亦用为天子的代称。

宋德之传　　　　《宋史》

宋德之，字正仲，其先京兆人。随谏大夫远谪彭山，子孙散居于蜀，遂为蜀人。擢庆元二年（1196）外省第一，为山南道掌书记。召除国子正[一]，迁武学博士[二]。与诸生论八阵本乎八卦，皆以动物为象，奇正之变，往来相生而不穷，知此然后可以致胜。

迁密院编修[三]，会赤眚[四]见太阴[五]，犯权星，内北门鸱尾灾，延及三省、六部。德之应诏，奏"离为火，为日，为甲胄；坎①为水，为月，为盗，为②隐伏。火失其性则赤𤯝见，忧在甲兵；水失其性则太阴失度，忧在隐伏。"因疏七事，皆当时至切之患。韩侂胄[六]将萌兵衅，德之又奏："今敌人未动，而轻变祖宗旧制，命武臣吴曦仍帅西蜀，皇甫斌在襄汉，郭倪、李爽在两淮，以自遗患。晋叛将、唐藩镇之祸，基于此矣。"

除太常丞，出知阆州。曦果变，德之托足疾以避事，蜀平，始赴阆。擢本路提点刑狱。安丙奏其迟慢，降一官，改潼川路运判，历湖南、北提刑。

召为兵部郎官。会史弥远疑丙，首以问之。德之曰："微丙，朝廷无蜀矣。人有大功而疑之，是以私嫌废公议也。"弥远以为忤，遂罢。丙深感德之③，且口愧曰："丙不知正仲，正仲不负丙。"因请与结婚，不许。时论益称之。寻起知眉州，以监特④奏召试，得疾而卒。

祖耕，官宣教郎，性刚介，因乱弃官去，莫知所之。后从父廉闻临安人言："蜀有宋宣教者，过浙江而去，因适越求之，则已入四明。"德之渡浙⑤江寻访，至雪窦，有蜀僧言："山后有烂平山，二⑥居士居之，其一宋宣教也。"亟跻攀而至，惟见丹灶药炉，乃置祠其上而归。

【校】

①坎：原文作"次"，形近而讹，据中华书局点校本《宋史》卷四百《宋德之传》改。

②为：原文作"贼"，据《宋史》卷四百《宋德之传》改。

③之：原文无此字，据《宋史》卷四百《宋德之传》补。

④特：底本漫漶不清，据《宋史》卷四百《宋德之传》补。

⑤浙：原文无此字，据《宋史》卷四百《宋德之传》补。

⑥二：原文作"三"，据《宋史》卷四百《宋德之传》改。

【注】

[一] 国子正：职官名。北宋大观元年置，掌执行国子生学规。南宋时为正九品。

[二] 武学博士：学官名，隶国子监。掌以兵法七书、弓马技艺训诱武学生。

[三] 密院编修：即枢密院编修，职官名。枢密院条令、用例，历年所积繁多，须常加修正，删除矛盾抵牾不可用者，汇编润饰成可供检用的枢密院诸房条例。此即编修官之职。

[四] 赤𤯝（shěng）：五行家谓指兵火之灾的征兆。

[五] 太阴：指月。

[六] 韩侂（tuō）胄：（1152—1207），字节夫，相州安阳（今河南安阳）人，南宋权相。开禧元年（1205），用毛自知之议，举兵北伐。吴曦降金，部署失宜，北伐失利，中外忧惧，遣使请和。礼部侍郎史弥远勾结参知政事钱象祖，与杨皇后密谋，指使夏震将侂胄拥至玉津园侧杀死，函首金廷求和。

杨岐之传

杨郤，字岐之，犍为武阳人也。少好学志古，澡厉名行。州辟主簿、别驾，刺史王濬举秀才，安汉、雒令，国王中尉。以选为尚书郎，迁汶山太守。值夷复雟，失诛俗和，徙授巴东，转广汉。永嘉初，进衡阳内史。遇流民叛乱，攻没长沙、湘东，邠辄救助。贼众侵盛，遂破郡城，获邠，欲以为主，邠不许。贼昼夜执守，邠候其小怠，夜急走，比觉，已去远。收余众，军重安。欲投湘州刺史荀眺，共图进取。会眺降贼，邠孤军固城。贼攻围之，誓死不移，遂卒城中，时年六十九。

帝为镇东大将军，嘉其忠节死义，遣使吊赠。策曰："唯永嘉七年（313）四月己未，使持节、都督江阳诸军事，镇东大将军琅琊王睿①谨遣扐命：前衡阳内史杨君，忠肃贞固，守正不移，虽危逼②，节义可嘉。不幸殒卒孤城，甚悼之。今列上尚书，赠君淮南内史。魂而有灵，嘉兹荣宠。呜呼哀哉！"

邠同郡杨稷文曹，泰始初为交趾太守，平九真、郁林、日南四郡，斩吴交州刺史刘峻③、大将④修则。武帝方授交州，会孙皓遣大将军薛珝、陶璜十万人攻稷。被攻八月，救援不至，众寡不敌，遂为珝、璜所获。囚稷，欲送皓，稷欧血死。帝嘉其忠烈殁命，追赠交州刺史。

【校】

①睿：原文作"濬"，形近而讹，据巴蜀书社（1974年版）《华阳国志校注》（刘琳校注）卷十一《后贤志》改。

②逼：原文作"迫"，形近而讹，据《华阳国志校注》卷十一《后贤志》改。

③峻：底本漫漶不清，据《华阳国志校注》卷十一《后贤志》补。

④大将：原文作"大将军"，衍一"军"字，误。据《华阳国志校注》卷十一《后贤志》改。按，修则为吴前部督，非大将军。

敏肃公行述　　张之濬

岳敏肃，讳昇龙，字见之，宋忠武鄂王飞廿世裔孙。先世由浙武林宦居江南毗陵，明季始迁临洮，复徙兰州永泰堡，遂家焉。公父绍兴总镇咏镇邦，生公兄弟二人。公少精敏，忠厚沉毅，喜读书击剑。弱冠，督学道徐取入狄道县学文庠，适兰州华抚军[一]闻公之才，聘坐西席[二]。

康熙十三年（1674），叛逆吴三桂变乱。逆贼王辅臣犯顺[三]，而河东地方以次沦没，兰州失守。华抚军避其锋，移师河西，与提督张公勇、西宁镇王公进保计议恢复。惟时公率家丁三百余人，保护华抚军眷属，出于群盗充斥之间，未尝损拆一人。华公德之，劝其从戎，补授永泰营百夫长[四]。值本营游击许忠臣潜通吴逆，暗授逆劄。公识破逆谋，遣家丁乘夜缒城[五]，驰赴靖逆将军张勇行营首告。张公即着其人持回密檄，令公相机擒挈，并许随遣官兵接应。公得檄，不俟官兵，先以大义开导兵目，排挞直入，生缚忠臣，搜获吴逆所给协、镇、参、游札付百余张，将许忠臣解赴张公军前，讯问正法。奏公升任庄浪守备。莅任未久，突兰州抚标城守官兵赵士升、黄正纪等亦授逆札，乘华抚军他出，寅夜抢掳藩库[六]，据城从逆。时奋威将军王公驻师庄浪，闻报，统率官兵，星夜进发，令公为前锋乡导。及至黄河西岸，逆贼将浮桥折断，水势汹涌，无舟楫可通。即椎牛[七]千百，以肉飨士，以皮覆于车辕，木上联络为筏。约至四更，督兵登筏共济，瞬息之间，涌登东岸。官兵奋勇争先，破垒擒杀，而逆贼无有一逃者。然逆贼虽于沿河连布营垒以仗，黄河阻遏，谅官兵即难飞越，高歌酣醉，毫不为备。官兵破垒，尚在梦中矣！天明，王公渡河，酌酒劳公，复令公统领官兵攻取兰州。但兰州乃金城古郡，城高池深，卒难攻下，且城中逆党畏罪死守。公即相度形势，制造云梯，率兵先登。将至女墙，被贼铳子击伤右足，颠覆城下，一时晕倒。逆贼乘势开城冲击，幸义仆张之英、之叚二人互相负公保回营，死而复苏。兰州复，论功优升，随同王公入川，克复保宁。吴逆平，升任黑城营游击①[八]。叠荷圣眷，莅任登州、天津总镇兼都督同知。

康熙三十五年（1696），噶尔旦犯顺，冲震宸怒，降旨御征。时公在天津，星驰行在，奏请随征，躬受方略。命在议政大臣内行走[九]，即命随同中路大将军马公前锋追剿，远穷沙漠，北斗南观。仰承睿算，中、西两路齐进，一遏其前，一袭其后。贼为中路追急，连夜逃遁，行至招木多地方，遇西路大兵，一战成功。噶尔旦授首，余贼歼灭无遗，凯旋。

后奉旨：岳昇龙随朕出师塞外于噶尔旦，始末知之甚详，武职未有如岳昇龙明晰噶尔旦情形者。这本内事情，着议奏该部知道，温纶褒美，竹绵永垂。特旨升授四川提督，颁赐四团龙大褂一袭、珊瑚朝珠一串、品级荷包四个。

甫莅任，奉旨会同钦差左都御史贝公和诺察审董卜土目谋杀土司父子一案，审明定拟正法。惟土司父子俱殁，无人袭职。细查宗图，次子雍中七立在西藏为喇嘛，差官远赴西藏，调取承袭，差官回省，密禀"打箭炉为西藏喋巴窃据，喋巴，华言营官也。杀死明正土司，掳去印信、号纸，妇女归藏"等语。公即密饬化林营参将李麟详查，回报：续据李麟报称，康熙八年（1669）巡抚张得地将打箭炉税务受贿，卖与西藏，喋巴罕遣正二喋巴驻炉收税。接任巡抚皆贪重贿，并不驱逐。历年既久，乃敢借势乘权，杀死土司，掳去印信、号纸，并土妇工噶女桑诘等归藏情真。公闻之，不胜发指。查打箭炉乃川省门户，土司亦朝廷职官大吏，贪黩，上欺君父，下损国威，莫此为甚。即檄化林营绘画进兵道路地图，仍面询巡抚，于养志始末，会同题奏。彼知事涉于己，诡言缓图，暗地捏款诬参。及至，接见差罗布二部堂来川察审之旨，始知为其所卖。随将私卖打箭炉情形并周知四川，种种私派过于正供，民不堪命，汇成抚臣奇贪等事，并疏题参。后因罗察布泰察审不公，蒙圣祖仁皇帝洞悉其奸，皆罹重谴，复命川陕总督希尔达秉公审拟。希公审诬参情弊，公因得昭雪。部议大臣互讦，例应罢职。奉旨随同都统满丕尧复打箭炉，仍授四川提督，而于养志情罪俱真，拟以重典。奉旨发往打箭炉军前，供应大兵无误，免死，减等发落。

康熙四十二年（1703），圣祖仁皇帝西巡，公诣行在，荷蒙温旨，褒嘉御书"重闱锡类"匾一轴，钦赐公母张太夫人，赐公"仁爱士伍""威信著闻"匾二，"太平时节原无战，上将功勋在止戈"对联一，太公阴符一轴，叠叠御书、宸翰，辉煌门庭。

康熙四十九年（1710），建昌瓦都瓦尾摩猕生猓杀死冕山营游击周玉麟，公奉命征讨，不三月而将瓦都瓦尾摩猕 打冲河皮罗木罗坎，到底一带生猓剿抚悉定，大小凉山、竹墨等处蛮猓，亦皆闻风向化，俱入版图，计抚千万余户。奉旨：岳昇龙留意边防，剿抚并用，统领官兵，深入蛮地，斩获甚多。河内河外诸蛮，悔罪归诚，悉皆就抚，具见实心任事，调度有力。该部知道旋司回署，后因七月渡泸，侵染瘴疠，深入药山，熏蒸毒气，是以双目渐觉昏眊[一〇]，随具疏告致。奉旨：卿久任封疆，夙知行伍。今闻目疾，甚为可惜，须调理得宜，治法若好，可以全愈，不必忧愁。荷蒙圣恩慰留，惟思四川重地，提督重任，恐贻失职之讥，复上告休之疏。

奉旨：岳昇龙□行间效力年久，简川提督，实心任事，正资料理。览奏，以目疾求罢，情词恳切，着以原官致仕。该部知道，适奉武职回籍之例甚严，因张太夫人年逾九旬，车马难任，势不容已。具疏陈情，恳入四川民籍。奉旨编隶川省，随即报入眉阳。缘所染瘴疠之气甚深，闲居未久，薨于私第，时康熙五十二年（1713）正月初六日也，享寿六十八岁。捐馆[一一]之日，阖城兵民无不流涕，远迩绅士哭吊不绝。荷蒙圣恩谕祭，全葬于彭山县西北四十里忠义乡翔凤山之阳，与苗夫人合冢焉。诰封荣禄大夫。

雍正五年（1727），又蒙世宗宪皇帝赐谥敏肃，恩流泉壤，名著旗常，皆沐圣恩，如天之高厚也。且公忠孝友爱，仁慈宽厚，勇毅廉介，本于性成。事张太夫人六十余年如一日，问安视膳，备极诚敬。遇有疾病，衣不解带者，屡夕痊而后已。麟袍敝于戏彩[一二]，禄米竭于奉亲。通国之人，咸知纯孝。奉庶母杨夫人恭敬诚谨，始终不懈。抚弟超龙，目三岁以至成立。外严代父，内慈代母，训导代师，切磋代友。后超龙长为名臣，皆公义方不辍所致矣。其敦睦宗族，近世罕俦。康熙四十二、三年（1703—1704）间，故乡荒歉，斗粟千钱，凡三党之亲及贫寒故友，公致信，悉令搬移来川，待举火者二百余人，各给庄田，永为世业，人咸比文正公焉。至于居官以勤，待人以恕，接物以慈，驭下以宽，忠君爱国之诚与日俱深，济人利物之念无时不举。或值救人之危，虽罄囊而弗惜；隐人之恶，纵深仇而不记。严扣克兵安于伍，禁盗贼民安于野。设义馆以教孤寒，施衣粥以赈贫苦。修北郭泥陷之路，建泸水铁锁之桥。种种善政，悉在人心。是以成都绅士兵民，于康熙六十一年（1722），公呈崇祀名宦，复建祠北关郭，蒸尝不替。雍正八年（1730）、乾隆十七年（1752），临洮府狄道县绅士耆民，追公之德，公呈请恳崇祀乡贤，奉旨交部议覆，钦此钦遵。公原配王夫人无出，继配苗夫人生一子钟琪，孙七人：濬、洳、涝、淳、淦、沛、潏。

嘉庆 彭山县志 校注

《彭山县志》卷之四

【校】

①击：原文作"戎"，据文义径改。

【注】

[一] 抚军：清代，为巡抚的别称。

[二] 西席：旧时家塾教师或幕友的代称。古人席次尚右，右为宾师之位，居西而面东。

[三] 犯顺：违背常理，反叛作乱。

[四] 百夫长：武官名。统率百人的军帅，是武官中最卑微的职位。

[五] 缒（zhuì）城：由城上缘索而下。出自《旧唐书·李绛传》。

[六] 藩库：清代布政司所管辖的仓库，用以储藏钱谷。

[七] 椎牛：谓击杀牛。

[八] 游击：清代武官名。从三品，次于参将一级。

[九] 行走：清代把不设专官的机构或非专任的官职称为行走（如章京上行走、军机处上行走）。北洋军阀统治时期，把额外派遣的官职称为行走，不属正式编制。

[一〇] 昏眊（mào）：视力模糊，看不清楚。

[一一] 捐馆：抛弃居所。比喻死亡、去世。

[一二] 戏彩：亦作"戏采"。《艺文类聚》卷二十引《列女传》："老莱子孝养二亲，行年七十，婴儿自娱，着五色采衣。尝取浆上堂，跌仆，因卧地为小儿啼。"后因以"戏彩"指孝养父母。

威信公传　　袁 枚

公姓岳，讳钟琪，字东美，一字容斋。先世汤阴人，为忠武王飞之后，十七世由宜兴徙居兰州。父昇龙，以永泰营百夫长从征吴三桂，立功，累迁至四川提督，因家焉。薨，谥敏肃。

公生有至性，母苗太夫人疾，刲股[一]以疗。敏肃公[二]命之射，犹忍痛发矢。为儿时，好布石作方圆阵，进退群儿，颇有法。敏肃公器之，以同知衔奏请改武，授松潘镇游击，迁永宁副将[三]。

康熙五十八年（1719），西藏达哇、蓝占巴等叛。天子命十四①亲王为大将军，噶尔弼为副将军，率公征之。公领兵四千，驻察木多，会齐大将军进讨，途获落笼宗逃酋，探知有准噶尔使者在其地，诱各番兵守三巴桥，遏我兵。公念三巴桥者，进藏第一险也。贼若断桥守之，我兵势不得过。而其时两将军隔数千里，无由咨询。乃选能番语者三十人，衣番服，飞驰至落笼宗，擒其使者五人，杀六人。诸番闻之，惊以为神兵自天降，相与匍伏请降，无梗道者已。而副将军率诸将来会，将鼓行入藏。忽大将军以调蒙古兵未至，檄诸将各就所到处屯兵待之，毋轻动。诸将瞠视不能决，公请于副将军曰："我兵自察尔多赍两月粮米，已四十余日。若再待大军，粮将尽。闻西藏部落有公布者，为其右臂，最强。能檄令先驱，当无俟蒙古兵也。"副将军许之。公即招抚公布，率之渡江，杀喇嘛四百，逆番七千，擒其首犯达哇等。自四月十三日用兵，至八月十九②日西藏平。圣祖嘉之，由副将迁四川提督。

雍正元年（1723），青海罗卜藏丹津叛，寇西宁。公时驻松潘，大将军年羹尧召公会谋，公沿途剿抚。有潘③下等四部落，为贼阻道者，灭之；有哈齐、奴木汉等二部落为贼胁者，抚降之；有果密番二千人，盗官马聚大石山喊枪者，击杀之。自松潘行至西宁，五千余里，烽烟肃清，青海为之夺气[四]。

二年（1724）春，公征尔格弄寺喇嘛，军于华里，罗氏党也。华山险峭，横当军前，山下五堡环列，军到，寂无人声。公曰："是有伏也。"分兵搜之，余兵依山结阵。俄而堡内贼起，遂分官军为三路，夺山杀贼，贼败走。追之，又至一山，山有高楼，贼伏其中，发矢石。公命健儿二十人，密携引火木梯④，从山两旁进，而躬率大队迎战。战方酣，楼上烟起，天亦风，焰光灼耀，贼累累然焦烂坠矣。是役也，破贼万余，公兵止三千也。

还营，大将军喜谓公曰："上知公勇，将命公领万七千兵，直捣青海，约四月启行。公意如何？"公曰："青海贼不下十万，我以万七千当之，其势不胜。且塞外地旷，无畜牧所须，贼人并集时可与决战。若散而诱我，将四面受敌矣。钟琪愿请精兵五千，马倍之，二月即发，及其无备攻之。"大将军以公言奏，世宗壮之，加奋威将军，如期出塞。行至崇山，见野兽群奔。公曰："此前途有放卡贼也。"蓐食[五]速驱，果擒放卡者百余，自此贼伺探者断矣。至哈达河，贼据河立营。公渡河战，始发铳箭，继以短兵，自辰至午，斩千余人。贼窜而西，追之。其党贝勒彭错、台吉吹等相继迎降，告知罗卜藏丹津拥众数万，驻乌兰大呼儿。公拔营夜行，黎明至其处。贼尚卧，马未衔勒，闻官军至，大骇，不知所为，则皆走。生擒贼母阿尔太哈、贼妹阿宝等。罗卜藏丹津衣番妇衣，骑驼走噶尔⑤顺。公留兵守柴旦木要害处，而躬⑥自追之，日行三百里。至一地，见毵毵[六]然红柳蔽天，目不能望远。夷人曰："此桑驼海也。路自此穷矣！"公乃班师。是役也，公以五千兵往返两月，降台吉三，擒台吉十有五，斩贼八万余，生获男妇、军器、驼马、甲帐无算。献俘京师，世宗告庙，御太和殿受贺，以青海平大赦天下。加公公爵，赐诗赐像，仍命率师二万征庄浪卫、有堡城诸番，皆青海余孽也。所至詟服[七]，乃安插洛力达等十六族耕地起科[八]，而奏改庄浪为定⑦番县。

三年（1725），迁川陕总督。五⑧年（1729），因准噶尔叛，上命大司马查郎阿至关中，筑坛，拜公为宁远大将军征之。公率师至巴尔库勒，贼已隐匿。公按图籍筑东、西二城，为屯兵计。会上召公，面授方略。公交印于提督纪成斌，身自入都。贼伺公行，入劫马厂，夺五堡。时我兵不克，廷议者争劾公失机，所荐非人。上罢公职，系公于狱。

今上登极之二年，赦归田里。十三年（1748），金川叛，征之，不克。上起公为总兵[九]，即补四川提督，征金川。金川以勒歪为巢穴，康八达、跟杂为上下门户，恃碉为险。

公命撤土兵，募新兵，扬言攻康八达，而暗袭跟杂，夺其碉楼四十七处。复临勒歪隘口，囊土作运粮状，诱贼出，伏火器待之。贼果出抢粮。枪筒齐发，皆糜烂，死伤甚众。先是，金川闻上复用公，皆不信，曰："岳公死久矣！"至是大挫，方疑公来，然犹未知公果在否也。会天子命大学士傅恒⑨视师，诛奸人阿扣、王秋等。贼惧，有降意，犹恐降而诛，负固未出。公请于傅公曰："钟琪愿诣贼巢验诚否。"问："带若干人？"曰："多则贼疑，非所以示信也。"乃袍而骑，从者十三⑩人，传呼直入。群苗千余，金□花衣，持铳矢迎道左。公目酋长，自指而笑曰："汝等犹认我否耶？"惊曰："果然岳公也！"皆伏地罗拜，争为前马导入帐，手□茶汤进公。公饮尽，即宣布天子威德，待以不死之意。群苗欢呼，顶佛经立誓，椎牛行炙，留公宿帐中。次日，酋长莎罗奔、即卡等从公坐皮船出洞，诣大军降。事闻，天子命公为太子少保、兵部尚书，复还公爵，加"威信"二字以宠异之，并赐诗赐像，所奏善后事宜允行。

十五年（1750）冬，西藏朱尔墨特叛，都统傅清等杀贼遇害。上命公会同总督策楞相机定之。十六年（1751），杂谷闹土司苍旺有异志，窥取旧保城头目，谏者杀之。又攻伐梭磨、卓克基两土司，恶其背己谋也。公得信，亟言于策公曰："杂谷闹即唐维州，最险要。闻苍旺密调孟冬九子、龙窝等处兵据维关，此地一失，后将噬脐[一〇]。宜及其未集击之。然兵贵神速，不得延时日也。"策公深然之，即会奏便宜行事。支武弁一年养廉，兵三年粮，率大军夜围杂谷，擒苍旺，奏明斩之。改土司为三杂谷，群番悦服。十九年（1754），讨垫江酋陈昆，擒获过半。回署，未至，卒于军，公素志也，年六十九。天子震悼，予祭葬，赐谥襄勤。二十年（1755），再赐一等轻车都□□□□，世袭罔替。

公生而沉雄骈胁[一一]，善射，寡言笑，长七尺⑪二寸，目炯炯四射。食前方丈，膳饮兼人，其忠诚出于⑫天性。征青海，至哈喇乌苏，天寒沟涸。公祷于天，水即涌出。督川陕时，有逆人曾静者上书劝公反，立擒以闻。雅精风角[一二]占验，好书史，吟咏不辍。放归十余年，开别墅于百花潭北，青鞿布袍，与野老话桑麻，极林泉之游，人不知为故大将军也。有《姜园》《诗草》等集行世。相传番僧号"活佛"者，倨受王公拜不动，见公则先膜手，曰："此变⑬身韦陀[一三]也。"僧言虽诞，然亦可想见公之状貌云。

旧史氏曰："枚与公次子洇⑭同举孝廉，于公为年家子，以终身不及见公为恨。公七子潇为六安参将，恂恂儒将，有父风，与枚游甚欢，持公行状索枚立传。惜当时秉⑮笔者叙次太繁，读之不甚简净。为纂其次□□□□，恐未足以传公也。公长子濬，年甫弱冠⑯，巡抚⑰山东⑱，明察宽静，吏民怀之，以公入狱，故终岁缀衣⑲蔬食，不宿于内，亦伟人也。当葺其遗事为⑳别立传。

【校】

①十四：原文作"某"，据《四部备要》本《小仓山房文集》卷六改。

②九：原文作"七"，据《小仓山房文集》卷六改。
③潘：原文作"播"，形近而讹，据《小仓山房文集》卷六改。
④梯：原文作"枞"，形近而讹，据《小仓山房文集》卷六改。
⑤尔：原文无此字，据《小仓山房文集》卷六补。
⑥躬：原文作"公"，音近而讹，据《小仓山房文集》卷六改。
⑦定：原文作"平"，据《小仓山房文集》卷六改。
⑧五：原文作"七"，误，据《小仓山房文集》卷六改。
⑨傅恒：原文作"公傅"，误，据《小仓山房文集》卷六改。
⑩十三：原文作"三十"，据《小仓山房文集》卷六改。
⑪长七尺：底本漫漶不清，据《小仓山房文集》卷六补。
⑫忠诚出于：底本漫漶不清，据《小仓山房文集》卷六补。
⑬变：原文作"前"，据《小仓山房文集》卷六改。
⑭泇：《小仓山房文集》卷六作"油"。
⑮当时秉：底本漫漶不清，据《小仓山房文集》卷六补。
⑯弱冠：底本漫漶不清，据《小仓山房文集》卷六补。
⑰巡抚：底本漫漶不清，据《小仓山房文集》卷六补。
⑱东：原文作"左"，据《小仓山房文集》卷六改。
⑲故终岁缀衣：底本漫漶不清，据《小仓山房文集》卷六补。
⑳事为：底本漫漶不清，据《小仓山房文集》卷六补。

【注】

[一] 刲（kuī）股：割大腿肉。割股疗亲，古以为孝行；割股祭祀，则表示崇敬之至。

[二] 敏肃公：指岳钟琪之父岳昇龙。岳昇龙，谥敏肃。

[三] 副将：武官名。南宋武职的一种，位在统制、统领、正将下。清代隶于总兵，理一协军务。

[四] 夺气：因慑于声威而丧失勇气。

[五] 蓐（rù）食：早晨未起身，在床席上进餐。谓早餐时间很早。

[六] 毵毵（sān sān）：形容毛发、枝条等细长的样子。

[七] 慴（zhé）服：因畏惧威势而屈服。

[八] 起科：指征收新垦荒地或未税熟田的田赋。

[九] 总兵：职官名。明朝设置，为一高级武官，奉令统军镇守。清时为绿营兵的高级统将，位次提督。

[一○] 噬脐：用嘴咬自己的肚脐是不可能做到的事。比喻后悔已迟。

[一一] 骈胁：胸膛肌肉强健丰满，看不出肋骨的痕迹。

[一二] 风角：古代占卜之法。以五音占四方之风而定吉凶。

[一三] 韦陀：即韦陀菩萨，佛教的大菩萨之一。

《彭山县志》卷之五

彭山县艺文志（下）

经史阁记　　宋集贤学士 吕陶 邑人

蜀学之盛冠天下，而垂无穷者，其具有三：一曰文翁之石室，二曰高公①之礼殿，三曰石壁之九经。盖自周道衰微，乡校[一]废坏，历秦之暴，至汉景、武间，典章风化，稍稍复讲。时文翁为蜀郡守，起学于市，减少府[二]用度，以遗博士，诸生受业京师。招子弟，为除䍩[三]，且以补吏，或与之行县。民用向化，几比齐、鲁。自尔郡国皆立学，实文翁倡之，所谓石室者存焉。至东汉之季，四海板荡[四]，兵火相仍，炎及校舍，弦诵寂绝，儒俗不正。兴平[五]中，郡将陈留高眹②修旧补废，作为庙堂，模制闳伟，名号一新，所谓礼殿者见焉。及五代之乱，疆宇割裂。孟氏苟有剑南，百度草创，犹能取《易》《诗》《书》《春秋》《周礼》《礼③记》刻于石，以资学者。吾朝皇祐中，枢密直学士京兆田公加意文治，附以《仪礼》《公羊》《穀梁》传，所谓"九经"[六]者备焉。始汉景末，距今凡十六代、千二百四十余年，崩离变革，理势不常，而三事之盛，莫易其故。然则冠天下而垂无穷，非夸说也，考实以议也。惟经史阁之成，基势崇大，栋宇雄奥，下视众屋，匪隘即陋，聚书万卷，宝藏其间，斯亦近类三事，传千百年而不可废者乎！

龙图阁直学士濮阳吴公因其成也。会寮佐与蜀之士大夫及其讲师徒弟凡若干人饮酒以落之，德风洋洋，颂声愉愉，布宣于一方。有若阙里弟子，集坛坫之下，歌咏先王道德而归诸圣门。又若鲁侯至泮水之上，国人望其车旗和鸾而乐见之，视其颜色笑语而有感思向化之意。呜呼，其盛矣哉！公纯诚好善，治有本末，所至以劝学为先，见一士可以语道，诱进之常若不及，乃诗人所谓"能长育人才，则天下喜乐之"也。

陶于是推明公意而言焉。夫治性修身，以及国家天下，大略本之仁义，其文莫详④于经；览古之人注措发施，正邪粹驳，与其生民幸不幸，其迹莫著于史。世之学者，不矜诵教而率履其言，不竞多闻而慎择其是，则为有得⑤，亦庶几善学欤！

初，阁之营建，皆幕府太常博士王君霁为之谋。君修洁有文，尝典吴兴郡学，挈其规范，来遗诸生，匪独诸阁也。

【校】

①高公：《丛书集成初编》本吕陶《净德集》卷十四《府学经史阁落成记》作"周公"。

②高昳：原文作"高昳"，据《净德集》卷十四改。

③礼：原文缺，据《净德集》卷十四补。

④详：吕陶《净德集》卷十四作"赅"。

⑤得：原文作"德"，据《净德集》卷十四改。

【注】

[一] 乡校：指西周春秋时设在乡的学校，也是国人议论政治的地方。

[二] 少府：县尉的别称。唐代称县令为明府，称县尉为少府。后世沿之。

[三] 繇（yáo）：同"徭"，古代统治者强制人民承担的无偿劳动。

[四] 板荡：《板》《荡》是《诗经·大雅》中的两篇，讽刺周厉王无道、败坏国家；后用作乱世的代称。

[五] 兴平：东汉献帝年号，194—195年。

[六] 九经：九种儒家经籍，朝代不同所指不一。这里指《易》《诗》《书》"三礼"（《周礼》《仪礼》《礼记》）、《春秋》"三传"（《左传》《公羊传》《穀梁传》）。

重修彭山县儒学记① 　　明巡按 朱征 唐县进士

嘉靖岁丁酉（1537）冬，道林子按彭，惟学宫适成。于时，令周良弼暨摄学事，眉学师[一]杨思宸具状请《记》。及兹再按彭，盖匝期矣。周令暨学师龚学再请益笃，乃为之《记》。

彭学，旧在今城南门外，距县治里许。自正德己卯（1519），岁饥盗炽，旧城袤广，弗利于守。有司疏诸当路，乃缩其半，故学宫摈置城外几二十年，师生咸以为病。值岁屡歉，改迁之议，当路每致意焉，而咸弗克果。逮②岁丙申（1536），学师高节氏以恳于抚台[二]西野张公，公乃亲为相其地而决之，少参[三]南池李公遂身任而图③焉。于时眉守方端偕良弼，承志矢勤，咸罔不力，越丁酉（1537）之冬而役乃告成。为学门者一，居庙门之东；为庙门者二，前为棂星，次为戟门，中列六楹，为先师庙，左右各八楹，为东西庑；庙之西为敬一亭，为启圣祠，为乡贤祠；庙后为明伦堂，左右各为齐一堂，后为丽泽堂，用储制典焉。以及神庙、神库、仓廪、廨舍，罔不井然，以次陈列，而制度规模，大小广狭，又各惟其称一。周履其间，匪朴匪侈，而雍④肃靓豁，若在尘世之外，卓乎美矣。

於乎！事之兴废，人也，而实皆天也，而况学官，又斯文之所关与！今之伟然而新也，无乃兹邑川岳之灵秘，郁涵蓄之极，将为焕发文明之盛，故兹人事，若适然符会也耶！且夫兹学宫之新也，固将以新尔彭多士也。新尔宫，弗新尔止，尔其曷居尔宫尔居也？固匪尔天下之广居也。曰居尔学之宫，而旷尔广居，可得谓智乎？学宫，人也；广居，天也。居尔人，弗居尔天，可得谓仁乎？今之士日汲汲[四]焉，以新其业者，吾知之博闻强记，曰：吾新吾见也。岁锻月炼，曰：吾新吾文也。而可以谓之业乎？而可以庶几吾所谓广居者乎？以是偕青紫[五]，谋利禄，或庶几其能副矣，可以谓斯文之兴否乎？是故尔彭多士，其尚新尔见，惟见道，斯可已；其尚兴尔文，惟根道，斯可也。

道者何？心是也。夫心可以遽谓之道乎？今之语心者，皆自其有蔽之心观之也，有蔽之心非心也，与道二也。乃若滋息于夜气，而发见于平旦，是其是而天下同是焉，非其非而天下同非焉，是则夫人之真心也。是则尧、舜、禹、汤、文、武、周公、孔子之所谓道也，是则吾所谓天下之广居[六]也。是则天之所以为天，地之所以为地，儒之所以为儒。一失乎此，则匪人焉已耳；又其下，则禽兽焉已耳。故夫心也者，即道也。外心以求道者，世儒之惑也。是故见自心则谓之达天德，是故圣人之学也。庸言之，信；庸行之，谨。言与行皆心之感应也。之信之谨，心之精也；惟精故一，惟一故不息。同大贤以往，清明洞彻，日与帝居，其此而已。故学也者，皆心也。心之用，其神矣哉！尔彭多士，谓尔心与尧、舜、禹、汤、文、武、周公、孔子之心二乎？否耶。谓尧、舜、禹、汤、文、武、周公、孔子之心与尔心同乎？否耶。知其不二，自尔心而求之，致保其平旦清明之气，以达于昼之所居，夜之所息，日新又新，与天同运，政事文词，渊渊乎出矣。而谓斯文之兴，不可冀乎？夫然，则彭之川岳将借以重焉，而自兹气运之盛衰，或亦将取必人事矣，尔多士其尚自勖哉！良弼氏乃拜而受之，镵诸石。

【校】

①记：原文标题无此字，据乾隆《彭山县志》卷之七补。

②逮：原文作"建"，形近而讹，据嘉庆《眉州属志》卷十五改。

③图：原文作"固"，形近而讹，据嘉庆《眉州属志》卷十五改。

④雍：原文作"睢"，形近而讹，据嘉庆《眉州属志》卷十五改。

【注】

[一] 学师：古称府、州、县学学官。

[二] 抚台：明清时期对巡抚的别称。

[三] 少参：明代于各布政使下置参政、参议，时称参政为大参，参议为少参。

[四] 汲汲：形容心情急切，努力追求。

[五] 青紫：本为古时公卿绶带之色，借指高官显爵。

[六] 广居：宽大的住所。儒家用以喻仁。

重修平盖观落成记　　明襄阳推官 李万仁 邑人

天下台观至多也，奇状名天下者盖少。若吾县治之北有山名曰平盖，其下有潭曰系龙，其上有观，因山名焉，观之前有墨池丹井。先是，唐蜀人罗公远谒明皇，还蜀修炼之所也。

按，天下之治二十有四，平盖居其一。此奇状所以名天下，非但吾邑之形胜焉耳。斯观初建于唐之开元间，寻毁于元兵。我国朝初，仅存遗迹。永乐庚子（1420），邑人饶嗣进以道，为事者循基址，正方位，渐次修治，以兴复古迹。迄正统，历成化，尹兹邑若孝感黎颢、湘阴甘棨、豫章樊瑾、长安马驯诸公，相继视篆[一]，修学校，览名胜①，时②注意斯观，以为岁事习仪之所。仰兹宫殿，俨若对于大廷，密迩清光，谨殚臣职，岂非急先务欤？

暨弘治庚申（1500），住持是观者继体前修，建两廊各五间，筑垣墉凡百堵，植松柏计千株有奇。移山门于街，以壮观瞻；易土梯以石，以便登谒。甫告成，适先辈前乡进士任云南提举杨孟时③引年[二]，林下勒碑记厥事。越三年癸亥（1503），复加修建。自殿而庭，庭而门，门而阶，以及庙翼、廊庑，咸一新之。众枢加丹漆、白壁，图绘诸天神像。旧者饰，少者益，取石甃月台，并丹墀，造砖砌钱楼及屏壁，重覆后殿，通甃以石，与前相辉映，规模制度，至此较完美矣。且营构之功，经始于弘治癸亥（1503）冬，历正德丁丑（1517）秋，事竣成。久役烦功，浩费广大，因人心乐从，故不惮烦惜费以成厥美。越明年戊寅（1518）落成，住持者会众人金，属《记》于予。

窃惟记事所以示劝也。人之施财，缘于好义。不好义，固不能施财。徒施财而不好义，则所施流于无经[三]；不施财固无以好义，徒为好义而吝于施财，则所好亦出于无济。若等善施乐与，可谓能好义者。矧④斯观以迹，则古以山则名，以水则灵，尤宜登之记载，使后之视今，犹今之视昔。一二同志者嗣而葺之，庶斯观垂于无穷，而好义者相与媲其美也。维时住持则道士沈太宁，募化则道侣王世卿，董厥事者则善士王冠、张翱、杨瑄倡于前，王仲立、田源、梁大贤继于后，葛廷甫、杨济、翟廷辅劝其成也。悉命匠氏吕伯厚刻于碑阴，以示劝也。是为《记》⑤。

【校】

①览名胜：乾隆《彭山县志》卷之七作"反庸壑"。

②时：乾隆《彭山县志》卷之七作"暇"。

③杨孟时：原文作"杨茂时"，据乾隆《彭山县志》卷之六"杨孟时，成化乙酉中，官云南副使"改之。又，嘉靖《四川总志》卷之十二："杨孟时，成化丁酉乡试。"雍正《四川通志》卷三十五："杨孟时，彭山县人。"

④矧：嘉庆《眉州属志》作"盖"。

⑤"是为记"三字原无，据嘉庆《眉州属志》增补。

【注】

[一] 视篆：掌印视事，官印例用篆文，故称。

[二] 引年：谓古礼对年老而贤者加以尊养。后用以称年老辞官。

[三] 无经：指没有常规或法度；谓不能用通常的言语文字表述。

重修毗卢寺碑记　　明 失名

邑城北三十五里，与新津县接壤，官道[一]所通，轮蹄不绝。道西有寺曰毗卢。远望之，虽平原易野，然竹树周匝，藤萝高骞[二]，间有乔木，直干云际，不可不谓丛林一胜也。寺基南向从入有山门三楹，进此为武圣殿，渐次则天王殿，殿外有桂树二株，阴翳蔽日，足供行人憩游，盖多年物也。深入，则正殿五楹，梁上壁间，书有"大元至顺、至正"年号，两廊如左右手，为僧众舍。殿后有丈室二庑，于阐士[三]禅衲儒行者，常往来其中，且地当两邑修途①，使节停骖，亦暂为止息。寺左为通济堰，水流入洞口，灌流一方。邑大夫躬行治水，则召伯[四]巡省布政之处，寺之称便，不独沙门传诵演习已耳。墙垣内沃田三十余亩，征国赋一石有零，为僧家供香火。周垣以外，则诸所自置，以传之其徒，皆藉其粮于县，亦非游旷，不耕不税比也。旧无碑记，岂邻于豪右，多所侵占，恶其害，已而毁之欤。入我皇明凡二百七十年，未有请刻者，有之，自今日始。

寺僧祖性住兹有年，痛伊业之不继，想衣钵之当衍，虔心募助，起寺中废坏，焕然革新，可谓勤矣。犹念碑刻不设，则已往无征，方来孰劝？岁月之识，不容已也。祖性请书于不佞，不佞曾三过其处，知此寺之裨益吾邑，非近日招提[五]庵舍，为檀那[六]游息者等，爰为之《记》。若屡经有功于寺者，例得书其姓名于碑阴。时万历三十四年（1606），岁在丙午，仲冬吉旦。

【校】

①且地当两邑修途：嘉庆《四川通志》卷四十三作"实时而两邑修途"。

【注】

[一] 官道：由政府开凿修筑的道路。

[二] 高骞：高举。

[三] 阐士：高僧的尊称。

[四] 召伯：姬姓，名奭，又称召公（一作邵公）、召伯、召康公、召公奭，西周宗室、大臣，与周武王、周公旦同辈。曾佐武王灭商，被封于燕。成王时任太保，与周公旦分陕而治，陕以西由其治理。他巡行乡邑，能得民和。

[五] 招提：梵文Caturdeśa，音译为"拓斗提奢"，省作"拓提"，后误为"招提"。其义为"四方"。四方之僧称招提僧，四方僧之住处称为招提僧坊。北魏太武帝造伽蓝，创招提之名，后遂为寺院的别称。

[六] 檀那：梵语dāna，音译为"布施"。这里指施主。

修复老泉先生坟祠记　　明修撰　余承勋　青神人

嘉靖壬子（1552）春，台史汝南俞公时按部眉山，夜梦与东坡先生接，因谒三苏祠[一]，为文祭之。叹①曰：

东坡、颍滨[二]于吾乡之汝、颍②[三]间，《墓志》今存也，惟老泉先生葬于眉山故墟。按欧阳公《志》，墓在武阳之可龙里。岂为人毁灭其迹，久而无所考耶？遂令③其守杨侯秉和上下彭、眉间求之，竟弗获。

议者谓④东山十里广福寺者，相传为老泉敕赐守冢之寺也，即其地封为祠焉，弗愈于终亡已乎？不然。颍滨《坟院记》有云⑤：广福为先公文安府君坟侧⑥之精舍也。距坟四里许，翁⑦初卜葬得安镇之山，有泉曰老翁井，坟距泉西南只十余步尔。今之求老泉墓者，舍寺而求诸泉，近之矣。侯乃度方里以谘其泉，遂得之于石龙东岸之柳沟山中。其山壮伟环抱，泉垒然出于两山之间，畜为井。翁谓"葬书协吉，为神之居"，其信然哉！乃复得联椁于山椐[四]之下，虽无理辞，翁《祭程夫人文》"惟子之坟，凿为二室"，征夫泉与穴，信乎为老泉遗冢也！

若"石龙"者，适在彭、眉界中，岂"可龙⑧"相传之误耶？侯因谕居民，我弗尔罪，图别址以徙尔居。我将治泉穴、构祠宇，乃封乃树，申樵采之禁于守冢焉，庶几老泉之灵爽栖于此矣。遂约其劳费以闻于台史，从之。未几，祠成，侯属承勖记其事，仰而叹曰："老翁井，僻泉也，自老泉而有闻焉。今老泉墓泯矣，据老翁井而复得之。"翁之《井铭》曰："惟我与尔，遂终不泯。"翁与泉，何异世相遭之奇⑨也哉！

说者谓东坡、颍滨若归祔翁，所谓庚壬之穴，则翁之墓至今存，可也？不然。老泉尝欲卜居河南，贫不能遂，二公盖承其先志者。今二公茔域⑩中，亦有小眉山，西望蟆颐，风景不殊，又安知老泉之灵不往来遨游于汝、颍间耶？至三苏氏之所以存者，欧阳公《铭》曰："伟与明允，亦既有文，而又有子。"故其父子兄弟，一时文名震京师，其终也忠爱孝悌之节，率可以表见于天下后世，其存而不朽者在是矣。又岂系于一抔⑪之土，为苏氏有无轻重哉！

若夫台史之文章气节，视苏氏⑫异代而齐光者，故其感契之深，寓诸梦寐，极意而推表之矣。呜呼！佳城[五]见白日而滕公葬，峡椁堕而王果复营敛之。今老泉之废井亦几五百年，而遇台史封而祠焉，非异数也乎？

翁讳洵，字明允，号老泉，其详在《宋史》传，兹故略。是举也，宪伯陈公常道、杨公守约、参伯郑公光溥、学宪陈公銮，先后赞成之。若吾乡苑马少卿、吴君嘉祥、宪副弟承业，亦当与众⑬谘焉。谨录以为《记》。

【校】

①叹：嘉庆《眉州属志》卷十五《修复老泉先生坟祠记》无"叹"字。

②颍：原文作"頴"，形近而讹，据文义径改。下同，径改，不再一一出校。按，颍滨，苏辙晚号。苏辙晚年居许州，地临颍河，因自号颍滨遗老。

③令：嘉庆《眉州属志》卷十五作"命"。

④谓：原文作"为"，音近而讹，据嘉庆《眉州属志》卷十五改。

⑤云：嘉庆《眉州属志》卷十五作"之"。

⑥侧：原作"山"，乾隆《彭山县志》同，据嘉庆《眉州属志》卷十五改。

⑦翁：原文作"公"，据嘉庆《眉州属志》卷十五改。

⑧龙：原文作"能"，形近而讹，据乾隆《彭山县志》卷之七及嘉庆《眉州属志》卷十五改。

⑨之奇：嘉庆《眉州属志》卷十五无此二字。

⑩域：原文作"城"，乾隆《彭山县志》同，据嘉庆《眉州属志》卷十五改。

⑪抔：原文作"坏"，乾隆《彭山县志》同，据嘉庆《眉州属志》卷十五改。

⑫氏：原文无此字，乾隆《彭山县志》同，据嘉庆《眉州属志》卷十五补。

⑬众：嘉庆《眉州属志》卷十五作"泉"，误。

【注】

[一] 三苏祠：北宋文学家苏洵、苏轼、苏辙父子三人的故居及祠堂。始建于北宋。位于今四川省眉山市东坡区纱縠行南段。

[二] 东坡、颍滨：分别为苏轼、苏辙号。

[三] 汝、颍：分别指汝州、颍昌。据苏辙《亡兄子瞻端明墓志铭》，苏轼"葬于汝州郏城县钧台乡上瑞里"。苏辙则卒于颍昌，其子遵其嘱，葬其于苏轼墓侧。

[四] 山楹：山石凿成的石柱。

[五] 佳城：喻指墓地。典出汉刘歆《西京杂记》卷四：滕公夏侯婴曾掘地得石椁，椁有铭曰："佳城郁郁，三千年见白日，吁嗟滕公居此室。"后滕公死，即葬于此。

重修范忠文先生读书亭记　明彭山令 樊瑾 豫章人

彭山县东，跨河十里许，有崇山名磐石山，其上有寺曰普照寺。后百步，巅崖岑①蔚，岩腹有读书台，乃宋范忠文先生藏修之所也。历岁既久，寺日增大，惟读书台侵之以风雨，戕之以鸟鼠，颓焉无有。前任②为守令者非不加意，特急于民事而未遑。及国朝甲戌（1454）岁，巡按四川监察御史[一]弋阳黄公溥按临是邑，攀石登山，睹台基苔藓封合，而亭与像俱莫知所在，乃怅然而问曰："前贤遗迹何废之，一至于此耶？"逾二年丙子（1456），适公升四川按察使，下车之初，特捐廪饩，命缁流智新贸木鸠工，复筑亭于遗基之上。亭成，特乏肖像，谒者靡所瞻依。成化壬辰（1472），瑾窃禄纳溪。又明年癸巳（1473），拜命更彭山，视篆之余，间谒台下，见其台虽屹立，而墙壁之残缺，阶基之倾圮，则不能不致意焉。于是勉加修葺，塑先生像于亭中，以尽追思之诚，而于景贤慕德，则不敢异议③。像成，训导湘阴刘贯道用偕典史孝感曹聪，谓瑾当记其事。

按《志》：先生名镇，字景仁，世家华阳。宋熙、丰间，两入翰林，四知贡举，年六十三，以翰林学士、银青光禄大夫，论新法不合，疏五上，乞致仕，归蜀。司马温公言："勇决不如范景仁。"士大夫论天下贤者，亦必以君实、景仁道德风流，足以师表当世。卒年八十一，赠金紫光禄大夫，谥忠文。从子百禄，为执政；从孙祖禹，为翰林学士。其详则昭在《宋史》，瑾不复赘。

【校】

①岑：原文作"芩"，乾隆《彭山县志》同，形近而讹，据嘉庆《眉州属志》卷十五改。

②任：乾隆《彭山县志》卷之七及嘉庆《眉州属志》卷十五均作"是"。

③"以尽追思之诚，而于景贤慕德，则不敢异议"，此句，嘉庆《眉州属志》作："以志景贤慕德之意。"

【注】

[一] 监察御史：职官名。掌管监察百官、巡视郡县、纠正刑狱、肃整朝仪等事务。隋文帝始设，改检校御史为监察御史。唐御史台分为三院，监察御史属察院，品秩不高而权限广。宋、元、明、清因之。明、清废御史台设都察院，通掌弹劾与建言，设都御史、副都御史、监察御史。监察御史分道负责，因而分别冠以某某道地名。

重建平盖观山门石梯落成碑记　　明云南提举　杨孟时　邑人

平盖观，古年盛治也，为天下二十四治之一，昔老君藏修炼丹之所，有墨池丹井存焉。山形踊跃①，耸接霄汉，如龙过江，势压长空，自古称为"奔江龙"。下有一潭，名曰系龙，蜀②杜天师[一]题咏仙迹。有玉人长一丈三尺，当见治化千年③，古人吴郡崔孝通于此得仙门。向金华山佛子崖有神灯六七，自南来现。山门街西郊关之地，古有八角井，烟腾瑞气。观前墟堡渡河东④，山环结穴[二]，有汉广陵太守忠臣张纲之墓；观后龙门桥溪北⑤，水躍平原，有晋汉中太守孝子李密之坟。东隔大江，有磐石寺、范文忠公读书台。迄⑥东有象耳寺、李太白读书⑦磨针溪。北距本⑧治有水香竹林，龙穴凤门，轩辕黄帝于此得仙。连及北平治池中⑨五色鱼飞，有芝草仙果⑩，越人王子乔于此得仙。西抵蒲江主簿治，有金斧烧丹、琼树花开，昔王兴并于此得仙。南有峨眉峰仙翁洞，有蟆颐晚照之景，昔四目张真人于此得仙。东南西北，咸有名山胜境，包罗四外。平盖观山独尊居中，且在县北三里，举⑪凡习仪祝寿辄往焉。古有正殿三间，规模卑狭。

正统辛酉（1441），适大尹孝感黎公灝以儒术来任，爱民敬神，劝谕县耆各捐财帛，贸易柱梁，重修正殿三间，制度恢宏⑫，巍然奂然，视古殿大不侔。于内装三清上帝[三]，朝夕焚祝⑬，天开景运⑭，雨旸[四]时若，民物熙皞[五]。虽然，正殿有功，两廊未举。

景泰癸酉（1453），大尹湘阴甘公棨由科目来继其治，视其从前东西旷然，政暇，相诵于缙绅士大夫曰："古者天子巡狩，必设明堂[六]以朝诸侯。矧斯观每岁习仪，俨然有明堂之气象，不营造续成可乎？"乃设法构集木瓦，首盖两廊十间，以尽天神之出入，再造五间，以安门神之位像。

成化乙未（1475），大尹南昌樊公瑾由科弟以才堪治剧，由纳溪更任，每惜后殿历年既久，椽瓦脱落。遂命工时葺翻盖，除旧以更新，周围易以石壁之坚，状观植以松柏之茂，可谓废者兴矣。然入观当建山门，土阶宜变石梯，前住持饶子章志欲为，未遂。令道士沈太宁⑮以诚感动乡耆，量地，出钱倩工，采石修砌，升降等级。登者坦然，坚厚久远，光前启后。

弘治壬戌（1502）春，大尹凤翔侯公骥以儒术授任，下车之初，首以山门事询，构材营造，柱头斗拱，不华不侈，足垂万古，计所谓"克成厥终"者此也。

噫！自辛酉（1441）岁兴造，至今壬戌（1502），六十有二载，经历大尹四公相继落成，佥谓宜记。邑之善士李伯金与道有缘，倾心向化，施赀觅匠，金宝山刻石为碑，属余为文以《记》。余辞之不获，乃曰：序事纪功，古今一律也，在昔周有太常之纪，汉有云台图像。今日立碑示劝⑯，与古之纪功何异哉！窃忆孟时早年游是观，求静读书，成化丁酉（1477）科，潜假后殿东隅一侧，遂得侥幸秋榜[七]题名矣。由此而观，则前所修者讵不信欤！於戏！观之兴由，创于前者，不敢妄议。兹特述其今日之成功⑰者，以为后日之张本云。

【校】

①跃：嘉庆《四川通志》卷四十三无此字。

②蜀：原文作"汉"，误，据文义径改。

③千年：嘉庆《四川通志》卷四十三无此二字。

④墟堡渡河东：嘉庆《四川通志》卷四十三无此五字。

⑤龙门桥溪北：嘉庆《四川通志》卷四十三无此五字。

⑥迄：嘉庆《四川通志》卷四十三作"迤"。

⑦读书：嘉庆《四川通志》卷四十三无此二字。

⑧本：原文作"木"，且后有一"竹"字衍文，误，据嘉庆《四川通志》卷四十三改。

⑨中：原文作"水"，误，据嘉庆《四川通志》卷四十三改。

⑩仙果：原文作"果仙"，误，据嘉庆《四川通志》卷四十三改。

⑪举：原文作"与"，形近而讹，据嘉庆《四川通志》卷四十三改。

⑫宏：嘉庆《四川通志》卷四十三作"廊"。

⑬祝：原文作"视"，据嘉庆《四川通志》卷四十三改。

⑭天开景运：嘉庆《四川通志》卷四十三无此四字。

⑮沈太宁：嘉庆《四川通志》卷四十三作"沈大林"。

⑯立碑示劝：嘉庆《四川通志》卷四十三作"立劝"。

⑰功：原文无此字，据嘉庆《四川通志》卷四十三补。

【注】

[一]杜天师：指唐末五代时期高道杜光庭。按嘉庆《四川通志》卷四十三载杜光庭题咏平盖山诗云："势压长江控八津，吴郡仙客此修真。寒江向晚波涛急，深洞无霜草木春。江上玉人应可见，洞中仙鹤已来驯。龙芝凤草非难遇，只要尘心早出尘。"

[二]结穴：术数用语。堪舆家以地面迮突，为地气藏蓄之所，称为"结穴"。

[三]三清上帝：道教用语。指居于三清仙境的三位尊神，即玉清元始天尊、上清灵宝天尊、太清道德天尊。

[四]雨旸：谓雨天和晴天。语本《尚书·洪范》："曰雨，曰旸。"

[五]熙皞（hào）：和乐，怡然自得。

[六]明堂：古代天子朝会及举行封赏、庆典等活动的地方。

[七]秋榜：秋试（乡试）后所发的榜。亦借指秋试。

忠孝祠记　　明参政　张衍

汉晋之臣，卓然以忠孝见于世者：蜀有广陵太守张纲，在顺帝时，以危言直道摘梁冀之奸；汉中太守李密，孝心纯笃，终养祖母，不就晋武之召。即夫两贤之心，忠君爱亲，精诚剀切[一]，贯于金石，通于神明，是岂矫情干誉而为之者！百世之下，闻其风，思其人，犹足以兴起善良，以有关纲常世道耳。

嘉定，古犍为，今眉州彭山。县北里，两贤之墓俱在焉。昔人因是而祠之，题之曰"忠孝"，毁于兵有年矣。洪武六年（1373）冬，按察司佥事天台戴文信按行是邑，得宋时断碑，其事迹可考。因语邑大夫士，以两贤节行炳耀今古，若等盍修复古事，维风劝俗。即与乡老同搆堂及门庑、列垣、屏，备祭器，树竹木，众乐为助，凡三月而成。其堂宇翚焕，轩户明敞，江山烟云之态度，森罗辉映，出自天象，而规模气概，甚殊往昔。

佥宪以刻文示后为请，余尝慨汉末政纪失驭，顺、桓之际，梁氏擅权，当时莫敢言议其非。张广陵纲独奋然劾大将军无君之罪，以彰天宪[二]，盖其心知有其国，而不知有其身，可谓尽于所事矣。既而为冀所陷，出守广陵，广义明信，单车降张婴等盗，南郡以平。及卒，婴等服丧①，归葬，筑坟。此又功德政理卓然，过人远甚。抑使世之嘿嘿取容，苟禄以逢其君者，知所愧矣。呜呼贤哉！若李汉中密，当晋武平天下之初，威行海内，方锐意求贤，以洗马召。在他人必俯首奉命，无敢抗君，独从容表陈其情，虽迫以严命，终不可夺。是盖能亲亲，供其子职，不计外之轻重，使世之侥倖利禄，苟进以遗其亲者，知所鉴矣。呜呼贤矣！

然两贤之事详诸史，余特以忠孝非殊，故为臣子者义之。至仁之尽，以之事君事亲，易地则皆然。且古者乡先生没而祭于其社，圣朝以忠臣烈士，咸致祀典。宪佥才识明粹，熟谙宪体，能以名教为先务。是举也，将以引忠孝之化，立懦敦薄为劝，非特一乡一邑。而余喜其有志于纲常世道，冀其他日登用，以裨国家之政，其设施远大，盖可征于斯，故为之书。洪武九年（1376）三月中吉，奉政大夫四川等处行中书省参知政事河东张衍书。

【校】

①丧：原文作"罪"，乾隆《彭山县志》卷之七同，误，据嘉庆《眉州属志》卷十五改。

【注】

[一] 剀（kǎi）切：切磋琢磨，指规过劝善，切中事理。

[二] 天宪：指朝廷的法度。

重修忠孝桥记　　明太常少卿　王用才　邑人、进士

彭山，冲要邑也。邑北五里许有龙门河，其派上接蒲江、大邑、邛州。三河之水合注而至新津通济堰，东北而入大河，河①有系龙潭，故名。其旁河②为龙门，其源故远，其流不竭，其路为四通五达之区。先时常以木为杠，杠小而易腐，水泛而易深，居者病于频修，行者病于徒涉。

宣德丙戌[一]，邑人朱成自中架巨木为梁，横铺以版，期于经久。越二十余祀，至正德己卯（1519），雨漂日炙，遂至倾圮。成之子鉴又徒③甃以石，竖以木，六架而五洞，高二丈有奇，横九丈十二武，上覆瓦房七间，护以阑楯[二]，设以坐凳，规模宏整。丙申（1536），鉴之子方正又修葺之，柱之腐者易之，版之旧者更之，重致一新。年久，桥复将坏。己亥（1539）冬，州守许公经是桥而告于令曰："桥之将圮，责将畴归。"邑令马君驯曰："是桥之废兴，实有司之责也，况勤以太守之命乎！"于是捐己俸，访方正曰："前人既成其始，若等可不成其终乎？"遂令方正督工，劝慕义者助之。邑人忻然乐助，于是辇磐山之石，市梗楠之木，仍架以梁，增设重版，造屋以间计者九，设凳以条计者十，傍竖二坊，以视前措置，朴素浑坚，不啻倍蓰[三]矣。桥东建观音堂，以镇是桥，以为行人之休息。经始于庚子（1540）夏，成于冬十一月，役民而民忘其劳，募民而民不以为费，亦可见其悦以使民也。

桥旧名龙门，今易以忠孝，以汉都尉、晋太守墓在桥之东北，瞻眺为近。则是桥也，非特济人之往来，而俾行道之人观张、李二贤之伟行，亦可以奋起矣。况生于斯，长于斯者，其兴感当何如耶？则其有关于世教者，不甚大乎？太守许公之政，事事能存其大，所以士安于庠序[四]，农安于田亩，商安于市井，其今之贤守乎！大尹马公履任期岁，政兴事举。是役也，更能承太守之心为心，亦可为相得而益彰矣。方正心公，而勤迈前人之迹，不隳守令之命，成兹伟绩，利济无穷，贤守令亦能任人也哉！邑人曰："是举也，贤守令之爱民敬事也，宜书；父子祖孙之好善急公也，宜书。非仅曰徒杠成舆梁成也。"

【校】

①句中两"河"字，嘉庆《眉州属志》卷十五作"江"。

②河：嘉庆《眉州属志》卷十五作"流"。

③"又徒"二字，嘉庆《眉州属志》作"乃"。

【注】

[一] 按，宣德为明宣宗年号，即1426—1435年，其中无丙戌年。据后文"越二十余祀，至正德己卯（1519）"，明武宗正德年号即1506—1521年，据"宣德"已五十年有余。若由正德己卯向前推"二十余祀"，此处疑为弘治庚戌（1490）或弘治丙辰（1496）。

[二] 阑楯：栏杆。

[三] 倍蓰（xǐ）：谓数倍。倍，一倍。蓰，五倍。

[四] 庠序：庠与序，皆为古时学校的名称。后也泛称学校或教育事业。

重修宝峰山普照寺碑记　　明宁府长史　王用才　邑人

彭山县西去五十里有寺，名普照，倚宝峰山之麓，势如悬壁，当一方孔道[一]。远自滇南，近及建、雅，凡朝谒游览者，莫不于是托足焉。左右望临邛之法华，江郊之乌尤，前拱后峙，若圣寿，若寂定，以至盘石，诸梵刹森罗而环伏。登殿眺峨眉，高出云表，联属逶迤，实相首尾，宛如常山之蛇[二]。茂树翳日而接云，芳草披青而拥绿。珍禽之鸣呼于上下，异兽之鼓舞于去来。四时之景不同，而山涧之意无别。迢迢清泚[三]，周遭山下。横其前者，钵盂一山，天生地成，皆无斧凿，释氏之所谓"有慧眼"者。

予于兹寺创始之僧信焉。寺创于古之中和三年（883），不知属于何代。传至元季，兵乱，寺僧皆相携避难，辗转流徙，靡所底定，名胜之地变为空寂之区。古碑石刻，沦胥[四]荡尽，所谓麋鹿游[五]而蓬蒿遍者，正值其时也。后国朝太祖高皇帝奋起淮甸，扫除元孽①，天下民物各安其所，一草一木始有所主。于时，僧法正、觉庵少复故业，得以维持。永乐年间，崇修正殿、山门，启三教之像，塑诸佛之形，金碧荧煌，丹青绚烂，普照于是乎一新矣。正统、景泰、天顺时，僧性昌、大惠、智新等前后济美，继述得人。然内治虽严，而外防不密，四境之限，未始留心意以终古，人心亦各保分界而已。成化时，邛民汪姓者武断乡曲[六]，莫敢谁何，遂占兹寺之田山而有之。僧惠刚奋然不平，攘袂[七]待旦，裹粮执词。滇南樊公瑾知县事，嘉尚其志，申闻于上。关西马公纯代樊治邑，亦心樊公之心，力为剖决，摘伏发奸，兼并之田山复为兹寺之常住。兴废盛衰之理，诚有然者。于是惠刚铁铸龙神一座，尽将寺之田山四至开具于身，真足以懋万世而历千载矣。惠刚后，若住持法贵，亦勉为善。贵受度于正德之己巳（1509），住持数年间，修废举坠，梯级堂宇，阶序道路，咸墁[八]以石者，皆贵之功，可谓能继师志矣。普照之所以克成其美者，非后之得其人，乌能综理如是哉！

予邑人也，尝游于此耳，闻夫惠刚之保护于前，目睹夫法贵之经理于后，诚所谓善继述者，故因其所请，述其梗概如左。其寺界址厘然[九]，自有惠刚之所铸在焉，予可略也。是为《记》。

【校】
①孽：乾隆《彭山县志》卷之七作"污"。

【注】
[一] 孔道：通往某处必经之关口。
[二] 常山之蛇：传说中一种可以首尾相顾的蛇。形容活动灵活。
[三] 清泚（cǐ）：清澈的水。
[四] 沦胥：泛指沦陷、沦丧。
[五] 麋鹿游：比喻繁华之地变为荒凉之所，暗示国家沦亡。
[六] 武断乡曲：凭借权势在乡僻的地方裁断是非曲直。形容凭借权势在民间横行霸道。武断，凭借权势裁断。乡曲，乡僻的地方。
[七] 攘袂（mèi）：捋胳膊，卷衣袖。形容振奋而起。
[八] 墁（màn）：铺饰。
[九] 厘然：清楚，分明。

游彭山县记①　　明上南按察使　李敦　浮梁进士

予泛舟诣江口，东岸山列如眉，询之，则彭山也，商大夫铿墓于峰下。予有吊古癖，登岸数步，渐入谷口，比闾[一]成市，层磴递进，群岫如环。中列三峰，中峰石碣题"商大贤墓"；南峰接连，屹为左翼；北峰高耸，乃中峰后山也。松柏蓊郁，蹊路草封，摩肩蹑顶，豁然大观，三面回抱若护中峰，而中峰反俯视焉。环中而立，兀然若坐。鬼然若临，地舆所谓"众山皆高，卑者为尊"是也。眺而望之，周山如城而②江如带，两水交合，如练如银，日出朝岚，如烟如雾，夕晖晚照，霞光落水，如绚如锦，变幻万态，与山争容。猗欤！彭山之奇也。极顶左岩有龙洞焉，半是天成，杂以人功，巉峭[二]万仞，迫莫敢视。竹树苏萝，蓬生其上，遥映江光，洒然欲仙。此彭山第一奇观，惜无阁于其上者，大都与牛首中岩称双壁焉。

然山奇矣，水奇矣，不得名人，终非大奇。山不在高，有仙则灵。山得彭则山灵，彭得山则彭灵，水得彭山则水亦灵。岂天故劈此绝胜，恣游人登览乎？彭祖生于皇虞，仕于有商，工引导术[三]，龄延八百。东坡曰：此地后人葬衣冠处。夫衣冠在即彭在。彭之名，盖嶔乎与山俱崇而且悠乎？与江俱长矣！后之泛舟者，幸勿曰等山耳，当面错过，而为山灵笑。

【校】

①题目，乾隆《彭山县志》卷之七作"游彭山记"。

②而：原文作"面"，据乾隆《彭山县志》卷之七改。

【注】

[一] 比闾：木名，即棕榈。出自《逸周书·王会》。

[二] 巉（chán）峭：山势险峻陡峭。

[三] 引导术：古代的一种健身修炼方法。由意念引导动作，呼吸吐纳，屈伸俯仰，活动关节。

重修彭山县学记　　明参议 李瑜 元城进士

彭山，南川上游首邑也。邑学与县治旧同城，后令以邑郛旷远，颓葺劳民，乃筑而小之，遗学宫于外，去城二里许。生儒惮远，多罔就学肄业，独教官二三员居焉。无慢藏[一]，常诲盗[二]，遂亦赁居内城。由是学宫日见荒芜渎慢，师儒亦以废职业为惧。

嘉靖癸巳（1533），西崖朱柱史巡历至，教谕高节氏以告，行监司勘理，历以岁凶，弗暇及也。至丙申（1536）十月，中丞[三]西野公抚巡于邑，时瑜同分巡，胡公仲谟侍焉，高子复以请于野公①。因达观于邑城南②，得居民闲地若干；随视长府[四]，得缗钱若干。顾余辈曰："有地有财，何病乎役？何有于学宫？"乃下檄详报，命偕胡公爱率州守方子端、县令周子良弼与师生议焉。令曰："邑谯楼之东有官地几许，贸迁攸寓也，用以易前地，则事罔弗济矣。第邑小民瘠，恐所费弗给，可虑也。"予曰："旧学宫基址数十亩，附郭田也，不可以厘于民乎？"遂更拨民地贸易，旧址经理悉焉。亟复于公，亟请于侍御陆公，俱如报也。由是黉舍不期年焕然一新，咸赖以有成。

时署学事司训杨思宸氏按状以请记，余乃进诸生而言曰："学宫在天下，初无拘于内外也，顾气萃聚，何如耳？今诸士以斯庠病外而移内，是固然也。然道无内外也，明彼暗此，岂国家建学养士之意哉？是故择善固执彻隐，显内外，造于一，本之学，修身俟命，不规规于利达之为，诸士当知所以自励矣，否则岂予之所愿望哉！岂予之所愿望哉！"诸士子咸曰："唯请记之。"

【校】

①公：原文作"翁"，乾隆《彭山县志》卷之七同，据文义及嘉庆《眉州属志》卷十五改。

②城南：原文作"南城"，乾隆《彭山县志》卷之七同，据文义及嘉庆《眉州属志》卷十五改。

【注】

[一] 慢藏：亦作"嫚臧"。收藏财物不谨慎，疏于治理或保管。

[二] 诲盗：诱人盗窃。

[三] 中丞：职官名。汉代御史大夫的属官，掌兰台图籍秘书，受公卿奏事，举劾案章。东汉以降，御史大夫转为大司空，以中丞为御史台的长官。明初设都察院，其中副都御史职位相当于御史中丞。明、清常以副都御史或佥都御史出任巡抚，清代各省巡抚亦例兼右都御史，故明、清的巡抚亦称为"中丞"。

[四] 长府：藏财货、武器的府库。

圣寿寺碑记　　余子俊

彭山邑西二舍许，有山曰蟠龙，寺曰圣寿。山环水秀，其峰峦如龙蛇之蜿蜒，重城之关，锁溪涧之水，源远流清，可以鉴人之貌，而妍媸毕见，而其泽则有以灌溉山麓之田，而四时不竭。夫固地之灵而腾焉。盖邑之古刹也，兴自宋，盛时自①阳顺②飞锡[一]而来，修殿供佛，建舍居僧。

迨至国朝洪武，汉安乡僧圆定见寺圮坏，率众为倡，大发菩提善心，宣扬愿海，重修佛殿及龙神祖师堂，以至庖廪[二]库庾[三]之所，咸③增旧观。经理寺之疆界，东至黄连桥李公地，南至俞④胜才地，西至四高山陈祥辅地，北至尖山子张得才地。殿廊壮伟，界址⑤分明，圆定有功于斯寺，固大矣！

继圆定之僧曰广演，永乐十二年（1414），奉蜀府睿旨而来住持。继广演而住持则甚广也，甚广增修观音堂山门。继甚广之僧曰深传、深秀，深传先为住持，深秀相承住持焉。天顺六年（1462），深秀大发欢喜心，款叩檀那，拓辟故址，鼎新大雄宝殿一所，重檐斗拱，金壁相辉。成化二年（1466），深传修天王殿一所，而东西两廊则深传、深秀共修焉。深秀又于山顶高亢之所建楼，以居大士。以至深传之徒广盈建明王殿，深秀之徒广容寺前建立板桥，覆以瓦屋，以便往来之人。深传、深秀有功于斯寺，尤⑥非小也！

寺之僧至是益众，而栋宇益盛矣。开垦界内山场⑦以渐而广，变瓦砾之墟而为种艺之地，化荆榛之所而为稼黍之邱，可谓人力尽而地利兴矣。成化八年（1472），改造黄册[四]，举报税粮二石有奇，净棉⑧花一斤四两，以输官。俾公无隐蔽之失，私有给僧之资，岂非上下皆得其所乎？

嗟乎！作于前者既有其人，继于后者又有其人，则其寺之兴固本于得人之贤矣。邑令马公驯⑨尝至其寺，见其殿宇门廊，四舍森然，山水胜丽，而僧徒修行屡施财而奖励之。余承乏来彭庠，时慕其地之胜，屡游览焉。而深传、深秀咸倾心起敬，或瀹茗，或具蔬果⑩，肃余以清话者多矣。余今官满将归，深秀赉[五]礼征余文书其颠末，以镌诸石，俾后之人有可考云。

时明成化十八年，岁次壬寅（1482）春三月望日，赐进士京兆兵部尚书同郡余子俊撰文，赐进士湖广按察司佥事同郡致仕胡贯书丹⑪。

【校】
① 自：原文作"白"，形近而讹，据嘉庆《四川通志》卷四十三改。
② 顺：嘉庆《四川通志》卷四十三作"颐"。
③ 咸：嘉庆《四川通志》卷四十三作"减"，误。
④ 俞：嘉庆《四川通志》卷四十三作"喻"。
⑤ 址：嘉庆《四川通志》卷四十三作"至"。
⑥ 尤：嘉庆《四川通志》卷四十三无此字。
⑦ 场：嘉庆《四川通志》卷四十三作"扬"，误。
⑧ 棉：原文作"绵"，形近而讹，据嘉庆《四川通志》卷四十三改。
⑨ 驯：嘉庆《四川通志》卷四十三作"驵"，误。
⑩ 蔬果：嘉庆《四川通志》卷四十三作"蔬菜"，误。
⑪ "赐进士京兆兵部尚书同郡余子俊撰文，赐进士湖广按察司佥事同郡致仕胡贯书丹"，此句，嘉庆《四川通志》卷四十三无。京兆，原文作"兆京"，误，径改。

【注】
[一] 飞锡：僧人云游四方。
[二] 庖廪：厨房和粮仓。
[三] 库庾：粮仓。
[四] 黄册：户口册籍。
[五] 赉（lài）：赐予，给予。

重修忠孝桥碑记　　邑令 张凤鸁

邑之通津门外五里许有忠孝桥，相传为汉张纲、晋李密故里也。二公处衰乱之朝，其勋业不多见迹。其埋轮都亭，胆气肃狐鼠；陈情终养，孝思泣鬼神。乡之人于其里建桥曰忠孝，或有闻其风而兴起者乎！桥当建南之冲，沮洳[一]横贯，盖西山诸水相汇入大江，于其地为咽喉。当夏秋之交，众流瀚发，汤潏[二]漫①衍，行之人病涉焉。前之诸君子亦尝访古舆梁之政，或为创，或为修，工用勿集，民咸怨咨。雁门冯君来任是邦，值兵革休息之余，时和年丰，喜彭之耆老百姓乐善而勿衰也，彭之士大夫倡率而恐后也，鸠工庀材[三]作环桥，费千计，巍然巨观也。乃阅三年而成，不数月而圮，迄于今，丰碑卧荒草，巨石委泥沙，前人之遗泽，犹有存焉者乎？

辛未（1751）八月，余自潼川分郡补兹土，目击夫斯桥之倾圮，而前泽之湮漫②也，非后来者之责欤？况值圣天子孝治蒸蒸，湛恩汪濊，诏下有司曰："凡一切桥梁道路有病于民者，其急修之。"余又曷敢后。第彭土瘠薄，库无赢③金，且屡募重累民，又安望好善者之能为继耶！因集我耆庶而谘曰："余欲继前人之泽，捐薄俸以倡厥先，若亦能共成此志乎？"佥曰："侯之志，实嘉惠我彭邑，曷敢不黾勉以共成厥功。顾念斯桥也，非有苍蛟白獭之险也，亦非有横波逆流不可以人力施也。夷考古制，累石为脚，为平桥，上覆以楼，行之人所以避风雨、息劳困，数百年称利焉。自甲子（1864）水涨，人其鱼④桥遂毁，侯能复古民之利也。"余曰："苟利于民，是乌可以已乎？"于是分设簿籍给其乡，俾以善劝民，戒苛督，禁侵渔，而乡之人果好善能继，共捐得赀四百二十四两有奇⑤，而往来之士大夫、商贾，亦踊跃襄事。

大功克举，爰诹吉日，择工师，重司事，择明练，以专监督，程式有经也；选殷实以任支销，度支有则也；简勤干以供采买，工料有济也。其木石陶瓦，咸估时价而给以值，不敢私取民；其丁夫佣作，咸募贫苦而偿以资，不敢私役民。毋多人以挠事，不冗费以耗财。于是欢然怙然，雷动云兴，众力毕赴。

维时工师相聚而谘曰："维桥有梁，所以负重，非完且固焉，坚且厚焉，无⑥以经久。彭邑无山谿崖谷之邃，顾安得姑繇之木，檀樨[四]之选，以供斯役乎？"乃未几而桥之一里许河岸崩裂，出大木二，紫文斑斓，敷理密致。众聚观叱咤，咸曰："此千百年物，得地气之最灵也，毋亦天监侯之诚，故磅礴郁积以待乎？"余曰："嘻！是何言？宁非彭之人好善无已，天故以是示，昭应显灵奇也。"遂命工师是捄是度，得桥梁如数，而大功遂成。

然则彭之人永享斯桥之利，勿谓余之有功于斯土也，其亦鉴天之佑尔。民益勉为善人君子，以尽化其刁悍嚣凌之习，则天之降福无穷，时将人富，厚户平康。登斯桥也，共庆王道之荡荡，王道之平平尔。是为《记》。

【校】

①漫：嘉庆《眉州通志》卷十六作"涌"。

②漫：乾隆《彭山县志》卷之七及嘉庆《眉州通志》卷十六均作"没"。

③赢：原文作"嬴"，形近而讹，据嘉庆《眉州通志》卷十六改。

④人其鱼：此三字嘉庆《眉州属志》卷十六无，疑为衍文。

⑤奇：原文作"畸"，乾隆《彭山县志》同，形近而讹，据嘉庆《眉州属志》卷十六改。

⑥无：原文作"毋"，乾隆《彭山县志》同，据嘉庆《眉州属志》卷十六改。

【注】

[一] 沮洳（jù rù）：低湿之地。

[二] 汩潏（mì jué）：泉流貌。

[三] 庀（pǐ）材：备齐材料，多指建筑材料。

[四] 樨（xī）：古书上说的类似檀木的一种树。

嘉庆《彭山县志》校注　《彭山县志》卷之五

重建彭山县城隍庙记　　邑令 张凤翯

维皇建邦启土，置郡守、牧令之官，以理于阳；又设山川、社稷、城隍之神，以赞于阴。佑我群黎百姓，俾水旱罔告，妖祲不生，年谷顺成，庶征叶应。天子曰：唯尔司牧，其称汝职，朕唯时其褒显之；唯尔明神，其共尔爵，朕唯时其馨香之。其或官仇于民，神罔闻知，怨气沸腾，灾沴时见。是谓均失其政，唯余一人有显罚，故国家尊荣之典，所以待有司苾芬[一]之享，所以报方社百姓。承天子命令，政教祗服，罔后祈报[二]无阙，赫赫具瞻[三]，其何以上答明天子，而下慰元元之待命者乎！然而神何依依者德，神何享享惟诚。天子隆百神之祀，则又在有司之典礼咸秩[四]，以妥以侑[五]，以迓[六]我神庥，以福我百姓，僭不可也。卑则渎矣，侈不可也。陋则亵矣，亦既洁尔粢①盛[七]，肥尔牷牲②，虔尔工祝[八]，肃尔几筵。而閟宫罔恤，颠越不恭，神其吐诸。

彭邑城隍神，兴废无常。雍正八年（1730）复设治，与山川、社稷合祭于戊礼也。顾以丧乱之余，百务草创，祠宇偎傑[九]，堂基逼隘。前之人非无德以承，邑小而逼，无能为也。今兹成邑二十余祀，或为生聚，或为教训，沟洫寺③观，门第④蔚起，山川葱秀，耳目一新。顾对兹庙貌，一任颓落，能无恫乎？

余不敏，仰承圣天子命，抚兹蕞尔。兢兢焉，犹虑勿克负荷，无以治民，无以事神。幸各大吏矜悯庸材，宽以岁时，俾得优游展抒，今六年矣。喜吾民之力勤作苦，岁登稌黍，而水旱之灾罔告也；喜吾民之好义从⑤善，人乐平康，而妖祲之祸不生也。父老曰："惟侯之赐。"余曰："唯神之休，敢不丰神之宇，洁神之祀，为尔民邀福于无穷，以副国家崇德报功之典！"

于是大集父老荐绅弟子，及乡之好义者，爰谘爰询，是揆是度，芟烦薙[一〇]秽，鸠工庀材，去其幽陋，就于高明。拓庙地菜畦十余亩，移殿寝于内，以避市神，则妥矣。建大殿、寝宫各五楹，屏蔽内外。肖神像于龛，左右侍从，各如制神，则协矣。列两廊各五楹，肖十司像于中，福善祸淫，赫然⑥于目，所以示神道设教也，神则尊且严矣。树隆坊于街之左，枌榱[一一]布翼，登降炤烂，内列驰道数十武。迤北为山门，旁植松杉，数年后将阴森夺目，益见閟深。中为戏楼，高敞焰朗。迄西别户为龙神祠，视旧制则分门异室，尊卑秩如。迤东则官廨三楹，轩窗四起，面对金华、磐石诸峰，屹若屏障，浚池种竹，一壑一坵，为士大夫往来憩息之所。而邑令宿庙行香，或征发期会，与僚属绅士，亦得聚处焉。内东为斋堂，西为庖湢[一二]，周缭垣墉。凡钟鼓旌幡⑦，冠剑佩带之属，弥不毕备。

是役也，费赀一千五百有奇，出于里民之好义者半，捐官俸集锾[一三]金者半。经始于乾隆丙子（1756）十月，落成于丁丑（1757）八月。司其事者：乡耆梁月高、商人甯朝玉、生员艾炎⑧，皆能⑨公慎为心，不汲汲于名利，故能指挥裕如，工密形固，不期年而事成。维时黄童白叟，喁喁于于；陈牲瓘玉，肃肃祗祗⑩。余乃率耆老荐绅弟子，稽首顿首，以告于神曰：

218

维天子设官，分职阴阳。虽隔职守，唯均神承天命，有城有隍。余奉一人，有民有社。食民之脂膏，岂忍虐仇？享民之禋祀，岂其尸位？继自今，余唯与我民休养生息，锄强扶弱，以宁我妇子。神唯与我民，雨旸时若，赏善罚恶，以辑我井疆。则神保是响，永安定位，亿万斯年，式昭祀事。谨序其始末而为之文。

【校】

①粢：乾隆《彭山县志》卷之七作"姿"。

②牺：乾隆《彭山县志》卷之七作"脂"。

③寺：乾隆《彭山县志》卷之七作"反"，误。

④第：原文作"苐"，误，径改。

⑤从：乾隆《彭山县志》卷之七作"泾"。

⑥然：乾隆《彭山县志》卷之七作"旷"。

⑦幡：乾隆《彭山县志》卷之七作"幢"。

⑧艾炎：乾隆《彭山县志》卷之七作"艾琰"。

⑨能：原文无此字，据乾隆《彭山县志》卷之七补。

⑩祇祇：乾隆《彭山县志》卷之七作"祇祇"，误。按，祇祇，恭敬貌。

【注】

[一] 苾（bì）芬：犹芬芳。本指祭品的馨香。

[二] 祈报：古代祀社，春夏祈而秋冬报。《礼记·郊特牲》："祭有祈焉，有报焉。"郑玄注："祈，犹求也。谓祈福祥、求永贞也，谓若获禾报社。"《资治通鉴》"唐高祖武德九年"条："丙子，初令州县祀社稷，又令士民里闬相从立社。各申祈报，用洽乡党之欢。"胡三省注："春夏祈而秋冬报。"

[三] 具瞻：谓为众人所瞻望。

[四] 咸秩：谓皆依次序行事。

[五] 以妥以侑（yòu）：语出《诗·小雅·楚茨》："以妥以侑。"毛传："妥，安坐也；侑，劝也。"后以"妥侑"谓劝酒。

[六] 迓（yà）：迎接。

[七] 粢盛（zī chéng）：古代的一种祭祀仪式。祭祀时将黍稷放在祭器里，称为"粢盛"。

[八] 工祝：古时在祭祀时专司祝告的人。

[九] 僁（xiè）：降低。

[一〇] 薙（tì）：同"剃"，除草。

[一一] 枌橑（fén lǎo）：阁楼的栋与椽。代指楼阁。

[一二] 湢（bì）：浴室。

[一三] 锾（huán）：古重量单位。一说为六两，一说为十铢二十五分之十三，一说为六两大半两。也指钱币。

浮屠智适修建璧山寺碑记　　邑令 张凤翯 上虞进士

县治东北行十里许为双江口，二水奔赴，萦瀁纡余[一]。又东折行一里为彭祖山，丹峰障其前，翠壁枕其后，树木阴翳，怪鸟呕哑，商大夫籛铿墓在焉。余尝经过其地，低徊留之不能去云。墓下一里许为璧山寺，龙象交驰，维摩[二]之所宅也；雨花纷沓，支公[三]之所游也。嗟嗟！夫此空山岑寂，石瘦林寒，而乃庄严现相，法象森如，是岂有布金以成福地者耶？乡之人咸相聚而告曰："兹山者，浮屠性鉴与其徒智适之卓锡[四]也。"雍熙间，以里人崇奉川主，编茅为殿，以奉香火，为人广福田、求利泽，乡之人遂得免水旱灾祲之祸，因争欲醵金以建寺，而性鉴死矣。其徒智适能成其师之志，戒纷华，绝幻妄，而四方之人益信奉喜舍。智适乃兢兢焉若不克负荷，绝无丝毫利欲之念介于其心。于是不数年而前后殿成，斋堂廊庑，靡不周毕。乡之人逢水旱灾祲之祸，祷无勿应焉。适之有功于吾乡也如是！今其利济之心，盖惓惓其犹未已也。

余闻之瞿然，曰："僧果能若是耶？川主者，非隋大业间嘉州太守赵公昱斩孽蛟，以除民害者耶？余闻之，为民御大灾、捍大患，有功德于民者，则祀之。今僧以此为奉，则得其正矣。非诚能为人广福田、求利泽者耶！吾观夫今之为僧者，大抵以佛为券[五]，攫取人间财利，以供其饕餮[六]无厌之求，更或损灭金容①，沉迷衣钵。昔之为丛林、为法海，曾几何时而为樵夫、牧竖之场者矣；昔之为鹿苑、为猴池，曾几何时而为鸟鼠、鼪鼯[七]之窟者矣。若夫猜哑禅、持瞎棒，以逞其死生幻妄之说，而愚夫愚妇争出金钱以相供奉，卒之天灾，而不能救人患，而不能恤梁武[八]之饥亡、琅琊之显戮，非其明验欤？若是者，诚可人其人，火其书也。今适也，不逐②于淄流[九]，以享其无名之供奉，而唯以利民福国为心，其心大而普，某功切而当，以视妄谈圆觉[一〇]、谬说慈航[一一]者，不诚相悬万万哉！"

乃相召而语曰："吁！子来前善不可量也，功不可穷也，寺之上不更有商之贤大夫乎？有墓萧然，有祠岿然，人知其古，不知其所以为古也尔。尚葺而新之，谨奉其香火，庶③不致沉没于蓁芜[一二]，飘零于风雨乎！"适曰："唯唯。惟侯之赐，敢不竭蹶以将厥功！"嗟乎！诚若是，则适也宁仅仅为人广福田、求利泽者耶？异日者，四方之贤士大夫采风于此，则溯江流之清湍，仰山色之青苍，瞻庙貌而怀太守，拜丘墓而思古人，适之功将与吾儒等。是为《记》。

【校】

①容：原文作"客"，形近而讹，据乾隆《彭山县志》卷之七改。按，金容，对神的尊称，又指金光明亮的佛像面容。

②逐：乾隆《彭山县志》卷之七作"逐逐"。

③庶：乾隆《彭山县志》卷之七无此字。

【注】

[一] 纡余：迂回曲折。

［二］维摩：维摩诘的省称。据《维摩诘经》，维摩诘是古印度毗舍离地方的一位富翁，家有万贯，奴婢成群。但他勤于攻读，虔诚修行，能够处相而不住相，对境而不生境，得圣果成就，被称为大菩萨。

［三］支公：名遁，字道林，时人也称为"林公"。河内林虑人，一说陈留人。东晋高僧、佛学家。精研《庄子》与《维摩经》，擅清谈。当时名流谢安、王羲之等均与为友。

［四］卓锡：卓，植立。锡，锡杖，僧人外出云游所用。据《锡杖经》，爱持锡杖可"彰显驾圣智""行功德本"。因此名僧挂单某处，便称为"住锡"或"卓锡"，即立锡杖于某处之意。诸山禅师法祖，更以振锡举杖，启示玄机，指点妙义。

［五］倦（juàn）：疲乏，对某种活动失去兴趣。

［六］饕餮（tāo tiè）：传说中的一种贪残的怪物。古代钟鼎彝器上多刻其头部形状以为装饰。比喻贪婪，贪残。

［七］鼪鼯（shēng wú）：指鼪鼠与鼯鼠。比喻志趣相投的亲密朋友。

［八］梁武：即南朝梁开国君主萧衍。

［九］淄流：僧徒。因僧人多穿黑衣，故称。淄，古同"缁"，黑色。

［一〇］圆觉：佛教语。指佛家修成圆满正果的灵觉之道。

［一一］慈航：佛教语。谓佛、菩萨以慈悲之心度人，如航船之济众，使脱离生死苦海。

［一二］蓁芜：因长时间欠于料理而形成的混乱。

重修彭山县文庙碑记　　彭山邑令　张凤翥

国家圣圣相承，文教日隆，自畿甸[一]以及偏隅，凡一州一邑，莫不建文庙，崇学宫，笾豆具备，礼器灿然，彬彬乎超越前代矣。蜀自两汉以来，久为文献邦。彭邑旧属犍为郡，唐宋以后隶眉州。康熙二年（1663）废县治，归并于州，文庙无葺治者。雍正七年（1729）县复设，辟荆榛灌莽之区，粗立学宫，因陋就简，守宰亦未暇整理。

乾隆十七年（1752），翥奉简命来宰斯邑，宫墙倾圮，门戟萧然，慨然思新之。顾甫莅任，土瘠民贫，力勿胜，迟回者数年，于是思衣食足而后礼义兴。彭之士，谁无冠裳俎豆之思，第枵腹[二]以觅梓材，徒手而勤涂墍土。虽贤势必不能爱为相形，势度地利，引江水上流，开通济堰，可溉田数万亩，岁可收谷数万石。以数万新增之谷，济一邑匮乏之人，彭之士并可富且饶。力请上宪颁令举行，不期年而堰成，陇亩成行，桑麻蔽野，向之兴嗟北门者，继则咸歌鼓腹矣。

邑人士向翥请曰："使君久有志于文庙，今沐使君惠深且厚，力稍稍赡，愿葺治勿缓。"翥欣然曰："此余心所日夜念兹者也。今诸生有斯请，愿捐俸余为诸生倡。"由是踊跃争输。择吉日，命匠氏庀材鸠工，兴修于二十一年（1761）六月，落成于二十五年（1760）二月。自棂星门以至大成殿，废者重建，圮者重修，复甃石为圜桥，饰宫墙以壮观瞻，易配祀以正方位，严肃整齐，规模式焕。此虽某以身倡率，抑亦诸绅士襄助之力也。彭邑向无发科者，丙子（1756）秋，梁生奇蜀遂荐于乡，适鼐分校所取士。迩者多士奋兴，弦歌四起，风亦蒸然丕变焉。于是叹圣人之德之入人深而移人速也。其在《诗》曰："在宫雝雝，在庙肃肃。"诸生其益勉乎哉！吾愿入庙思敬，弥深仰止，以正心诚意为本，以希贤希圣为归，敦诗说礼，翔步文坛，将见俎豆流光，宫墙生色，此则鼐区区之意也。夫敬刊石，而为之《记》。

【注】

［一］畿甸：指京都及其附近地区。

［二］枵腹（xiāo fù）：空腹，谓饥饿。比喻空疏无学的人。

浮屠祖印重建洪塔桥碑记　　彭山司训 王我师　　铜梁贡生

乾隆丙子（1756）秋，余莅彭庠之九越月，邑侯张公治彭之六载也，凡关国计民生者，纲维备举。惟《彭志》未修，以草创委余，因携庠弟子一人为乡导，遍观夫桥梁道路、山川名胜。已见除道成梁，收场畚挶[一]，不蔑民功，有优无匮矣。十月，有金刚山之游，至洪塔桥，群工负石，喧声四达。一僧科头跣①足[二]，策杖指挥于其间，余已心之。桥工未毕，马不能渡，因溯堰沟而上，但见沿沟傍②塍者争开渠道。余曰："当此筑场纳稼，正宜朋酒为欢，何由亟亟如是也？"弟子曰："自邑侯新开通济堰，以故水得导引，是以如是其急也。"是夜，宿文子庄，具灯火，扶伊父拜于前。余见是叟也，吐属清朗，叙及所见修桥事，叟曰："是僧也，是桥也，是僧之桥也，是僧之修也③。自经营度始，一丝一粟④，不仰于众；一木一石，不假于人。必期坚固完好，可垂久远而后已。"余曰："僧何故而发此大愿力也？"叟曰："僧殆悟彻菩提于见闻中，而得冥慧者也。"

僧名祖印，本洪雅县祝氏子，家世甲科，以儒业不就，弃而为僧洪塔寺。为前僧败，乡人接祖印为香火主。甫一稔积，所获为合殿，庄严至今，金碧流辉，佛光高耀，依然一古刹也。厥后博游城市，归则瞑目跏趺[三]，锱铢必谨，出纳愈慎。诘者曰："僧欲携赀上西天也⑤。"印曰："吾始以刻木塑泥为功德府，吾今而后，乃知利物利人为功德梯航也。自历忠孝、双江桥上，见奔流浩浩，来往嬉嬉，坐可避风，日行无惮。褰裳此宰官，身先事于民者也，吾何舍此而他求哉！"因是悉出所蓄，鸠工选材，八越月而长桥落成矣。

余不禁叹兴曰："古必择二千石贤牧令者，为其呼吸相通，好恶相同耳。不意浮屠氏一经感触，如影随形，逃墨归儒，所谓豚鱼，吉不言而信存乎！德行诚不虚矣！"异日侯为霖雨舟楫，僧将甘露垂滋，一苇西渡，理有然也。次日立马金刚山顶，举头放眼，动荡空明，俯视全邑，了如指掌。第见村庄篱落，桑麻鸡犬，宛然作息，天民遗风未远，愈⑥识贤侯之六载辛勤，治化翔洽也。而彭山之《志稿》，已半脱于心目间矣。兹于黄钟月廿四日，乡人魏云龙以修⑦桥碑记，请余录此以应，谓为余之游记也，可谓为碑记也，可碑勒诸石。

【校】

①跣：原文作"洗"，乾隆《彭山县志》卷之七同，形近而讹，据嘉庆《眉州属志》卷十六改。

②傍：原文作"而"，据乾隆《彭山县志》卷之七及嘉庆《眉州属志》卷十六改。

③"是僧也，是桥也，是僧之桥也，是僧之修也"，此句，嘉庆《眉州属志》作"是桥也，是僧之修也"。

④粟：原文作"粒"，据乾隆《彭山县志》卷之七及嘉庆《眉州属志》卷十六改。

⑤也：嘉庆《眉州属志》卷十六作"耶"。

⑥愈：原文作"余"，据乾隆《彭山县志》卷之七及嘉庆《眉州属志》卷十六改。

⑦修：原文无此字，据乾隆《彭山县志》卷之七及嘉庆《眉州属志》卷十六补。

【注】

[一] 畚（běn）挶：盛土和抬土的工具。泛指土建工具。

[二] 科头跣足：露着头，赤着足。形容困苦或生活散漫。本作"科头徒跣"，后亦作"科头赤足"。

[三] 跏趺："结跏趺坐"的略称。佛教中修禅者的坐法：两足交叉置于左右股上，称"全跏坐"。或单以左足押在右股上，或单以右足押在左股上，叫"半跏坐"。据佛经说，跏趺可以减少妄念，集中思想。

增广学额碑记　　眉州学正，前瑞安令 陈永清 庚子举人

彭山，古武阳，属犍为郡，后分眉州隶焉，为首邑。崛嵊，上通井络，二江会城外，山明水丽，俗朴风淳。人物则张之皓、纲父子于汉，李之密、兴父子于晋，忠孝文章，塞两间，昭万古，尚矣！唐宋元明以来，亦代有闻人。自制举[一]立，士生是间者，率思攀鳞附翼，以鸿笔为国，云雨其与，解额[二]无论焉。而补博士弟子员，则以八；食饩粮廪，则以二十；丹青亦称是。明季失政，寇①虐于川，兵燹所至，城野辄空。

我国家应天顺人，平一海宇，始复眉治，彭并青，省入于州。时二邑疮痍甚，故不亟分土建官。而入学十五名，廪膳三十名，本州额以二邑附，谓可州治，治之州统，统之也。嗣是生聚教养，重熙累洽，农于田土地辟焉，士于学秀良植焉。民渐广，事渐烦，因复设县治，分民分学，析十五而三属之。州得七，彭、青各得四，廪增亦然。州得十四，彭、青各得八，沐浴教泽，咸彬彬质有其文。

近又百余年，应试之人愈众，不无有限于数之叹。盖额多，则功名之路开，鼓舞之气作；额少，虽卓立者，可因难见易，然拘于格，未免自崖而反，亦稍稍阻矣。前尹冯公鄯慨然以增学额为己任，会同青邑，详前署州大邑侯宋转请学使者葛上之天子，下礼、兵二部议，州增三，县增二，廪各增三，茂矣，厚矣。

我人士之上报国恩，下立人品，宜何如懋勉矣。夫振兴士类，广其励于泽宫者，大文宗之公明也。笃意教养，多其材于国家者，贤有司之作育也。乐观厥成，书其事，以垂不朽者，亦分教斯地之责也。或以未复额为言，余曰："今浙水张公以名进士宰是邦，爱民

至矣，育士殷焉。时时以明伦积学训课诸生童，不啻如子弟行见，霞蔚云蒸，必有与汉之张、晋之李，忠孝文章，后先辉映者，仅仅复额云乎哉！第自合而分，自四而六，则自六而八，与丹相埒。后之视今，又何不犹今之视昔？愿勉旃毋躁。"是为《记》。

【校】

①寇：原文作"冠"，形近而讹，据乾隆《彭山县志》卷之七改。

【注】

[一]制举：唐代科举取士制度之一。除地方贡举外，由皇帝亲自诏试于殿廷称为"制举科"。简称"制举"或"制科"。宋代因之，如南宋绍兴年间开博学鸿词科。清代如康熙十七年、乾隆元年的两次博学鸿词科及清末的经济特科等，亦皆属制举性质。

[二]解额：唐制，进士举于乡，给解状有一定名额，故称解额。

学田碑记　　眉州学正　陈永清　忠州举人

天下郡县皆有学，学皆有田。田之息，取葺殿庑垣墙之用，凡以壮观瞻，肃威仪，无少陨越[一]，所由来远矣。彭山县治复设于雍正九年（1731），诸事草创，学宫即旧址新之。纵昔有学田，经兵燹，都就湮没，蔑稽考，与自来无田者等。初建学宫，亦完固，月易岁更，及今二十余祀，风雨所漂摇，鸟鼠所巢穴，渐就剥落。虽不至鞠为茂草，求所谓"高山仰止，景行行止"，壮①观瞻于外，肃威仪于内者，盖犹有待焉。历尹兹土者，固亦随时修补，然廉俸即捐，岂能时继？亦遂斯已而已。无其可久之资，而欲阅世如一日，是却步而求及前人也，何可得哉！

今浙水张公以名进士宰是邦，深念新复未久之邑，植黎庶乎农桑，育士人乎学校，较急且勤。他务悉次第举，而尤以学宫为为政本根之地，苟非修饰崇隆，何由妥侑？上副天子崇儒重道，下培诸生说礼敦诗，使惇庞尽俗，圭璋尽士乎？顾俸不胜捐，事又难缓，所可久者，端在学田，而冀其必有获也。顷奉宪檄，报垦边荒，适灵石乡寂照庵侧，有未辟之土，亲临勘丈，得田十八亩，并山若干犁。清四至，炳载厥册，属之学宫，使永无侵紊，招佃垦种，每年收租银若干金。自乾隆甲戌（1754）始，储为修葺之用，既足以御风雨，而亦不患鸟鼠。于以妥先圣先贤之灵，而多士亦莫不有"高山仰止，景行行止"之思矣。且侯又复新备祭器，簠簋登铏，聿昭典制，春秋丁祭。训诸生习礼其中，隐然若宗庙百官，美与富之兼备，优乎见，忾乎闻，而光郁郁、气熊熊，虎必腾上，龙不久藏也，猗欤盛哉！国家治平百余年矣，县治之复亦二十余岁矣，独学田之有为前未有，后可法。于是乎始信我侯之大有造于文教，固与彭之学宫永永无极也。是役也，前司训张君启喆率诸生亦左右襄事，例得附书，爰为《记》，勒之贞珉，以垂不朽。

【校】

①壮：乾隆《彭山县志》卷之七作"庄"。

【注】

［一］陨越：犹颠坠，丧失。

张梧冈重修忠孝桥记　　松茂观察使 张之滽 金台进士

尝思忠孝原于至性，诚结而凝，流传于数千百年之久，其所留贻于寰宇，屡圮屡修。而人心不懈，天地鬼神之灵，更有以助其美而献其奇，吾不知其所自也。盖忠孝之诚，久而弥彰云。

癸酉（1753），秋闱事将竣，彭山令张梧冈谓余曰："埋轮都尉、陈情洗马，彭人也。通济、玻璃湍激之处，有桥曰'忠孝'，水涌桥颓，数十年中，未有不复建者。甲子（1744）后人心欲歇，辛未（1751）凤来，思所以永久之计而不可得。适二木见于水底，圆长一式，堪为桥梁，遂落成焉。附其主于二郎之观，而与商籛大夫墓对，岁时祭祀如常。请《记》之。"余曰："坊表之建，树之风声，奚以桥为？"梧冈曰："孝子忠臣，率彼前路，嗟嗟乎沉溺而弗返。云腾龙跃，雨霁虹飞，古之人所以偕登道岸也。"余曰："山水之发也澎湃，奚必于湍激之处？"梧冈曰："湍激而无以闲之，则狂澜肆矣，藉长桥之一束，裨于田耳。"余曰："二木奚自？岂昔之沦于泥沙者？向以用而颓，岂今之用而不复颓耶？"梧冈曰："本①之自也。洵弗克知，第观其天然匹，并无造作之形，似未经匠手者。向之柱入于水，根不能敌焉，今之梁横于岸，水不能撼焉，故以是为永久之计也。"

噫！异矣。斯桥之建数千百年矣，至今日而始为永久之计，胡天地鬼神之秘其灵，以待夫梧冈之至？梧冈勉乎哉！古今人时不相埒，而孝思忠荩之结，当如斯桥之坚固不拔焉。岁时祭祀之日，溯都尉之纯愫，慨洗马之乌私，望民田而知二王之功在社稷，能承父志；瞻丘墓而知老彭之信而好古，无愧尊亲也。于是乎记。

【校】

①本：原文作"木"，据乾隆《彭山县志》卷之七改。

复修通济堰碑记　　松茂观察使 张之滽 金台进士

乾隆二十年（1755）春，新津令徐守斋、彭山令张梧冈，复修唐通济堰，会禀于丹崖督宪黄公，以竟公前志。公与冷妍藩垣［一］，酌委滽相度。适建昌兄禹则，偕署眉州牧张东园以彭建属，亦来津议此诺①。逾月，竣工。岁暮，善后毕。黄公枚卜去蜀，贻以碑。里人感督宪爱民之心，往复二十余年，始报命天子。邑宰守斋、梧冈，疏久湮涸泽，惠彼疆宙四万余亩犹未已，用心瘅瘁［二］，洵哉圣朝良吏，更乞志其详。余与禹则不能辞，东园亦不嫌作楷之烦，因书于石。曰：

方余之至堰也，丹崖公面嘱曰："此水发源何处？是否不竭？闾尾何处？宣泄不至漫溢，水性靡常，经久防维之道若何？越境人民，共此一脉，岁修抢修，费必均平；迟早凸凹之间，如何不至争讼？此吾二十年前宿愿，今复来兹，敢不告厥成功，以滋祓禳[三]，以慰圣明②。惟汝是赖冈昝。"余不敏，商之建昌署、眉州牧，进邑令守斋、梧冈熟记之，登舟而放乎中流，聆其言曰：

"新津金马、洋马、西河，并发源灌县，而此堰向所收者，止南河水。南河系邛州、大邑、蒲江山水下流，无源易涸，大雨滂沱，又虞冲决，一冲而后，田不能滴。今于旧堤增加束南河水，分流田间，又于其上建筑新堤，截西河分支入南，是无源者而有源矣，当必不竭。自堰口绵亘二百余里，迤逦潆洄，延间以湃，汇于彭之江鱼堤、朽木河、毛家河。眉曰松江口者，接之宣泄，各沟总汇于大河，闾尾层叠，无虞漫溢。歉时，南河旧堤增加竹笆，西河新堤增加石篓，以逼于田；旺时，去篓去笆，俾分于河。各堰长常住乎此，冬乃去。先期备物，临时集工，罔妨农务。旧堤令高一丈四尺余，长一百二十八丈，宽二丈四尺。新堤高五尺，长二十八丈，宽一丈。进水入田大沟，令宽一丈二尺，深一丈八尺，水势充③裕，永可为例。沟口岸沙四十余丈，应用石砌，以免冲塞。向、蔡二筒、枣儿、白鹤等处，土性松浮，溪流汇集，山水陡发，冲啮堤埂，淤塞沟道，堰水必至横逸，应请下流加淘，以豫攘之。彭邑翻水口引灌西支彭溪等处，上下次例，筒口扼要之区，土性亦浮，应筑石堤五十余丈，以免颓落。江鱼堤为眉州青岗等十四堰接水之汇大堰，诸水由此湃入朽木河，眉属遂无涓滴之惠，亦改石堤四十余丈，经久防维之道，约当如是，敢质以请。岁修抢修，费有不敷，三地农民均出。入田小沟，咸深六尺，俾无凸凹。各小沟筒口照都江堰规，千亩一，宽三寸，深二寸，俾无迟早之嫌。州县巡行阡陌，时为经理，俾无讼以害时。"

建昌曰："善。是能仰体率育者也。"询之堰长、农民，曰："父母言匪心竭，敢稍违？"禀，复"速成"，冷妍公亦许其议。

十月，丹崖公就道。诸务毕，扶杖、担壶、捧米以献者，不可数计，曰："此新田数万亩中所产也，撷其累粒为公寿。"涕泣攀辕[四]，弗忍别。丹崖公洒泪而告之曰："此吾二十年前宿愿也，复来，得遂。缘不可假，能不快然！第恐此利犹未久焉。天地自然之泽，朝廷因之以育蒸黎[五]，永锡莫僭，则恃乎人心不敝之良。通济堰创之大唐，迄今越几何年，兴修废坠，倏忽如环，至前季而休焉。兹之苍颜白发，阅历父母官，岂伊一人有能如是尽心者，此利当夙享矣。余不敏，周流往复，始拜手成功，汝等或可忘之。九重恩渥，能不铭刻？新来制宪开公，时以风俗人心为念，勉之哉！率子弟孙绳而敬受焉，以保此生理乎！行者争路，俱不得行；耕者争畔，俱不得耕。何如水之止以平耶？疾驰而遽颠蹶[六]，逊者犹可以鉴；强业而逢灾异，观者窃以为笑。争则两败俱伤矣！逝者如是夫，不舍昼夜。波无专属，渊有澄明，暧昧以取窃也，横肆以夺劫也。安知天不灌为巨浸，以邻为壑谲也？安知天不润彼肥饶熟算，由于已定而固任其私也？彼匍匐公庭，废时失事者，田且属之他人，利焉在哉？仁让成风，相友相助，人孕其和，天锡之福。尧舜之民，无非仙子，涵濡德化，云水溶溶。余老矣，不敢再期来此，遍语乡间，愿毋恝[七]吾言。"父老潸④然呜咽。翌日，书应其请，而为之词。曰：

水兮水兮，天生之一。人道狂澜，地道满溢。人心不古，地道以室。堰兮堰兮，银汉遥通。皇王之泽，相臣之功。召父杜母，乳哺咸同。百年之泽，一日之瘨[八]。久矣涸辙，孰涌源泉？既疏既截，既宣既泄。永植乎心苗，毋忘乎君切。

【校】
①诺：嘉庆《眉州属志》卷十六无此字。
②明：嘉庆《眉州属志》卷十六作"朝"。
③充：原文作"克"，据嘉庆《眉州属志》卷十六改。
④"间愿毋恝吾言父老潸"九字，乾隆《彭山县志》卷之七作"相助人孕其和天锡之"，误。

【注】
[一] 藩垣：藩篱和垣墙。泛指屏障。又比喻卫国的重臣。
[二] 痑瘁（dàn cuì）：即"瘅瘁"。劳累痛苦。
[三] 袯襫（bó shì）：指平民百姓。袯，蓑衣之类的防雨衣，一说为粗糙结实的衣服。襫，夹衣。
[四] 攀辕：拉住车辕，不让车走。旧时用作挽留好官的谀辞。
[五] 蒸黎：百姓，黎民。
[六] 颠蹶：倒仆，跌落。
[七] 恝（jiá）：忽略；淡然。
[八] 瘨（diān）：灾病；困苦。

文庙落成碑记　　楚黄张京鲤

彭邑文庙向在城之南郊。明嘉靖丁酉（1537）乃迁今址，嗣以邑之更张不一，几已倾废。我朝雍正八年（1730）复设县，而庙承其旧。乾隆丙子（1756），前令古虞公张凤翥从而修葺之。然读其《碑记》，犹若限于费而未暇厚图，是以十余年而又颓圮矣。

吴兴徐公德元，理学儒也。守是邦，甫下车，见宫墙荆棘，不胜悚然。亟集绅士共谋整理，阖邑欢忻，争先奉约。辛卯（1771）纠工，越一载而大成殿告成，宏厂高坚，前所未有。乃公于是冬奉差边塞，未满初志，有遗憾焉！甲午（1774），程君先哲泸州孝廉司铎[一]彭山，慨然以徐公未竟之志为己任，谕其弟子员并赴童子试者随力捐输，勉勤不逮。而署令朱公琦且为分廉相勖，因得铢锱积累，逐渐补苴[二]。则继徐公之志者惟程君，而励诸生以不懈者亦惟程君。呼！殆亦任道之坚者欤！而要皆圣德之留遗于不替也。

今年春，余奉檄署彭篆，瞻创建之恢宏，睹踵增之整肃，而快多士之追随，每自恨相遇之晚，而未获身亲其始事。虽然，首先者有人，继迹者有人，而终未竣其功也。余亦何敢视非己事！乃亦捐资劝募，复得新捐国学，暨岁入文武生踊跃输公，而邻邦慕义之士，亦倾囊无少吝。因与陈君共相图度，周十月，两庑及乡贤、名宦祠、大成门俱已部署完固。丹雘涂暨，书额题门，亦竟楚楚，敢曰观厥成，聊以终。

是役耳，徐公知我，应以少慰，抑吾思之彭僻壤也。彭之文庙，几废而复修者也，一新于张公，而丙子（1756）科得文魁梁奇蜀；再新于徐公，而辛卯（1771）科得武魁谢良臣。天之报施，其政有凭乎！则自今以往，文教蔚兴。继宋明而甲第联绵，望汉晋而名臣辈出。孝敦洗马，忠续广陵，以无负圣教之涵濡，而上报国家之作养，余正有厚望焉！故序颠末，而记与事之名于左。

【注】

[一] 司铎：谓掌管文教。相传古代宣布教化的人必摇木铎以聚众，故称。

[二] 补苴（jū）：弥补缺漏。

培茸桂香书院记　　邑令　饶飏光

蜀自文翁倡化以来，武阳之表，表特出者，有汉张都尉之忠、晋李太守之孝。其后人文迭起，《志》不绝书，于以见教泽之孔长也。我朝定鼎，诏郡县立学。前邑宰张君绰创建文昌宫，于廊庑扁以"桂香书院"，尚未延师授徒也。厥后徐公德元立意兴学，拨圣寿寺田六十四亩、山地六百五十三亩，年收租钱一百二十千，以为延师束脩[一]之资，但肄业生徒膏火缺如，亦无以鼓励而振兴之。

嘉庆癸亥（1803）夏，余自淙城移调兹土，窃念尊贤养士，为政所宜先。适宝珠寺僧俗评控，又以绅士之请，量拨水田四十一亩，载粮八钱七分三厘三毫，取佃田压租银四十一两，以为培茸讲堂、修建二门、甬道、墙壁之费，其田岁收租谷四十一石。再查毗卢寺水亩膏腴额定每年完纳谷一十二石，圣寿寺山地宽厂，每岁加租钱二十千，共计钱一百四十千，租谷五十三石。除仍照旧规，以一百二十千延师外，其余以作聘金、节礼，及生童膏火、月课、奖赏之需。匪云加意作人也，亦以书院之设，将登崇英俊，振拔单寒，庶士气蒸蒸日上，忠孝流风，后先辉映，守土者窃有厚望焉！

【注】

[一] 束脩：古代学生与教师初见面时，必先奉赠礼物，表示敬意，名曰"束脩"。后指教师的酬金。

重修文庙碑记　　饶飏光

武阳县治，自唐宋以来，沿革不一，而文庙之修废因之。我朝雍正七年（1729）县复设，其时庙之旧制虽存，然不免芹荒于泮矣。宰斯土者，递踵而新之，若梧冈张君、芷堂徐君、楚黄张君，后先相继，加意振兴。宫殿门庑，寖以宏整。每月朔望以及春秋祀事，率邑中衿士，观礼圜桥，奉璋赞币，殆济济称盛焉。迄今数十年，诸君造士之雅意，仅留之断碣残碑，而庙貌亦渐即朽蠹。若不急为缮修，其何以妥圣灵而兴文教哉？

余莅治之明年秋，集都人士共商斯举，计捐俸外，募得金千余，爰估木石，鸠工作，遴绅士之公正者数人，协心经理，因事制宜。其可仍者，仍而茸之；其不可仍者，从而新之。东西庑先贤、先儒之方位，从而厘正之；名宦、乡贤、忠义、节孝之令德芳徽，光昭志乘者，悉一一胪其姓氏而尸祝[一]之。至若月台之设，必定其规；泮池之修，必准乎制。以及拜墀之甃以磻石，棂星门外之周以垣墉，左右复置黉门、甬道，则视旧制有加，而创建于以大备矣。自经始以至落成，凡八阅月。匪直曰崇壮丽，肃观瞻也。欲使身列胶庠者，睹宫墙而深仰止，志圣贤之志，学圣贤之学，人文蔚起，舒翘扬英，于以上副国家作人之化。此予惓惓之微衷，愿以为多士勖。

【注】

[一] 尸祝：古代祭祀时对神主掌祝的人。也指祭祀。

添设桂香书院膏火田碑记　　邑令　史钦义

古者国有学，乡有校，择当代之人师，令其教授，俾子弟之俊良者，升堂鼓箧，敬业乐群，以驯至于强立通达。人材之盛，实储于此。天子覃敷文教，嘉惠士林，四海之内，蒸蒸向化。凡郡国州县，俱立学官，以明伦课士，复设饩廪，以奖善懋修，所为优誉髦而拔单寒，意良厚也。彭为川南蕞尔邑，居眉山之上游，俯双江而下瞰，忠孝流辉于汉晋，英喆接踵于宋明，彬彬后先相望焉。

予宰是邑，下车伊始，即观风士子，见其淳悫[一]而文，朴茂而雅，知商彭之墟多秀民也。公余，辄临皋比[二]，与诸生讲论，功有程，月有课，俾奋勉成材，士风媲于齐鲁。而特虑膏火不敷，同志者未勉向隅。适邑民廖善端呈称买、当二业，愿施入桂香书院，以佐生童膏火之需。缴红契[三]，当约存案，谊明桑梓，洵堪嘉尚，而多士月饩于是乎益赡。诸生诵习其间，敬体先生长者之教，崇实学，敦品行，明体达用，追前贤方轨，以上副朝廷尊贤养士之至意。是则予添设膏火，惓惓接引后学之苦心也。诸生勉乎哉！

【注】

[一] 淳悫（què）：敦厚诚实。悫，诚实，谨慎。

[二] 皋（gāo）比：虎皮。古人坐虎皮讲学。后因以指讲席。

[三] 红契：经过官厅登记的买卖房地田产的契约。

重修忠孝桥记　　史钦义

自古忠臣孝子，至性所发，知有君亲而已，非以求谅于人也。而著于当时，传于后世，忠孝之思，亦怦怦而不能自已。思之斯慕之，慕之斯称之，而其人其事，恒历数千百年而不朽。不宁惟是，即人心风俗之默易潜移，亦罔不由乎此。然则存往哲以励后人，所关诚钜，守土者宜急为加意也。

余自戊辰（1808）春仲承乏武阳，閒尝历览山川，采访文献，若商大夫之遗墟、李学士之书台、魏文靖之东山题咏，阅人阅世，不知几何，而至今凭吊欷歔，悠然神往。盖懿德是好，根于秉彝者然也。

治北里许，前令梦石饶公培修之忠孝桥侧，汉、晋两太守之故里在焉。夫两贤一当汉之末造，一当晋之初兴。其时社鼠凭城，或避祸不遑矣，需才甚急，或得禄忘亲矣，而乃愤豺狼之当道，托乌鸟以言情，惟忠与孝，历久弥彰。因于簿书之暇，鸠工命匠，为之建竖丰碑，标其名位，又以地介通衢，荒芜不治。适邑绅卢芝秀等以捐修为请，于是除荆榛，去瓦砾，自北关至忠孝桥，阅五里而遥，履道坦坦，致往来行人，皆得憩息之便。试瞻此邦，先贤旧迹比之，延陵有墓[一]，岘首有碑云。

方今圣天子敦崇真品，奖劝人伦，凡郡邑所属，咸以忠孝相期，出为朝廷之忠臣者，即入为家庭之孝子，则夫树之风声，表厥宅里。后之继而起者，或有与两贤先后辉映者乎？是固予建神之意也，亦即予作《记》之心也。

【注】

[一] 延陵有墓：指延陵季子墓碑，在今江苏丹阳市延陵镇。此碑始刻于何时无考。现碑是明正德六年（1511）六月重摹上石。季子名札，春秋时吴王寿梦第四子。长子诸樊为王，欲以兄弟传国，诸樊死传弟余祭，余祭死传余昧，余昧死欲传季札，季礼不受，让给余昧之子僚。季札封于延陵，故称延陵季子，死后立庙奉祀。

古文昌祠落成碑记　　袁　楷

皇帝御宇之七年，钦颁文昌庙祀典，晋太牢礼并及前后殿祝文。天章所到，风动四方，春秋礼制之隆，几侔于东鲁矣。彭邑北关外二十里许，有古文昌祠，系元明旧迹。画壁丹青，嵯峨冲道，吾邑栋宇之古，无过此者。原庙制宏敞，相传自汉已有，而碑残碣断，始创无征。明初永乐二年（1404），有常住道人范德远重新，延及隆庆癸酉[一]，信官张琨诣琉璃厂购瓦，嗣而辑之。厥后逆张屠江，黄狐夜泣，故宫尽为丘墟，祠宇之煨烬者不可胜道，而此庙独岿然无恙。

逮我朝统一海内，文明诞敷。康熙三十九年（1700），眉州刺史金讳一凤培修，沿至乾隆三载（1738），又有道人邓云仙及浮屠云会者募众补葺。呜呼！帝君之神灵，永栖于斯地，而帝君之文教，暨万国以声明，虽历劫运、罹兵燹，实有千古不磨者，谓非斯文之在兹与！但世远则虫鱼剥蚀，代遥则风雨飘潇，几于颓毁。

时戊辰（1808）春，邑侯史醇庵下车伊始，即访邑中古庙名祠，道经于斯，乃集绅耆而语曰："此庙之遗制，旧系前明矩矱[二]，历今四百余年，又将圮矣。岂在桑梓人士，肃趋跄[三]而骏奔，忍视鞠为茂草乎！"金曰："唯唯。贤司牧能恢复古迹，我居民敢不亟勉厥事？"于时，邑侯捐俸倡始，募众辇金，共相乐输，并命绅耆晓事者为之揆日定位，诹尔工功。庀材冬官之府，采木峨、灌之间，得古楩楠百余株，为桢干材，不以时木抢选。仍仿旧制，建竖宏规，覆以瓴槍，甃以花砖。堂哉皇哉！丹涂有秩。轮奂斯崇，较前更完善而坚美，邑侯之兴废举坠也。恭惟帝君迹著西垣，枢环地极，以恒宿占太紫之宫，桂籍扶人文之主。普天俊秀，咸钦释奠之仪；率土蒸黎，共享彝伦之叙。行见庙貌，重新规模。载阐示瞻仰，而礼明禋。蒸蒸皇皇，阴灵胗[四]蚕，必有储清淑气，以昭圣天子文治光昌之运者。

是役也，经始于嘉庆十二年（1807）冬，落成于嘉庆十四年（1809）三月。工成，不能无记，谨序其颠末，勒之一片石。至工力财用之数，董事输捐之人，则又载之碑阴，可考云。

【注】

[一]隆庆癸酉：按，隆庆为明穆宗朱载垕年号，即公元1567—1572年，其中无癸酉。疑为万历癸酉，即1573年。

[二]矩彟（yuē）：本指画直角或方形的曲尺。比喻规矩法度。

[三]趋跄（qiāng）：疾行貌。

[四]胗：散布，传播。

陈情表　　李密 邑人

臣以险衅，夙遭闵凶，生孩六月，慈父见背[一]，行年四岁，舅夺母志。祖母刘愍臣孤弱，躬亲抚养。臣少多疾病，九岁不行，零丁孤①苦，至于成立。既无伯叔，终鲜兄弟，门衰祚薄，晚有儿息。外无期功[二]强近之亲，内无应门五尺之童，茕茕[三]孑立，形影相吊。而刘夙②婴疾病，常在床蓐，臣侍汤药，未尝废离。

逮③奉圣朝，沐浴清化，前太守臣达察臣孝廉，后刺史臣荣举臣秀才。臣以供养无主，辞不赴命④。诏书⑤特下，拜臣郎中，寻蒙国恩，除臣洗马。猥以微贱，当⑥侍东宫，非臣陨首所能上报。臣具以表闻，辞不就职。诏书切峻，责臣逋慢，郡县逼迫，催臣上道，州司临门，急于星火。臣欲奉诏奔驰，则以刘病日笃；欲苟顺⑦私情，则告诉不许。臣之进退，实为狼狈。

伏惟圣朝以孝治天下，凡在故老，犹蒙矜育⑧，况臣孤苦，尤为特甚⑨。且臣少事伪朝[四]，历职郎署，本图宦达，不矜名节。今臣亡国贱俘，至微至陋，过⑩蒙拔擢，宠命殊私⑪，岂敢盘桓，有所希冀。但以刘日薄西山，气息奄奄，人命危浅，朝不虑夕。臣无祖母无以至今日，祖母无臣无以终余年。母孙二人，更相为命。是以区区不能废远⑫。臣密今年四十有四，祖母刘今年九十有六，是臣尽节于陛下之日长，报刘之日短也。乌鸟私情，愿乞终养。

臣之辛苦，非犹蜀之人士及二州牧伯所见明知⑬，皇天后土，实所共鉴⑭。愿陛下矜愍愚诚，听臣微志，庶刘侥幸，卒保余年。臣生当陨首⑮，死当结草[五]。臣不胜犬马怖惧之情，谨拜表称谢以闻⑯。

【校】

①孤：中华书局点校本（1974年版）《晋书》卷八十八《李密传》作"辛"。

②夙：《晋书》卷八十八《李密传》作"早"。
③逮：《晋书》卷八十八《李密传》作"自"。
④命：原文作"会"，乾隆《彭山县志》同，形近而讹，据《晋书》卷八十八《李密传》改。
⑤诏书：《晋书》卷八十八《李密传》作"明诏"。
⑥当：原文作"常"，据《晋书》卷八十八《李密传》改。
⑦顺：《晋书》卷八十八《李密传》作"徇"。
⑧育：《晋书》卷八十八《李密传》作"恤"。
⑨尤为特甚：《晋书》卷八十八《李密传》作"尪羸之极"。
⑩过：《晋书》卷八十八《李密传》作"猥"。
⑪宠命殊私：原文无此四字，据《晋书》卷八十八《李密传》补。
⑫"是以区区不能废远"，此句，《晋书》卷八十八《李密传》作"是以私情区区，不能弃远"。
⑬所见明知：《晋书》卷八十八《李密传》作"之所明知"。
⑭共鉴：《晋书》卷八十八《李密传》作"鉴见"。
⑮首：《晋书》卷八十八《李密传》作"身"。
⑯"臣不胜……以闻"，此句，《晋书》卷八十八《李密传》无。

【注】

［一］见背：被抛弃，这里指亲丧。

［二］期（jī）功：古代丧服的名称。期，服丧一年。功，按关系亲疏分大功和小功，大功服丧九月，小功服丧五月。亦用以指五服之内的宗亲。

［三］茕茕（qióng qióng）：孤独无依的样子。

［四］伪朝：僭伪、非正统的王朝。这里指蜀汉。

［五］结草：春秋晋魏颗救父妾，而获老人结草御敌的故事。典出《左传·宣公十五年》。后用以比喻死后报恩。

彭祖墓表　　明彭山令 杨京 太和人

彭山之以彭名也，名之以彭祖也。按，彭祖为彭城人，彭城为宋故地，兹邑相距越七千里，则曷为而亦以彭祖名？晋常璩《志》"武阳"则曰："大贤彭祖，殁于其乡。"璩言必有所考也。今邑东大佛山有彭女洞，而彭祖之墓屹然犹存，地得人而胜，故以名之也。然则信乎？弗信乎？曰："是未可知也。"郭崇韬［一］拜子仪［二］之墓，识者鄙之。未知为彭祖，信与弗信，而存其墓而不毁，无乃不可乎？曰："在崇韬则私，虽为真子仪，后弗可信也；在彭邑则公，虽非真彭祖墓，而不可疑也。"其人果贤人，皆想见之不得，而见思以存其迹而景行之，好善之公也。故不必其信与否，其名在则其人在，则其人在则其思在矣。故一彭祖，不惟彭城与兹邑存之，即彭县、彭水皆有。一蜀而见三，俱以为荣，可以占人情之不可忘，可以识贤者之见思矣。乃若不贤者在，当世非之，在后世非之，惟恐其有浼于俗，而去之不速也，何名之为？

或谓彭祖即老彭，据其生在尧时，历夏至商，为太史，凡八百余岁，以其时则合孔子，尝以老称聃，今又以老称彭矣。老与祖通称，盖皆为其有年也，则彭祖之为老彭，又益信。夫信而不可疑，当存而不毁，不毁则宜祀，而不祀焉者，以其时之藐、事之核也。姑为贤者存其名而已矣，非存其实也。

【注】

[一] 郭崇韬：（？—926），字安时，代州雁门（今山西代县）人。为人精明干练，长期参掌机要，以谋议佐助李存勖建立后唐。位兼将相，权重内外，以天下为己任，为朝士所向往。

[二] 子仪：即郭子仪（697—781），唐华州郑县（今陕西华县）人。应武举补左卫长史。安史之乱爆发，任朔方节度使，率军勤王，收复河北、河东，拜兵部尚书、同中书门下平章事。仆固怀恩叛变，纠集回纥、吐蕃分道入寇，子仪领几十骑出阵，免胄慰劳，说服回纥头领与其配合，击退了吐蕃。德宗即位后，受诏入朝，进位太尉、中书令，尊为"尚父"。

彭望山辨　　李　元

彭山县东北，都江与皂江会流，为武阳江，即合水也。晋永和三年（347），桓温[一]军至青衣。汉大发兵，趣合水以拒之，其合流处今为江口镇。镇右有象耳山，李白读书山中，学未成，弃去。度针溪，有老媪方磨铁杵，问何为，曰："欲作针耳。"白感其言，还卒业。媪自言武姓，傍有武氏岩，有太白书台。镇左有平模山，亦名彭亡、彭望、彭女、彭模、平无诸名。惟《南中志》"彭望山"为是，盖言山高，可望天彭门也。《水经》谓有彭祖冢，《名胜记》谓有彭女津，皆附会。《后汉书》曰：建武十一年（35），岑彭讨公孙述，分兵溯①都江而上，晨夜倍道兼行二千余里，径拔武阳。彭所营地名彭亡，闻而恶之，欲徙。会日暮，蜀刺客诈为亡降，刺杀彭。《晋书》曰：桓温军至彭模，留羸②兵守辎，自将步兵直指成都。《宋书》曰：高祖[二]伐蜀，谯纵使谯诜率众万余屯彭模，夹水为城。朱龄石焚其楼橹，四面并登，即时溃散。

【校】

① 溯：即"泝"，原文作"沂"，形近而讹，据文义径改。
② 羸：原文作"嬴"，形近而讹，据文义径改。

【注】

[一] 桓温：（312—373），字符子，东晋谯过龙亢（今安徽怀远西北）人。政治家、军事家、书法家、权臣。明帝司马绍婿。穆帝永和二年（346），率众伐蜀。三年，灭成汉。后长期专擅朝政。

[二] 高祖：指南朝宋开国君主刘裕，420—422年在位。刘裕遣朱龄石讨伐割据巴蜀的谯纵，事在晋安帝义熙九年（413）。

老泉墓辨　　李　元

苏老泉墓，据欧阳公《志铭》，葬于彭山安镇乡可龙里。明嘉靖壬子（1552），巡按喻时按眉，问墓，无所得，因于蟆颐山东二十里石龙东岸柳沟山中设虚冢而去。余承勋

《记》[一]谓可龙为石龙之讹，然东坡《王氏墓诗》亦云可龙里，非讹也。又按，老泉三女，一适程之才，见《菊坡丛话》；一适柳子玉，称延安夫人，有词行世，见《墨庄漫录》，而《侯鲭录》又谓延安夫人是苏丞相子容之妹。据欧公《志铭》，三女早卒。则老泉卒于治平甲午[二]，女无一存者。林坤《诚斋杂记》乃云秦少游为苏氏婿，然少游娶①徐主簿之女。而东坡《次韵秦观秀才见赠诗》系相见之始，时少游将入京应举，在元丰元年戊午（1078），距老泉之卒已十有三年。三女暨东坡、颍②滨皆程夫人所生，程夫人卒于嘉祐元年丙申（1056），距元丰戊午（1078）二十有三年。赵开美《东坡佛印问答录》载诸诙谐事，末载苏小妹能解佛印叠字诗。考佛印即金山元长老，东坡有《施玉带》及《蒜山卜居》二诗，有元丰七年甲子（1084）。无论小妹之亡已久，即佛印亦无唱和，未见其果能为诗，别后不闻追寄一语。是非有参，寥辨才清，顺等相交之密也。嘻，妄矣！

【校】

①娶：原文作"聚"，形近而讹，据巴蜀书社（1985年版）《蜀水经》卷四改。

②颍：原文作"颖"，形近而讹，据文义径改。

【注】

[一]余承勋《记》：参本书卷之五《修复老泉先生坟祠记》。

[二]治平甲午：按，治平为宋英宗赵曙年号，即1064—1067年，其中无甲午。苏洵卒于治平三年丙午，即1066年。

鼎鼻山辨　　李元

宋朱龄石伐蜀立寨处，愚①按《益州记》谓：周德既衰，九鼎[一]沦散，一没于此，或见其鼻。然东周显王四十二年（前327）九鼎沦没泗水[二]，始皇尝使数千人没水求之，不得。《益州记》非也。惟《虞荔鼎录》载蜀先主章武二年（222），龙见武阳之水九日，铸一鼎，像龙形，沉水中，当即此鼎。

【校】

①愚：原文无此字，据嘉庆传经堂刻本李元《蜀水经》卷四补。

【注】

[一]九鼎：相传夏禹时，以九州贡金所铸的鼎，被夏、商、周三代奉为象征国家政权的传国宝器。周德衰，九鼎乃没于泗水彭城下。见《史记·孝武本纪》。

[二]泗水：亦称清泗。别名清水。源出今山东泗水县东五十里陪尾山。四源并发，故名。

打鼻山论　　大邑令　宋载　睦州拔贡

古犍为有打鼻山，在今彭山县江水之上。相传周鼎沦于此，渔人尝网得鼎，露鼻而复沉，故曰打鼻。打音近歹，谓没水以取物也。

按，蜀在战国时为蚕丛、开明氏。初不与中原通，自张仪诈饰金牛以啖之，而蜀道始开，则周鼎安得沦于此？考周赧王五十九年（前256），秦昭王取九鼎于洛，其一飞入泗水。夫自洛至雍，道不由泗，而神物固飞入之，安知不更有飞入犍为之江者？汉武元鼎元年（前116），得宝鼎于汾阴[一]。夫汾阴，晋地也，而有鼎，安见彭山之无鼎者？且古物之出，往往有不可解者。汉成帝时，尝于犍为得古磬十六枚矣。既有磬，则宜有鼎。或曰：非周鼎也。张道陵得仙，尝铸十鼎，刻丹经，理于云台山下，或即此耳。是说载在《鼎录》，固尝有之。然明曰"云台山"，非打鼻矣。或曰：秦昭灭蜀，尝封支庶为巴侯，或者所得周鼎，即以分封，及天下乱，而沦于水与。然始皇时，尝令人入泗水求周鼎矣。蜀若有之，何反不求乎？要之，皆未可知也。年远事迁，陵移谷变，由汉时之古磬推之，彼既有之，此亦宜然尔。

【注】

[一] 汾阴：古县名。西汉置，治今山西省万荣县荣河镇西南庙前村北古城。

新建仓颉祠暨字库落成赞　　朱怀玉

天生圣神，元冥清淑。曰黄帝史，明通四目。俯察仰观，万灵畏服。洪蒙其时，含华蕴朴。劙[一]剖圆方，星辰岳渎。龟纪龙图，乌语虫蝮。象形勾画，纵横卷轴。易我结绳，文字肇录。天为雨粟，鬼为夜哭。道契神符，思通化育。亿万斯年，其容有肃。蒸蒸士林，敢不熏沐？越庚午岁，城南穆卜。相其阴阳，地惟戬谷[二]。庀材鸠工，陶甓[三]斯筑。规方定位，乾坤子六[四]。武库既成，精灵炳煜。个个珠玑，量来万斛。光焰烛天，烟云芬馥。风雨毋侵，荆棘毋蹙。蝌蚪在中，龙蛇隐伏。敬仰圣仪，披图按篆。阴灵肹蚃，斯文郁郁。风教丕扬，有贤司牧。重阐规模，用昭肃穆。执事有恪，致虔工祝。文字宗祖，千秋莫渎。勒之贞珉，时维太簇[五]。

【注】

[一] 劙（lí）：割。

[二] 戬谷（jiǎn gǔ）：福禄。尽善，至善。

[三] 甓（pì）：砖。

[四] 乾坤子六：即乾坤生六子。据《系辞上传》："乾道成男，坤道成女。"乾坤二卦以其阴阳二气想感，而成震、坎、艮三男与巽、离、兑三女，合称六子卦。以自然界而言，为天地万物的伦常关系；以人类而言，则为父母、子女的伦常关系。

[五] 太簇：古人将十二律与十二月相配，太簇配正月，因以为农历正月的别名。

妻王氏墓志铭　　苏　轼

治平二年（1065）五月丁亥，赵郡苏轼之妻王氏卒于京师。六月甲午，殡于京城之西。其明年（1066）六月壬午，葬于眉之东北彭山县安镇乡可龙里，先君先夫人墓之西北八步。轼铭其墓曰：

君讳弗，眉之青神人，乡贡进士方之女。生十有六年，而归于轼，有子迈。君之未嫁，事父母；既嫁，事吾先君、先夫人，皆以谨肃闻。其始，未尝自言知书也。见轼读书，则终日不去，亦不知其能通也。其后轼有所忘，君辄能记之，问其他书，则皆略知之，由是始知其敏而静也。从轼官于凤翔，轼有所为于外，君未尝不问知其详，曰："子去亲远，不可以不慎。"日以先君之所以戒轼者相语也。轼与客言于外，君立屏间听之，退必反覆其言，曰："某人也，言辄持两端，惟子意之所向，子何用与是人言？"有来求与轼亲厚甚者，君曰："恐不能久。其与人锐，其去人必速。"已而果然。将死之岁，其言多可听，类有识者。其死也，盖年二十有七而已。始死，先君命轼曰："妇从汝于艰难，不可忘也。他日汝必葬诸其姑之侧。"未期年，而先君没，轼谨以遗令葬之。铭曰：

君得从先夫人于九原[一]，余①不能。呜②呼哀哉！余永无所依怙。君虽没，其有与为妇何伤乎？呜呼哀哉！

【校】

①余：原文作"于"，后有一"愧"字，据嘉庆《眉州属志》卷十四改。

②呜：原文作"鸣"，形近而讹，据文义径改。

【注】

[一]九原：九泉，黄泉。

宋故归东吴成氏幽堂志

先妣成氏满娘，系出于咸阳，自弘农太守成瑨之后，寓居于通义，故成氏之族蕃衍于吾州为盛。先母乃成祥之女，得生有表，表之才处己好，刚毅之性。归，相先君，动循法度，勤苦立家，不事华靡。家业颇成，皆出乎先母铢积寸累之力；男女有归，皆自先母鞠育诲训之功。戊子绍定改元（1228）春末间，为忧其孙申之病，亦随染疾不起。首夏[一]之初，遂有终天之别。追慕音容，百身莫赎。呜呼哀哉！先母享年八十有二，子五，女四，内外生息三十余人。松重惟迁厝事所不可缓，忍死取卜，以绍定年太岁己丑（1229）仲冬上九日癸酉刚辰，举先母之丧，葬于本县瑞应乡崇善里①乾山之原，松辄尔姑述其生平大要，而勒②诸幽石③，以为不朽之传云。

时嘉庆元年（1796）十二月，土人于宝象寺山麓得之。

【校】

①瑞应乡崇善里：嘉庆《四川通志》卷四十七作"崇善乡瑞应里"。

②勒：原文作"纳"，据嘉庆《四川通志》卷四十七改。

③石：原文无此字，据嘉庆《四川通志》卷四十七补。

【注】

[一]首夏：始夏，初夏。指农历四月。

祭岳厚川[一]**师文**① 讳濬，葬彭山。　　　　　张之潃 治斋

呜呼！潃于庚戌（1790）之秋抵济南，以奉旨交东抚教习故也。侍厚川夫子者七年，教诲慇懃，作养笃至，非寻常知遇。众以为迂疏寡效者，而夫子则以为审几切理也；众以为暗淡孤标者，而夫子则以为慎持顺应也。夫一书生，骤入仕途，于援引交结之道，茫茫然不知其非笑之为非笑也，独我夫子挥众论而特识。其为人循循善诱，以渐归于妥协，生何幸也！奉九重之命而得师，师为名臣所窥见，于国家忠孝之忱，经济学问渊源之故者，不能仰跻其一二。而因事指点，因言恪守，则固就于范围而免于疵累[二]矣。

蒙山之阴，北瞻岱乡，去城三百余里，中为豺狼所踞，荆棘纵横者八十里，百姓垂老不入城。其钱粮词讼，县官岁至其地，经理一回。乙卯（1795），潃在瞻岱，典狱者不谨，大盗越出数人。申至抚军，传集司道及本府，面谕曰：山左诸君子，素皆屈指东蒙[三]。是事也，天之所以玉成也，非陷之也。但书生初任，倘过于惊悸而误公事，奚膺民社？太守往告之。吾不以他人之过误其终身，而以意外之投觇其本领，劲与不劲，在此不在彼也。呜呼！彼时之府以上，恐以处分累之，府以下，且欲得县官署之，而潃以负疚之躯，勉强支持，卒全获无恙者，皆大厦之庇也。非我夫子，潃将缧绁[四]矣！

丙辰（1796），圣天子询问山东州县，孰为循良第一。抚军以潃奏。呜呼！以潃之迂疏暗淡，何克当此？而我夫子信之独深，且遍告群寮曰："吾以蒙阴奏对，可谓上不欺君，下不负民，中不愧于寅恭[五]矣。"潃自此后，益加奋勉，而终不能为我夫子稍益门墙之色。呜呼哀哉！能不愧哉！

后抚军任光禄，时潃复得时聆训教于兹，不视言笑者又十余年矣。抱病湖南，非特不能遄飞[六]，亦并不能有一伻[七]之使，以问安进药在三之谊。顾如是乎，能不悲哉！

壬申（1812）来蜀，得瞻威信公丰裁，旋知我夫子病渐痊，可蒙恩补授通参，以为我夫子忠孝诚切，天必宽以岁月，以复大彰其学问、经济。而孰意巫阳[八]之遣，竟与威信公先后耶！呜呼哀哉！抚军易箦之日，告其子廷杭曰："余受天恩，不比寻常。未能报效万一，而颠踬[九]者二，身惫形枯，犹思奋勉。而今岁月莫假，复何望哉！祖父高年，又遭此恸，罪莫可逭，死难瞑目。"遂伏枕叩头而卒。呜呼！此可以知其隐矣。

夫抚军一生，眷顾极隆，家庭极顺，宦绩极纯，而操心独苦。口不可得而述，笔不可得而书，夙夜忧愁，俯仰浩叹。而潃于侍侧山左时，更知夫办公之余，明发之际，如穷人无归，刻不欲生也。粤东江左，概可知矣。呜呼！惟忠则真，惟孝为本，忠孝之神必灵，而后必昌。浮云之过，至性不磨。吾全吾至性，而浮云乌能点翳也。尚飨！

【校】

①题目，乾隆《彭山县志》卷之七作"祭岳厚川师"。

【注】

[一] 岳厚川：即岳濬，字厚川。

[二] 疵（cī）累：表现出缺点、过失。

[三] 东蒙：山东省蒙山的别称。因在鲁东，故名。

[四] 缧绁（léi xiè）：捆绑犯人的绳索。引申为囚禁。

[五] 寅恭：恭敬。

[六] 遄（chuán）飞：勃发，疾速飞扬。

[七] 伻（bēng）：使者。

[八] 巫阳：传说中的女巫。《楚辞·招魂》："帝告巫阳曰：'有人在下，我欲辅之。魂魄离散，汝筮予之。'"

[九] 颠踬（zhì）：困顿；挫折。

今文

重修通济堰碑文　　　　　阁部 黄廷桂 镶白旗人

余承天子德意，子惠元元，常期阴阳和，万物遂，匹夫匹妇，无一不被皇王①之泽，以成熙皞之俗。顾立愿虽奢，而措施无补，中尝歉焉。敢曰美利，自我作古乎？夫蜀为蚕丛之国，厥田高亢。自李氏父子凿离堆，导江入灌口，沃野千里，民用富饶。其地②不近川泽之区，旱干时告，石田用嗟。官斯土者，能无望前人之泽而勃然兴起者乎？

癸酉（1693），余奉命复制全蜀。蜀之民，皆余昔时煦妪[一]而噢咻[二]之者也，其疴痒[三]与余为最切。值此边隅绥集③之余，时和年丰，欲与吾民谋生养安全，可大可久之计，则善政莫大乎水利。

蜀地溪泽陂沱，以及滨江枕河之区，所在多有。高者可潴而蓄，下者可引而注，诚因其势而利导之，则以时树艺，亢旱无虞，何在不可藉人力以补天功者耶？

蜀南通济堰，唐制置使章仇兼琼所浚也。按古《志》，引武阳南河之水入彭、眉，灌溉民田数万顷。自明季兵燹，民无孑遗，堰水尽废。昔之岸然为堤者，沦于水嗟巨浸焉；昔之泓然为渠者，堙于土嗟石田焉。眉、彭之人，不知斯④堰水利者百余年。

余前制蜀时，旷览洪波，夷考古制，盖尝欲取而尽复之，筑堤浚沟由新，而彭得水利者万余亩。功未竣，余旋奉召入都，不果复。因奏准给官钱五十缗，以作岁修。斯堰之仅存而不至泯灭者，赖以此。是深望后之人睹斯堰之仅存，因其势而利导之，尽复其沃衍之旧，以利济吾民。乃二十余⑤年来，水利未加广也，田畴未尽辟也，其忍听吾民负向隅之泣，而不一动念耶？

因檄下所司，复图兴举。令集吾民而谐曰："南河之水发源于邛，其来也缓而疾：缓则春水不足恃，而耕作后时；疾则大雨时行，一冲而后，田间无涓滴之惠。曷若引西河之水，合南河而入堰，以时蓄泄之，则源远而流长，且亦二王之余泽也。"乃吾民果能踊跃赴功，以时趋事，父子负锄，兄弟裹粮，骁骁[四]而来，鱼鱼而赴，污莱⑥辟，鱼龙游，不数月而大功成。彭之民，实开复古渠二十八，绵延八十里，直抵于眉。呜呼！厥功懋哉！

维时父老走相告曰:"彭、眉之苦旱也久矣!我民之白发苍颜者,曾不知有春水到田之事。百余年来,今始见之,实灌溉我彭田三万亩,眉之田亦不下万万焉。今日者,我黍与与矣,我稼⑦翼翼矣,何莫非仁人之赐,其能昧天良以忘所自?敢乞明训,以垂不朽,猗欤盛哉!"

夫乃知造物之恩有缺也,人补之;王政之美有尽也,人永之。古今治化之成,孰不赖有人哉!继自今牧斯土者,其无废前人之业,同寅协恭,和衷共计⑧哉!我耆老百姓,其无忘今日之功,率作兴事,历久弥勤哉!毋游侠以失时,毋纷争以偾事[五],厥利其永永哉!是为记。

【校】

①王:原文作"上",据乾隆《彭山县志》卷之七、嘉庆《眉州属志》卷十六、道光《新津县志》卷四十改。

②地:原文作"他",乾隆《彭山县志》同,据嘉庆《眉州属志》卷十六、道光《新津县志》卷四十改。

③绥集:原文作"绥辑",乾隆《彭山县志》同,音近而讹,据文义径改。按,绥集,安抚集聚之意。

④斯:乾隆《彭山县志》同,嘉庆《眉州属志》卷十六、道光《新津县志》卷四十均作"此"。

⑤余:乾隆《彭山县志》同,嘉庆《眉州属志》卷十六、道光《新津县志》卷四十均无此字。

⑥莱:原文作"菜",乾隆《彭山县志》同,形近而讹,据嘉庆《眉州属志》卷十六、道光《新津县志》卷四十改。按,污莱,此指荒地。

⑦稼:乾隆《彭山县志》同,嘉庆《眉州属志》卷十六、道光《新津县志》卷四十均作"稷"。

⑧共计:原文无此二字,乾隆《彭山县志》同,据嘉庆《眉州属志》卷十六、道光《新津县志》卷四十补。

【注】

[一]煦妪:亦作"煦姁"。本指天地博爱,生养万物。后比喻温情抚育。

[二]噢咻:亦作"噢休"。安抚,笼络。

[三]疴痒(kē yǎng):疾病痛痒。疴,病。

[四]骁骁(shēn shēn):众多疾行貌。

[五]偾(fèn)事:败事。

修彭山县志征艺文启　　张凤翥

琳琅鉅制,珍重艺林;金石遗文,辉煌册府。风云过眼,悉成鲸吞鳌掷[一]之奇;貂鼯由心,益增水媚①山辉之胜。翥也操觚,徒切制锦未能。念邑乘之沦亡,莅斯土者,何以扬清而激浊;嗟典型之凋谢,入吾境者,曷由考献而征文。顾崇实去华,当效班详马核,而阐幽发隐,尤资苏海韩潮[二]。用集新题,敬乞中郎之黄绢[三];爱搜古迹,敢征张氏之青铜。

粤稽夫彭之为彭也,星缠井络,郡属犍为。眉山北鄙,控邛部而引资中;天府南垣,抗峨眉而吞熊耳。其人物,则埋轮豸节,汉都尉之闾巷依然;陈表乌私,晋洗马之丘墟无恙。空山草碧，商大夫曾葬衣冠；祠庙灯青，岑将军尚留俎豆。东山精舍，虞公著"天晴""木落"之诗；象耳摩崖，李青莲"花影""冰壶"之句。金华天桂，神灯夜吐红蕖；石屋仓崖，古洞朝飞白粒。崱崪层叠，秋高牧马之原；平盖逶迤，春暖系龙之渚。磨针溪畔，犹存武氏之崖；打鼻山前，争说周王之鼎。长桥夜月，不知何处扬州；江口渔灯，疑是当年彭蠡。烟浮螺髻，留彭女之仙踪；云锁虹梁，回锦江之春色。斯则山川之秀异，足供讴吟；缅彼贤喆之芳徽，宜深凭吊者矣。

至若堰开通济、红莲，来郑白之渠[四]；堂启明伦、绛帐，服苏湖之化。波光浮绣陌，红女催耕花。气满胶庠，青衿观礼。念足民之有术，非曰能之；望雅化之未遑，窃愿学焉。伏冀锡以鸿章，垂之钜笔。八叉②[五]七步[六]，宏振三巴，千首万言，不拘一格。携来《大雅》，助成我辈风流；贡去牺轩，添得此邦文献。古虞张凤翥谨启。

【校】

①媚：原文作"眉"，形近而讹，据乾隆《彭山县志》卷之一改。

②叉：原文作"乂"，形近而讹，据文义径改。

【注】

[一] 鲸吞鳌掷：比喻文辞气势磅礴，跌宕起伏。

[二] 苏海韩潮：指唐朝韩愈和宋朝苏轼的文章气势磅礴，如海如潮。

[三] 中郎之黄绢：中郎，即东汉文学家蔡邕。据传蔡邕曾以"黄绢幼妇，外孙齑臼"题"孝女曹娥碑"碑阴。《世说新语·捷悟》："黄绢，色丝也，于字为绝。幼妇，少女也，于字为妙。外孙，女子也，于字为好。齑臼，受辛也，于字为辞（"辞"古也写作"辤"）。所谓绝妙好辞也。"后便以"黄娟幼妇"或"绝妙好辞"作为文才高、诗词佳的赞语。

[四] 郑白之渠：郑国渠和白渠的并称。在今陕西省境。

[五] 八叉：两手相拱为叉。唐代温庭筠才思敏捷，每入试，叉手构思，凡八叉手而成八韵，时号"温八叉"。后以"八叉"喻才思敏捷。

[六] 七步：相传三国魏曹植七步成诗，后常以"七步"形容才思敏捷。

新修彭山县城工记　　邑令 史钦义

伊减作城[一]，砺若磐石；王公设险，固于金汤。古昔盛时，完城郭以聚人民，举月令之政，孟秋补之，仲秋筑之，大率申画郊圻，即慎固封守也。参国之一，中五之一，小九之一[二]。规模广狭，制度不同，其所以谨要塞、备边疆者无二致。燕师完于韩[三]，召伯营于谢[四]。山甫城东方[五]，南仲城朔方[六]，实墉实壑，地利宜筹，殆取于豫之象也哉！

彭属剑南冲邑，平盖为门，蔡山为带，长桥为锁，双江为池。白马黄龙之绮，走银涛而喷薄彭门；青旗皂角之雄，抗峨眉而耸接天汉。表里陕区，襟带名郡，以之制胜方域，何城弗如！然而民保于城，城保于德，不如此，不足以利攻守。按，明成化知县樊瑾修筑土城，周围一千余丈。至正德，金事卢翙包砌以石，外环以濠，有濯阳、临邛、望眉、通津诸门。明末毁于兵，距今一百七十年，蹂躏坍塌，不堪久矣，当路者恒致意焉。

余莅兹土，周视原野，载稽版图，宛然称全胜。惜楼橹不设，闉阇[七]无存。时以川中经白莲[八]燔炽之后，小丑歼灭之余，人心方静。未雨绸缪，将兴大役、举大功，以筑城之计谋于耆旧，父老遮道，咸欲捐修，为恳具文，详请藩宪。估修案内，彭之君子愿献其谋以为契，我龟彭之小人愿出其力以为固我圉。其君子曰："三里之城，七里之郭，待我侯来复。"其小人曰："筑斯城也，凿斯池也，唯我侯穆卜。"嘻哉！彭之士公尔忘私也，彭之民国尔忘家也，庶有干有年于兹哉！

义捐廉分俸，领同城寮采[九]，寅清[一〇]在公，思日赞勷。庀冬官之府，咨刮摩之工，壮大舆之车，载磐山之石，乃砺乃锻，陟巘降原[一一]，辨方正位，和会阴阳，揆之以日，曰止曰时[一二]，阁阁登登，捄陾度薨[一三]。岁将匝，而城陴城郭，岿然焕然，壮兹巨观。北有承恩，南有丽明，东有新波，西有玉丰，竖楼者四，建桥者三，复浚以濠。

佥曰："侯之力！"予曰："尔百姓之力！"佥曰："侯之福！"予曰："尔百姓之福！"惟尔于万斯年，其保无虞也。重门有析，启闭有司。禁觑而安良，是今天子捍卫生灵之本，亦彭邑数百年再造之初也。自始事以及落成，约费三万有奇。又吾千万赤子，趋事赴公，不惜箪食壶浆，乐输而恐后者也。众志成城，包络险阻，长江天堑，森列犬牙，不可见人心豫顺，安弗忘危之意哉！叙曰：

茫茫禹甸[一四]，画井分疆。十室弹丸，邑小民康。山河布象，云汉为章。星明井络，丽于斗匡。区分县纲，表厥彭阳。隆山古治，神灵会昌。怀德为城，用资保障。既兴我役，好乐无荒。庶民来攻，馨鼓[一五]斯喤。垣墉仡仡，池水决决。匪曰观瞻，慰我黎苍。有人有土，有关有防。固若苞桑，岂复于隍。十仞攸崇，万民之望。通观厥成，编年纪方。言以序之，辞溢缥缃。

时嘉庆甲戌（1814），题于武阳官署。

【注】

[一] 伊淢作城：出自《诗经·大雅·文王有声》："筑城伊淢，作丰伊匹。"伊，是。淢，通"洫"，护城河。

[二] 参国之一，中五之一，小九之一：国内最大的城邑不能超过国都的三分之一，中等的不得超过国都的五分之一，小的不能超过国都的九分之一。参，同"三"。出自《左传·郑伯克段于鄢》。

[三] 燕师完于韩：出自《诗经·大雅·韩奕》："溥彼韩城，燕师所完。"燕师，燕国的民众。韩，指韩国都城。

[四] 召伯营于谢：出自《诗经·小雅·黍苗》："肃肃谢功，召伯营之。"

[五] 山甫城东方：出自《诗经·大雅·烝民》："王命仲山甫，城彼东方。"仲山甫，周宣王初年卿士，位居百官之首，封地为樊。城，筑城。东方：指齐地，齐地在镐京的东面。

[六] 南仲城朔方：出自《诗经·小雅·出车》："王命南仲，往城于方。"南仲，周宣王初年军事统帅，受命到朔方（在周都城镐城北方，指今陕西省北部、甘肃陇东、宁夏南部地区）筑城讨伐西戎。

［七］闉阇（yīn dū）：城门。

［八］白莲：即白莲教起义，又称"川楚教乱"或"川楚白莲教起事"。指中国清朝嘉庆年间爆发于四川、陕西、河南和湖北边境地区的白莲教徒武装反抗清政府的事件。从嘉庆元年（1796）到嘉庆九年（1804），历时九载，是清代中期规模最大的一次农民战争。

［九］寮采：官舍，引申为官的代称。

［一〇］寅清：语出《尚书·舜典》："夙夜惟寅，直哉惟清。"后世用为官吏箴戒之辞，谓言行敬谨，持心清正。

［一一］陟巘降原：语出《试经·大雅·公刘》："陟则在巘，复降在原。"意为登高就在山巅，下来又回到平原上。巘，和大山不相连的小山，泛指小山。原，这里泛指平地。

［一二］曰止曰时：出自《诗经·大雅·绵》："曰止曰时，筑室于兹。"止，言此地可居住。时，言此时可动工。

［一三］捄陾度薨（jiù réng duó hōng）：出自《诗经·大雅·绵》："捄之陾陾，度之薨薨。"捄，铲土入筐。陾陾，铲土声。度，投。薨薨，倒土声。

［一四］禹甸：语出《诗经·小雅·信南山》："信彼南山，维禹甸之。"本谓禹所垦辟之地，后作为中国的代称。

［一五］鼛（gāo）鼓：大鼓。

《彭山县志》卷之六

彭山县金石志

金可为鉴，石能作犀。或镌文以埋玉，或立柱而表功，以及金人之铭、岣嵝[一]之碑，陆离光怪，往往属前代遗物，为考古者所惊艳。如范成大《桂海虞衡志》记马伏波之铜鼓工致[二]，张彦远记周宣王之猎碣十枚[三]，为器为象，其事其文，亦博闻强识之一助也。夫三品[四]详于《禹贡》，一片重于韩陆，则金石乌可忽乎哉！志金石。

金铜铁物

彭山县治北五里忠孝桥有铁犀二①，长三尺许，阔二尺余。相传昔人用以镇水族，如温峤燃犀[五]故事，后犀通灵，竟佚去，不知所之，今尚存其一。

金铜铁像

彭山县治北一里许平盖山，为求仙者羽化之所。《道书》云：上有丈二金人，今废。

古玉石器

彭山县治东十里彭祖山，郡国谓之彭女山。峰列如屏，俯视众山，极顶有鹰洞，土人以梯绳援其上取鹰。洞口狭，中广，内深丈余，有石灶、石床、石几，相传以为彭祖女炼丹之所，今足迹尚存。

古玉石物

彭山县治南五里许宝珠寺内有白石二，周围三尺，圆如拱璧，光莹可鉴，年代俱无考。按，寺创自元，明取名"宝珠"，义因此。今已埋其一于土中，尚有一颗存寺后。

彭山县治南有星石一颗，高长一尺余，寸形，如淡赭色，通体纹致嶙峋斑驳，不知何代物。相传有人于秋夜中见一星自南坠落，及寻其处，获之，乃一石，陆离光怪，若古玩器。按之，星陨地则化为石，理或然也。系雍正年间事。

古玉石像

彭山县治北平盖山，《云笈七签》云：山下有玉人，长一丈三尺，系吴郡崔孝通得仙之处。今无。

彭山县治东南十里千佛岩，摩崖矗立，峭壁千仞。半山石骨间刊佛像千余，次序横列，形肖宛然，雕镂工致，今其象尚存。下为回廊，游览凭眺之所，前邑令饶觐光建。石磴萦纡，仅堪容步，四栋云山，俨若画图。

【校】

①按，嘉庆《彭山县志》卷之二《津梁·忠孝桥》云："墩上有铁犀一，石犀一，以镇水患"，当是仅存之一。

【注】

[一] 岣嵝（gǒu lǒu）：山巅。又，湖南省衡阳县北约三十公里，衡山主峰名为"岣嵝"。

[二] 马伏波之铜鼓工致：按，《桂海虞衡志》："铜鼓，古蛮人所用，南边土中时有掘得者，相传为马伏波所遗。"

[三] 张彦远记周宣王之猎碣十枚：按，张彦远《法书要录》卷五《述书附》："史籀，周宣王时史官，著大篆，教学童。岐州雍城南有周宣王猎碣十枚，并作鼓形，上有篆文，今见打本。"打本，即拓本。张彦远，字爱宾，蒲州猗氏（今山西临猗）人。唐朝画家、绘画理论家。博学工文辞。有《法书要录》《历代名画记》。

[四] 三品：即唯金三品，是指金、银、铜三种金属元素的合称。出自《尚书·禹贡》。

[五] 温峤燃犀：出自刘向《异苑》："至中渚矶，水深不可测，世云其下多怪物，峤遂毁犀角而照之。须臾，见水族覆火，奇形异状。"后比喻能敏锐地洞察事物。

古 碑　附崖洞、石壁题名及画像

汉张氏穿中记，建初二年（305）。《隶释》云：武阳城东，彭亡之巅，耕夫剧地有声，寻锛。入焉，石窟如屋大①，中立两崖，崖柱左右各分二室，内有题识三：其一漫灭，一柱三十五字，一柱四十九字。其一则"张公宾之妻之穴也。其子伟伯，及妻与孙陵，皆祔葬右方曲内中"；其一则"伟伯之孙元益，葬其父长仲并弟叔元所志也②。时绍兴丁丑（1157）年也"。

汉永宫墼文，文一行七字，云：永初七年（426）宫墼。《隶续》云：范至能在蜀得其二，惟"七"及"官"字文有反背不同，重十八斤，眉人掘武阳故城得之。

汉黄龙甘露碑，额题云"黄龙甘露之碑"六隶字。《隶续》云：碑中有穿，高五尺余，广三尺，文十行，仅有数字可辨。群臣列名，居石之二③，上下四横，每横二十余人。可辨者侍中二人，司徒、尚书、五官中郎将、大中、中散大夫、博士各一人，议郎四人，安汉、镇东等将军二十余人，碑侧题"太守李严并丞令二人"。《华阳国志》云：建安二十四年（219），黄龙见赤水，赤水在武阳。乃立庙作碑。分载《古迹志》。

唐北平山碑，在县之北平山，大书"北平山治之碑"，余不可读。碑阴书"大唐上元二年（675）道士施士衡笔"。

新移彭山县碑，唐会昌五年（845），楼且撰。

彭山县治北二十五里象耳山，有李太白读书台留题石壁上，云："夜来月下卧，醒，花影零乱，满人襟袖，疑始濯魄于冰壶也。李白书。"又，杜光庭题诗其上，有石刻云："山中犹有读书台，风扫晴岚画帐开。华月冰壶依旧在，青莲居士几时来？杜光庭书。"分载《古迹志》。

彭山县治东北六里上有普照寺，藏宋太宗、真宗、神宗御书，今无。崖中尚有石室。

彭山县治东五里盘石山，有宋范镇题诗石壁上，云："穷幽访盘石，细径入荒凉。踏叶屐履湿，触花衣袂香。"

彭山县治东北二十五里半山石壁间，有崖窦如蜂房。相传窦中常出米，崖上镌"石仓米洞"四字。

彭山县治东一里有东山，宋虞公著读书之处。石壁间魏了翁为之题"东山精舍"四大字。李壁题诗云："木落天晴远景多，半平烟尽镜新磨。周公谢傅皆尘土，病鹤闲来借一柯。"

孟蜀广政年间，程承辩眉州人于彭山县洞明观画天蓬、黑杀、玄武、火铃一堂，象耳山堂游变神鬼一堵，奇绝当时。

【校】

①屋大：原文无此二字，据嘉庆《四川通志》卷六十补。

②也：原文作"开"，误，据嘉庆《四川通志》卷六十改。

③居石之二：嘉庆《彭山县志》卷二《古碑·汉黄龙甘露碑》作"居石之上"。

彭山县物产志

圣人驭世，六府惟修，三事允治[一]。虽极微极细，莫不察其性情而予以开节。《月令》《尔雅》之书，其流裕矣。蜀为神皋奥区，古称无谷而饱，则抚兹沃壤，樽节而爱养之。阜昌百物，蕃滋锡类，亦司土者所有事也。志物产。

谷之属

饭谷　水旱两种。有粳谷、籼谷、长腰谷、云子谷，百日早毛，香黄、蛇秧谷、黄秧谷，花红桂阳黏、桃花谷、薏子谷，其名不一。其性燥湿两宜。

糯谷　性粘，可以酿酒，故俗名酒谷。又可以为粢蒸糕熬饧，炒食有红白二色。其种甚多。其性燥湿两宜。

膏粱①　一名玉蜀黍，有青、黄、白三色，粘可酿酒。性宜高燥。

麦之属

大麦 一名牟麦，亦有粘者名糯麦，可以酿酒。性宜燥。

小麦 一名来，性宜燥。

雀麦 即野麦，一名燕麦。性宜燥。

穬麦 其种有二，一似大麦，一似小麦。性宜燥。

蓧麦 一名乌麦，一名花荞。性宜燥。

苦麦 似蓧麦而尖，花带绿色。性宜燥。

芊麦 有红、白、黄三种。性宜高燥。

【校】

①粱：原文作"梁"，形近而讹，据文义径改。

【注】

[一] 六府、三事：古以水、火、金、木、土、谷为"六府"。《书·大禹谟》："地平天成，六府三事允治，万世永赖。"孔颖达《疏》："府者，藏财之处；六者，货财所聚，故称六府。正身之德，利民之用，厚民之生，此三事惟当谐和之。"

粟之属

粟子 有青、黄、赤、白、黑诸色，其名或因形似，或因时令，随义赋之，故早则有赶麦黄、百日粮之类，中则有八月黄、老军头之类，晚则有雁头青、寒露粟之类。性宜高燥。

黍子 有黄、白二色。性宜燥。

穇子 一名龙爪粟，又名鸭爪稗。性宜湿。

稗子 有狗尾稗、鸡爪稗两种，一种黄白色，一种紫黑色，可以酿酒，又可以煮粥、炊饭、磨面。性燥湿两宜。

薏苡仁 俗名绿谷，又有解蠡、苞实、䕲米、回回米、薏珠子、草珠儿之名。一种圆而壳厚坚硬者，即菩提子也。其米少即粳糯也，但可穿作数珠，故人呼为念珠。性宜燥。

菽之属

大豆 有黑、白、黄、褐、青、班数色，其性宜燥。

赤小豆 俗名红豆，性宜燥。

绿豆 其种有四粒：粗而色鲜者为官绿，皮薄而粉多；粒小而色深者为油绿，皮厚而粉少；早种者为摘绿；迟种者呼为拔绿。其性宜燥。

白豆 俗名饭豆，即小豆之白者也。亦有土黄色者，大如绿豆而长，皆属一类。性宜燥。

穞豆 俗名野豆，即黑豆之细小者也。其性宜燥。

豌豆 其豆有大、小、白、麻四种，其名则戎菽、毕豆、麻累、回鹘豆、青小豆、青斑豆。性宜燥。

蚕豆 俗名胡豆。性宜燥。

豇豆 一名蜂𧉬，一种蔓长丈余，一种蔓短。其花有红、白二色。荚有白、红、紫、赤，斑驳数色。此豆可菜可果可谷，备用最多。性宜燥。

藊豆 一名沿篱豆，一名蛾眉豆。花有紫、白二色，子有黑、白、赤、斑四色。其种凡十余样，或长或团，或如龙爪、虎爪，或如猪耳、刀镰，皆累累成珠。性宜燥。

刀豆 一名狭剑豆。性宜燥。

巴山豆 形似赤小豆，而细长。性宜燥。

枲之属

大麻 即火麻，俗名黄麻，又名黄麻①。雄者名枲麻、牡麻，雌者名苴麻、荸麻。性宜燥。

桐麻 一名橦麻，则另为一种。性宜燥。

【校】

①俗名黄麻，又名黄麻：此句表述有误，疑其一"黄麻"作"火麻"。

蔬之属

韭菜 一名草钟乳，一种生于山，名曰山韭。性宜燥。

葱 一名芤，又名菜伯、和事草、鹿胎，有山葱、冻葱、胡葱、汉葱数种。性宜燥。

薤 藠子、莜子、火葱、菜芝、鸿荟，皆薤之名。性宜燥。

蒜 一名茆蒜，又名荤菜，有大蒜、小蒜、葫蒜、山蒜数种。若石蒜、山慈姑、水仙□、老鸦蒜，则不可食。蒜性宜燥。

芸苔 俗名油菜，为其子可榨油也，又名寒菜、胡菜、苔菜、苔芥。性宜燥。

芥 有青芥、大芥、马芥、石芥、夏芥数种。性宜燥。

芜青 俗名青菜，又名蔓青、九英菘、诸葛菜、马王菜，有青叶、红叶、大叶、细叶数种。性宜燥。

菘 俗名白菜。有二种，一种茎圆厚微青，一种茎扁薄而白。性宜燥。

萝卜 有莱菔、芦萉、雹突、温菘、上酥、紫花菘等名，四时皆有，分红、白、长、圆四种。性宜燥土。

生姜 性宜燥。

同蒿 一名蓬蒿。性宜燥。

芹菜 一名水英，一名楚葵，有水芹、旱芹两种。其性燥湿两宜。

菠菜 一名波斯菜，又名赤根菜。性宜燥土。

蕹菜 性宜湿。

荠菜 俗名荠荠菜。性宜燥。

苜蓿 一名木粟，又名光风草。性宜燥。

苋菜 有青、红、白三色，又有冬苋菜、马齿苋两种。性宜燥。

蒿苣菜 一名千金菜，其根即莴笋也。性宜润。

黄花菜 一名黄瓜菜。性宜燥。

翘摇菜 一名野蚕豆，又名小巢菜，即东坡所谓"元修菜"也。性宜燥。

灰藋菜 俗名灰灰菜。性宜燥。

嘉庆 **彭山县志** 校注

《彭山县志》卷之六

247

芋 俗名芋头，有红、白二种。燥湿两宜。

竹笋 有竹萌、竹芽、竹胎、竹子等名，其类甚多。性宜燥。

春芽 性宜燥。

厚皮菜 性宜燥。

蕨薹 性宜燥。

木耳 一名木菌。性宜燥。

杠笋 性宜燥。

苦荬菜 性宜燥。

盐薷菜 性宜燥。

苔 有红、白二种。

二季豆 燥性。有红、白二种。

血皮菜 性宜燥。

芥蓝菜 性宜燥。

枸地芽 性宜燥。

蓏之属

茄 有落苏、崑苍瓜、草鳖甲等名，其类有紫茄、黄茄、白茄、青水茄数种。性宜燥。

壶卢 俗名药壶卢，虽长瓠、悬瓠、壶卢、匏瓜、蒲卢名状不一，其实一类各色也。性宜燥。

冬瓜 有白瓜、水芝、地芝等名。其性宜燥。

南瓜 其色或黄，或绿，或红，其状或长，或圆，皆属一种。性宜燥。

胡瓜 一名黄瓜。性宜燥。

丝瓜 有天罗布瓜、蛮瓜、鱼鲦、天丝瓜等名。一种名蛇丝瓜，较丝瓜长大；一种名香丝瓜，较丝瓜圆短。性宜燥。

苦瓜 一名锦荔枝，又名癞葡萄。性宜燥。

西瓜 一名寒瓜。性宜润。

香瓜 性宜燥。

果之属

李 有绿李、黄李、紫李、牛李、水李、野李，种类甚多。性宜燥。

杏 一名甜梅。甘而有沙者为沙杏，黄而带酢者为梅杏，青而带黄者为奈杏，大如梨、黄如橘者为金杏。性宜燥。

梅 种类甚多。其实有青、黄、赤、白、斑数色。性宜燥。

桃 红桃、绯桃、碧桃、缃桃、白桃、乌桃、金桃、银桃、胭脂桃、方桃、匾桃、偏核桃、仙桃、毛桃、李桃，种类亦多。性宜燥。

栗 俗名丝栗，一种名板栗。性宜燥。

榛 性宜燥。

枣 有大枣、糠枣、米枣、酸枣数种。性宜燥。

梨 有快果果、宗玉乳、蜜㜴等名。其种则水梨、消梨、红梨、白梨、雪梨、紫梨、黄梨、桑梨、莱梨、棠梨、东瓜梨、麻梨、刺梨。性宜燥。

木瓜 一名楸复，有木桃、木李、木梨数种。性宜燥。

林檎 一名来禽，又名文林郎果，有甘、酢二种。性宜燥。

柹 有海柹、油柹、牛心柹、蒸饼柹数种，俗作柿。性宜燥。

石留 又名若榴、丹若、金罂，有红、白二色，甜、酸、苦三种。性宜燥。

橘 有黄、红二色，复有金橘、寿星橘、子孙橘数种。性宜燥。

柑 一名木奴，有青柑、黄柑、乳柑、石柑、沙柑、海红柑、狮头柑、洞庭柑、馒头柑数种。性宜燥。

橙 又名金球、鹄壳，有大小二种。性宜燥。

柚 有櫾条、亚柑、臭橙、朱栾等名，大小二种。性宜燥。

奈 一名频婆，俗谓之花红，有素奈、丹奈、绿奈数种。性宜燥。

枇杷 有黄、白两种。性宜燥。

杨梅 一名朹子，有红、白、紫三种。性宜燥。

樱桃 又名含桃、荆桃。其种深红色者谓之朱樱，紫色、皮内有细点者谓之紫樱，正黄明者谓之蜡樱，小而红者谓之樱珠。性宜燥。

胡桃 俗名核桃。性宜燥。

白果 复有银杏、鸭脚子两名。性宜燥。

荔枝 一名离枝，又名丹荔□□□。

无花果 有□□□优昙钵□□□□。性宜燥。

香橼 性宜燥。

佛手柑 性宜燥。

品果 性宜燥。

葡萄 有牛乳葡萄、水晶玛瑙葡萄数种。性宜燥。

甘蔗 有红、白两种，汁可熬糖。性宜湿燥。

莲藕 有红、白种。性宜下湿。

菱角 一名水栗，又名沙角。性宜下湿。

茨菰 一名乌芋。性宜下湿。

慈姑 有藕姑、水萍、河凫茈、白地栗等名。性宜下湿。

花生 一名长生果。性宜燥。

瓜子 有大、小两种。性宜燥。

莲子 性宜下湿。

木之属

柏 有侧柏、匾柏、刺柏。性宜燥。

松 性宜燥。

沙木 一名杉，又名榄木，有赤、白二种。性宜高燥。

椿樗 香者名椿，臭者名樗。山樗名栲，又有虎木树、大眼桐等名。性宜燥。

漆树 性宜燥。

梓 性宜燥。

楸 有花楸、刺楸两种。性宜燥。

桐 有白桐、黄桐、泡桐、椅桐、荣桐等名，又梧桐。其性宜燥。

槐 一名櫰，有青、黄、白、黑数色。其性宜燥。

皂荚树 性宜燥。

无患子 其一名木患子树，又名为菩提子树。性宜燥。

柳 一名杨柳。性宜燥。

柽柳 有赤杨河柳、雨师人柳、垂丝柳、三眠柳等名。性燥湿两宜。

水杨 有青杨、蒲柳、蒲杨、蒲移、移柳、藋苻等名。性宜湿。

白杨 一名独摇。性宜燥。

榆 有荚榆、白榆、刺榆、榔榆数种。性宜燥。

桑 有女桑、白桑、子桑、鸡桑、山桑、檿数种。性宜燥。

柘 性宜燥。

冬青 一名冻青。性宜燥。

黄杨木 性宜燥。

麻柳 性宜燥。

夜合 性宜燥。

白蜡 性宜燥。

青杠 复有一种，名白青杠。性宜燥。

黄葛 性宜燥。

青檀 性宜燥。

档木 性宜燥。

楠木 一种名香楠。性宜燥。

枫树 性宜燥。

柞 性宜燥。

棕 性宜燥。

紫荆 性宜燥。

黄槿 性宜燥。

苏木 一名苏方木。性宜燥。

桄榔 性宜燥。

构树 性宜燥。

苦检树 性宜燥。

拐枣树 性宜燥。

苦檀 性宜燥。

蒙树 性宜燥。

竹之属

斑竹 有大、小二种。性宜燥。

篁竹 性宜燥。

水竹 性宜燥。

慈竹 性宜燥。

苦竹 性宜燥。

白夹竹 性宜燥。

刺竹 性宜燥。

黑竹 性宜燥。

紫竹 性宜燥。

凤尾竹 性宜燥。

观音竹 性宜燥。

罗汉竹 性宜燥。

月竹 性宜燥。

棕竹 性宜燥。

花之属

梅花 有绿萼梅、玉蝶梅、胭脂梅、贵妃梅、含笑梅。

蜡梅 一名黄香，有磬口梅、狗牙梅。性宜燥。

水仙花 性宜湿。

兰 有建兰、马兰、真珠兰数种。性宜燥。

玉兰 性宜燥。

木笔 一名辛夷，有红、白两种。性宜燥。

杏花 有红、白两种。性宜燥。

李花 性宜燥。

梨花 性宜燥。

桃花 性宜燥。种类详见木之属。

茶花 一名曼陀罗。有小海红、磬日茶、正宫粉、赛宫粉、醉杨妃、玛瑙、鹤顶红、佛顶珠、海榴茶、撒金茶、抓破脸、玉面镜、双璇宝珠、白扬类。性宜燥。

海棠 有春海棠、秋海棠、树海棠、垂丝海棠、铁脚海棠。性宜燥，惟秋海棠性宜湿。

蔷薇 一名刺红，一名牛棘，一名山枣，一名买笑。有深红、嫩红二色。性宜燥。

月季花 一名月月红，又名斗云红。有红、白二色。性宜燥。

牡丹 一名鼠姑，又名鹿韭。有大红、嫩红、白色、紫色数种。性宜燥。

芍药 一名将离，又名婪尾春。有红、白二种。性宜燥。

罂粟花 有红、白、紫三色。性宜燥。

虞美花 一名满园春，有深红、浅白数色。性宜燥。

绣球 有红、白两种。性宜燥。

杜鹃 一名山石榴，一名山踯躅，俗谓之映山红。性宜燥。

酴醾 本名荼蘼，有黄、白二种。性宜燥。

葵花 有蜀葵、露葵、秋葵、兔葵、酉番葵数种。性宜燥。

栀子花 有山栀、野栀数种。性宜燥。

榴花 有深红、浅红数色。性宜燥。

萱 一名宜男。性宜燥。

茉莉 一名抹丽，一名末利，一名雪瓣。其性宜燥。

素馨 一名那悉茗。性宜燥。

夜合花 一名合欢，一名合昏，一名青棠。性宜燥。

百合花 性宜燥。

莲花 有水芝、芙蕖、水芸、水旦、荷花等名，红、白两色。性宜下湿。

凤仙 一名海纳，一名旱珍珠，一名小桃红。有深红、淡红、白色数种。性宜燥。

玉簪 一名季女，一名白萼，一名白鹤仙。性宜润。

剪春罗 一名剪红罗。性宜燥。

剪秋纱 一名汉宫秋。性宜燥。

紫薇 性宜燥。

紫荆 性宜燥。

金钱花 一名润笔花，又名金榜及第花。性宜燥。

木芙蓉 一名拒霜，一名木莲。性宜燥。

桂花 一名梫，一名木樨。有金桂、银桂、野桂、山桂数种。性宜燥。

菊 有治蔷日精节花、更生帝女花，其种则有蜂窝菊、茶菊、酒菊、洋菊、六月菊，皆有黄、白、红、蓝数色。性宜燥。

棋盘花 性宜燥。

鸡冠花 有黄色、红色两种。性宜燥。

蕙 性宜润。

粉团 性宜燥。

射干 性宜燥。

百日红 性宜燥，即紫薇之深红者。

木槿花 性宜燥。

石竹花 性宜燥。

胭脂花 性宜燥。

七里香 有红、白二种。性燥。

七姊妹 性宜燥。

芭蕉 一名甘蕉，一名芭苴，一名扇仙，一名美人蕉。性宜燥。

草之属

兰草 性宜湿。

蕙草 性宜润。

水藻 性宜下湿。

席草 性宜下湿。

蒲草 性宜湿。

对草 性宜湿。

浮萍草 性宜下湿。

节草 性宜润。

鸭舌草 性宜湿。

鹅不食 性宜润。

羊不食 性宜润。

车前草 即苤苢。性宜燥。

茅草 性宜燥。

牛筋①草 性宜燥。

马鞭草 性宜燥。

巴地草 性宜燥。

夏枯草 性宜燥。

谷精草 性宜湿。

五皮草 性宜燥。

益母草 性宜燥。

糯米草 性宜湿。

禹王草 性宜湿。

笔管草 性宜润。

三楞草 性宜燥。

案板草 性宜湿。

芦苇草 性宜湿。

凤尾草 性宜润。

龙须草 性宜润。

虎耳草 性宜湿。

牛毛草 性宜湿。

鹅肠草 性宜燥。

鸡爪草 性宜燥。

狗尾草 性宜燥。

山草 性宜高燥。

茜草 性宜燥。

【校】

①筋：原文作"筯"，形近而讹，径改。

药之属

何首乌 红、白两种，有交藤、夜合、地精、陈知白、马肝[1]石、桃柳藤、九真藤、赤葛、疮帚、红内消等名[2]。气味苦涩，微温。

威灵仙 气味苦，温。

木通 有附支、丁翁、万年藤等名。气味辛，平。

菖蒲 有昌阳、尧韭、水剑草等名。气味辛，温。

莼 水葵、露葵、马蹄草，皆其名也。气味甘，寒。

蒟蒻 俗名鬼芋。气味辛，寒。

半夏 一名守田，一名水玉，一名地文，一名和姑。气味辛，平。

曼陀罗花 一名风茄儿，一名山茄子。气味辛，温。

羊踯躅 有黄踯躅、黄杜鹃、羊不食、闹羊花、惊羊花、老虎花、玉枝等名。气味辛，温。

大黄 有黄良将军、火参如等名。气味苦，寒。

大戟 一名邛钜，一名下马仙。性苦寒。

牛膝 有牛茎、百倍山、苋菜、对节菜。气味苦、醋，平和。

麦门冬 一名虋冬，秦名乌韭，齐名爱韭，楚名马韭，越名羊韭，又有禹余粮、忍冬、忍凌、不死草、阶前草等名。气味甘，平。

决明 气味咸，平。

王不留行 有禁宫花、剪金花、金盏银台等名，红、白两种。气味苦，平。

车前 气味甘，寒。

连翘 有异翘、三廉、兰华、旱莲子等名，大、小两种。苦平气味。

水蓼 一名虞蓼，又名泽蓼。气味辛。

紫花地丁 有箭头草、独行虎、羊角子、米布袋等名。气味苦，辛寒。

艾 一名冰台，一名医草，一名黄草，一名艾蒿。气味苦，微温。

野当归 有红、白二种。气味苦，温。

川芎 有芎䓖、胡䓖、香果、山鞠穷等名。气味辛，温。

蛇床 有蛇粟、蛇米、虺床、马床、墙蘼等名。气味辛，平。

芍药 有赤、白二种。气味苦，平。

良姜 气味辛，大温。

郁金 一名马蒁。气味辛，苦寒。

香附子 有雀头香、木香棱、水巴戟、水莎、侯莎、莎结、夫须、续根草、地藾根等名。气味甘，微寒。

藿香 气味辛，微温。

泽兰 有水香、都梁香、虎兰、虎蒲、龙枣、孩儿菊、风药等名。气味苦，微温。

香薷 一名香菜，一名香茸，一名香菜，一名蜜[3]蜂草。气味辛，微温。

薄荷 一名菝藺。气味辛，温。

蕉叶 有紫、白二种。气味辛，温。

使君子 一名留求子。气味甘，温。

木鳖子 一名木蟹。气味甘，温。

牵牛 有黑丑草、金铃盆、甄草、狗耳草等名，黑、白二种。气味苦，寒。

葛 一名鸡齐，一名鹿藿，一名黄斤。气味甘、辛，平。

天门冬 有颠勒、颠棘、天棘、万岁藤等名。气味苦，平。

苦参 有苦蘵、苦骨、地槐、水槐、菟槐、骄槐、野槐、白茎等名。气味苦，寒。

白及 一名白给，一名甘根，一名连及草。气味苦，平。

野椒 气味辛，温。

朱萸 气味辛、苦，大热。

卮子 俗作栀。气味苦，寒。

枸杞 一名枸檵，一名枸棘，一名苦杞。气味苦，寒。

地骨皮 一名地节，一名地仙。气味苦，寒。

巴豆 有巴菽、刚子、老阳子等名。气味辛，温。

蓖麻 气味甘、辛，平。

见肿消 气味酸涩。

红花 气味甘，温。

瓜蒌 气味苦，寒。

金银花 黄、白二种。气味甘，寒。

天花粉 气味苦，寒。

小茴 气味苦，寒。

荆芥 气味苦，寒。

黄花地丁 气味苦，寒④。

龙胆草 气味苦，寒。

石膏 气味涩，寒。

透骨草 气味辛，温。

青葙⑤子 气味涩，寒。

金铃子 俗名苦楝子。气味甘，寒。

【校】

①肝：底本漫漶不清，文渊阁《四库全书》本《本草纲目》卷二《序例下·药名同异》云："何首乌，又名马肝石。"据此改之。

②名：底本漫漶不清，据文义补。

③蜜：原文作"密"，形近而讹，径改。

④寒：原文作"害"，形近而讹，据文义径改。

⑤葙：原文作"箱"，形近而讹，径改。

毛之属

牛 有黄、黑、白三种。

马

骡

驴

猪

羊

犬

猫

兔

猿

獭 一名水狗。

狸麂

黄鼠

鼠

田鼠

猹

羽之属

鸡

鹅

鸭

鹊

鸠

莺

燕

鹤

鹳

鹑

鹁鸽

杜鹃

雀 俗名麻雀。

白头翁

乌鸦

鹰

画眉
啄木
鹞
野鸡
麻啄
鹭鹚
桐花凤
凫
布谷
鸳鸯
锦鸡
竹鸡
鹁鸪
鸿雁
鸥
鸮
偷仓
鹧
黄豆鹊
红豆鹊
黄老鸦
秧鸡
黄鸡婆
等鸡
铁翎鹳
点水鹊
山和尚
翠鹊
三脚鸡

鳞之属
鲤
鲫
鳝

鳅

桃花

芦花

白鲦

黄颡

鲢

红杪

青鱼

白鱼 一种红色，名金鱼。

墨线

蛇 菜花蛇、桑根蛇、白花蛇、乌蛇、水蛇、金蛇、脚蛇、土缝蛇、黄连蛇、风瘟蛇。

介之属

龟

蚌

鳖

蟹

螺

虾

虫之属

蜂 有蜜蜂、土蜂、竹蜂、大黄蜂、牛角蜂、细腰蜂等类。

蚕

回蜡虫

螳螂桑螵蛸

九香虫

蛴螬

蟾蜍 俗名[①]癞虾蟆。

蝌蚪

蜈蚣

蝉

蚯蚓

沙虫

蜗牛

蛙 有长股、田鸡、青鸡、坐鱼、蛤鱼等名。

萤火虫 一名熠熠。

衣鱼 一名蠹鱼。

蝼蛄 一名火狗。

百足虫

笋虫

水黾 即水爬虫。

蟋蟀

蛙虫 即蟥蛴。

蜘蛛

守宫

蝇

蛟

桃虫

叩头虫 俗名挂虫。

金虫

蝴蝶

蜜蛾

黄蛾

白蛾

蚕蛾

蜻蜓

灯蛾

毛虫

蚁

蛋

天水牛 苏东坡《天水牛诗》云："两角徒自长，空飞不服箱。为牛竟何益？利吻穴枯桑。"

【校】

①名：原文无此字，据文义增补。

金石之属

银

沙金

红沙石

羊肝石
鹅卵石
子母石
灰石

货之属
棉布
丝
绵绸
蜂蜜
白蜡
皮消
蓝靛
烟草
石灰
青油
桐油
桊油

彭山县祥异志

天有日月星辰、风云雷雨、冰雪虹霓之象，地有山陵川谷、水泉禾麦、木石花草之奇，物有禽兽牧畜、鳞介虫豸之异。或为祯祥，或为灾沴，所在多有。至于人瑞，则一产数男、五七世同堂。或寿跻期颐[一]以上，尤升平化洽之应也。我圣朝不侈言祥瑞，而休征洊至，自宜敬谨胪陈。他如土木之妖、旱涝之异、阴阳寒暑之偶，愆在盛世，不足为灾，亦当条晰记载，以为有司士庶随时自儆云。志祥异。

祥 异

宋

皇祐初，彭山县上《瑞麦图》。仁宗曰：朕常禁四方献瑞，今得《西①川麦秀图》，可谓真瑞矣。其赐田夫束帛以劝。《渊鉴类涵》。

国朝

彭山治北青龙场近大河之滨，环峙牧马。嘉庆辛酉（1801）秋七月，适有渔艇一只泊河岸，渔人方枕蓑昼卧，闻有人唤："速去者！"渔人惊醒，旋登岸。数武，风驰雨骤，烟云晦冥，有龙见于空中，鳞甲爪牙，森然毕露。自上而下，霎时河水暴涌数丈，喷薄如雷。河中石子浮空激怒，匹练如飞，俨若迎接之状。时商贾骈集，观者如堵，不敢逼视。隐约间，龙宛戏跃于山之曲、沙渚之旁者。少顷，雾敛，天光开霁，渔人始觅船索，寻之约二三里许，见片板残篙，零星抛碎于旷野间也。至今居人咸诧，以为异云。

人瑞

李春仁，邑武庠，年九十二岁，朱颜华发，视履如童。有子四，孙十，曾孙八，玄孙二。长子云章入邑文庠，次子景堂入邑武庠。又教其孙李琮、李能新，弱冠，俱补入邑文庠。其他曾、玄子孙皆业儒。一门之内，孝友和睦，蔼如也。

王氏，邑民王喜聚之妻，年九十四岁，有子五，孙十二，曾孙十六，玄孙四。氏矍铄精明，教有义方。长子永贵援例入监，次子永耀考职，从九孙定国、之杰、超群，俱入邑武庠。其他子、孙、曾、玄等俱业儒。五世一堂，同炊共爨^[二]，怡然聚庆也。

【校】

①西：原文作"四"，据中华书局点校本《宋史》卷六十四《五行志》改。

【注】

[一] 期颐：一百岁。

[二] 爨（cuàn）：灶。烧火做饭。

彭山县杂识志

杂识者，《艺文》外之考订、辨论，或地方情形中之规例、条约。一人一事，一名一物，琐屑之条，不能列入各志，统叙于杂识①一门。零星截取，必有关乎邑之故实者，始为采入，以便稽览也。志杂识。

杂 识

汉

建武十一年（35）春，岑彭自垫江还江州，溯②都江袭击侯丹，大破之，使臧宫拒延岑于涪水，大破之，彭遂拔武阳。《蜀鉴》

彭使臧宫将降卒五万，从涪水上平曲，拒延岑，自分兵浮江下还江州，溯③都江而上袭击侯丹，大破之。因晨夜倍道兼行二千余里，径拔武阳。初，述闻汉兵在平曲，故遣大兵拒之。及彭至武阳，绕出延岑后，述大惊，以杖击地曰："是何神也？"《蜀鉴·传》

延岑自广都入涪水以拒垫江，而岑彭下垫江，由江州复上都江，拔武阳，此蜀人所以为神也。史谓：自都江倍道兼行二千里，至武阳，盖夸词之误矣。《蜀鉴·论》

十一④年（35），世祖命征南大将军岑彭自荆门溯⑤江征述，破荆门关及沔关，径至彭亡。述使刺客刺杀彭，由是改彭亡曰平无，言无贼也。《华阳国志》

冬十月，盗杀岑彭于武阳。《蜀鉴》

晋永和三年（347），温军至青衣，汉主势遣李福、李权向彭模。《蜀鉴》

桓温至彭模，议欲分两军，异道俱进，以分汉兵势。袁乔谏言，乃自将步卒直指成都。李福进彭模，孙盛等奋击之。温进，遇李权，三战三捷。《蜀鉴·传》

晋义熙九年（413）六月，谯纵遣侯晖、谯诜帅众万余屯平模，朱龄石帅诸军攻克之。《蜀鉴》

龄石至平模，去成都二百里。侯晖、谯诜夹岸筑城，以扼龄石。以天时盛热，欲养锐息兵。刘钟曰："贼阻兵守险者，惧不敢战也，尽锐攻之，必克龄石。"从之。诸将以水北城险，欲攻南城。龄石曰："屠南城不足以破北，若拔北城，则南自溃矣。"秋七月，攻北⑥城，克之，斩侯晖、谯诜。《蜀鉴·传》

武阳县郡治有王乔、彭祖祠，蒲江大堰灌郡下、六门，有朱遵祠，山出铁及白玉。特多大姓，有七阳、五李，诸姓十二也。

张氏，汉纲之后，纲卒瘗犍为武阳。唐大中时，有天祺者自武阳徙江源，卒瘗，后有白檀生墓间，号曰檀张氏。五传至中理，举逸民，不就，即拜将作监主簿。子曰："公谨，元祐五年（1053）五经出身，累赠少师。公谨之子深徙双流，登崇宁第，累迁夔州路转运判官。张丞相濬宣抚川陕，承制黜陟，除深潼川路提点刑狱，改转运副使，迁知夔州。中书舍人勾涛论马政力荐，深除管川省茶马，继除都转运使，以制置使胡公世将议酒法不合，改除泸州。因母老，请祠。子孙多以赏得官，子班、慎，孙徽之、安之皆郡守。"费著《氏族谱》

【校】

①杂识：原文作"杂著"，误，据文义径改。

②溯：原文作"沂"，误，形近而讹，据国家图书馆出版社（2010年版）《蜀鉴校注》（宋郭允蹈著，赵炳清校注）卷一改。

③溯：原文作"沂"，误，形近而讹，据《蜀鉴校注》卷一改。

④一：原文作"二"，据巴蜀书社（1974年版）《华阳国志校注》（刘琳校注）卷五《公孙述刘二牧志》改。

⑤溯：原文作"沂"，误，形近而讹，据文义径改。

⑥北：原文作"白"，音近而讹，据《蜀鉴校注》卷五改。

李密《陈情表》有"少仕伪朝"之句，责备者谓其笃于孝而妨于忠，尝见佛书引此文，"伪朝"作"荒朝"，盖密之初文也。"伪朝"字盖晋改之以入史耳。刘静修诗："若将文字论心术，恐有无边受屈人"，盖指此类乎！近日赵弘道作《令伯祠记》，辨"伪朝"字，惜未见此。《丹铅录》

彭山县治北二十五里古文昌祠内梁间旧系一盔，相传以为子龙所遗。考汉献帝建安①十九年甲午闰五月，诸葛亮命赵云从外水定江阳、犍为，故其盔留此。明永乐、隆庆间，屡修葺其祠，沿袭而珍守之。耆庶云："张贼兵燹，掠攻江口一带，竟为献忠盗去此盔。其时土人仿古遗冠，以泥为之。阅百年，有浮屠心秀僧者，又相其形，铸一铁盔，并悬之梁间，以存矩矱衣冠之思云。"

彭山县治北三十里，有前明故刹曰龙女寺，一名龙雨寺，其前有大漩水沱，渊深莫测。昔寺中一老僧坐禅诵课，入厨晨炊，见有少女代爨。僧至，辄避沱中。及询其姓氏，应曰："龙女。"遂没渊不出，祷雨辄应。按，波智国有三池，大池有龙王，次者为龙妇，小者为龙子。又，左思《蜀都赋》云："龙蟠沮泽，鸣鼓兴雨。"即据邑旧《志》：系龙潭，土人谓有龙居之，潭中噌吰有声，遂喷薄成雨。则龙女、龙雨，两说近是。

石龙　在彭山县治东十五里，其形肖龙，首爪蜿蜒，鬐髭迸露，鳞甲峥嵘，有挟雨拏云之势，长三四丈许，若经神工鬼斧者。然与石虎山相对，谚云"石龙对石虎，金银萃山薮"，盖即指此。

彭山县治东北三十里，地名周家榜，平畴沃野中有巨垒，相传为古皇陵，朝代世系不可考。据武阳地近省城，前明三百余年，蜀藩系明宗室，如庄懿王墓、内江王五子墓，皆在邑境内。而东山晋皇庙有皇陵，牧马山金陵垠有皇陵，莲花坝亦有皇陵。则此巨垒为皇陵也无疑，至今牧人不敢近。

明季杨展据献贼于江口，分左右翼兵，势甚盛，贼溃，反走。展别遣小舸载火器，以烧贼舟。贼舟被焚，金银珠宝悉沉水底。贼平后，居民时于江中采获金银，多镌有各州县名号。乾隆五十九年（1794）冬，渔人获鞘一具，报县，转禀制军孙相国补山，饬令派官往捞数月，获银万两有奇，珠宝多寡不一。然江水深广，用夫淘取，费亦不赀。寻报罢。

【校】

①建安：原文作"初平"，误。按，初平无十九年，应为"建安十九年甲午"，即214年。《四部丛刊》影宋本《资治通鉴》卷六十七"孝献皇帝壬"条："（建安十九年）诸葛亮留关羽守荆州，与张飞、赵云将兵溯流克巴东。……分遣赵云从外水定江阳、犍为，飞定巴西、德阳。"

彭山县外纪志

从来人物、事实、古迹、神怪之新奇可采者，或所见异词，或所闻异词，或所传闻异词，或事涉荒渺艳异，载在稗史、旧书，而不能列入各志者，既录之《杂识》，以著其琐碎，复登之《外纪》，以撷拾其遗文，使邑乘记载不致挂漏也。志外纪。

外 纪

《嘉定志·名宦》云：隋赵昱，青城人，与道士李珏游，累辞征聘，后炀帝征为嘉州太守。时州蛟为害，昱令民募船数百，率千余人临江鼓噪，自披发仗剑入水，有七人亦披发仗剑从之。天地晦冥，少顷，云雾敛收，七人不复出，唯赵昱右手持剑，左手提蛟首①，奋波而去。河水尽赤，蛟害遂除。开皇间，挈家入山，踪迹不复见。后有运饷者，见昱乘白马，引白犬，一童子腰弓挟弹以从，骑从如平生焉。唐太宗封为神勇大将军，庙祀灌口。明皇幸蜀，进封赤城王。宋张咏治蜀，蜀乱，咏祷祠，乃得神助，蜀平。事闻，封川主、清源妙道真君。今所祀川主者，赵昱也。

宋刘裕遣朱龄石伐蜀寇，谯纵众军悉从外水以进，大战于平模山，取成都；臧憙从中水取广汉；老弱乘高舰②，从内水向黄虎、史焰。《通鉴释文》曰：外水即岷江，自重、夔上叙州，嘉、眉是也。内水自涪江、重、夔上合州，遂宁、潼、绵是也。中水即沱江，自泸州上富顺，资、简、金堂、汉州是也。

【校】
①右手持剑，左手提蛟首：乾隆《彭山县志》卷之七作"左手持剑，右手提蛟首"。
②舰：乾隆《彭山县志》卷之七作"鉴"，误，形近而讹。

吴保安，字永固，河北人，任遂州方义尉。其乡人郭仲翔，即元振[一]从侄也。仲翔有才学，元振将成其名宦，会南蛮作乱，以李蒙为姚州[二]都督，帅师讨焉。蒙临行辞元振，元振乃见仲翔，谓蒙曰："弟之孤子，未有名宦。子姑将行，如破贼立功，某当政事，当接引之，俾其縻薄俸也。"蒙诺之。仲翔颇有干用，乃以为判官，委之军事。

至蜀，保安寓书于仲翔曰："幸其乡里，藉其风猷。虽旷不展拜，而心常慕仰。吾子国相犹子，幕府硕才，果以良能而受委寄。李将军秉文兼武，受命专征。亲绾[三]大兵，将平小寇。以将军英勇，兼足下才贤，师之克殄，功在旦夕。保安幼而嗜学，长而专经，才乏兼人，官从一尉。僻在剑外[四]，地迩蛮荒，乡国彻外，关河阻隔。况此官已满，后任难期。以保安之不才，厄选曹[五]之格限，更思微禄，岂有望焉！将归老邱园，转死沟壑。侧闻吾子急人之忧，不遗乡曲之情，忽垂特达之眷，使保安得执鞭弭，以奉周旋。录及细微，薄沾功效。承兹凯入，得预末班。是吾子邱山之恩，即保安铭镂[六]之日。非敢望也，愿为图之。幸照其款诚，而宽其造次，专策驽骞[七]，以望招携。"

仲翔得书，深感之，即言于李将军，召为管记[八]。未至，而蛮贼转逼。李将军至姚州①与战，破之，乘胜深入蛮，覆而败之，李身死，军没，仲翔为擒。蛮人利汉财物，其没落者，皆通音耗，令其家赎之。保安既全姚州，适值军没，迟留未返。

而仲翔于蛮中间关致书于保安，曰："永固无恙。顷入书未报，值大军已发，深入贼庭，果逢挠败。李公战没，吾为囚俘。假息偷生，天涯地角，顾身世已矣，念乡国窅然[九]。才谢钟仪[一〇]，居然受縶；身非箕子[一一]，且见为奴。海畔牧羊，有类于苏武[一二]；宫中射雁，宁期于李陵[一三]。吾自陷蛮方，备尝艰苦，肌肤毁剔，血泪滂沱。生人至艰，吾身尽受。以中国世族，为绝域穷囚，日居月诸[一四]，暑②退寒袭。思老亲于旧国，望松槚于先茔，忽忽发狂，膈臆流恸，不知涕之何从！行路见吾，犹为伤愍。吾与永固虽未披款，而乡里先达，风味相亲，想睹光仪，不离梦寐。昨蒙枉问，承问便言。李公素知足下才名，则请为管记。大军去远，足下来迟，乃足下自后于戎行，非仆迟遗于乡曲也。足下门传余庆，天祚积善，果事期不入，而身名并全。向若早事麾下，同参幕府，则绝域之人，与仆何异！吾今在厄，力屈计穷，而蛮俗没留，许亲族往赎。以吾国相之侄，不同众人，乃苦相邀，求绢千匹。此信通问，仍索百缣[一五]。愿足下早附白③书，报吾伯父，宜以时到，得赎吾还。使亡魂得归，死骨更肉，惟望足下耳。今日之事，请不辞劳。若吾伯父已④去庙堂，难可谘启，即愿足下亲脱石父[一六]，解平仲[一七]之骖；往赎华元[一八]，类宋人之事。济物之道，古人犹难。以足下道义素高，名节特著，故有斯请而不生疑。若足下不见哀矜，猥同流俗，则仆生为俘囚之竖，死则蛮方之鬼耳，更何望哉？已矣吴君，无落吾事！"

保安得书，甚伤之。时元振已卒，保安乃为报，许赎仲翔。仍倾其家，得绢数百匹，因往巂州[一九]，十年不归。经营财物，前后得绢七百匹，数犹未至。保安素贫窭，妻子犹⑤在遂州，贪赎仲翔，遂与家绝。每于人有得，虽尺布升粟，皆渐积之。后妻子饥寒，不能自立，其妻乃率弱子，驾一驴自往泸南[二〇]，求保安所在，于途中粮尽，犹去姚州数百里。其妻计无所出，因哭于路左，哀感行人。

时姚州都督杨安居乘驿赴郡，见保安妻哭，异而访之。妻曰："妾夫遂州方义尉吴保安，以友人没番，丐而往赎。因往姚州，弃妾母子，十年不通音问。妾今贫苦，往寻保安，粮乏路长，是以悲哭。"安居大奇之，谓曰："吾前至驿，当候夫人，济其所乏。"既至驿，安居赐保安妻钱数千，给乘令进。

安居驰至郡，先求保安，见之，执其手升堂，谓保安曰："吾尝读古人书，见古人行事。不谓今日亲睹于公，何分义情深，妻子意浅？捐弃家室，求赎友朋，而至是乎？我见公妻来，思公道义，乃心勤仁[二一]，愿见颜色。吾今初到，无物助公，且于库中假官绢四百匹济公此用。待友人到后，吾方徐为填还。"保安喜，取其绢，令蛮中通信者持往。向二百日而仲翔至姚州，形状憔悴，殆非人也。方与保安相识，语相泣也。

安居曾事郭尚书，则为仲翔洗沐，赐衣装，引与同坐，宴乐之。安居重保安行事，甚宠之，于是令仲翔摄治下尉[二二]。仲翔久于蛮中，知其款曲，使人于蛮洞市女口十人，皆有姿色。既至，因辞安居归北，且以蛮口赠之。安居不受，曰："吾非市井之人，岂待报耶？钦吴生分义，故因人成事耳。公有亲老在北，且充甘膳⑥之资。"仲翔谢曰："鄙身得还，公之恩也；微命得全，公之赐也。翔虽瞑目，敢忘大造？但此蛮口，固为公求来，公今见辞，翔以死请。"安居难违，乃见其小女曰："公既频繁有言，不敢违公雅意。此女最小，常所钟爱，今为此女，受公一小口耳。"因辞其九人。而保安亦为安居厚遇，大获资粮而去。

仲翔到家，辞亲十五年矣。却至京，以功授蔚州[二三]录事参军[二四]，则迎亲到官。两岁，又以优授代州户曹参军。秩满，内忧[二五]，葬毕，因行服墓⑦次[二六]。乃曰："吾赖吴公见赎，故能拜职养亲。今亲没服除，可以行吾志矣。"乃行，求保安。而保安自方义尉选授眉州彭山丞。仲翔遂至蜀，访之。

保安秩满不能归，与其妻皆卒于彼，权窆寺内。仲翔闻之，哭甚衰，因制缞麻，环绖⑧加杖[二七]，自蜀郡徒跣，哭不绝声，遂至彭山。设祭酹毕，乃出其骨，每节皆墨记之，墨记骨节，书其次第，恐葬敛时有失也。盛于练囊。又出其妻骨，亦墨记，贮于竹笼。而徒跣亲负之，行数千里，至魏郡。

保安有一子，仲翔爱之如弟，尽以家财二十万厚葬保安，仍刻石颂美，亲庐墓侧，行服三年。既而为岚州[二八]长史，又加朝散大夫，携保安子之官，为娶⑨妻，恩养甚至。仲翔德保安不已，天宝十二载（753），诣阙，让朱绂及官于保安之子以报，时人甚高之。

初，仲翔之没也，赐蛮酋为奴，其主爱之，饮食与之等。经岁，仲翔思北，因逃归，追而得之，转卖与南洞。洞主严恶，得仲翔，苦役之，鞭笞甚至。仲翔弃而走，又被逐得，更卖南洞中。其洞号菩萨蛮，仲翔居中经岁，困厄，复走。蛮又追得之，复卖他洞。洞主得翔，怒曰："奴好走，难禁止耶！"乃取两板，各长数尺，命仲翔立于板，以钉自足背钉之，钉达于木。每役使，常带二木行，夜则纳地槛中，亲自锁闭。仲翔二足，经数年疮方愈。木锁地槛，如此七年。仲翔初不堪其忧，保安之使人往赎也。初得仲翔之首主，展转为取之，故仲翔得归焉。

【校】

①州：原文作"国"，误，据民国影明嘉靖谈恺刻本《太平广记》卷一百六十六"气义一"改。

②暑：原文作"署"，形近而讹，据《太平广记》卷一百六十六"气义一"改。

③白：原文作"自"，形近而讹，据《太平广记》卷一百六十六"气义一"改。

④已：原文作"以"，音近而讹，据《太平广记》卷一百六十六"气义一"改。

⑤犹：原文作"又"，音近而讹，据《太平广记》卷一百六十六"气义一"改。

⑥膳：原文作"脆"，形近而讹，据《太平广记》卷一百六十六"气义一"改。

⑦墓：原文作"幕"，形近而讹，据文义径改。

⑧经：原文作"经"，形近而讹，据文义径改。

⑨娶：原文作"聚"，形近而讹，据《太平广记》卷一百六十六"气义一"改。

【注】

［一］元振：即郭元振。名震，字符振。唐睿宗时任吏部、兵部尚书，同中书门下三品，即宰相，封代国公。后因罪放逐新州，又迁饶州司马，病死途中。本篇开始，元振尚居相位。

［二］姚州：州名。唐武德四年（621）置，为姚州都督府治。治所在姚城县（今云南姚安县西北十七里旧城），辖境约当今云南姚安县地。《旧唐书·地理志》："武德四年，安抚大使李英，以此州内人多姓姚，故置姚州。"为唐经营西南边疆的重镇。天宝后废。

［三］绾（wǎn）：专管，控制，统率。

［四］剑外：这里指四川剑门以南。剑，即剑门，是自陕入川的重要通道。

［五］选曹：主管官吏铨选的机构。

［六］铭镂：本意为在器物上镌刻文字或图案。比喻感受极深，永志不忘。

［七］驽蹇（nú jiǎn）：本意为劣马。这里用作自谦之词，意为庸才。

［八］管记：管理案牍之职的属官。

［九］窅（yǎo）然：犹怅然。

［一〇］钟仪：春秋时楚国人，被郑国俘虏，献给晋景公，因才德出众而被释放。

［一一］箕子：商纣王叔，封国于箕，故称箕子。纣王暴虐，箕子谏而不听，于是披发佯狂，被纣王囚禁。武王灭商后被释放，归镐京。

［一二］苏武：字子卿，西汉杜陵人。汉武帝时以中郎将出使匈奴，被拘。匈奴单于迫其投降，苏武不屈，被徙至北海，牧羊十九年，啮雪吞毡。汉昭帝即位，与匈奴和亲，苏武得归汉。

［一三］李陵：字少卿，西汉成纪人。武帝时，出征匈奴，寡不敌众，力屈而降。这里是说，汉帝在宫中射雁，得不到李陵的传书，因为他已经投降匈奴。

［一四］日居月诸：指光阴的流逝。出自《诗经·邶风·日月》。

［一五］缣（jiān）：双丝的细绢。

［一六］石父：即越石父。春秋时齐国人。有贤名，因事下狱。齐国宰相晏婴用一匹马为他赎罪。

［一七］平仲：即晏婴。晏婴，字平仲。春秋时期齐国大夫。后人尊称为"晏子"。传世有《晏子春秋》。

［一八］华元：春秋时宋国人，执政四十年。在与郑国交战时，兵败被俘。宋国请用兵车百乘、马百匹赎回华元。车马尚未送至，华元已逃回宋国。

［一九］巂（xī）州：州名。隋开皇十八年（598）改西宁州置，治所在越巂县（今四川西昌市）。大业三年（607）改为越巂郡。唐武德元年（618）复为巂州。四年（621）升为中都督府。辖境相当今四川越西、美姑以南，金沙江以西、以北，锦屏山、盐井河以东地区。天宝元年（742）改为越巂郡。

［二〇］泸南：唐县名。治所在今云南省楚雄州姚安县境。

［二一］勤伫（zhù）：指殷切思念。

［二二］摄治下尉：指代理杨安居所管辖地区的县尉职务。摄，代理。

[二三] 蔚州：州名。州治曾多次变更，大致在今河北省蔚县。
[二四] 录事参军：州一级政府掌管文书的僚属。
[二五] 内忧：指母丧。父丧则称外忧。
[二六] 行服墓次：指身着孝服，在墓旁守孝。
[二七] 加杖：拿着哭丧棒。
[二八] 岚州：州名。唐武德六年（623）改东会州置，治所在宜芳县（今山西岚县北二十五里岚城镇）。

李令伯《陈情》之后，刘终，服阕。再征，乃至。司空张华常问之曰："安乐公何如人？"密曰："可次齐桓。"华问其故，曰："齐桓得管仲而霸，用竖刁而乱。安乐公得诸葛亮而抗魏，任黄皓而丧国。其败一也。"次问："孔明言教何碎？"密曰："舜、禹、皋陶相与言，皆圣人也，故《典》《谟》可简。诸葛公与凡人言，不得不碎。"华服其论，由温令召入，迁汉中太守。

郦道元《水经注》曰：峨山县东北有武阳龙尾山，并①仙者羽化之所，于其处得遗咏。虽神栖白云，属想芳流，藉念泉乡，遗咏在兹，览其余诵，依然息远。匪直邈想遐迹，爱其文咏，故端牍抽札，以诠其咏。略曰："登武阳，观药数，峨岭千蕤洋湖口。命绯骝，驾白驹，临天水，心踟蹰[一]，千载后，不知②如"此段③本注遗失，得古逸诗中。道书所载平盖观稠粳，治皆武阳境。

《丹铅余录》云：大江自湔堰至犍为有五津，曰白华津、万里津、江首津、沙头津、江南津，出《华阳国志》。彭山居其二，王勃诗"风烟望五津"即此。

吕氏自彭山迁成都，三世始著，曰怀玉，曰公立，曰陶，以风节闻。

范成大《吴船录》云：石湖居士[二]以淳熙丁酉（1177）五月戊辰离成都，泊舟合江亭下。合江者，乃岷江别派，自永康[三]离堆入成都及彭、蜀诸郡④，合于此下新津。绿野平林，烟水清远，极似江南。亭之上曰"芳华"，楼前梅甚多。蜀人入吴者，皆从此登舟。其西则万里桥，诸葛孔明送费祎使吴，曰"万里之行始于此"，因以名桥。杜子美诗曰"门泊东吴万里船"，此桥正为吴人设。余在郡时，过此桥，辄为之慨然。六月己巳朔发家属舟，下眉州彭山县，泊单骑，转城过东北门，又转而西游灌县青城山。历癸酉至丙子，早发江源县，四十里宿新津。己卯，以小舟至彭山，与家属船会。

《茅亭客话》曰：开宝五年（972），成都大雨，岷江暴涨，永康军大堰将坏，水入府江。但见惊波怒涛，声如雷吼，高十丈，已而中流有一巨材，随骇浪而下。近而观之，乃一大蛇耳，举头横身，截于堰上。至其夜，闻堰上呼噪之声，烈炬纵横，虽大风暴雨，火影不灭。平旦，广济王李公祠内⑤旗帜皆濡湿，堰上唯见一面沙堤，堰水入新津江口。时嘉、眉州漂溺至甚，而府江不溢。

宋王小波、李顺俱青神民也。初，蜀亡，其府库之积，悉输汴京。后，任事者竞起，功利于常赋外，更置博买务，禁商贾，不得私市。蜀地狭民稠，耕稼不足以给，由是小民贫困。真宗淳化四年（993）正月，小波因聚众为乱，曰："吾疾贫富不均，今为汝均之。"贫者争附，遂攻青神，掠彭山，杀县令，剖其腹，实之以钱，恶其诛求无已也。旁邑响应。张咏[四]知益州，讨平之。

【校】

①并：原文作"求"，据上海古籍出版社（2020年版）《蜀中广记》（明曹学佺撰，杨世文校点）卷一百一《蜀中诗话第一》改。

②知：原文无此字，据《蜀中广记》卷一百一《蜀中诗话第一》补。

③段：原文作"叚"，误，据《蜀中广记》卷一百一《蜀中诗话第一》改。

④郡：原文作"江"，误，据文渊阁《四库全书》本《吴船录》卷上改。

⑤内：原文无此字，据光绪琳琅秘室丛书本《茅亭客话》卷一补。

【注】

[一] 踟蹰（chí chóu）：亦作"踟躅"。犹豫不决貌。

[二] 石湖居士：范成大晚号。因范晚年定居苏州石湖，故号石湖居士。当时范成大官四川制置使兼知成都府，受诏离任，回南宋都城临安（今浙江杭州）。

[三] 永康：即永康军。

[四] 张咏：（946—1015），字复之，濮州鄄城（今山东鄄城）人。太平兴国进士。历太常博士、枢密直学士等职。出知益州，参与镇压李顺起事，对蜀民实行怀柔政策，恩威并用。真宗咸平五年（1002），复知益州。

献贼尽括四川金银，作鞘，注彭山江口。杨展[一]前锋见贼焚舟，不知为金银也。其后渔人得之，展始取以养兵，故上南为饶。语见《拜鹃野史》

献忠忿杨展尽取故地，又怒川人之不附己也，大杀成都居民，率众八万蔽江而下。展起兵逆之，战于彭山，分左右翼冲拒，而别遣小船载火器以攻贼舟。兵交，风大作，贼舟火。展身先士卒，殪前锋数人。贼奔，败，反走江口。江两岸逼仄，前后数千艘口尾相衔，骤不能退，风烈火猛，势若燎原。展急登岸促攻，枪铳弩矢，百道俱发。贼舟尽焚，士卒糜烂几尽，所携金玉珠宝及银鞘数百千，悉沉水底。献从别道逃免。语见彭遵泗《杨展传》

《蜀通志》云：圣灯，彭山者为最。初三、四点，渐至数十点，高下相应，离合不常，未知何物。

眉之彭山进士宋筹者，与故参知政事孙抃梦得同赴举。至华阴，大雪，天未明。过华山，有牌埭云"毛女峰"者，见一老妪坐埭下，鬘如雪，而无寒色。时道上未有行者，不知其所从来，雪中亦无足迹，与宋相去数百步。宋先过之，亦①怪其异，而莫之顾，独孙留连与语。有数百钱挂鞍上，尽以予之。既追及宋，道其事。宋悔，复还求之，已无所见。

彭山县，古蜀王武阳地也。秦惠王使张仪伐蜀，蜀王拒，战不胜，退走武阳，获之。秦置武阳县，属蜀郡。汉改属犍为郡，昭帝移犍为郡来治，王莽改戢成县，后汉复故。宋分置江阳郡江阳县。齐移犍为县，还治僰道。梁分置灵石县，寻废，又改武阳为犍为县。西魏改犍为隆山县，又置江州绵水县。后周改州为隆山郡，绵水为白水县。隋开皇废郡，省江阳，白水入隆山，属陵州。唐贞观元年（627）省隆山，入通义；二年（628）复置，属隆州；先天元年（712），改隆山为彭山县。明改属眉州。李元《蜀水经》

　　桐梓堰，即《华阳国志》"蒲江大堰"，灌郡下、六门也。唐开元中，章仇兼琼开通济大堰一，小堰十，自新津新觉山引渠，南下百二十里至眉州，西南入江，溉田千六百顷。今州《志》称堰长三百余里，灌新津田四千六百三十亩、彭山田三万九千二百一十二亩、眉州田二万九千二百七十四亩，五倍于唐矣。李元《蜀水经》

　　犍为县，故南安地也。晋李雄时，夷獠自牂牁入居之。后周分置沉犀郡武阳县。隋开皇三年（583），废郡改县，为犍为，属戎州。大业十一年（615），分置玉津县，属嘉州。唐上元二年（675），改犍为，属嘉州。宋乾德四年（966），省玉津入之。犍为有四：自秦至汉武之犍为治鳖县，则今贵州遵义县也；汉武移治僰道之犍为，则今叙州宜宾县也；汉昭移治武阳，至齐始还僰道，梁复改武阳为犍为，则汉晋宋梁之犍为，皆今眉州彭山县也；隋改沉犀之武阳为犍为，则今嘉定犍为县也。李元《蜀水经》

【校】

①亦：原文作"未"，据乾隆刻补修本《蜀故》卷二十一改。

【注】

[一] 杨展：（1604—1649），字玉梁，四川嘉定（今四川乐山）人。明崇祯十年（1637）武进士第三名。明末名将，官封华阳侯，卒谥"忠惠"。杨展曾在彭山之战击败由水路南下的张献忠主力，迫使其战略转移川北。

纪建置

　　虞帝咨岳，命官工虞水火，建置肇基。《周礼》设官分职，则有冢宰[一]、司徒、司马之政，体国经野，建置加详。自祖龙烈焰[二]，典制凌夷，商鞅[三]废法，王制崩坠。厥后建置纷纭，或出儒臣之更议，或由睿哲之鸿谟[四]，莫不奉一车书[五]，同伦同轨，平子[六]《二京》之赋，太冲《三都》之篇，乔哉皇哉！建置之大，可得而闻已。

　　彭为古犍为郡，汉昭帝时自僰道移治武阳，筑城领邑，盖剑南一大州也。自晋复移治僰，遂为武阳犍为县，随时割隶，建置非古。而城郭官府之要，胶庠坛庙之规，关乎体制，因革损益，百世可知。自献忠跋扈，城郭为墟。听政之所，鼯[七]鼯之所窟也；讲学之区，樵牧之所游也。故家乔木，鸱鸟昼号；古庙丹青，黄狐夜泣。访之故老，指厥遗墟，感慨系之矣。

圣王御宇，归入版图，废县入眉。雍正六年（1728），彭山复设，分眉州之一隅，当汉嘉之半壁。建学宫，设官署，祠庙坛墠[八]，铺置汛防，桥梁道路之属，次第修举。于是招徕柔远，商贾懋迁，有场有市，棋布星罗。二十年来，生养训聚[九]，盖亦①规模粗具，建置有基矣。按地势则通衢平直，无阨塞险要之区。疆域之间，无他建置，唯是谨斥②堠[一〇]，严守望，宁人绥土，因地制宜。祠庙之设，所以崇德报功，邑无淫祠，唯商大夫老彭，则有寺；汉张纲、晋李密，则有祠；岑征南死于彭亡山，土人怜其忠，祀之，则有庙。废者兴，坠者举，维风励俗，或在于斯。若夫浮屠梵刹，儒者勿道，当蜀王好佛，名山净居，多所建置。彭邑之隘，多至数十，今撮其要志之，所以表扬名胜，非崇异教也。故附于斯《志》之末，亦作史之权衡欤！桥梁他志，或附地理，或附水利。寺观则入古迹、名胜。愚以为斯三者，皆随时建设，兴废无常，当以义附。

【校】
　　①亦：原文作"一"，音近而讹，据乾隆《彭山县志·建置志总序》径改。
　　②斥：原文作"斤"，形近而讹，据乾隆《彭山县志·建置志总序》径改。

【注】
　　[一]冢宰：职官名。周制，为百官之长，六卿之首。后世称吏部尚书为冢宰。
　　[二]祖龙烈焰：指秦始皇焚书坑儒之事。祖龙，指秦始皇嬴政。裴骃《史记集解》："祖，始也。龙，人君象。谓始皇也。"
　　[三]商鞅：（约前395—前338），姬姓，公孙氏，故又称卫鞅、公孙鞅。卫国（今属河南安阳）人，卫国国君的后裔，战国时期政治家、改革家、思想家，法家代表人物。后因在河西之战中立功获封商於十五邑，号为"商君"，故称之为商鞅。商鞅通过变法使秦国成为富裕强大的国家。
　　[四]鸿谟：远大的谋略。
　　[五]奉一车书：《礼记·中庸》："今天下车同轨，书同文。"谓车乘的轨辙相同，书牍的文字相同，表示文物制度划一，天下一统。后因以"车书"泛指国家的文物制度。
　　[六]平子：指张衡。张衡（78—139），字平子，南阳西鄂（今河南南阳市石桥镇）人，东汉著名文学家、天文学家。张衡与司马相如、扬雄、班固并称汉赋四大家。其《二京赋》包括《西京赋》《东京赋》两篇。 二京，指汉的西京长安与东京洛阳。
　　[七]鼱（jīng）：小鼠。
　　[八]坛墠：坛场。祭祀之所。
　　[九]生养训聚：指繁殖人口，积聚物资，教育人民，训练军队。
　　[一〇]斥堠：亦作"斥候"。侦察，候望。

纪地里

　　昔黄帝受图分土，虞帝观益地图，定十二州，大禹临河铸鼎，括地象。《禹贡》一则有采甸侯卫、要荒蛮夷之制[一]，而地理以著。时天下郡县之名，犹未定也。《周

嘉庆 彭山县志 校注

《彭山县志》卷之六

官》：大司徒掌建邦之土地，辨五土之物，广轮之数，制其畿疆[二]，沟封以会，遂师、遂大夫；鄙师、酂长，则各掌其政令。登其夫家，比其众寡，而九州方镇民物之数，莫详于职方氏①之制。斯时天下郡县之数，犹未析也。

自秦开阡陌、设郡县，斯有分土，有分民，各置②守土之官。郡有守、有丞、有尉，析周之县正[三]，为令、为长、为相，地里于是乎系焉。迨汉灭秦，萧何先收其图书，遂具知天下阨塞、户口多少之差，因先项羽定关中。然则地理之志，顾不重哉！

彭为梁州之外邑，在周武王时，随庸、蜀、羌、髳之人，会盟津[四]。厥后武阳名县见于嬴秦，犍为名郡见于西汉。江州灵石之称，隆山绿水之号，随时沿革，割隶无常。要皆风景不殊，山川犹在，扼其形胜，名迹未湮。谨按邑旧《志》云：古犍为地，通衢平直。又《统志》云：负山带河，环以二江，挹锦水为琐钥，扼汉嘉为屏翰，殆武侯所称蜀之雄图者欤！慨自潢池弄兵[五]，崐陵[六]俱碎，巨寇跳梁于神都，土贼蹂躏于乡里。粳稻之乡，废为石田；宫室之区，鞠为茂草。版籍煨烬，户口逃亡。无蜀，遂无彭矣！

圣朝定鼎，太和涵煦，百年以来，招集滋生者七千余户。田畴辟于旧土，税粮溢于额供。黄墟青陆之乡，偃潴[七]衍沃之地，固已试望郁葱，绮分绣错，分门纪载，蔚然可观。顾承平日久，民安于田，东人不呼，椎冰无叹。偶以西南供亿用民，力粟南顿，颍③川之诏，时颁于司徒。衢歌巷舞，所宜急书，以见忠义之气，自在人心者也。若夫山川之物产，井里之积储，樽节爱养，端在司牧。不必侈说《山经》[八]，敷扬《埤雅》，太冲之赋，何补于斯？

【校】

①氏：原文作"民"，形近而讹，据乾隆《彭山县志·地理志总序》径改。

②置：原文作"制"，音近而讹，据乾隆《彭山县志·地理志总序》径改。

③颍：原文作"颖"，形近而讹，据文义径改。

【注】

[一]采甸侯卫、要荒蛮夷之制：指《禹贡》中所记载的我国古代早期国家按地理位置的远近每年向中央交纳谷物等物产的贡赋制度，即"甸侯绥要荒"的"五服"制度。

[二]畿疆：指王畿和九畿的疆界。

[三]县正：官名。周时为地官之属，位次遂大夫。遂有五县，县正掌一县政令征比。

[四]盟津：又名孟津、富平津、武济、陶河。古黄河津渡名。在今河南孟州市南、孟津区东北。《史记·周本纪》："（武王九年）东观兵，至于盟津。"

[五]潢池弄兵：潢池，积水坑。本意为小孩在水坑旁边玩弄兵器。原比喻沿海一带人的强盗行径，后比喻武装叛乱。成语出自《汉书·龚遂传》。

[六]崐陵：即昆仑山。古代传说为神仙所居之地。"崐陵俱碎"，这里借指张献忠占据四川后蜀地的残败景象。

[七]偃潴：陂池。

[八]《山经》：《山海经》的简称。后泛指记录山脉的舆地之书。

纪水利

夏禹卑宫，尽力沟洫。《益稷谟》曰："予决九川，距四海，浚畎浍[一]，距川。"是则沟洫之略已。《周礼》：夏官，司险，设国之五沟[二]。冬官，匠人，为沟洫。稻人，掌稼下地[三]。以潴蓄水，以防止水，以沟荡水，以遂均水，以列舍水[四]，以浍泻水。皆以言沟洫也。后之言水利者，为堰、为渠，无逾斯制。

夫水利之法，不外因势利导。地形有逆顺，水势有迟速，善沟者水漱之，善防者水淫之。《考工记》曰："逆地阞[五]，谓之不行。"《国语》曰："川壅而溃，伤人必多。"邻国为壑，白圭见哂于君子；巩川为泻，王梁见劾于有司。穿地之能，诚非异人任已。缅彼前哲，神殷利济，循良之最，农谷①为先。苟川泽之可因，胡屯膏[六]而不作。人非至圣，徒祷桑林。民则何辜，暴尫[七]奚济！舍民之所利而利之，未见能利民者也。

蜀自李冰造堰，沃衍者十一国，茫茫天府，凤称陆海。厥后嗣响，有唐兼琼[八]，截汶江之余波，引武阳之巨泽，阕堤为堰，厥名"通济"，所以济武阳、通义之田，灌输者数千顷。夷考前规，长堤拒濑；坚若石城，潾潾南陂。蜿蜒绵亘，蒲、莞、菱、芡、鸿、鸧、鳣、鲤之属，出没于其中，剑南号沃土焉。自时厥后，或以人废，或以人兴，美利是存，芳轨犹在。司土者循《月令》修防之政，遵《周官》掌禁之条，仁人之泽，万世勿误矣。至若地居暵燥，凭山倚陵，无长流可引之水，集自然之雨露，掩溪谷之细流，潴而畜之曰塘；或一户自开，或比邻合凿，其功小，其利亦小也。然而广其溉道，润彼菑畬，同称沃壤，牧民者其能恝诸？

蔡邕之言曰："《洪范》八政，一曰食；《周礼》十职，一曰农。生民之本于是乎出，丰殖财用于是乎生。"夫水利，所以资农食也。故河渠则有《书》，沟洫则有《志》，盖以彰厥重耳。若夫井泉之利，以养万物，王明用汲，并受其福，盖与沟洫之制，同为利济也。郰侯[九]之在杭郡，房豹[一〇]之在乐陵，惠政所及，讴歌在人，所宜并书。

【校】

①农谷：底本漫漶不清，据乾隆《彭山县志·沟洫志总序》补。

【注】

[一] 畎浍（quǎn kuài）：田间水沟。泛指溪流、沟渠。

[二] 五沟：五重壕堑。出自《周礼·夏官·司险》。郑玄《注》曰："五沟，遂、沟、洫、浍、川也。"

[三] 稼下地：据郑玄《注》，稼谓种谷，下地谓水泽之地。

[四] 以列舍水：意为将水留止于畦。

[五] 阞（lè）：地的脉理。

［六］屯膏：屯，吝啬；膏，恩泽。后因以"屯膏"谓恩泽不施于下。

［七］暴尪（pù wāng）：古代风俗，大旱不雨，则曝晒瘠病者，冀天哀怜之而降雨，谓之"暴尪"。

［八］兼琼：即章仇兼琼。

［九］邺侯：即李泌。李泌，字长源。唐陕西京兆（今西安）人，历仕玄宗至德宗四朝，累官至中书侍郎、同平章事，封邺县侯，世称"李邺侯"。永泰十二年（777）李泌贬任杭州刺史，当时西湖仅为随海水涨落之泄湖，人饮卤水，病患频生。李泌组织掘沟砌石槽，内安竹管，引水至城内各地，并挖六井，使城内居民重获清洁水源。

［一〇］房豹：字仲干，北齐清河（郡治今山东临清东北）人。解褐开府参军，迁乐陵太守。为政清慎，扶贫济弱，普行教化，与民休息，深得当地百姓爱戴。乐陵郡濒临渤海，地下水味咸苦，房豹亲自凿一井，井水甘洌，远近乡民皆传是太守为政清廉所致。

纪人物

夫人物之生，虽曰运会，实由政教。虞廷[一]载采，乃资九德；周室宾兴，考其德行。而又敷奏明试[二]，以尽其才；迪知忱恂[三]，以大其用。畴咨[四]熙载，群士响臻[五]，三代①人材，夐[六]乎尚矣。汉兴，则有贤良方正[七]、茂才、孝廉诸科，刺史、守相[八]专其辟召，皆考之以里闾之毁誉，积之以州郡之功能，升之五府[九]，备于王官，夫亦犹是乡举里选之意也。当其时，龙潜凤逸之士，扬声紫微，垂光云汉。期门[一〇]羽林，亦知忠义以从王；市籍赀算，亦能兴廉而劝孝。匪徒天马侈其雄才，长杨夸其艳藻而已。顾自察举[一一]殊制，流品[一二]杂途，论官归之，选曹取士，必由科目。勘籍小吏，得以操升沉之柄；操觚末技，得以登荣晋之阶。此二者，历数百年而不可以复更矣。夫卜祝佣保[一三]，人物之所隐鳞[一四]；涧阿岩岫，人物之所托足。十室之邑，必有忠信；三人同行，必有我师。鹤鸣子和，鸿渐鹭飞；延平之津，尚余光耀。荆山之玉，无劳悲涕矣。

彭邑化被，文翁于地最近，故汉晋之世，人材蔚起。若朱遵之以死节著，皓、纲翼统，祖孙父子之以忠义称。以循良显者，则杨戏、杨洪、张徵；以明经著者，则杜抚；以文学重者，则李兴；以高行传者，则程琼。皆以征辟起家，彪炳史册者也。厥后流风余韵，则有若吕陶、唐重之在宋，王用才之在明，均由科目以立功名，后先辉映者矣。他若孝友表著，大义无亏，虽气节逊于前人，勋猷泯于当代。若晋李密、宋文初诸人，分类志之，亦足以树厥人伦，激扬流俗也。由是而高义著于乡闾，节烈彰于闺阃。姓氏久湮，芳懿聿著，显微阐幽，亦士君子之责欤！

今天子旁求俊乂，网②罗异才，远方人物，毕贡王廷。彭虽蕞尔，登贤能之书者若而[一五]人，与翘关[一六]之选者若而人，蛟腾龙奋，霞蔚云蒸，方兴而未艾矣。若夫人物之生，不异地而泯，不既死而亡。残山剩水，存其芳迹；华表贞珉，揽其英风。若流寓，若陵墓，亦人物之留贻也。

【校】
　①代：底本漫漶不清，据乾隆《彭山县志·人物志总序》补。
　②网：原文作"纲"，形近而讹，据文义径改。

【注】
　[一] 虞廷：亦作"虞庭"。指虞舜的朝廷。相传虞舜为古代的圣明之主，故亦以"虞廷"为"圣朝"的代称。
　[二] 明试：明白考验。
　[三] 忱恂：诚信。
　[四] 畴咨：畴咨，亦作"畴谘"。后以"畴咨"为访问、访求之意。
　[五] 响臻：应声而至；回应归附。
　[六] 夐（xiòng）：远。久远。
　[七] 贤良方正：汉代选拔统治人才的科目之一。始于汉文帝。被举者对政治得失应直言极谏。如表现特别优秀，则授予官职。武帝时复诏举贤良或贤良文学。名称时有不同，性质无异。历代往往视作非常设之制科。
　[八] 守相：郡守和诸侯王之相。
　[九] 五府：古代五官署的合称。所指不一。《汉书·赵充国传》："后临众病免，五府复举汤。"《资治通鉴》"汉宣帝神爵二年"条引此文，胡三省注云："丞相、御史、车骑将军、前将军，并后将军府为五府。"《后汉书·张楷传》："（楷）五府连辟，举贤良方正，不就。"李贤注："五府，太傅、太尉、司徒、司空、大将军也。"《周书·晋荡公护传》："保定元年，以护为都督中外诸军事，令五府总于天官。"《资治通鉴》"陈文帝天嘉二年"条引此文，胡三省注云："五府，地官、春官、夏官、秋官、冬官也。"宋赵升《朝野类要·称谓》："五府：两参政，三枢密。"
　[一○] 期门：汉代禁卫军名，掌执兵宿卫。因武帝喜微行，多与西北六郡良家子能骑射者期约在殿门会合，以之"期诸殿门"，故称。平帝时更名虎贲，"若虎贲兽"，言其勇猛。秩比郎官。
　[一一] 察举：中国古代选拔官吏的制度，由官吏荐举，经过考核，任以官职。
　[一二] 流品：品类，等级。本指官阶，后亦泛指门第或社会地位。
　[一三] 佣保：雇工。
　[一四] 隐鳞：神龙隐匿其鳞。比喻贤者待时而动。
　[一五] 若而：犹言"某某"。
　[一六] 翘关：左思《吴都赋》："翘关扛鼎，拚射壶博。"李周翰注："翘、扛皆举也。关，门关也。"后用作武试科目名。